国家出版基金项目

"十四五"国家重点出版物出版规划项目

胡適年譜長編

宋广波 著

第九卷

● 1959　1962 ●

长江出版传媒
湖北人民出版社

目　录
第九卷　1959—1962 年

1959 年　己亥　68 岁 …………………………………………… 1
　　1 月 ……………………………………………………………… 1
　　2 月 ……………………………………………………………… 15
　　3 月 ……………………………………………………………… 41
　　4 月 ……………………………………………………………… 55
　　5 月 ……………………………………………………………… 67
　　6 月 ……………………………………………………………… 81
　　7 月 ……………………………………………………………… 92
　　8 月 ……………………………………………………………… 104
　　9 月 ……………………………………………………………… 109
　　10 月 …………………………………………………………… 116
　　11 月 …………………………………………………………… 127
　　12 月 …………………………………………………………… 148
1960 年　庚子　69 岁 …………………………………………… 181
　　1 月 ……………………………………………………………… 181
　　2 月 ……………………………………………………………… 199
　　3 月 ……………………………………………………………… 217
　　4 月 ……………………………………………………………… 231
　　5 月 ……………………………………………………………… 243
　　6 月 ……………………………………………………………… 255
　　7 月 ……………………………………………………………… 269
　　8 月 ……………………………………………………………… 277

9月	281
10月	286
11月	301
12月	323
1961年 辛丑 70岁	339
1月	339
2月	361
3月	372
4月	378
5月	389
6月	408
7月	423
8月	432
9月	444
10月	459
11月	473
12月	484
1962年 壬寅 71岁	495
1月	495
2月	512
3月	526
4月	528
8月	528
10月	528
后 记	530

1959年　己亥　68岁

是年，胡适仍任"中研院"院长。

1月15—20日，胡适与蒋梦麟、王世杰、梅贻琦陪同陈诚赴台湾中南部作避寿旅行。

2月1日，"国家长期发展科学委员会"成立，胡适任主席。

4月9日，胡适因割治粉瘤后伤口再流血而住进台大医院。

7月1日，胡适主持召开"中研院"第四次院士会议，选举出1958—1959年度新院士9人。

7月，胡适在夏威夷出席"The East-West Philosophers' Conference"。

9月，胡适在美主持召开"中基会"年会。

12月20日，胡适主持召开"中研院"院士谈话会，选举产生第四届评议员共25人。

1月

1月1日　胡适参加"总统府"团拜。（次日台北各报）

同日　访客有马之骕夫妇、刘真夫妇、马逢瑞、陈熊文夫妇、钱思亮父子、沈刚伯父女。杨亮功与胡祖望夫妇等留此吃午饭。（《胡适之先生年谱长编初稿〔补编〕》，93页）

1月2日　访客有黄及时父女、王琳、黄镇球。沈骥夫妇带来文徵明的《木兰堂杂钞》请胡适鉴定，求售。胡适乃请对碑帖版本素有研究的屈万里鉴定，经屈鉴定，确系真迹。（《胡适之先生年谱长编初稿〔补编〕》，93页；《胡适

之先生年谱长编初稿》第八册，2797页）

同日　雷震来拜年。雷氏日记有记：

> 我今日是向胡先生拜年，兼谈几件事情，其中重要者有二：（一）为本刊加二页英文摘要之事；（二）为下次由本社约餐座谈之日期。到时胡先生尚未吃饭，不久有人来，胡先生把他写的《容忍与自由》头一段给我看。接着客人来了不已，最后罗志希夫妇，他留我们三人吃饭。我未能谈话坐志希车子回来，在回来前他送给我一信，写在拜年名片上，并附有五十美金。我到时他就说他有信给我拜年，他非常恳切，我当时只有收下再说。今日胡先生略说他在台中与徐复观争执之事，他说包小脚也是中国文化，而复观则不承认。（《雷震全集》第40册，3～4页）

同日　胡适函寄《中国共产党之来源》书签2张给雷震，又向雷解说某日谈话中关于"三民主义是科学的"一语的本意。胡适说"三民主义是科学的"这句话只有一个解释，就是说三民主义的提倡者曾作过一番虚心的研究，研究的态度是容忍的，是兼容并包的，而不是独断的，不是教条主义的。只有这个解释可以说"三民主义是科学的"……胡适认为雷震也好像没有懂得他的意思。（《万山不许一溪奔——胡适雷震来往书信选集》，148页）

同日　罗家伦来谈馆址。（《罗家伦先生文存补遗》第三部《日记补遗》，619页）

1月3日　上午，Marlker由张贵永、芮逸夫陪同来久谈。访客还有郭雨常父子等。（《胡适之先生年谱长编初稿》第八册，2798页；《胡适之先生年谱长编初稿〔补编〕》，93页）

同日　林柏焘、林熊祥宴请胡适，郭廷以作陪。（《郭量宇先生日记残稿》，105页）

同日　下午4时，胡适出席"中研院"的新年团拜，并有讲话。胡适说："新年的决议案是个汉学中心问题。二十年前在北平和沈兼士、陈援庵两位谈起将来汉学中心的地方，究竟是在中国的北平，还是在日本的京都，还是在法国的巴黎。现在法国的伯希和等老辈都去世了，而日本一班汉学家现在连唐宋没有标点的文章，往往句读也被他们读破了。所以希望汉学中心现在是在台湾，将来仍在大陆。"(《胡适之先生年谱长编初稿〔补编〕》，93页；《胡适之先生年谱长编初稿》第八册，2798页)

同日　晚，张道藩宴请陈诚、蒋梦麟、胡适、张群、张厉生、梅贻琦、沈刚伯、李济、陈雪屏等。(《陈诚先生日记〔二〕》，995页)

同日　蒋介石日记有记：

近日对于投机政客、无耻学者的心术与言行常怀愤怒，此种学者自名为无党无派者，而实则只有自私自利钓名沽誉。不仅是害国害民，可说是比忘恩负义不知廉耻败类为甚，惟吾因之悲愤不值得，只要置之不理，听其自然就可减少无上烦扰……

同日　方蓉致函胡适，略述其环境，并请赐《胡适文存》拜读。(台北胡适纪念馆藏档，档号：HS-NK01-186-015)

按，是年向胡适索书的还有周俊剑(索林语堂《平心论高鹗》抽印本)、刘怡曾(索《师门五年记》)、张佛泉(索10至20本《师门五年记》)、梁季龙(索《胡适文存》全套)、姚从吾(索《师门五年记》数十本)、张隆延(索19本《师门五年记》)、黄然伟(索《师门五年记》)、张文俊(索《胡适文存二集》《胡适文存三集》《胡适文存四集》)、周继纲(索《胡适文存》1部)、李霖灿(索6本《师门五年记》)、陶振誉、姜道章、姜启龙、陈铭芳。(据台北胡适纪念馆藏档不完全统计)

1月4日　胡适到松山机场迎接美国《生活杂志》的Maurer，他住在胡适客房里。(《胡适之先生年谱长编初稿》第八册，2798页)

同日　雷震日记记：徐复观大骂胡适不止。(《雷震全集》第40册，6页)

同日　严明致函胡适，谢赠林语堂《平心论高鹗》1册。认为林氏所论，表面上或可为高氏圆其说，实而疑点处处，问题甚多，确有待商榷之

处。对林氏之说，仍不能心服。又谈及胡适对《红楼梦》厥功至伟，惟对后40回之问题，仅提出疑点，存为疑案，时至今日，不知胡适有新意见能予认定否。又谈及白话诗问题等。（台北胡适纪念馆藏档，档号：HS-NK01-165-001）

1月5日　胡适与Maurer久谈。访客有蒋梦麟、刘崇鋐等。（《胡适之先生年谱长编初稿〔补编〕》，93页）

同日　陈纪滢致函胡适，邀请胡参加亚盟、文协等团体合办之自由日座谈会，并担任主讲。（台北胡适纪念馆藏档，档号：HS-NK01-022-023）胡适于7日复陈：因到外地去旅行，故不能担任主讲。（台北胡适纪念馆藏档，档号：HS-NK01-022-025）

按，据台北胡适纪念馆藏档，知今年邀请胡适演讲的还有台湾省"国民学校"教师会研习会、范鹤言、饶小明、台大哲学会、董广英、黄坚厚、孙德中、杨力行、曾虚白、国际狮子会台北分会、朱宝钿等。（据台北胡适纪念馆藏档不完全统计）

同日　李久先致函胡适，就求学问题请指点迷津。（台北胡适纪念馆藏档，档号：HS-NK01-060-001）

按，是年致函胡适请教问题的还有林钧、金振庭、李树桐、龚静波、吴祖望、Theodore Cortazzi、姚立国、郑同礼、津津味素公司、何锜章、胡景濂、林毓生、许闻韵、严耕望、吴梅、欧阳明初、萧作梁、黄步东、弓英德、崔耀都、谭德华、裘鋆、胡国栋、陈高明、陈谷材、张洋佑、张秋武、吴清、刘先吁、何容、胡杰、杜宝田、黄焕文、高博、丁星、赵延早、林耀福、徐万黎、王平陵、胡亚杰、师刚、庄佩英、廖坤木、徐微言、吴国安、马之骕、罗新吾、姜良仁、李育是、钱地、叶菁、张荫民、熊绍禋、钟炳兴、陈智贤、郭志诚、叶喜苾等。（据台北胡适纪念馆藏档不完全统计）

1月6日　访客有江易生、冯镐、许成业、赵玉琳、汪洋、钱思亮等。

陪Maurer参观考古馆。(《胡适之先生年谱长编初稿〔补编〕》,93页)

同日　胡适复函林道平(原函作于1月4日,藏台北胡适纪念馆,档号:HS-NK01-076-018),告知不知道其亲戚漆敬尧的近况与通讯处。(台北胡适纪念馆藏档,档号:HS-NK01-076-021)

1月7日　胡适与Maurer久谈,又介绍芮逸夫来谈话。中午,胡适到圆山饭店应沈锜的饭约。(《胡适之先生年谱长编初稿〔补编〕》,93页)

同日　晚,胡适在国际学社对侨生发表"一个人生观"的讲演,大意谓:

> 很多人认为个人主义是洪水猛兽,是可怕的,但我所说的是个平平常常,健全而无害的。干干脆脆的一个个人主义的出发点,不是来自西洋,也不是完全中国的。中国思想上具有健全的个人主义思想,可以与西洋思想互相印证。……一个人在最初的时候应该为自己,在为自己有余的时候,就该为别人,而且不可不为别人。
>
> ……一个人应该把自己培养成器,使自己有了足够的知识、能力与感情之后,才能再去为别人。
>
> 孔子的门人子路,有一天问孔子说:"怎样才能做成一个君子?"孔子回答说:"修己以敬。"这句话的意思,也就是要把自己慎重的培养、训练、教育好的意思。"敬"在古文解释为慎重。子路又说,这样够了吗?孔子回答说:"修己以安人。"这句话的意思,就是先把自己培养、训练、教育好了,再为别人。子路又问,这样够了吗?孔子回答说:"修己以安百姓。修己以安百姓,尧舜其犹病诸。"这句话的意思就是培养、训练、教育好了自己,再去为百姓,培养好了自己再去为百姓,就是圣人如尧舜,也很不易做到。孔子这一席话,也是以个人主义为起点的。……从十九世纪到现在,从现在回到孔子时代,差不多都是以修身为本。修身就是把自己训练、培养、教育好。因此个人主义并不是可怕的,尤其是年轻人确立一个人生观,更是需要慎重的把自己这块材料培养、训练、教育成器。
>
> ……人生的快乐,就是知识的快乐,做研究的快乐,找真理的快

乐，求证据的快乐。从求知识的欲望与方法中深深体会到人生是有限，知识是无穷的，以有限的人生，去探求无穷的知识，实在是非常快乐的。

……

……一个人总是有一种制裁的力量的，相信上帝的人，上帝是他的制裁力量。我们古代讲孝，于是孝便成了宗教，成了制裁。……我说的社会宗教，乃是一种说法。中国古代有此种观念，就是三不朽：立德，是讲人格与道德；立功，就是建立功业；立言，就是思想语言。在外国也有三个，就是 Worth, Work, Words。这三个不朽，没有上帝，亦没有灵魂，但却不十分民主。究竟一个人要立德，立功，立言到何种程度，我认为范围必须扩大，因为人的行为无论为善为恶都是不朽的。……我们的行为，一言一动，均应向社会负责，这便是社会的宗教，社会的不朽……我们千万不能叫我们的行为在社会上发生坏的影响，因为即使我们死了，我们留下的坏的影响仍是永久存在的。"我们要一出言不敢忘社会的影响，一举步不敢忘社会的影响"。即使我们在社会上留一白点，但我们也绝不能留一污点，社会即是我们的上帝，我们的制裁者。（《胡适之先生年谱长编初稿》第八册，2799～2801页）

按，雷震次日日记有记：阅报胡先生昨天讲演个人主义，谓孔夫子是主张个人主义，讲得极好。我即函请胡先生再加点材料写成一篇文章。因年来任卓宣之辈一再骂我们提倡个人自由，他们要牺牲个人自由，而扩大国家自由。在同一信中，把外界对胡先生在"光大会"的反应写了两点，一为纽约董鼎山来信，谓华侨界对胡先生演说不满，认为他捧得太过。Mr. Osborn 说他这次回来说话很谨慎，我一齐告诉了他。（《雷震全集》第40册，7页）

同日　董作宾将方继仁著《勉学粹言》（香港东南印务出版社，1955年）题赠胡适。（《胡适藏书目录》第2册，811页）

1月8日　胡适提出的"国家长期发展科学计划纲领"由"行政院"会议通过。（《胡适之先生年谱长编初稿》第八册，2801页）

1959年　己亥　68岁

同日　胡适复函杨云萍，谢其寄来5篇文章，并谓:《郑成功焚儒服考》一篇，我最感兴趣。你考定这个传说只有郑亦邹的一个来源，证据很充足；考定梨洲遗著中《郑成功传》不是梨洲的著作，又考证谢国桢的错误，都很好。你指出郑成功在遁入海之前已统过兵，并非"未尝一日与兵枋"，是很有力的反证。(台北胡适纪念馆藏档，档号：HS-NK01-152-007)

同日　李永新寄赠油印《蒙汉字典》一部与胡适。(台北胡适纪念馆藏档，档号：HS-NK01-060-009)

按，是年向胡适赠书、赠文的还有杨家骆（赠《中国思想名著》第九、十一册）、彭楚珩（赠《历代高僧故事》10册）、黄钟（赠《最后的原理》）、海洋诗社（赠《海洋诗刊》第一卷合订本1册及第二卷第一期、第二期、第三期各1册）、叶产鑫（赠《印艺之友》）、段辅尧（赠《一年来之台盐发展》）等。另有张振谨（赠《话语职事》）、王官献（赠所译《经济学》）、周金声（赠《中国经济史》）、陈树桓（赠《陈伯南先生诗稿》）、李孔悌（赠《世界文学史》）、李干（赠著作数种）、李士珍（赠《周易分类研究》）、苏志彬（赠自己著作）、李永新（赠《清代边政通考》）、台湾省文献委员会（赠《台湾文献》第十卷第一期）、赵自强（赠自译《菜根谭》）、何佐治（赠《中国冤狱赔偿法》1册）、周开庆（赠《中国经济政策》1册）、山崎宏、张文俊、陶振誉、"中研院"史语所图书室、宇井伯寿、杨云竹、罗万俥、梁季龙、李畔、崔万秋、陈雪屏、陈建中、袁方、朱斐、吴立行、杨晖、赵叔诚。(据台北胡适纪念馆藏档不完全统计)

同日　罗家伦日记有记:"接到适之先生函，讨论佛诞之年，征引甚博，深佩治学之勤。"(《罗家伦先生文存补遗》第三部《日记补遗》，628页)

1月9日　下午3时，胡适约"中研院"评议会秘书杨树人来谈，请其出任即将成立的"国家长期发展科学委员会"执行秘书。杨答允帮忙。(《胡适之先生年谱长编初稿》第八册，2802页)

同日　晚，胡适应张兹闿的饭约。(《胡适之先生年谱长编初稿〔补

编〕》，94 页）

同日　胡适复函雷震，索"政治部"印出的《斥个人自由主义的谬论》的小册子。又谓：

> 我说的"三句话"，有些人说是"太大胆"！有些人说是"太捧场"！正如你的美国朋友说是"很谨慎"！都是很自然的反应。我毫不感觉奇怪。（《万山不许一溪奔——胡适雷震来往书信选集》，150 页）

同日　胡适复函农林厅农业推广新闻小组，谢寄赠照片，并请借底片复制。（台北胡适纪念馆藏档，档号：HS-NK01-302-005）

同日　胡适赠送胡颂平一册《钝夫年谱》，胡颂平看后，认为胡适弘毅的德性，是"其来有自"的。（《胡适之先生晚年谈话录》，7 页）

> 按，胡适经常向友人或图书馆赠书。据台北胡适纪念馆藏档不完全统计，是年得到胡适赠书的还有"中研院"史语所图书室、陈铭芳、Komazawa 大学图书馆、L. Quincy Mumford、Richard de Martino 等。

1 月 10 日　上午，郭廷以来商近史所下年度之两计划：民国史口述及中国之西方认识。（《郭量宇先生日记残稿》，105 页）

同日　访客有王企祥、沈志明、英国人西门、陈之迈夫妇。新闻记者彭麒来采访。晚应沈刚伯的宴会。（《胡适之先生年谱长编初稿〔补编〕》，94 页）

同日　王世瀋致函胡适，简单介绍周田、陈有平和潘世仪。（台北胡适纪念馆藏档，档号：HS-NK05-007-009）

1 月 11 日　上午 10 时，"中研院"与"北大同学会"在台湾师范大学联合举办蔡元培 92 岁诞辰纪念会。纪念会由胡适主持。首先由胡适介绍蔡元培生平。胡适说：蔡元培的一生，可以说是古人说的"狷"字。胡适报告毕，即由赵连芳作题为"科学研究与应用"的学术演讲。（次日之"中央日报"）

同日　下午 2 时，胡适为黄及时的女儿证婚。（《雷震全集》第 40 册，9 页）

按，胡适1958年回台后，要求证婚的人颇多，但胡适答应者甚少，主要是因为太浪费时间。

同日 下午，访客有李石曾、梅贻琦。（《胡适之先生年谱长编初稿〔补编〕》，95页）

1月12日 齐世英来访。晚，梅贻琦欢宴赵元任夫妇，胡适应邀作陪。（《胡适之先生年谱长编初稿〔补编〕》，95页）

同日 胡适致函李霖灿，指出李在《大陆杂志》上谈梅清《奇松图册》的短文，将梅清诗的"毕韦见风流"误作"异常见风流"。（台北胡适纪念馆藏档，档号：HS-NK01-060-029）

按，1月14日李霖灿复函胡适致谢，并函《大陆杂志》改正。（台北胡适纪念馆藏档，档号：HS-NK01-060-030）

1月13日 上午10时，史语所举行欢迎赵元任夫妇茶会，胡适应邀出席并致辞。中午，胡适留赵元任夫妇、卞昭波、李济夫妇、施友忠夫妇等吃午饭。下午4时半，胡适出席朱家骅举行的欢迎赵元任夫妇的茶会。晚7时，应钱思亮的宴会。（《胡适之先生年谱长编初稿》第八册，2803～2804页；《胡适之先生年谱长编初稿〔补编〕》，95页）

同日 胡适复函雷震，告已将蒋匀田的信送交陈雪屏。又说："但我始终不懂此件为什么须要我转达。"又云：顷又看了你12日的便条。鄙意以为，此时民社党既然还领津贴，最好不要在下周就招待记者，宣布今后不要当局帮助的话。此意似宜婉告匀田先生。（《万山不许一溪奔——胡适雷震来往书信选集》，151页）

1月14日 陈诚致胡适公函：关于发展科学、培植科学人才案，前由"教育部"照尊示建议案，研拟计划大纲到院。当经召集有关单位主管，详加商讨，拟就"长期发展科学计划纲领"一种，除提报本院本年元月9日第五九九次会议外，已令饬"教育部"遵照办理。（台北胡适纪念馆藏档，档号：HS-NK05-245-006）

同日　劳榦来访。Maurer 来辞行，并留此吃午饭。下午，美国记者 Sandis 来访。晚，在心园宴请赵元任夫妇。(《胡适之先生年谱长编初稿〔补编〕》，95 页；《胡适之先生年谱长编初稿》第八册，2805 页)

同日　胡适致函江冬秀，谈过生日、圣诞节时的忙乱情形等。(台北胡适纪念馆藏档，档号：HS-NK05-048-023)

同日　胡适致函杨联陞，问候其病情。(台北胡适纪念馆藏档，档号：HS-LS01-008-001)

同日　胡适在刘盼遂集解的《论衡集解》(台湾世界书局，1958 年)上注记：此书中已引黄晖校释，又页 644 不但记黄晖的校释"民国二十七年一月长沙，商务印书馆出版"，又记"《论衡通检》，民国三十二年一月出版"。故盼遂此书印行远在黄晖校释印行之后。(《胡适藏书目录》第 2 册，797 页)

同日　胡适复函赵茂林：报上寿联有一字错误；若无《丁文江传记》，愿寄赠一本。(台北胡适纪念馆藏档，档号：HS-NK01-046-014)

按，1 月 12 日，赵茂林将记丁文江贺胡适 40 岁生日寿联的剪报寄送胡适。(台北胡适纪念馆藏档，档号：HS-NK01-046-013)

1 月 15 日　胡适交代胡颂平：代复信件凡提到胡适名字时，概用"胡适之先生"，不可用"胡院长"。在 Haraldson 及 Schmid 处吃午饭后即到陈诚官邸，与蒋梦麟、王世杰、梅贻琦会合后陪同陈诚赴中南部作避寿旅行。下午 2 时，离台北，经桃园埔心，视察台北牧场。晚宿八卦山，台湾省政府主席周至柔招待，饭后谈"宪法"与政治应有组织地研究。(《胡适之先生年谱长编初稿》第八册，2805～2806 页；《陈诚先生日记〔二〕》，1003 页)

1 月 16 日　陈诚日记有记：上午，参观"故宫博物院"……视察省政府……听取省府报告省政，视察烟业试验所……下午，视察小型耕耘机操作……东海大学、公馆机场……晚，宿八卦山。(《陈诚先生日记〔二〕》，1003 页)

1 月 17 日　陈诚日记有记：上午，视察彰化埤头乡中和村张焜钊鸡农场，视察云林地下水开发工作……中午，在嘉土地分〔行〕午餐……视察

新营台糖酵母厂、新化畜牧试验所品种改良（人工授精）。晚，宿大贝湖。（《陈诚先生日记〔二〕》，1003～1004页）

1月18日　陈诚日记有记：上午，视察屏东老埤凤梨农场及屏东市垃圾加工厂（废物利用）。下午，视察高雄港扩建工程。（《陈诚先生日记〔二〕》，1004页）

1月19日　陈诚日记有记：早，自大贝湖动身，赴阿公店视察水土保持工作。中午，至台南市视察糖业试验所，并在该所午餐。下午，视察台南市农林改良场，视察嘉义轮流灌溉。晚，宿八卦山，周主席设宴为余与梦麟先生暖寿，并放电影《衣锦荣归》……（《陈诚先生日记〔二〕》，1005页）

1月20日　陈诚日记有记：今日由彰化至石门。……早8时，由彰化动身，经山路至石门，12时30分抵石门，由梦麟先生招待午餐，不由石门水库会招待，此种精神实可效法。（《陈诚先生日记〔二〕》，1005页）

1月21日　胡适复函吴祖坪、王绍桢，不主张辅仁大学复校，因台湾现在大学已太多了，所以不赞成再添设大学。（台北胡适纪念馆藏档，档号：HS-NK01-149-033）

同日　胡适函谢赵茂林指出丁文江贺胡适40寿联原稿是"真"字，另寄赠《丁文江传记》一册。（台北胡适纪念馆藏档，档号：HS-NK01-046-026）

同日　胡适复函张隆延，感谢过生日时来拍摄电影，表示"不敢要贵校赠送"影片，只希望自购一份。又云：1月25日的晚餐无法参加，寄赠《师门五年记》25册。（台北胡适纪念馆藏档，档号：HS-NK01-034-018）

> 按，张隆延原函作于1月19日。（台北胡适纪念馆藏档，档号：HS-NK01-034-017）

同日　雷震日记有记：胡先生这一次和陈诚出游，有人说是商山四皓，因有王世杰、蒋梦麟和梅贻琦，而报纸上称他们为随行人员。今日下午有军人2人来社，谓11时已到，直到下午4时始敢入门。他们对胡先生跟着陈诚出游，而报纸上称为随行人员，因此对胡先生甚不满意，认为胡先生

不必和他同行，以丧失自己地位。(《雷震全集》第40册，14页）

1月22日　胡林钧来访。(《胡适之先生年谱长编初稿〔补编〕》，95～96页）

同日　晚，崛内宴请胡适，同席有雷震、李济、沈刚伯夫妇、齐世英等。(《雷震全集》第40册，11、15页）

同日　胡适函谢黄拓荣赠送橘子一篓、山鸡两只；另为此次随陈诚到南部去，没机会到台东探望感到抱歉。(台北胡适纪念馆藏档，档号：HS-NK05-100-012）

同日　陈诚日记有记：见黄少谷，谈及此次出巡，胡适之对国民党之误会，予以说明，颇收效。(《陈诚先生日记〔二〕》，1006页）

1月23日　王企祥来访。程远帆留此吃午餐。(《胡适之先生年谱长编初稿〔补编〕》，96页）

同日　胡适复函严一萍，感激其两次印成《师门五年记》，并送上1750元的支票一张，请其千万要收下。(台北胡适纪念馆藏档，档号：HS-NK01-166-003）

同日　胡适收到一封字迹潦草的信，乃对胡颂平说："以后我们写信，遇到重要的字最好要写正字。我总觉得爱乱写草书的人神经不太正常，往往为了一个字，要人费时去思量，去猜想，这就是对别人的不负责任。我们随便写一封短信，也要对别人负责的。"(《胡适之先生晚年谈话录》，8页）

1月24日　赵元任来谈。辅仁大学校友王绍桢、吴祖坪、陈致平3人来邀胡适做辅仁大学的校董，胡适表示不要名义，可以在外面帮忙。下午访客有孙洵侯、王梦鸥、英国人Skeling等。(《胡适之先生年谱长编初稿》第八册，2810页；《胡适之先生年谱长编初稿〔补编〕》，97页）

1月25日　上午，访客有杨亮功、蒋梦麟、赵元任夫妇、卞昭波等，留此吃午饭。胡祖望亦来吃午饭。下午访客有施宏谟、吴申叔、张永明、汪礼才等。(《胡适之先生年谱长编初稿〔补编〕》，97页；台北胡适纪念馆藏档，档号：HS-NK01-252-005）

1月26日　胡适为齐如山的祝寿册题词。(台北胡适纪念馆藏档，档号：

HS-NK01-213-008）

　　1月27日　访客有全汉昇、郭廷以、江学珠、张贵永。（《胡适之先生年谱长编初稿〔补编〕》，98页；《郭量宇先生日记残稿》，107页）

　　同日　胡适复函张永明：《旅台吟草》奉还，因素不赞成旧诗，所以不配题什么话。（台北胡适纪念馆藏档，档号：HS-NK01-037-011）

　　同日　胡适致周寿臣家属唁电，对周之过世表示哀悼。（台北胡适纪念馆藏档，档号：HS-NK01-003-001）

　　同日　李卓皓复函胡适：过去几个星期调查您所提的5人，只有周田应成为院士候选人。关于其他4位我不能给予支持性的资料了。（台北胡适纪念馆藏档，档号：HS-NK05-031-021）

　　1月28日　"国大联谊会"代表潘世经、楼兆元、杨景泰、赵峰樵、萧新民5人来访，请胡适演讲。（《胡适之先生年谱长编初稿》第八册，2811页）

　　同日　陈守成来访，并求墨宝，胡适应之。晚，胡适宴请"中研院"各所所长及总办事处同人。（《胡适之先生年谱长编初稿〔补编〕》，98页）

　　1月29日　胡适应"美国之音"之邀，将于次日在台北美国新闻处做录音讲话。今日写成讲演稿《林肯一百五十年的生日纪念》。（《胡适作品集》第25册，65～69页）

　　同日　访客有雷震、全汉昇、李济。晚，朱家骅宴请赵元任夫妇，胡适应邀作陪。（《胡适之先生年谱长编初稿〔补编〕》，98页）

　　同日　蒋介石在其日记中记道：

　　　　上午记事，以辞修不知大体，好弄手段，又为政客策士们所包围利用，而彼自以为是政治家风度，且以反对本党侮辱首领的无耻之徒反动敌人胡适密商政策，自愿受其控制之言行放肆无所顾忌，不胜郁闷无法自遣。惟此人岂诚非可托"国事"，而只能用其短中之长□□，如此更为"党国"前途忧矣。但因此一重大经历，或于大局反有益耳。

　　1月30日　胡适应"美国之音"之邀，往台北美国新闻处做录音讲话。（《胡适之先生年谱长编初稿》第八册，2815页）

同日　胡适拟好"'国家长期科学计划委员会'章程草案"。(《胡适之先生年谱长编初稿》第八册，2815页)

同日　访客有霍宝树、张九如、王德箴、沈宗瀚等。(《胡适之先生年谱长编初稿〔补编〕》，99页；台北胡适纪念馆藏档，档号：HS-NK01-143-032;《胡适之先生年谱长编初稿》第八册，2815页)

同日　蒋介石在其日记中记道：

辞修自作聪明、予智自雄之言行动态应加纠正之，但应以教导与感化之方法出之，而不应取斥责严教之方式，以奠其能反省自觉成全其始终，只要了解其人之狭小无识，而不可过于期望其有远大之成就，此乃本性使然，不能强勉耳。

同日　傅正日记有记：

今天上午又和雷公谈到胡适先生时，我便坦白的指出胡先生不可能为争取原则而牺牲，并认为把组织反对党的希望放在他身上，便一定会落空。

雷公对胡先生的崇拜，似乎有几分近乎狂热，总是替他辩护。

我由于和雷公谈到胡先生，便连带想到组织反对党的事可能性太少，而感到像这样的为民主奋斗，前途一定是十分的渺茫。(《傅正"自由中国"时期日记选编》，171～172页)

1月31日　蒋介石在其"本月反省录"中有记：

月来因政客无耻言行与辞修（陈诚）不识大体、自作聪明为苦，时多恼怒刺激，但常能自反、自制，而以"忍"与"慎"二字为箴，自来悔悟未有如最近之切者，此亦修养有得之证欤！甚觉政治与革命之成败乃在其能忍与不能忍之别也。故以逆来顺受自励，并以"忍顺慎仁"四字为座右铭矣。

同日　访客有黄拓荣、吴相湘、彭国栋、王耀东、李济、全汉昇。杨树人来谈"国家长期发展科学委员会"筹备开会事宜。(《胡适之先生年谱长编初稿〔补编〕》，99页；《胡适之先生年谱长编初稿》第八册，2815页)

同日　雷震致函胡适，希望胡适早日将《容忍与自由》和《个人主义……》两稿写好。又谈到胡适此次与陈诚出游，外国谣言甚多，有关方面曾来探听，等等。(《万山不许一溪奔——胡适雷震来往书信选集》，154～155页)

2月

2月1日　上午10时，胡适在"中央研究院"主持召开"中研院"评议会与"教育部"联席会议，讨论并通过了"'国家长期发展科学委员会'章程"，并由胡适宣布委员会正式成立。出席评议员有凌鸿勋等21人，"教育部"代表梅贻琦、浦薛凤等4人。联席会议结束后，即召开首次全体委员会议，推定胡适为"国家长期发展科学委员会"主席，梅贻琦为副主席。(台北胡适纪念馆藏档，档号：HS-NK01-326-034)

同日　下午，胡适主持召开1958—1959年度"中研院"院士选举筹备委员会暨提名委员会第二次会议。(台北胡适纪念馆藏档，档号：HS-NK05-222-009)

同日　晚间，胡适邀李先闻、赵连芳餐叙，由李、赵谈植物研究所的计划。(据胡适当日《日记》、1959年2月2日"中央日报")

按，本谱引用胡适1959年日记，均据《胡适的日记》手稿本第18册，以下不再特别注明。

同日　《展望》总第11号(1959年2月号)发表文章：《拥护胡适做"总统"》。

同日　魏喦寿将受胡适之托答复刘瑞恒函呈胡适斧正。(台北胡适纪念馆藏档，档号：HS-NK01-087-002)

2月2日　"国家长期发展科学计划纲领"由"行政院"正式公布。

同日　易希陶来访。(《胡适之先生年谱长编初稿〔补编〕》，99页)

同日　晚，刘航琛夫妇邀胡适吃晚餐。(据《日记》)

同日　胡适将"国家长期发展科学计划纲领"及成立会的有关报道函寄吴大猷，请吴参考，并请指教。(台北胡适纪念馆藏档，档号：HS-NK05-034-012)

同日　胡适复函赵文希，向其解答"阿基米德原则"问题。(台北胡适纪念馆藏档，档号：HS-NK01-046-023)

同日　胡适复函彭楚珩，谢赠《历代高僧故事》10册。关于神会和尚资料请参阅《胡适文存》等书。(台北胡适纪念馆藏档，档号：HS-NK01-241-002)

同日　胡适复函杭立慈，告吴校长赠送的两罐香烟已收到，并请便中代为致谢。(台北胡适纪念馆藏档，档号：HS-NK05-039-007)

同日　胡适复函高博，解答其请教的问题。(台北胡适纪念馆藏档，档号：HS-NK05-058-002)

同日　Charles A. Moore 致函胡适，云：

Since President Snyder has as yet received no reply from you in answer to his letter informing you of the action of the Board of Regents of the University of Hawaii in granting you an honorary degree at a special convocation during our conference here next summer, I would like to ask if you received his letter. I personally feel that the ceremony we have in mind at which you, Radhakrishnan, and Suzuki will be honored in the only way the University has to honor great scholars and thinkers will be a memorable occasion and an outstanding part of our conference meeting. I am looking forward to that great event with a great deal of delight, as a matter of fact. The actual time of the meeting at which the degrees would be conferred has not been settled as yet, but it will be at some convenient time during the six weeks of the conference.

I want to ask you another important question. As I think I have told you,

1959年　己亥　68岁

and as the brochure says, we intend to have five major public lectures by conference members during the six weeks of the conference, one on each Thursday night of the first five weeks. Among those we are asking to give these lectures (which will serve as a link between the University, the conference, our conference members, and the community at large) are yourself, Radhakrishnan, Suzuki, Northrop, and one other as yet unselected. The lectures can be precisely related to the specific work of the conference member in the conference itself or to any other aspect of the philosophical problem of East and West. The lectures can be written or can be given without manuscript, whichever meets with the approval of the lecturer. An additional honorarium will be granted for this extra service to the conference. I would appreciate it very much if you would let me know if you will co-operate with us and with the other lecturers in this important undertaking—which is of real significance to the University and to the conference in this community.

May I make one suggestion with reference to your paper for the conference? Although I would imagine you would consider this aspect of the situation without my even mentioning, I wonder if it would be helpful if you would treat the matter (much) discussed point to the effect that China has had no science and why it has had no science—a point which I know you disagree with, and I personally think very rightly so, but which has been expressed by several people including Fung Yulan in his article published, I think, in the *International Journal of Ethics* quite a number of years ago. I am extremely anxious that all such easy and distorted interpretations be debunked, especially those which tend to isolate East from West without real justification. I trust that my suggesting this to you is not taken as an inpertinence—it is due merely to the fact that I know you can show the lack of validity of this interpretation, and that is certainly to the good of all of us. (台北胡适纪念馆藏档，档号：HS-US01-017-002)

2月3日　江学珠邀胡适吃午饭，同席的有赵元任夫妇、李抱忱等。饭后胡适探视生病的胡文郁。（据《日记》）

同日　胡适复函刘瑞恒，刘所介绍之梁其奎，因"中研院"化学所尚无关于药物研究的计划，只能待将来化学所范围扩大时再向梁接洽。（台北胡适纪念馆藏档，档号：HS-NK01-087-003）

2月4日　北京大学毕业生武镛携其父武士敏将军于1941年9月29日在太岳战死的事略来，拜托胡适撰写碑文。（据《日记》）

同日　德国人史往博来访。下午，杨树人来商谈前天评议会和"国家长期发展科学委员会"的会议记录。（《胡适之先生年谱长编初稿〔补编〕》，100页）

同日　胡适到台大医院检查身体。晚应赵元任的宴会。（《胡适之先生年谱长编初稿〔补编〕》，100页）

同日　胡适为李抱忱举办的联合大合唱题词：明天绝早跑上最高峰，去看那日出的奇景！（《胡适之先生年谱长编初稿》第八册，2818～2819页）

同日　刘真复函胡适，告补助旧庄"国校"办法：保健室、给水工程费用由教育厅支付，教职员宿舍及操场由县政府补助。（台北胡适纪念馆藏档，档号：HS-NK01-084-004）

2月5日　上午，杨树人来谈整理科学会会议记录事。（《胡适之先生年谱长编初稿》第八册，2819页）

同日　胡适出席史语所同人欢迎赵元任夫妇的午宴。（《胡适之先生年谱长编初稿〔补编〕》，100页）

同日　下午4时，胡适为台大医院外科落成典礼剪彩，并致辞。（台北胡适纪念馆藏档，档号：HS-NK05-056-001；次日之"中央日报"）

同日　下午5时，胡适出席亚洲学会汤普生的鸡尾酒会。下午6时，胡适到王世杰家吃晚饭。（《胡适之先生年谱长编初稿〔补编〕》，100页）

同日　胡适复函雷震，谈赵冈研究《红楼梦》的文章：

此君读书很细心，他的第三章《曹雪芹在八十回以后写了些什么》，

1959年 己亥 68岁

列举八十回以后的一些情节，得着结论说"所以今本的后四十回，一定是后人所续无疑"，这个结论是正确的。

但他此文有不少的大错误。例如他说甲戌本第十三回总评里的"芹溪"不是曹雪芹，而是"雪芹"与"梅溪"两个人的合称或简称，又因此推论"有权删改《红楼梦》的人是雪芹和梅溪"……

……他一定很年轻，所以他不知道中国旧日文人的别号之多。"一个人既号芹圃，又号芹溪"是极平常的事，并不奇怪。

我试举几个证据，证明"芹溪"是曹雪芹。近年大陆上印出了一本张宜泉的《春柳堂诗稿》，张宜泉是汉军旗人，与曹雪芹同时，其诗甚不佳，而有可以考《红楼梦》作者的资料。页廿一有诗，题为《怀曹芹溪》。页四十六有诗，题为《和曹雪芹西郊信步憩废寺原韵》。页四十七有诗，题为《题芹溪居士》，题下有注云：

姓曹名霑，字梦阮，号芹溪居士，其人工诗善画。

……同页又有诗，题为《伤芹溪居士》，题下有注云：

其人素性放达，好饮，又善诗画。年未五旬而卒。

此注中"年未五旬而卒"一句话，可以助证我从前"假定他死时年四十五岁"的话。近人周汝昌说雪芹死时年四十岁，是错的。

赵冈先生根据我记载《甲戌本脂砚斋评本》的评语"壬午除夕书未成，芹为泪尽而逝"的话，壬午是乾隆二十七年，除夕当一七六三年二月十二日。所以赵君此文中也接受了"雪芹死在一七六三年二月（壬午除夕）"的结论。他大概没有看见周汝昌考证《红楼梦》的文字。周君在民国三十六年在燕京大学图书馆发现敦敏的《懋斋诗钞》，其中各诗都依年月先后抄写。其中"癸未"（乾隆二十八年，一七六三）还有《小诗代简寄曹雪芹》一首。故周汝昌断定脂砚评语的"壬午除夕"是"癸未除夕"的误记。癸未除夕等于西历一七六四年二月一日。敦诚《挽曹雪芹》诗下注"甲申"，即乾隆二十九年（一七六四），可以助证周君之说。故我现在也相信雪芹死在癸未除夕。甲戌本此条批语末有"甲午八月泪笔"六个字。甲午是乾隆三十九年（一七七四），在

雪芹死后十一年。十一年后回忆，把"癸未除夕"误记为"壬午除夕"，是很可能的事。

这一条"甲午八月泪笔"，是很重要的材料。赵冈先生的一个大错就是因为他忽略了这一条最重要的批语……

……这一条批语的全文是这样的：

能解者方有辛酸之泪哭成此书。壬午除夕书未成，芹为泪尽而逝。余尝哭芹，泪亦待尽。每意觅青埂峰，再问石兄，余（奈）不遇獭（癞）头和尚何，怅怅！

今而后，惟愿造化再出一芹一脂，是书何本（何本二字当做得成二字，得字草书像"何"字，成字草书像"本"字，故抄手误写），余二人亦大快遂心于九泉矣。甲午八月泪笔。

这里"余二人"当然是"一芹一脂"，故此条是脂砚在雪芹死后十一年的泪笔，其年月为乾隆三十九年甲午八月（一七七四）。故赵冈先生推断脂砚死在一七六七年以前，是不确的。（台北胡适纪念馆藏档，档号：HS-LC01-003-012）

同日　胡适复函代越南知用中学求题词的唐富言等，婉拒题词请求：中国刊物常有请名人题词的习惯。我个人向来不赞成这种题词，所以我很少很少答应各处题词的请求。现在我很诚恳地报告先生，我已决定谢绝一切的题词的请求了，千万请原谅。（《胡适之先生年谱长编初稿》第八册，2819页）

按，是年向胡适请求为刊物题词、求墨宝的有台湾儿童月刊社、《兴隆周刊》、许来成、苏景泉、金振庭、周鸡晨（为"中华邮讯"创刊）、李畊、郑俊时、颜山佑、帝汶侨声社、赖眼前（为《松阳族讯月刊》）、杨庆霖、孔繁曦（为韩侨同学会拟办刊物）、沈达夫、洪长恭（为菲律宾《公理报》四十八周年纪念）、钟声（为《台南市指南》）、高雄成功广播电台、沈宗瀚、李氏族谱编辑委员会、施宏谟（为《全能汉英手册》）、王子贞（为菲律宾育英学校十周年特刊）、谭振球（求抄录范文忠公《灵乌赋》)、黄谦恩(为"新生活出版社"招牌,胡适3月13日函辞)、徐世经、吴祖望、刘燕夫、谢膺毅、董鼎(为黄范一征求祝寿诗文)、李辰冬、张池龙、张德粹、庄申、王朴斋、薛斯人等。(据台北胡适纪念馆藏档不完全统计)

同日 Kenneth D. Howe 致函胡适,云:

Perhaps you will recall that I had the honor and privilege of meeting you when you were visiting the Presidio of Monterey sometime in 1957. I was and still am the Chairman, Chinese-Cantonese Department, U.S. Army Language School.

I have, in addition to this position, recently accepted a teaching position from the San Jose State College, San Jose, California to teach an extension course at the Monterey College in the evenings. The course is "Chinese and Japanese Philosophy, " and an upper division course. I have in the past read many of your publications on the subject and thoroughly enjoyed and admired your works. In order that my course will not omit any part which you have so carefully studied, it would be most helpful if I can have, and if necessary to purchase, a complete set of your publications.

Furthermore, I would appreciate it very much if an "Academia Sinica" bibliography on the subject of Chinese philosophy can be made available to me. Publications on the subject especially those published in Chinese are scarce if not difficult to find at this end. If additional copies, regardless of soil condition, can be made available to me by the "Academia Sinica", I shall be most pleased to purchase them.

I ask of your assistance on this matter with the sincere hope that you will morally and materially support me to perform this task of promoting a better understanding between the Chinese and American peoples and to endeavor to popularize the Chinese culture in foreign lands in my little humble way.

Hoping this letter will find you in the best of health. With highest respects and warmest regards.（台北胡适纪念馆藏档，档号：HS-NK05-152-038）

同日　高宗武致函胡适，告：崔存璘、周亦勋两位被调回部，周已辞职预备在此另谋生计，而崔想托胡适替他在陈诚处说几句好话，使他可在美继续工作。又告董显光来电话说不久之将来要回台湾，请询胡适有何需要可托他带。又及谭绍华已搭机赴任事。（台北胡适纪念馆藏档，档号：HS-NK05-057-003）

2月6日　胡光麃来谈他最近被"高等法院"裁定"宣告破产"的案子。（据《日记》）

同日　胡适修订了由杨树人拟的"国家长期发展科学委员会"执行委员会的《办事细则草案》，并命秘书复写数份，以交王世杰、梅贻琦、钱思亮等人。（据《日记》）

同日　晚，胡适应唐嗣尧的饭约，同席的有贾景德、何成浚、齐如山、李嗣璁、梅贻琦、毛子水等。在胡祖望家中过"小年夜"。（据《日记》）

同日　访客有吴申叔、王企祥、叶曙、严一萍等。胡适为王雪村的扇面题了字，又为《钟南进士送妹图》题字。（《胡适之先生年谱长编初稿〔补编〕》，101页）

同日　胡适函谢宋聘莘告知宋维钊事迹，并告可向文献委员会购买《恒春县志》。（台北胡适纪念馆藏档，档号：HS-NK01-268-012）

同日　雷震日记有记：上午9时访陈启天，请他把他的意思报告胡适之。盖今日如胡不出来，工作至为困难也，他允为之。（《雷震全集》第40册，22页）

同日　陈克恢复函胡适，云：

Many thanks for your message of February 2, 1959, together with the newspaper clipping. It is most encouraging to see how you are helping China bring about the long-range developments, particularly in sciences.

Thanking you again and wishing you every success, I remain.（台北胡适纪念馆藏档，档号：HS-NK05-091-020）

同日　陶振誉函询胡适：大著可否寄一二十本往韩国研究中心，托其主持人分赠有关人士及机构（附名单）？（台北胡适纪念馆藏档，档号：HS-NK01-113-007）

2月7日　上午，马保之前来探访，谈台大的森林面积。晚在钱思亮家过除夕。（据《日记》）

同日　香港《新闻天地》第15年第6号刊出标题为《商山四皓》的报道，云：

《汉书·张良传》中，曾出现"商山四皓"的名称。四皓指的是东园公、绮里季、夏黄公、角里先生，均汉初之隐士。据说，台湾现在也有所谓"四皓"了。传说中的四皓，并非隐士，他们都有官职，虽然头发至少都在花白中。

同日　李书华复函胡适：发展科学专款已有着落，"长科会"已成立，计划纲领即将付诸实施，这是吾兄发动此一运动的第一步大胜利，特此祝贺。（台北胡适纪念馆藏档，档号：HS-NK05-029-001）

同日　萧公权函谢胡适寄来"国家长期发展科学委员会"的剪报。又云："专款"的用途6项，都很切要。今后甄选研究人员不知道统由执委会办理或另外组织"专门委员会"办理？又谈及研究补助费的范围及年限等。（台北胡适纪念馆藏档，档号：HS-NK05-131-001）

2月8日　来拜年的客人颇多，久谈的有雷震夫妇、夏涛声以及刘真夫妇等。胡祖望一家来陪胡适吃午饭。下午胡适到"国大联谊会"去团拜，又到吴忠信、于右任、王云五（在王家谈一小时）、朱家骅、李济家拜年。（据《日记》）

雷震是日《日记》：

又至胡先生处拜年，谈到《新闻天地》嵩〔商〕山四皓之事。他说他已听到他人说过。他说这是很刻毒的说法。他说这次出巡完全是蒋梦麟之布置，蒋要他去看"农复会"之工作，而凌鸿勋曾要求他去看炼油厂，他在出门前并要求不带警卫，事实上去东海时看到沿途有警察，而到后校长等迎接如仪。

胡又谓，雪艇告诉他，说雪屏和他讲"自由中国"的文章，使"总统"发怒。雪艇要雪屏与胡先生讲，由胡先生和我讲。因雪屏尚未讲，胡先生也不明白什么地方得罪了蒋公，胡先生以为是短评。……（《雷震全集》第40册，23页）

2月9日　上午10时，胡适到金华街110号，主持召开"国家长期发展科学委员会"执行委员会第一次会议。到会的有梅贻琦、钱思亮、李济、杨树人、李熙谋、浦薛凤、王世杰等，共8人。晚应约到刘真家吃饭，同席的有赵元任夫妇。（据《日记》；台北胡适纪念馆藏档，档号：HS-NK05-249-001）

同日　雷震致函胡适，谈及《自由与容忍》，务请拨冗写来发表，这有"支持"作用的。（《万山不许一溪奔——胡适雷震来往书信选集》，160页）

2月10日　上午，朱家骅夫妇、王霭芬等多人来拜年。晚在陈诚家吃饭，同席的有赵元任夫妇。（据《日记》；《陈诚先生日记〔二〕》，1015页）

同日　曹树铭致函胡适，谈在新加坡情况，又附寄《中国文学改革的先锋——胡适》。（台北胡适纪念馆藏档，档号：HS-NK01-127-009）

2月11日　蔡一谔陪同福特基金会的 Mr. John Scott Everton 来访，胡适邀李济、全汉昇参加会见，又共进午餐。下午陶振誉来访。晚阅 Sir Thomas More 的 *Utopia* 和他女婿写的 More 传记。（据《日记》）

同日　胡适复函龚静波，告已看过其《中国文学综合表解》，但是：

我不赞成用表解的方法来整理中国文学史。因为青年人研究文学，应多看原料。所谓原料，就是文学家的作品，单用"表解"是不够的，例如光记得明代"前七子""后七子"的姓名而不去读他们的作品，这是"记诵之学",于文学上的了解,毫无益处。所以我个人不赞成这种表解方法。(台北胡适纪念馆藏档,档号:HS-NK01-228-039)

2月12日 为美国前总统林肯150岁诞辰纪念日。当夜9点一刻,台北市"中央广播电台"广播胡适的演讲词。10点美国之音广播英文原词;10点半又从华府转Manila广播普通话词。(据《日记》)

同日 来访的客人有李淑明太太及其女儿、郭廷以、张贵永等。(据《日记》)

同日 晚,应邀参加Drumright举行的宴会,客人有Draper Mission,Gen. Hull,Mr. Parelman。(据《日记》)

同日 胡适致函李国钦,云:

> Forgive me for my long delay in thanking you for the generous Christmas check which, as you wrote, "represents the warmest good wishes & greetings from Wah Chang Corporation." Please accept my much belated but sincere thanks and good wishes for the continued good health and prosperity of yourself, your now much enlarged family, and the many old friends of the corporation.
>
> I have now been back a little over three months, and have been so far in perfect health, having never had even a cold which is so common in Taiwan!
>
> A group of my old friends & students gave me a dinner party on December 4, 1958, to celebrate the 20th anniversary of my heart attack which, as you may recall, took place on Dec. 4, 1938. On that occasion, I naturally thought of you and of your great kindness to me during my illness. When you see Dr. Levy next time, you can tell him that I am his good specimen of a heart patient who, under his care, has lived in good health for over 20 years.
>
> I am sending you a newspaper clipping containing the text of the recently (Feb.1) published "Outline of a 'National' Plan for Long-range Development of Science", and also a report of the formation meeting of the newly or-

ganized "National Council on Science Development".

The plan was first discussed & adopted last August 22, with a more generous estimate of first-year appropriation of N.T.$40,000,000 and U.S.$500,000... The plan was shelved for a long time, and, when it was taken up again, the first-year appropriation was cut down to N.T.$20,000,000 and U.S.$200,000!

But it is a beginning which, I hope, may lead to something bigger and better as time goes on. You can see that I am still the "incorrigible optimist" as I have always been!（台北胡适纪念馆藏档，档号：HS-NK05-030-002）

同日　胡适为黄建中寿笺题词：

得某壁立万仞，岂不益为吾道之光？

朱子晚年语，录以奉祝

离明吾兄七十大寿，并贺

嫂夫人大寿。

胡适（《胡适之先生晚年谈话录》，9～10页）

2月13日　胡适作有《王梵志的道情诗》一篇笔记。（《胡适手稿》第9集卷3，377～385页）

同日　访客有于右任、王琳、延国符夫妇、吴祥麟、易希陶、张研田、罗泽清、易希道。（《胡适之先生年谱长编初稿〔补编〕》，103页）

同日　胡适复函胡光麃，谢寄 Unit-Hut 的说明书，并谓：

第一页提及"有巢氏"，似可删去，因为中国古代文化开始时并不在 the tropics……

老兄信上说，要叫这种屋做"胡适屋"，此事千万不可做。我是最怕出名的，一生受了暴得大名之累，现在老了，更是处处躲避一切出名的事。所以我恳切的求你千万不可用"胡适屋"的名字！（胡光麃：《与赵元任、胡适之两同学往来的信》，载台北《传记文学》第27卷第1期，

1975年7月）

同日　胡适复函刘真，感谢其对旧庄"国民学校"的爱护与协助。（刘真：《适之先生二三事》，载《自由谈》第13卷第4期，1962年4月1日）

同日　胡适复函孟球雄，请其不要函寄《基本科学与农业增产研究之成功实例浅说》一书，因自己不懂农业科学，"中研院"也没有农业科学的研究机构。（台北胡适纪念馆藏档，档号：HS-NK01-233-010）

同日　雷震致函胡适，请胡早日将《自由与容忍》写好，以便发表。（《万山不许一溪奔——胡适雷震来往书信选集》，161页）

同日　陈诚日记有记：6时，见张九如，据告：一、有人批评余上月偕胡适、蒋梦麟、梅贻琦、王雪艇四博士至台中、台南，等于"四皓"。……（《陈诚先生日记〔二〕》，1016页）

2月14日　下午，高平子来谈。晚，胡适在陈长桐（R. C. Chen）家吃晚饭。（《胡适之先生年谱长编初稿〔补编〕》，103页；据《日记》）

同日　胡适致函李书华，云：想请老兄便中与健雄、政道两位谈谈，能得大猷、振宁、廷黻、袁贻瑾诸位参加更好。但这是一个起点，数目虽小，不必悲观，只要有成绩，前途仍未可限量。现在计划第一个半年的事，很想先从研究讲座教授和客座教授开始。

胡函又云："研究讲座教授"拟先提出在台湾能做研究的教授若干人补充，每人每月可得台币3000元的"研究费"，加上各人原薪约1400元，约共有4400元，加上住宅与配给，生活可以颇舒服了。此是古时燕昭王筑黄金台招贤，郭隗所谓"请自隗始"的意思（研究教授可以有助理2人，可以请求研究设备费）。最轻而易举的是客座教授，专为延请岛外的中国学人回来作短期讲学的。略如"中基会"近三年来延请吴大猷、李卓皓、赵元任之例，每人回台湾讲学三个月左右，致送美金约6000元（包括来往旅费）。月涵、思亮诸兄很盼望今年五六月间能有三四位院士回来讲学。我们"中研院"同人本拟在7月第一个星期召开院士会议，故更盼望那个时候有几位院士回来。

胡函又云：请你们几位想一想——健雄能回来走走吗？振宁、政道两位能回来作短期的勾留吗？数学家能有一位（家翘）回来吗？兰成可以回来一趟吗？老兄能同大嫂回来走一遭吗？目下生物学者最缺乏，能得林可胜、袁贻瑾、陈克恢回来走一趟吗？听说蒋硕杰有回来的计划，能赶上7月初的院士会议吗？以上不过是一些希望，要请李等便中谈谈。（《李润章先生藏近代名贤手迹》，107～112页）

按，2月24日，李书华复函云：收到此函后已与吴健雄电话沟通过，俟吴大猷下次来纽约时大家一同谈谈。寄上"中研院"院士选举500元用款收据。为胡适返台后100天未生病感到高兴。（台北胡适纪念馆藏档，档号：HS-NK01-069-002）3月9日，李书华再复函胡适云：杨振宁、李政道、吴健雄和自己都不能去台湾。3月8日与吴大猷、吴健雄、李政道餐叙，大家想到一个问题：除了客座教授以外，如能觅得学人到台作较永久性居留更好，但也一时想不出合适的人选。（台北胡适纪念馆藏档，档号：HS-NK01-069-003）

同日　胡适致函 L. Quincy Mumford：

I am writing to ask the Library of Congress to do a great favor to the "Academia Sinica" by consigning to the "Academia Sinica" the one positive copy of the microfilms of the entire collection of about 2870 items of rare books which the National Library of Peiping has since 1941 deposited at the Library of Congress for safe-keeping, and which were microfilmed in the years 1943–46 with the permission given by myself when I was Chinese Ambassador to the U.S.A.

For your reference, I beg to quote from the Annual Report of the Librarian of Congress, 1943, p.161：

With commendable foresight the National Library of Peiping sent to this country, sometime before Pearl Harbor, 100 boxes of its rarest printed and manuscript material to be deposited in the Library of Congress for temporary safe-keeping. With a degree of liberality seldom manifested by one nation to another, the Chinese Government, through its Ambassador, has given permission to the Library of Congress to make microfilm reproductions of all of this material for its own collections and for the collections of any other library which may desire to have it — the only condition being that three copies of the microfilms be sent to China for the use of Chinese scholars who, for the past 8 or 9 years, have not had access to these treasures. The books themselves will, of course, be returned to the National Library of Peiping when the war has been successfully concluded.

Three copies, therefore, were made to be sent to China in consideration of the privilege of copying or microfilming the entire collection for the use of the Library of Congress and of any library that may desire to have the whole or part of it.

In 1947, two of the 3 copies were brought back to Peiping by Mr. Wang Chung-min who had particpated in the work of microfilming the collection and had prepared the special catalogue of the microfilms.

One complete copy is still kept at the Library of Congress. Mr. Edwin G. Beal, Head of Chinese Section, Orientalite Division, and Messrs. T. L. Yuan & K. T. Wu of the same Division, I understand, have located this copy and have found that it is in good condition.

It is this third copy that I now request you to consign to be shipped, at our cost, to the Library of the Institute of History and Philology of the "Academia Sinica", at Nankang, Taipei, Taiwan, for the use of the scholars of "Free China".

It is my earnest hope that you will give your consent to this consignment, which, I can assure you, will be of great benefit to the historical and humanistic scholarship of "Free China".

I am sure that Messrs. Beal, Yuan & Wu can furnish you with additional information about the original transaction of this undertaking for microfilming such a large collection of rare books.

If you sanction this request, please kindly instruct Dr. K. T. Wu and Dr. T. L. Yuan to inform me and to make the arrangements for shipping the microfilms.

With personal greetings and high regards, I beg to remain...（台北胡适纪念馆藏档，档号：HS-NK05-160-042）

按，3 月 3 日，L. Quincy Mumford 复函与胡适：

Since this transaction took place some years before my appointment as Librarian I shall need to inquire into the background of it and to study the correspondence relating to it. I assure you that I shall give your request fully sympathetic consideration.（台北胡适纪念馆藏档，档号：HS-NK05-160-043）

同日　胡适将致 L. Quincy Mumford 函副本函寄袁同礼、吴光清，并云：如蒙国会图书馆馆长同意，只好烦劳袁、吴两位将这 microfilms 连同目录点查一遍，装箱托招商局的朋友设法运来。若招商局一时无便船，可托他们打听"Maersk"船。运费等项，请示知，当寄奉支票。又附寄《神会和尚遗著两种》。（台北胡适纪念馆藏档，档号：HS-NK01-164-006）

按，3 月 1 日，吴光清复函胡适：关于平馆寄存书籍胶片事，已作非正式之接洽，大约不致有问题；又提及装箱及运送上船等事，以及接洽船只事。（台北胡适纪念馆藏档，档号：HS-NK05-037-011）

同日　胡适复函唐纵，谢其协助解决"中研院"申请变更都市计划和院内土地划为防空疏建用地两事，并欢迎其来南港看风景、喝酒。（台北胡适纪念馆藏档，档号：HS-NK01-114-015）

同日　胡适分别复函胡兰生、刘定潮，告知无法为其安排工作。（台北胡适纪念馆藏档，档号：HS-NK04-011-015、HS-NK01-080-032）

按，是年向胡适提出请求介绍工作的还有张静成、谢正卫、邹毅、朱诒扬、陈育民、程善继、谢赫政、张维仁、谢白萍、佘慎予、程绥楚、胡麟祥、马逢瑞、郭纯如、吴建燠、庄申、梁其奎、陈柏庭、高长树、苏瑶。（据台北胡适纪念馆藏档不完全统计）

又按，现在知道胡适复函婉拒的还有曹寄萍、谢白萍、李用和、佘慎予。（据台北胡适纪念馆藏档不完全统计）

2月15日　雷宝华夫妇、顾文霞、陈启天来吃午饭。饭后与陈启天长谈。下午邓先仁来访。（据《日记》）

按，2月17日雷震日记记陈启天转述15日他与胡适谈话，云："饭后陈将目前在'自由中国'社之谈话全部说出，最后说大家希望胡先生出来领导，胡先生表示'政府'对他行动甚为注意。"（《雷震全集》第40册，28页）

2月16日　任显群、吴道艮、孙卫、陈伯庄等来访。晚上在金克和家吃饭。（据《日记》）

同日　胡适复函金振庭，告所寄字、画及多封来信皆收到，并以无暇回复请见谅。（台北胡适纪念馆藏档，档号：HS-NK01-220-008）

2月17日　胡适与赵元任、全汉昇共进午餐。法国 *Le Monde* 记者 Robert Guillain 来谈。晚，黄少谷宴请 Eric Johnston，胡适应约出席。饭后与 Johnston 谈1小时。（据《日记》）

同日　鲍永生来访，胡适借与其离台旅费200美金。（《胡适之先生年谱长编初稿〔补编〕》，104页）

同日　胡适复函韩石泉，谢其赠《六十回忆录》。并谓：这部回忆录是台湾光复后仅见的一本自传，其中不但有先生一生立身行己的纪录，还有60年来的重要史料。先生提倡自传的风气，我十分佩服。我很盼望将

来有许多台湾朋友，如蔡培火先生，如黄朝琴先生等，都有继续仿效先生的回忆录，有更多更详细的自传文字出来……这种自传式资料的出现必定可以增加我们整个民族的了解与亲爱，不单是给将来史家添一批史料而已。另谢寄示其子韩良诚所摄照片。（台北胡适纪念馆藏档，档号：HS-NK05-135-001；《胡适之先生年谱长编初稿》第八册，2828 页）

同日　胡适复函蓝荫鼎，告知照片收到，并感谢其 1 月 26 日招待午饭。（台北胡适纪念馆藏档，档号：HS-NK01-108-004）

同日　胡适复函王溥：欢迎孙柏年先生来访。（台北胡适纪念馆藏档，档号：HS-NK01-144-017）

同日　胡适在他选注的《名家词选》（香港百乐书店，1953 年）上题记：沈志明先生赠我此书，这是台北有人翻印香港的翻印本。（《胡适藏书目录》第 2 册，817 页）

同日　童世纲复函胡适：欣闻其在台北的生活情形，希望设法节劳。又谈及李氏基金委员会已经正式回信拒绝馆里的要求。另询碛砂藏影印本 7 种是否应当寄上。（台北胡适纪念馆藏档，档号：HS-NK05-095-006）

同日　杨日旭致函胡适，告 2 月 16 日《纽约时报》刊出苏联作家 Pasternak 于其 *Dr. Zhivago* 一书出版后之新诗一首，抄示于后。此间《侨报》对胡适在《民主潮》社所作之谈话颇多断章取义之处。（台北胡适纪念馆藏档，档号：HS-NK05-109-003）

同日　Wandell M. Mooney & Robert H. Chiang 致函胡适，云：

> A few weeks ago, we opened our new Office which is to serve the Chinese community here in New York. The opening was very successful and we received many compliments from Chinese who were pleased with our use of a Chinese motif and name.
>
> Many people spoke of your having honored us in writing the name, so we are enclosing a few photographs which we had taken so that you could see how we used your distinguished writing. We hope you will find these photo-

graphs interesting and again thank you for your courtesy to us.

Naturally, when you are next in New York we hope we will have the honor of showing you this Office.（台北胡适纪念馆藏档，档号：HS-NK05-160-032）

2月18日　姚从吾来。陈伯庄来。赵元任来。（《胡适之先生年谱长编初稿》第八册，2829页）

同日　晚8时，胡适主持召开"'国家长期发展科学委员会'执行委员会"第二次会议。（台北胡适纪念馆藏档，档号：HS-NK05-249-002）

同日　蒋硕杰函谢胡适寄关于"国家长期发展科学委员会"成立消息的剪报，并为胡适的计划迅速为当局所采纳而道贺。（台北胡适纪念馆藏档，档号：HS-NK05-124-002）

2月19日　胡适对来访的客人说："做学问的人，尤其作考据的人，不许靠记性来写书，就是背得出来的句子，不找原书看，往往会有一二个错字的！"（《胡适之先生年谱长编初稿》第八册，2830页）

同日　胡适、梅贻琦联名敦聘杨树人为"国家长期发展科学委员会"的执行秘书。（《胡适之先生年谱长编初稿》第八册，2831页）

同日　胡适出席中国公学校友会举办的联欢晚会。（《胡适之先生年谱长编初稿》第八册，2831页）

同日　胡适复函雷震，谈"自由中国"社处理陈怀琪投书事件的种种不妥之处，又认为"此事很不简单"：

> 我的看法是，陈怀琪的原信（二十卷二期）就是不应该登出的——我若是编辑，一定不登这样的信；这样的信登出之后，于用真姓名的投书人当然是很不利的，于"自由中国"半月刊当然也是很不利的。此信的后半幅，当然更不应该发表。登出此信是大错。登出全文更是大错。用那样的标题更是大错。
>
> 这种投书，即使是真的，即使是投书人要求"予以披露"，你们也应该用常识判断，不应使他冒被人指为"有匪谍嫌疑"的大危险，你

们应该把他当作缺乏人生常识的人，不给他"披露"这类的信。

何况此种投书大有可疑，你们何以竟如此深信而不怀疑？

我看此事很不简单，千万不可说"我们绝无问题"一类的话。我劝你立刻找最高明的律师，把一切资料请他研究，准备吃官司，准备封报馆。

你说"原投书与他更正函是一样笔迹"，这种考据是不够的。问题是他写第一封恭维你们的信，你们就完全登出了；他写第二封诋评你们的信，为什么就不给他完全登出呢？这就是试验你们的"言论自由"了。

试看 Time 周刊每期登出的"读者投书"，总是赞成和反对的两面都登出。所以处理"读者投书"不是容易的事，必须有大度量，必须有"幽默"，必须能体谅人，必须肯登我们自己觉得最不公平的批评。例如陈怀琪的更正信，全文登出，自有读者公评。你试想看，这话是吗？（《万山不许一溪奔——胡适雷震来往书信选集》，162～163页）

同日　胡适复函姜良仁，谢其预祝自己80岁的寿诗，并请千万不要发表；另及对该诗之意见。（台北胡适纪念馆藏档，档号：HS-NK05-047-005）

2月20日　郑学稼来长谈。（据《日记》）

2月21日　缪天华来访，胡适谈及《楚辞》非一个人做的，又谈到司马迁写的张良的历史是一种神话。访客还有 Hochstaer、浦家麟夫妇等。（《胡适之先生年谱长编初稿》第八册，2832页；《胡适之先生年谱长编初稿〔补编〕》，105页）

同日　胡适致函"总统府"第三局，告本月23日孙中山纪念馆月会，因事不能出席。（台北胡适纪念馆藏档，档号：HS-NK01-287-001）

同日　陈伯庄致函胡适：请寄郭廷以著的《中国近代史》给许冠三，并告书款将奉还。又谈及季刊第四期的重点有二：杜威哲学、政治学。乞赐一篇关于杜威思想在中国的文章。（台北胡适纪念馆藏档，档号：HS-NK05-089-002）

1959年　己亥　68岁

同日　金芳云致函胡适，告：发明创作有专利然无资制造，请援助。（台北胡适纪念馆藏档，档号：HS-NK01-218-005）

2月22日　陈长桐夫人、刘航琛夫人、唐舜君女士、顾正秋女士来吃午饭。（据《日记》）

同日　晚，张昌华宴请胡适。（《胡适之先生年谱长编初稿〔补编〕》，105页）

同日　胡适有《跋合众图书馆藏的林颐山论"编辑全校郦书"的函稿》。（《胡适手稿》第2集卷3，431～439页）

同日　胡适致函Laurence H. Snyder，云：

Three days ago I sent you the following radiogram:

"Forgive long delayed reply to your kind letter December 20. Shall gladly accept honorary degree from University of Hawaii. Letter follows.

Hu Shih"

I must again apologize for the long delay in acknowledging and answering your very kind letter of last December. The delay was due to an uncertainty of the date of a Meeting of the Academicians for the election of new members, over which I have the duty to preside.

It is now certain that this meeting can be held here on the first & second day of July, so that I can now arrange to fly to the East-West Philosophers' Conference immediately after the Academicians' meeting. I regret that I cannot be present for the earlier sessions of the Conference.

I am most grateful to you and the Roard of Begents of the University of Hawaii for the decision to confer an honorary degree of HH.D. on me in the distinguished company of Dr. S. Radhakrishnan and Dr. D. T. Suzuki. I accept this honor with thanks and humility.

Kindly convey my belated but very sincere appreciation and warm thanks to the Regents of the University.

I earnestly hope that my arrival in the first days of July may not unduly inconvenience the University in its arrangements.（台北胡适纪念馆藏档，档号：HS-US01-017-003）

同日　Richard de Martino 函谢胡适寄来《新校定的敦煌写本神会和尚遗著两种》数本，表示京都许多学者，包括自己的老师久松真一博士均感兴趣。希望能再寄5份。（台北胡适纪念馆藏档，档号：HS-NK05-160-012）

同日　程靖宇寄赠任鸿隽译《爱因斯坦与相对论》（上海科学技术出版社，1958年）与胡适，"恭祝华诞"。（《胡适藏书目录》第1册，573页）

2月23日　上午，江一平来谈。下午，开院士第三组提名人审查会。准备史语所学术讲演会的演讲材料。（据《日记》；台北胡适纪念馆藏档，档号：HS-NK05-222-012）

同日　胡适复函刘忠礼，说明关于来函中所提美国 Southern Illinois University 文物事完全不知道，故不能"设法办理"此事。（台北胡适纪念馆藏档，档号：HS-NK01-080-033）

2月24日　下午在史语所演讲"假历史与真历史"，用400年《水经注》的研究史做说明的例子。（据《日记》）

同日　5时，俞大维夫妇来谈。（《胡适之先生年谱长编初稿〔补编〕》，106页）

同日　朱金海致函胡适：收到送来的济助金300元。（台北胡适纪念馆藏档，档号：HS-NK01-001-012）

按，此人后来多次致函胡适，请求济助，甚至致函李济催询。李济10月8日复函云：胡先生到美国去三个多月了；胡先生并不是富有的人，对于济助，恐怕他也难以为继。（台北胡适纪念馆藏档，档号：HS-NK01-001-029）

又按，是年来函向胡适请求济助的还有罗泉、蓝晋懋、吴达森、胡仲萍、俞祖祯、马兴生、鼎力、吕国才、朱嘉、曹寄萍等。（据台北

胡适纪念馆藏档不完全统计）

同日 程靖宇复函胡适，寄上《又玄集》等 6 种书，又谈及请胡适为其谋职事等。（台北胡适纪念馆藏档，档号：HS-NK01-053-022）

同日 Charles A. Moore 致函胡适，对胡适的工作和健康深表关切，并希望胡适能尽早赶来参加研讨会。（台北胡适纪念馆藏档，档号：HS-US01-017-004）

同日 George E. Taylor 致函胡适，云：

It is with very great pleasure indeed that we have received news from Taiwan to the effect that the "Government" is making a very substantial grant for research. I want to congratulate you on this immediately as I know that it is something that you have wanted for a long time, and that your prestige and efforts must have been very much involved in securing it. This is indeed most encouraging. The strength that this will give to independent research in Taiwan will provide a basis for intellectual cooperation between Chinese and American scholars that we here welcome and anticipate with enthusiasm.

We shall always welcome your advice in these matters and hope that on one of your trips you will be able to stop in to see us here in Seattle. （台北胡适纪念馆藏档，档号：HS-NK05-168-002）

2月25日 访客有叶曙、董作宾、鲍永生。（《胡适之先生年谱长编初稿〔补编〕》，106页）

同日 晚，雷震与端木恺、成舍我约赵元任、陈伯庄吃饭，另约胡适、胡秋原、胡钝俞、陈启天、李万居、程沧波、殷海光、夏道平、李济、夏涛声等多人作陪。陈启天说，在美看到许多中国学生十分彷徨，觉得前途黯淡，希望有人出来领导，大家寄望于胡先生。胡适谓英美留学生各就本行工作，不讲革命。端木认为胡先生误解了启天的话，加以说明。胡秋原说陈启天组党多年，情愿不做领袖，当有其苦衷也。最后胡适说他老了，希望年轻人起来干。他又说今日好像是劝进工作，他请赵先生看看台湾有这一些 nonconformity，即有这些不肯低头的人。(《雷震全集》第40册，35～36页)

　　同日　罗家伦日记记："晚，电话告马星野务投胡先生票。"(《罗家伦先生文存补遗》第三部《日记补遗》，643页)

　　同日　汪敬熙复函胡适，云：此次提名，在生物组方面，资格较上次差远。其中有周田，甚可诧异。此公以假造实验结果出名。那位自视极高的吴宪曾经上过周田的大当，跌了一脚！……生理的四位都不甚高明。似乎我签了提名单。但是我同陈克恢言明，签字可以，可是我不投他们的票。蒋慰堂的图书馆学是什么？是不是朱家骅在那里捧他？（台北胡适纪念馆藏档，档号：HS-NK05-018-007）

2月26日　朱霖、熊芷夫妇来谈并在此吃午饭。下午雷震、胡锺吾来谈。（据《日记》；雷震是日《日记》）

　　同日　晚，朱家骅在圆山饭店宴请胡适。(《胡适之先生年谱长编初稿〔补编〕》，106页)

　　同日　胡适看了马逢瑞请自己替他介绍台湾省物产保险公司工作的信后，对胡颂平说："我是向来不替人介绍工作的。我这次到院里来不带一个人。从前在北大时也不曾带一个人，就是在中公当校长时，我请杨亮功当副校长，那是请他帮忙我的。那时江宝和当会计，不是我的意思，是校董会请他，丁燮音硬要他去担任的。我现在的地位不能随便写信介绍工作的。我写一封信给人家，等于压人家，将使人家感到不方便。"(《胡适之先生晚年谈话录》，10页)

2月27日　林咸让来谈。（据《日记》）

　　同日　胡适参加 Dominican Republic 驻台机构庆贺独立115年茶会。（据《日记》）

　　同日　胡适作有《沈大成校〈水经注〉的四跋》。(《胡适手稿》第4集卷2，365～367页)

　　同日　胡适复函金芳云：若金之发明品系农业用具，似可去问问"农复会"，"中央研究院"没有农业研究所，也无预算可帮助金制作圆锹。（台北胡适纪念馆藏档，档号：HS-NK05-045-008）

同日 李国钦复函胡适，云：

  I am so glad to hear from you through your tardy letter of February 12, which was forwarded to me at the above address. Since the holidays, in view of these parlous times, I have been a peripatetic salesman in the Far East which assignment took me as far as Australia, and have just resignedly, returned to U.S. soil. After attending the World Mining Congress in San Francisco, I have joined Grace at Castle Hot Springs for a much needed rest before I return East.

  I am delighted to read your heart-warming letter. I was in Hong Kong for a few days, and met many mutual friends. I send you my warm congratulations on the celebration of the 20th anniversary of your heart attack. I shall certainly tell Dr. Levy about your magnificent record when next I see him. It is inspiring to those of us who have gone through the ordeal. Having so many friends of my age group who are cardiacs, I am pleased to have another encouraging example to whom I may point with pride. Indeed, a thrombosis is no longer the fearful thing it once was!

  It is not only that you have survived the attack, but that you have gone on to bigger and more inspiring endeavors. Your plan for the long-range development of science, even if it's years before it fully matures, will be a monument to your vision and far-sightedness. More and more I am inclined to think that our race is gifted in science as it has been in philosophy, and that the world is yet to hear of its contributions in this field.

  I wish you every success and increasing happiness in the utilization of your untapped powers and influence. I know you will not be daunted by recurrent obstacles, which are bound to occur, since it is men like you who were born and developed to overcome them.

Grace, who still suffers from her sinus ills, poor soul, joins me warmly in sending you our "incorrigible optimist", our kindly thoughts and dearest wishes.（台北胡适纪念馆藏档，档号：HS-NK05-030-003）

同日　孟治致函胡适，云：

The Trustees of "China Institute" have given long consideration to filling four vacancies on the Board. As an educational corporation engaged in Chinese American cultural relations, we need someone on our Board who is a well known educator and who is interested in guiding us on our educational programs.

At the Annual Meeting of the Board held yesterday, the Trustees present unanimously elected you as a Trustee for a term of three years expiring in February 1962.

Mr. Henry R. Luce is Chairman and Dr. Hu Shih is President of our Board. The Institute is incorporated under the Board of Regents, University of the State of New York.

I am enclosing three pieces of literature which will give you some idea of our purpose and program. I will be pleased to call you upon your return to New York to supply you further information.（台北胡适纪念馆藏档，档号：HS-NK05-041-005）

同日　陈诚函请胡适为何应钦七秩寿庆赐文稿或词画以贺。（台北胡适纪念馆藏档，档号：HS-NK01-204-008）

按，是年向胡适求贺寿诗文、悼亡诗文的还有何成浚（为萧宣哲、萧与规昆仲之母罗太夫人丧）、王君华（为其母何太夫人之丧）。

2月28日　施友忠来请胡适谈文学革命。(《胡适之先生年谱长编初稿》第八册，2837～2838页）

同日　晚，李顺卿宴请胡适。(《胡适之先生年谱长编初稿〔补编〕》，107页)

同日　胡适写《跋杨希闵过录的何焯沈大成校〈水经注〉本》。(据《日记》)

同日　胡适复函桂裕，为寄赠《访美杂记》致谢，并高度评价该书。(台北胡适纪念馆藏档，档号：HS-NK01-228-021)

3月

3月1日　晚，胡适在杨锡仁家与在台的1910年同考取庚款留美的杨锡仁、赵元任、程远帆、陈伯庄、周象贤5位同学聚会。饭后，又到钱思亮宅参加欢迎Magnus I. Gregersen夫妇的宴会。(据《日记》)

同日　程靖宇函寄俞平伯《红楼梦八十回校本》以及陈垣的书与胡适。盛赞俞平伯书。又谈及向Priestley推荐时注意两点。(台北胡适纪念馆藏档，档号：HS-NK01-053-023)

3月2日　访客有凌纯声、胡光麃、胡宏蕤。(《胡适之先生年谱长编初稿〔补编〕》，107页)

同日　胡适函辞于右任3月4日的饭约。(《胡适中文书信集》第5册，36页)

同日　胡适函辞高梓的演讲邀请。(台北胡适纪念馆藏档，档号：HS-NK05-058-001)

同日　胡适作有《史语所藏的杨希闵过录的何焯沈大成两家的〈水经注〉校注——记杨希闵的〈水经注汇校〉的手稿本》。(《胡适手稿》第4集卷3，329~364页)

同日　陈省身复函胡适，告收到院士候选人初步名单及评议会函。数学组大约周炜良先生可选出。另，王宪钟最近接受洛杉矶加州大学聘请为正教授，他下年在西北大学亦为正教授。钟开莱因家属在大陆，对本届院士选举兴趣不大。(台北胡适纪念馆藏档，档号：HS-NK05-091-030)

同日　马樟清致函胡适，告发明三轮车"安全指标"事，并请协助推广。（台北胡适纪念馆藏档，档号：HS-NK01-231-032）

同日　胡祖望致函胡适，告：Mr. and Mrs. George H. Rockwell 已预订 3 月 7 日在圆山饭店的房间，但不知他们搭乘什么来台；告以两班他们可能搭乘的班机及抵达时间，并询是否要他去与他们会面。（台北胡适纪念馆藏档，档号：HS-NK05-048-025）

同日　中国公学校友会致函胡适，告：胡适当选中国公学校友会第九届监事，定于 3 月 4 日举行第九届第一次理监事联席会议。（台北胡适纪念馆藏档，档号：HS-NK05-142-012）

同日　郑玉威函请胡适为其签署北大证件。（台北胡适纪念馆藏档，档号：HS-NK05-120-003）

同日　Philip S. Broughton 致函胡适，告：昨天和叶公超共进晚餐，谈话融洽，并意外发现叶翻译了 Robert Frost 和 Elliot 等人的诗。请胡适多保重身体。（台北胡适纪念馆藏档，档号：HS-NK05-145-057）

3 月 3 日　上午，董作宾、郭廷以来访。Dr. Corenz Stuch 来访。（《胡适之先生年谱长编初稿〔补编〕》，108 页；《郭量宇先生日记残稿》，112 页）

同日　晚，黄杰宴请胡适，胡适将沈志明的起诉书面交黄杰，并说沈氏夫妇做生意贪利，疏忽也是实在的，但说他是叛乱，太过分了。（《胡适之先生年谱长编初稿》第八册，2841～2842 页）

同日　胡适复函胡健中，告：已将梁炳仁"任意角三等分"的解法交数学所审查过，他们的结论是上题如仅用直尺与圆规作图，在理论上是不可能的，但如引用圆弧以外的曲线，或引用其他仪器，那么解法很多。梁君所用的双曲线，就是一例。（台北胡适纪念馆藏档，档号：HS-NK01-201-002）

同日　何启民致函胡适，报告求学经历，并祈追随胡适从事中国思想史的资料整理、研究等工作。（台北胡适纪念馆藏档，档号：HS-NK01-203-025）

3 月 4 日　胡适作有《跋"中央研究院"历史语言研究所收藏的〈毅

军函札〉中的袁克定致冯国璋的手札》（台北胡适纪念馆藏档，档号：HS-NK01-149-003、HS-NK05-183-004、HS-NK05-183-005；吴相湘主编：《中国现代史丛刊》第1册，台湾正中书局，1960年）

同日　中午，胡适应孔德成的宴会。（《胡适之先生年谱长编初稿〔补编〕》，108页）

同日　胡适复函吴相湘，将写就的袁克定手札的跋语寄吴，谈到王云五知道朱芾煌的事颇多，又谈到罗尔纲、陈独秀与鲁迅：

你评论罗尔纲的话最中肯。我常对他说：不苟且的习惯，是时时需要自觉的监督的。稍一松懈，就会出漏洞了。

我因此回想，古人说"离群索居"之害，不是没有道理的。我当年早看出尔纲的天资不大高，需要朋友督责，所以我总想管住他一点。其实我太忙，没有功夫监督他，试看他的《太平天国史纲》里就已经收了我责怪他的"明人好名，清人务利"的议论了。（台北胡适纪念馆藏档，档号：HS-NK01-149-003）

同日　陈伯庄函请胡适赐文，以给予即将停刊的《现代学术季刊》一点鼓励。（台北胡适纪念馆藏档，档号：HS-NK01-028-002）

3月5日　上午，沈鹤年来谈数学研究所刘登胜的留学问题。下午雷震应约来谈3日出庭情形。胡适将就此事写给"自由中国"编委会的信交雷带回。胡函认为，"自由中国"应检讨编辑方法是否完善，并提三点建议：

此次事情由于"读者来书"。编辑部没有调查"陈怀琪"是真名假名，就给登出了。这是根本最不合编辑"读者来书"的普通原则的！这是我们的大错误。

凡读者投书，（一）必须用真姓名，真地址，否则一概不给登载。（二）其有自己声明因特殊情形不愿用真姓名发表者，必须另有声明的信用真姓名，真地址。否则不给发表。

我很诚恳的盼望我们大家作一次严重的检讨，切实改善本刊的编

辑方法。例如"读者投书"的编辑，必须严格的实行我上面指出的两条办法……

此外，我还有两三个建议：

（1）本刊以后最好能不发表不署真姓名的文字。

（2）以后最好能不用不记名的"社论"。……

（3）以后停止"短评"。因为"短评"最容易作俏皮的讽刺语，又不署名，最容易使人看作尖刻或轻薄……

……争取言论自由必须用真姓名，才可以表示负言论的责任。若发言人怕负言论的责任，则不如不发表这种言论。所以我办《独立评论》五年之久，没有发表一篇用假姓名的文字。我们当时的公开表示是"用负责任的态度，说平实的话"。这种态度，久而久之，终可以得到多数读者的同情和信任。(《万山不许一溪奔——胡适雷震来往书信选集》，165～166页)

同日　晚，胡适在关颂声家吃晚饭。(据《日记》)

同日　胡适复函齐良怜，云齐白石材料中未记齐良怜，可能是白石偶然失记，绝不是有意删除的。(台北胡适纪念馆藏档，档号：HS-NK01-057-018)

按，齐良怜原函现存于台北胡适纪念馆，档号：HS-NK01-057-017。

同日　蒋介石接见赵元任夫妇，日记有记：甚和洽，余近对学者心理，以为皆如胡适一样，殊不然也。毕竟真正学者，其言行风度多可敬爱者也。

同日　徐绍节致函胡适，告不服"司法行政部"决定书，除依法再诉愿外，检呈再诉愿书副本，敬祈主持正义。(台北胡适纪念馆藏档，档号：HS-NK01-017-016)

3月6日　Magnus & Georgie 来探望胡适。(据《日记》)

同日　查良鉴夫妇等来访。(《胡适之先生年谱长编初稿〔补编〕》，109

页）

  同日 沈柏宏函谢胡适对其父母沈志明夫妇的关切。（台北胡适纪念馆藏档，档号：HS-NK01-011-006）

  同日 方子卫致函胡适，为得胡适做台湾"中华科学协进会"名誉会员致意并请其指导。（台北胡适纪念馆藏档，档号：HS-NK01-186-002）

  3月7日 雷法章来谈。下午，康奈尔大学1913年同学George H. Rockwell前来拜访。杨亮功来访。（《胡适之先生年谱长编初稿〔补编〕》，109页；据《日记》）

  同日 晚7时，雷震陪成舍我来访。（《雷震全集》第40册，45页）

  同日 胡适复函Charles A. Moore，告：因院士会议，只能在7月4日、5日抵达夏威夷。公开演讲主题为"The Development of a Scientific Method of Investigation in Chinese Thought"。（台北胡适纪念馆藏档，档号：HS-US01-017-006）

  同日 陈诚日记有记：财经会谈后，与张岳军先生谈话，告予所谓"四皓"之由来。（《陈诚先生日记〔二〕》，1028页）

  同日 雷震复函胡适，云：胡适对"自由中国"社今后编辑方针之训示，已交诸编委先行传阅，然后开会讨论，以期周到。希望胡适早日将《自由与容忍》写好交"自由中国"发表，以"表示先生支持本刊之意"。（《万山不许一溪奔——胡适雷震来往书信选集》，167页）

  3月8日 晚，胡适去阳明山庄莱德处，见着George H. Rockwell夫妇、Dr. David Rowe（Yale）and Prescott夫妇，谈到10时半。（据《日记》）

  同日 Sidney Rather & H. Standish Thayer致函胡适，告成立A Committee for the Observation of John Dewey's Centenary事，并附名单请求同意将其列名其中。（台北胡适纪念馆藏档，档号：HS-NK05-166-008）

  3月9日 胡适致函李先闻、赵连芳，云：上次院士选举筹备委员会议决请各组院士分别审查各组的提名。现在第一、三两组的审查报告都已送来了。盼两位能早日聚会一次，把第二组的21位提名人作一次详细的审查。去年12月14日，你们两位和王世濬在我住所会商生物组提名事。当时王

世瀚提出 3 人：周田、陈有平、潘世仪。你们两位提了左天觉和徐道觉两人。我曾写信给李卓皓，请他代为调查此 5 人的资料和资格。关于周田，汪敬熙强烈指控。已就周田提名电询汪敬熙、吴宪的意见。李惠林的提名须经评议会考虑。台大此次提出的生物组名单似乎不能令人满意。（台北胡适纪念馆藏档，档号：HS-NK05-026-003）

按，吴宪 13 日复电胡适，反对周田候选。3 月 16 日，汪敬熙致函胡适，陈述关于周田之事的事实，是否在会议上提出此事，由胡适决定。4 月 20 日，汪敬熙又致函胡适：不选周田为院士。（台北胡适纪念馆藏档，档号：HS-NK05-037-003、HS-NK05-018-009、HS-NK03-001-023）

同日　殷海光函谢胡适赠送《新校定的敦煌写本神会和尚遗著两种》抽印本，并对胡适的治学方法，尤其是这类方法背后所假定的基本态度和要求深感兴趣。又提及倡导科学基础的研究，希望有一套"科学基础丛书"在台湾出现。（台北胡适纪念馆藏档，档号：HS-NK05-065-013）

同日　Charles K. Bassett 致函胡适，告：康奈尔大学 1914 级的第四十五次团聚仅过了三个月，在此向胡适报告他们要捐给学校 45000 美元目标的进度，并请加入捐赠行列。（台北胡适纪念馆藏档，档号：HS-NK05-145-018）

3 月 10 日　公卖局许自诚来谈。（据《日记》）

同日　晚，蒋介石宴请约旦国王胡笙，胡适应邀出席。（次日台北各报）

同日　胡适对胡颂平说："我本来有这样的一个计划，在每年阳历元旦起写自己的年谱，到阴历除夕时完成，可惜都不能照计画去做。"胡颂平说："先生在美国时用录音的方法，现在也可用录音继续讲下去。"先生说："就是用录音的方法，也总要想一想，像预备功课一样，才能讲的。现在没有这些时间了。"（《胡适之先生晚年谈话录》，12 页）

3 月 11 日　李先闻、赵连芳来谈院士第二组（生物）提名及植物研究所事。（据《日记》）

同日　胡适致函陈诚、王云五,为沈志明夫妇辩白。(台北胡适纪念馆藏档,档号:HS-NK01-011-007)

同日　胡适复函胡健中、陶希圣、唐际清,云:因明日下午有客人来访,担心不能参加酒会,故写短信道贺。(台北胡适纪念馆藏档,档号:HS-NK01-113-017)

同日　胡适日记中评《诗词十九首》。(据《日记》)

3月12日　来访的客人有 Prof. David Rowe、陈光甫、陈伯庄、高惜冰等。(据《日记》;《胡适之先生年谱长编初稿》第八册,2853页)

同日　陈诚宴请约旦国王,胡适应邀出席。(次日台北各报)

同日　胡适作有《容忍与自由》一文。认为"容忍比自由更重要","容忍是一切自由的根本:没有容忍,就没有自由"。(欧阳哲生编:《胡适文集》第11册,北京大学出版社,1998年,823页)

同日　黄彰健致函胡适,感谢赐读大著《记葛思德东方书库藏的大明实录》。遵嘱将该本急需照 microfilm copy 处,开列于下:明英宗实录卷首之进书表及凡例,明世宗实录卷首之修纂官,明宪宗实录第292卷末尾二页。又开列英国剑桥大学藏本所应 microfilm copy 者。又谈及"中央图书馆"藏本,承胡适大力借出,6月底可校完。(台北胡适纪念馆藏档,档号:HS-NK05-100-026)

3月13日　访客有张大千夫妇、张目寒等。(《胡适之先生年谱长编初稿〔补编〕》,110页)

同日　黄杰复函胡适,告:沈志明案正由军事检察官提起公诉中,已饬迅予依法秉公审慎办理。(台北胡适纪念馆藏档,档号:HS-NK01-011-008)

同日　沈柏宏、沈重远、沈漫玉致函胡适,告:父母沈志明夫妇被扣押仍未被释放。特指出起诉书内各点矛盾之处,盼胡适尽力协助,让他们的父母能早日恢复自由。(台北胡适纪念馆藏档,档号:HS-NK05-022-021)

3月14日　胡适将沈志明的女婿黄克孙的来函(台北胡适纪念馆藏档,档号:HS-NK01-011-005)及李政道(台北胡适纪念馆藏档,档号:HS-NK01-011-003)、吴健雄、吴大猷、杨振宁的来电转送给王云五,并致函。

又拜托王云五让陈诚了解该事件的国际重要性，希望沈能早日取保候审。（台北胡适纪念馆藏档，档号：HS-NK05-006-005、HS-NK01-011-009）

同日 胡适复电杨振宁等，大意是一开始就关注沈志明案，确信该案不久会得到公平处理。（台北胡适纪念馆藏档，档号：HS-NK01-011-004）

同日 访客有戴德发、苏清波、阙山坑等。（《胡适之先生年谱长编初稿〔补编〕》，111页）

同日 黄季陆与雷法章邀胡适吃晚饭，同席的有于斌、奚伦、关季玉、袁子健、钱思亮。（据《日记》）

同日 胡适致函阎振兴，告："中基会"已经通过阎提议的成功大学两位助教到普渡大学进修的来回旅费共2400元等。（台北胡适纪念馆藏档，档号：HS-NK01-160-003）

3月15日 韩国侨生孔繁曦、孔德宏，越南侨生谭其毅来访，他们向胡适借去《申翠微》一册。（《胡适之先生年谱长编初稿〔补编〕》，111页；台北胡适纪念馆藏档，档号：HS-NK01-228-010）

同日 胡适邀胡祖望一家来吃午饭，因次日乃祖望40岁生日。（据《日记》）

3月16日 堀内谦介带秘书中野义矩来参观。下午到胡祖望家中，为其庆生。晚，胡适出席约旦国王答谢蒋介石的宴会。（据《日记》）

同日 访客有吴相湘、张庆桢、王敬同、刘世纪等。（《胡适之先生年谱长编初稿〔补编〕》，112页）

同日 中午，胡适将黄杰的信转呈给王云五，并写下一行字："此事最好能不由军事检察官提起公诉，而移送司法办理。被拘押人应交保。"下午，王云五打来电话，说沈志明夫妇可以交保了。（台北胡适纪念馆藏档，档号：HS-NK01-011-027；《胡适之先生年谱长编初稿》第八册，2863页）

同日 胡适与胡颂平谈起应酬的痛苦，进城一次要花费四个小时。又谈起《容忍与自由》这样的短文比论文难写等。（《胡适之先生晚年谈话录》，12页）

3月17日 胡适到机场迎接洪业。晚，钱思亮宴请洪氏，胡适应邀作陪。

（据《日记》）

　　同日　阮维周来访。（《胡适之先生年谱长编初稿》第八册，2863页）

　　3月18日　胡适写"薛瓒"一文。未成。（据《日记》）

　　同日　堀内谦介举行临别酒会，胡适应邀出席。晚与 Mr. Haraldson 一同吃饭。（《胡适之先生年谱长编初稿〔补编〕》，112页）

　　同日　赵连芳复函胡适，云：柳安昌先生资历较高，但研究之贡献似不比刷去的四人特多；李先闻先生与弟未将生理与医学严格分类……故芳同意列柳为现表之第三位；先生若主张将柳先生一并刷去，芳亦同意。（台北胡适纪念馆藏档，档号：HS-NK05-118-010）

　　同日　吴相湘、王德昭致函胡适，为能参加宴请蒋廷黻、洪业的宴会而感到荣幸，并陈"中研院"近史所之弊。另陈述请胡适聘蒋廷黻正式主持近史所务之理由与想法。（台北胡适纪念馆藏档，档号：HS-NK05-035-006）

　　同日　姚从吾致函胡适，告《赫胥黎文集》第四册已交给阮维周。胡适考定臣瓒即薛瓒一文可否交《大陆杂志》发表。又谈到王先谦的书里说臣瓒与《水经注》的材料线索。（台北胡适纪念馆藏档，档号：HS-NK01-159-005）

　　3月19日　刘季洪来谈。周鲠生两子（元松、小松）借胡祖望家请赵元任、王世杰和胡适吃晚饭。（据《日记》）

　　同日　陶一珊来看胡适收藏的《清代学人书札诗笺》12册，胡适说当初是作为史料收集的。后来发现其中有些是假的。（《胡适之先生年谱长编初稿〔补编〕》，112～113页）

　　同日　胡适应阳明山管理局局长周象贤之请题写了"丰乐亭"三个字，又为赵兰屏、陈质平、张锡仁题字，为高惜冰题写了张玉田的两句词：

　　　东风且伴蔷薇住，到蔷薇春已堪怜。（《胡适之先生年谱长编初编〔补编〕》，113页）

　　3月20日　晚，胡适与李济合请蒋廷黻、洪业吃晚饭，陪客共24人，

均系台湾文史学者。（据《日记》）

　　同日　杜光埙、雷震、夏涛声听说胡适伤风，特来南港探视。（《胡适之先生年谱长编初稿〔补编〕》，113页）

　　同日　胡适与胡颂平谈起"光靠记忆是靠不住的"：

　　　　先生谈起《容忍与自由》里引用《王制》里的话是四"杀"，但在《四十自述》里引的〔是〕"诛"字，不是"杀"字，这是当年没有查查原书的错误。我们应该知道光靠记忆是靠不住的。于是谈起傅孟真的记忆真好："他有一次在美国演讲，身旁不带一张纸，但他在黑板上把《汉书》和《史记》的《儒林传》不同之处完全写出来，你看他的记性多好！他也许早一晚做了苦工，第二天有意这样表演的。"胡颂平说："先生的记忆力也了不得。"先生说："我的记性不好，我是靠硬记的。"（《胡适之先生晚年谈话录》，12～13页）

　　同日　胡适给浦薛凤的侄子写了贺婚的立轴11个字："晏平仲善与人交，久而敬之。"又对胡颂平解说道：

　　　　久而敬之这句话，也可以作夫妇相处的格言。所谓敬，就是尊重。用现在的话来说，就是尊重对方的人格。要能做到尊重对方的人格，才有永久的幸福。（《胡适之先生晚年谈话录》，13页）

　　同日　吴宪复函胡适：13日接7日来函，当即电复Oppose Bacon Nomination，谅已登览。若"中研院"每年按旧章举15人新院士，则除非降低标准，乃不可能。去年"中研院"刚举出15人，在台及海外知名之科学家都已在内，以后或每年举二三人，或每五年举一次，宁缺勿滥，不必每年凑一定之数。弟意如此，未知兄意如何？（台北胡适纪念馆藏档，档号：HS-NK05-037-004）

　　3月21日　下午2时半，胡适主持召开"中央研究院"评议会，票选1958年、1959年度院士候选人。出席的评议员18人（另有评议员3人委托出席人代行使投票权），共选出候选人29名。

郭廷以是日日记：

出席"中央研究院"评议会，推选院士候选人。实则全部名单均预定，且公然有所谓"优先"候选人名单。胡先生一向倡导民主，竟有此举，殊不解。(《郭量宇先生日记残稿》，114 页)

同日　访客有陈德范、冯炳奎、陆匡文、彭占令等。(《胡适之先生年谱长编初稿〔补编〕》，114 页)

3月22日　胡适在杨亮功家吃晚饭。(据《日记》)

同日　胡适对王志维说："有些人真聪明，可惜把聪明用得不得当，他们能够记得二三十年前朋友谈天的一句话，或是某人骂某人的一句话。我总觉他们的聪明太无聊了。人家骂我的话，我统统都记不起了，并且要把它忘记得更快更好！"(《胡适之先生晚年谈话录》，13 页)

同日　访客有何容、洪炎秋、洪煨莲等。(《胡适之先生年谱长编初稿〔补编〕》，115 页)

3月23日　上午，李先闻、赵连芳陪同美国安全分署的三位科学家来谈。晚6时半，出席 Paul Godbey 的酒会。7时半，赴黄少谷的宴会。(《胡适之先生年谱长编初稿〔补编〕》，115 页)

同日　Wallace R. Brode 致函胡适，云：

As a member of the U.S. "National Academy of Sciences" and Chairman of the Board of Directors of the American Association for the Advancement of Science, I would be most pleased to have the opportunity of meeting you and discussing with you some of the problems associated with the organization of science in your "country".

Although I am the Science Adviser to the Secretary of State I would prefer that my visit to you be associated primarily with my position as a scientific leader in the United States which is also the reason for my advisory position to the Secretary of State.

I would be particularly pleased to have an opportunity in the brief time I have available from May 3rd to May 6th to obtain a direct and personal concept and appreciation of the scientific capabilities and facilities which you have; particularly in such areas as chemistry, physics, mathematics and biology as well as any specialized areas. I would also be pleased to discuss our national and the international organization of science, with which I am well acquainted. I have indicated to Dr. Li, with whom I have an acquaintance, some of the more specific areas I could discuss. I would appreciate your advising our "embassy", through the channel by which they deliver this letter, as to what arrangements would be most convenient.（台北胡适纪念馆藏档，档号：HS-NK05-145-049）

3月24日　李先闻来谈植物所的建筑地点。Osben 陪同 Martin 来访。中午，庄莱德夫妇宴请美国前参议员 Smith 夫妇，胡适应邀作陪。（《胡适之先生年谱长编初稿》第八册，2864 页）

同日　"自由中国"杂志的高叔康、夏道平来访，胡适说，杂志的"小评"最要不得。又指出《奉命不上诉》一篇太刻薄了。（《胡适之先生年谱长编初稿》第八册，2864 页；《胡适之先生年谱长编初稿〔补编〕》，115 页）

同日　胡适出席 Luis A. Colmenares 的酒会。7 时，赴余凌云、吴铸人、范苑声、徐鼐的宴会。（《胡适之先生年谱长编初稿〔补编〕》，115 页）

3月25日　Stewart 来访，并与胡适共进早餐。（《胡适之先生年谱长编初稿》第八册，2865 页）

同日　李先闻、梁序穆来谈植物学、动物学两研究所建筑的经费和计划。（《胡适之先生年谱长编初稿》第八册，2865 页）

同日　下午 3 时，胡适主持"'国家长期发展科学委员会'执行委员会"第三次会议。（台北胡适纪念馆藏档，档号：HS-NK01-326-082）

同日　胡适在给一位友人的信里说，有生之年，总想做一件事；现在的"国家长期发展科学委员会"的事情，正是他要全力以赴的一件大事。（《胡

适之先生年谱长编初稿》第八册，2865页）

3月26日　上午，胡适出席傅斯年逝世9周年纪念会。

同日　下午5时，胡适造访"自由中国"社，坚持把他的来信删改后再发表。又说对投书要有一个办法。启明书局事，物理学家吴大猷、吴健雄、李政道、杨振宁有电给他，并告诉叶公超，叶已电"外交部"，今日可交保。（《雷震全集》第40册，56页）

同日　胡适复函黄秉心，云：

……我一生不敢向朋友任职的机关或任何公司介绍人，正是为了不敢使朋友感觉为难。马逢瑞君能干而诚实，此次得老兄援用，我希望他将来不会使老兄失望。（台北胡适纪念馆藏档，档号：HS-NK05-100-011）

同日　胡适复函庄申，云：

你在史语所的工作问题，最好请你向所长李济之先生商洽，因为那是各研究所的内部问题，我向来不干涉。不过我觉得董彦堂先生既肯为你在甲骨文研究室留一名义，他大概是对你存一种希望，想训练你作一个青年徒弟。这是很好的机会，你何妨鼓起一点勇气去学习学习？这是一门新兴的学术，其中需要严格的训练，你何妨去试试看？……（台北胡适纪念馆藏档，档号：HS-NK05-093-003）

同日　雷震日记有记：关于陈怀琪官司，胡秋原认为胡适应以去就力争。夏道平认为，这件事要是由胡适打电话给王云五，王云五一定会立即为这件事奔走。（《雷震全集》第40册，56页）

3月27日　访客有张继高、McCarthy、端木恺、胡秋原。（《胡适之先生年谱长编初稿〔补编〕》，116页）

同日　晚8时，胡适访王云五。（《胡适之先生年谱长编初稿〔补编〕》，116页）

同日　晚，胡适作有《记乾隆殿本〈汉书〉》。（《胡适手稿》第9集卷3，

407～410 页）

  同日　雷震致函胡适，希望胡为成舍我之世界新闻学校立案事向浦薛凤说项；为陈怀琪事件向王云五说项。(《万山不许一溪奔——胡适雷震来往书信选集》，171 页）

  3 月 28 日　丁明达来访，胡适问其家里情况甚详。昨日交保释放的沈志明来访申谢，胡适表示："我没有帮你什么忙。我不是对你一个人的问题，我是为人权说话。"(《胡适之先生年谱长编初稿》第八册，2865 页。)

  同日　王德昭、杜呈祥来访。(《胡适之先生年谱长编初稿》第八册，2866 页）

  同日　胡适约见雷震，谈在"自由中国"发表关于编辑方针的一封信事：

> 下午二时王云五找我谈话。他说胡适之要发表他原给本社的一封信，对编辑方针的建议。我以未经大家同意，骤然发表可能引起同人误会。我即打电话和胡先生商量，他坚持发表，并嘱我坐的士持信前往，我邀道平同去。到时杜呈祥、王德昭在座。俟他们去后，胡先生把该信改删后，我带至工厂发排，九时半始办妥。胡先生再三叫我容忍。胡先生告诉我，昨日上午胡秋原和端木恺去过，以胡有事，晚间三人又去，在胡处吃晚饭。他二人要胡先生出面，对陈怀琪官司以去就力争。表面上是整我，实际上是打他，如我坐牢，他无法再做院长。他们商定托王云五出面。……胡先生昨晚自己到王云五处。亚英对发表胡先生函亦不赞成，谓宁可坐牢，亦不应发表。(《雷震全集》第 40 册，58 页）

  同日　胡适致函陈嘉尚，感谢去年年底借给"中研院"一辆推土机，推平化学所附近田埂。(台北胡适纪念馆藏档，档号：HS-NK01-024-016）

  同日　沈志明夫妇致函王云五，感谢王对他们的援救，又说："适之师长叫我们暂勿登门拜谢，我们尊重师长的意思，所以我们先用这几个字表示衷心的感激。"(《王云五先生年谱初稿》第 3 册，1024 页）

  3 月 29 日　蒋廷黻来近史所参观，参观后与胡适、李济、郭廷以、胡秋原、张致远共谈近史所事。胡适力主台湾各机关文献应集中管理，成立一个档案馆。郭廷以认为"极是"。(《郭量宇先生日记残稿》，116页)

同日　下午，德国人Hoffmann来访。王霭芳来访。晚，胡适应何世礼、郑彦棻的晚宴。饭后访钱思亮。(《胡适之先生年谱长编初稿〔补编〕》，116页)

3月30日　胡适对胡颂平说："作研究工作决不能由别人代查的，就是别人代为查出来，还是要自己来校对一遍。"于是指出借来的这几种著作抄写和影印的错误之处。又说："凡写文章，一定要查原书。为了头一段，我已费了几天工夫了。"(《胡适之先生晚年谈话录》，14页)

同日　何世礼、胡辑五来访。(《胡适之先生年谱长编初稿》第八册，2866页)

3月31日　胡适由钱思亮陪同前往台大医院，由院长高天成主刀，割除背部粉瘤，手术甚成功，当日即返南港。(台北胡适纪念馆藏档，档号：HS-NK05-056-002)

同日　访客有吴望伋、汪宝瑄、梅贻琦。(《胡适之先生年谱长编初稿〔补编〕》，117页)

3月　李辰冬将其所著《〈红楼梦〉研究》题赠胡适。(台北胡适纪念馆藏档，档号：NO5F4-023)

4月

4月1日　保君建致函胡适，对胡适做手术表示慰问。(台北胡适纪念馆藏档，档号：HS-NK01-243-002)

　　按，胡适手术后，以下友人致函(电)问候：杨景文、阎秉勋、黄少谷、程永贞、王溥、李书华、丁星、K. A. I.、高宗武。(据台北胡适纪念馆藏档不完全统计)

同日　罗家伦函寄一本写北京大学近状的书与胡适。(台北胡适纪念馆

藏档，档号：HS-NK01-092-001）

4月2日 来探病的有李先闻、劳榦、姚从吾、屈万里、王叔岷、赵连芳、林渭访、赵裕华、沈志明夫妇、周法高、陈槃、张秉权、林文英、朱家骅、赵元任、王世杰、李济、雷震、董作宾、全汉昇、夏涛声、成舍我、王世宪、齐世英、莫德惠等。（《胡适之先生年谱长编初稿〔补编〕》，118页；《雷震全集》第40册，62页）

4月3日 胡适改写了《注〈汉书〉的薛瓒（上篇）》。（台北胡适纪念馆藏档，档号：HS-NK01-212-002）

同日 来问病的有杨亮功、樊际昌、杜光埙、延国符、张庆桢、王祥麟、芮逸夫、杨树人、何联奎、狄膺、吴大业等。（《胡适之先生年谱长编初稿〔补编〕》，118页）

同日 刘真函告胡适：旧庄"国校"保健室等工程一周内即可通知该校办理招标。（台北胡适纪念馆藏档，档号：HS-NK01-084-006）

同日 William Kerr 致函胡适：

I should like to thank you for your courtesy to us during our recent visit to Taiwan. It was certainly a pleasure to meet you, to listen to you talk, and to learn something of your activities and those of the "Academia Sinica". I am sure that the inspiration which your presence and activities provides will mean much to the activities of the Academy.

May I wish you and the Academy success in the important activities which you are undertaking.（台北胡适纪念馆藏档，档号：HS-NK05-155-010）

4月4日 来问病的有赵元任夫妇、赵如兰、卞昭波、居徐萱、居美、高天成、顾文霞等。（《胡适之先生年谱长编初稿〔补编〕》，118页）

4月5日 来问病的有李熙谋、周仲敏、周思曾、浦薛凤夫妇、张淑芬、Moon Chen、毛子水、俞大䌽。（《胡适之先生年谱长编初稿〔补编〕》，118页）

4月6日 蒋廷黻来谈。马逢瑞来谈。下午，胡适到台大医院拆线。

晚，应尹仲容、李国鼎的宴会。(《胡适之先生年谱长编初稿〔补编〕》，118～119页)

4月7日　访客有李惠林、刘燕夫、郭廷以。(《胡适之先生年谱长编初稿〔补编〕》，119页;《郭量宇先生日记残稿》，117页)

同日　胡适应邀到台湾"中国之友社"出席狮子会台北分会的餐会，并有演讲。(次日台北各报；台北胡适纪念馆藏档，档号：HS-NK05-160-001)

同日　胡适对一名申请离台遇到困难的青年学生邵正元说："说真话，包你有力量……"(《胡适之先生晚年谈话录》，14页)

同日　Jerome P. Webster 致函胡适，云：

> When the Jane Myers Kohlberg Memorial Fund was created some years ago by spontaneous gifts from you and other friends of the late Mrs. Kohlberg, it was used to develop a much-needed school health program among the elementary schools in Taiwan. The program was begun on a small scale, but was so successful that it attracted not only increasing attention but also substantial support from other sources. In the past two years the "Chinese government" has been able to take over this program and extend it to all of the more than one million children enrolled in the elementary schools of Taiwan.
>
> After the completion of this pioneer school health program in Taiwan the Fund had a balance of several thousand dollars in hand, which we planned to use last year to develop a somewhat similar health program in the elementary schools on the Quemoy and Matsu islands...
>
> At this time one of the most pressing and appealing needs in the "ABMAC" program for "free China" is for additional residences to house the faculty families of the "National Defense Medical Center" — long one of the major institutions served by "ABMAC". The attached material describes this need, and how it can be met.

Mr. Alfred Kohlberg is greatly interested in providing these residencies for the "NDMC" staff, considers them another worthy memorial to the late Mrs. Kohlberg, and is generously assisting in this undertaking. The balance in the Jane Myers Kohlberg Memorial Fund, together with additional gifts by Mr. Kohlberg, already give more than is needed to erect one four-family residential unit at a cost of $6, 050. If all the friends of Jane Myers Kohlberg will again participate as generously as they have already done, this amount can soon be increased to the $12, 100 required to erect two of these residences. These would be named the Jane Myers Kohlberg Memorial Residences.

We earnestly hope this undertaking will have your enthusiastic backing and support.（台北胡适纪念馆藏档，档号：HS-NK05-172-014）

4月8日　访客有刘钦孟、Mrs. Milton & Miles。中午，胡适应西班牙"大使"的宴会。(《胡适之先生年谱长编初稿〔补编〕》，119页）

同日　下午，胡适到台大医院拆线，拆线时流血甚多。(《胡适之先生年谱长编初稿》第八册，2869页）

同日　沈锜致公函与胡适，云：前为美国作家Mr. Don Frifield建议将我古物艺术珍品运美，以作巡回展览事，曾于2月27日函请赐示。兹续接符君2月19日致美国务院副助理国务卿帕森斯（J. G. Parson）函，以及帕森斯复函影印本各一件，对此事有所论列，谨检奉原附件两份，敬祈察阅参考。（台北胡适纪念馆藏档，档号：HS-NK05-022-001）

同日　程其保致函胡适，请胡适和梅贻琦联名于第五届"中美文化关系圆桌会议"开幕（5月8日在马里兰大学召开，主题为"美大学扩充中国语文教学问题"）时致一贺电。（台北胡适纪念馆藏档，档号：HS-NK01-053-010）

同日　赵友培函谢胡适同意将讲稿在《语文》月刊上发表，并希望胡适撰写纪念五四运动40周年的文稿一篇。（台北胡适纪念馆藏档，档号：HS-NK01-046-005）

按，是年向胡适约稿的还有金振庭、黎子玉、余梦燕、吴春馥、何锜章、蔡实鼎、人学编译馆、黄龙先等。（据台北胡适纪念馆藏档不完全统计）

　　4月9日　胡适复函台北商务印书馆赵叔诚，同意《胡适留学日记》台北版的版税支付办法；同意《戴东原的哲学》由台北商务印书馆出版；《中西思想史》《近世思想史》待写定后再谈出版事宜；《词选》可由台北商务印书馆影印发行。（台北胡适纪念馆藏档，档号：HS-NK01-049-007）

　　同日　胡适因伤口再流血而住进台大医院。李济来谈科学会执行委员会的250万元经费用途，胡适决定请杨树人代表，向台湾地区"立法"机构说明。（《胡适之先生年谱长编初稿》第八册，2869～2870页）

　　同日　陈诚前来探视。（《陈诚先生日记〔二〕》，1036页）

　　同日　黄少谷致公函与胡适，云：叶公超来函告知美国亚洲研究协会表现左倾，并建议：1. 我方学人迅速设法组织，尽量参加该会，于下届开会时积极出席，提出论文，并多参加讨论；2. 我方早做筹划，于明年春天在台召开学术会议，邀请各国汉学家，并交换意见，以提高我们的学术地位。（台北胡适纪念馆藏档，档号：HS-NK01-199-002）

　　同日　林可胜复函李书华，并转胡适：

　　I want to thank you and Dr. Hu Shih for your letter, and for the invitation to go to Taiwan to lecture. I am not in a position to do so now. As you know I am under contract to an industrial company, and have a great deal of travelling to do, besides spending time on research. In 1962, I shall be able to spend some time doing some of the things I want to do! I am hoping that it will be possible for me to visit Taiwan at that time. I have told Dr. Yu Ta-Wei and Chen Cheng the same thing. Will you please convey to Dr. Hu my difficulty?（台北胡适纪念馆藏档，档号：HS-NK05-040-003）

　　4月10日　来医院探视胡适的有王世杰、钟健、朱家骅、张庆桢、黄秉萱、

雷震、夏涛声、魏双宁、罗敦伟、程天放、方子卫、虞舜、延国符、杜光埙、吴祥麟、马韵宜、沈志明夫妇、阮维周、雷宝华、郑真缜、王文渊、朱国璋、束冠男、刘航琛夫人、杨亮功、赵执中、郑骞、吴相湘、王德昭、张贵永、屈万里、施友忠、李青来等。(《胡适之先生年谱长编初稿〔补编〕》，120 页)

同日　蒋廷黻日记有记：蒋廷黻告诉蒋介石，蒋介石不了解胡适。胡适打从心底要帮忙，是温和派。蒋介石非常反对雷震，胡适跟雷震站在一边，并举胡适在"自由中国"上所发表的一篇社论为证。(《舍我其谁：胡适》第四部，804 页)

4 月 11 日　来医院探视胡适的有陈诚、霍宝树、俞国华、钱纯、程琪、蒋梦麟、卞昭波、赵如兰、赵元任夫妇、杨时逢、程维贤、孙中岳、郭寄峤、余井塘、宋英、刘光军、郑炳钧、李锦屏、张紫常、沈刚伯、马保之、吴康、梁序穆等。下午，胡适的伤口重新缝合。(《胡适之先生年谱长编初稿〔补编〕》，120～121 页)

同日　黄少谷致函胡适，澳大利亚政府拟邀胡适前往该国大学和学术机构讲学，为期 4 周，请胡适予以考虑。(台北胡适纪念馆藏档，档号：HS-NK01-199-003)

4 月 12 日　来医院探视胡适的有林致平、查良钊、宋道心、雷法章、金振庭、释本际、蔡培火、廖温音、刘真、钱思亮、杨亮功、鲍良传、项惠珍、黄伯度、杜光埙、梅贻琦、查良鉴、胡国范、周德伟、李济夫妇、胡锺吾、王书惠、韩克温、吴申叔、奚伦、潘贯、白崇禧、毛子水、王世杰、姚从吾等。(《胡适之先生年谱长编初稿〔补编〕》，121 页)

同日　雷震来探视。雷氏日记有记：

六时半访胡适于台大二〇三号，他告诉我他发病经过。当日狮子会讲演时，讲了四十分钟后，他已想不起前面讲的什么，他知道一定出了毛病，结束后即走。到了汽车上他打算打一函给我，无论如何想不出"微"字，他用手指划了"警"字。总觉得不对，回南港睡一下子后，醒来后始知道我的名字，可见当时已病也。据医生云微血管已破。

(《雷震全集》第40册，67页）

4月13日　蒋经国代表蒋介石来慰问胡适。(《胡适之先生年谱长编初稿》第八册，2870页）

同日　来医院探视胡适的有谷正纲、方治、Joseph Arthur Yeager夫妇、徐廷瑚、胡光麃、王光中、史尚宽、谢冠生、张祖诒、江小波、朱怀冰、朱家骅、赵连芳、凌纯声、全汉昇、黄少谷、何肇菁等。(《胡适之先生年谱长编初稿〔补编〕》，121～122页）

4月14日　来医院探视胡适的有张九维、唐子宗、夏道平、严一萍、汪荷之、方志懋、汪美玲、Heng & Mattin、田炯锦、王凤喈、汪新民、吴三连、陈槃、周法高、芮逸夫、劳榦、石璋如、周仲敏、蒋明鳌、汪和宗等。(《胡适之先生年谱长编初稿〔补编〕》，122页）

4月15日　来医院探视胡适的有徐永昌、张森、陈江山、周静芷、保君建、陈大齐、王震寰、张群、浦家麟夫妇、黄文贤、苏芗雨、雷震等。杨树人来谈科学会的经费尚未拨到，暂由"教育部"垫发4万元。(《胡适之先生年谱长编初稿〔补编〕》，122～123页）

4月16日　来探视的有杨亮功、宋英、魏嵒寿、李超英、高化臣、王德芳、雷震、夏涛声、董作宾。(《胡适之先生年谱长编初稿〔补编〕》，123页）

同日　雷震将专门对付"自由中国"的两本刊物寄给胡适，又对台湾的现实政治发表感慨：

> 这是今日台湾实际政治之一面。先生实地体会一番，当知震过去所陈之不谬。震时常消极，不想住台湾，因为这批人实在不讲理，无法打交道的，辩驳是可以，用卖国主义的标题，实在太无道理。陈怀琪事件之后，震失眠特甚，常常半夜起床难眠，苦甚苦甚。(《万山不许一溪奔——胡适雷震来往书信选集》，173页）

同日　蒋复璁来访，劝胡适节劳。(《胡适之先生年谱长编初稿〔补编〕》，123页）

4月17日　郭廷以偕张致远、胡秋原来探视。来探视的还有林熊祥、钱思亮夫妇、王世杰夫人、金莲英、谢耿民、张乐陶、刘宗怡、许明德（Harry Charles Schmid）、德国人哈夫门。（《郭量宇先生日记残稿》，119页；《胡适之先生年谱长编初稿〔补编〕》，124页）

同日　胡适复函张霞，谈明太祖：

> 明太祖大概是个有天才的聪明人，这种人往往能够自己读书，写点东西。
>
> 明太祖文集里的文章可能有"御用"的文人修改过，但其中有一部分不像文士做的，可能是真的。笔记小说所载明太祖的诗，大概不可靠。
>
> 我们从儿童时读《孟子》，并不觉得《孟子》的可怕。明太祖是中年读书的，他读了《孟子》，知道《孟子》的可怕，于是叫他的臣子作了一部《孟子节文》，把原书删了三分之一。删去的部分，都是现在我们认为提倡民主、提倡革命的理论。这是表示他的确读书，才晓得孟子的思想于帝王不利。他不但能读书，而且有心得。（台北胡适纪念馆藏档，档号：HS-NK01-038-025）

4月18日　郭廷以日记有记：胡适之先生转来 Texas 大学 W. R. Braitsed 君函，询问宣统二年载洵与美国海军当局及 Bethlehem 钢铁公司商谈重建中国海军文件。此事恐不见于当时外交档案，以其根本未正式成立协议也。（《郭量宇先生日记残稿》，119页）

同日　来探视的有延国符、朱家骅、台静农、戴君仁、程天放、雷震、端木恺、彭明敏等。（《胡适之先生年谱长编初稿〔补编〕》，124页）

雷震日记：

> ……至台大医院看到胡先生，说明三事：一为世界新闻学校，请他再讲话。谈到亚洲协会助一万，以办专科为条件，去年"教部"公文谓五年准办，二年制今年考虑，如不准，等于骗了外国人，请他再

去说话。二为告诉陈怀琪事件。三为齐世英谓五月十五日可能开国民党八届二中全会，经过陈雪屏要陈诚表明态度，问他知道否，他说不知，他说蒋先生又可借这机会骂一顿，把他过去主张说明一次。(《雷震全集》第40册，71页)

4月19日　黄少谷来谈澳大利亚外交部邀请胡适前往讲学事。来探视的有王光中、张庆恩、江小波、沈志明、刁培然、李济、杜呈祥、方子卫、耿敏之、陈公亮、孙德中、庄申、陶振誉等。(《胡适之先生年谱长编初稿》第八册，2871页；《胡适之先生年谱长编初稿〔补编〕》，125页)

同日　胡适复函阎振兴，告以因住院不能应邀演讲并参加成功大学新工程的落成典礼。(台北胡适纪念馆藏档，档号：HS-NK01-160-018)

按，3月14日，阎振兴致函胡适，请胡到校演讲；4月10日，阎再致函胡适，请胡适参加4月26日举行的各项工程落成典礼。(台北胡适纪念馆藏档，档号：HS-NK01-160-004、HS-NK01-160-006)

4月20日　来探视的有程远帆、蒋昌炜、白宝瑾、吴望伋、李玉阶、程觉民、陈熊文、梁序穆、全汉昇、叶曙、沈刚伯、金克和、王世杰等。(《胡适之先生年谱长编初稿〔补编〕》，126页)

4月21日　来探视的有孙连仲、张婉度、张忠建、刘东岩、白瑜、张庆桢、张灏、雷震、王世杰、胡汉文、毛子水等。(《胡适之先生年谱长编初稿〔补编〕》，126页)

同日　雷震致函胡适，请胡再为世界新闻学校事向浦薛凤说项。(《万山不许一溪奔——胡适雷震来往书信选集》，174页)

4月22日　来探视的有Mr. Litle、莫德惠、李顺卿、朱如珏、赵连芳、徐泽、李济、施友忠、沈刚伯、王世宪等。(《胡适之先生年谱长编初稿〔补编〕》，126页)

同日　胡适复函入矢义高，云：

先生发现了S.6557，钞出刘澄的序，考得神会的语录原名《问答

杂征义》，又得圆仁《入唐新求圣教目录》所记"南阳和尚《问答杂征义》一卷，刘澄集"一条相印证——这是毫无可疑的了。故 S.6557 卷子之发现，不但给神会语录添了一个可以资校勘的第三本，并且确定了这部语录的编辑人与原来的标题。这个"一举而三得"的发现，全是先生的贡献。我们研究神会的人，对先生都应该表示敬佩与感谢。

伦敦大英博物馆所藏敦煌写本的全部 microfilm，前承贵研究所的厚意，敝院历史语言研究所也得了全部副本。我出医院后，当即检查 S.6557 一校。如有所得，当再奉告。

此卷有"作本法师问本有今无偈"十字，颇似后来加上的，因为语录他章似都无此种标题。……

我今年本想校编一部《神会和尚全集》……今得先生发现此卷，这个计画更应该进行了。……

另寄上《新校定的敦煌写本神会和尚两种》抽印本一册……铃木大拙先生已到京都否？闻他有恙，相见时乞代为问候。（台北胡适纪念馆藏档，档号：HS-NK04-006-001、HS-NK04-007-008）

4月23日 胡适致函《自立晚报》，请其更正该报有关胡适和"中央研究院"的不实报道。（《自立晚报》，1959年4月23日）

同日 来探视的有延国符、全汉昇、李超英、王冠吾、孔德成、周之鸣、李庆麐、张维、张祖诒夫妇等。（《胡适之先生年谱长编初稿〔补编〕》，127页）

同日 胡适对胡颂平谈起中学的"国文选本"，说："所谓'国文'，是要文章写得好，可以给学生作模范；为什么要选治国平天下的道理？'党国'要人的文章也作'国文'念了，他们的人很重要，但文章未必写得好。这些也编入教科书里去，其实是不对的。"（《胡适之先生晚年谈话录》，18页）

4月24日 来探视的有莫淡云、马君硕、胡文郁、马逢瑞、董作宾、全汉昇、杨亮功、郭廷以、包德明、顾碧玲等。（《胡适之先生年谱长编初稿〔补编〕》，127~128页）

4月25日 来探视的有李祥麟、吴申叔、江易生、张世英、葛晓东、柯蔚岚、蔡秀明、徐泽、吴康、陆匡文、钱思亮、雷震、全汉昇、梁序昭、梁序穆等。下午，杨树人来谈科学会事。(《胡适之先生年谱长编初稿〔补编〕》，128 页；《雷震全集》第 40 册，74 页；《胡适之先生年谱长编初稿》第八册，2874 页）

4月26日　来探视的有夏涛声、王世杰夫妇、樊际昌、查良钊、王云荪、游建因等。(《胡适之先生年谱长编初稿〔补编〕》，128 页）

4月27日　雷震来访。谈及对世界新闻学校事，胡适愿讲话并写信，要以亚洲协会为理由。关于陈怀琪事件，胡适表示自己在祷告，"希望常识使他们清醒过来"。(《雷震全集》第 40 册，76 页）

同日　胡适复函杨联陞，为其出院后准备休息感到高兴，详谈割治粉瘤以及因伤口发炎不得不住院治疗之经过，又谈对神会语录的新发现：

……京都入矢义高先生来信，说他们三度检查伦敦 Stein 的敦煌写本影片，又发现了一卷神会语录的残卷，其内容约当我的本子及石井本的内容之三分之一，而其卷头有《刘澄序》，序中并且明言原卷"名曰问答杂征义"。入矢又查得圆仁《入唐新求圣教目录》记有"南阳和尚问答杂征义一卷，刘澄集"。故神会的语录不但添了一个可供互校的第三本子，并且查得原书名及编者了！（台北胡适纪念馆藏档，档号：HS-LS01-008-002）

同日　胡适致函杨树人，云：刚刚想到"客座教授经费"项下能否加一条附注，大意如下：此项经费若能改在美援之美金部分支用，则所改用美金之等额台币一律移为"研究讲座教授经费"。胡适并要求杨将此意向梅贻琦、钱思亮一谈。(《胡适之先生年谱长编初稿》第八册，2878 页）

4月28日　来探视的有蒋匀田、黄季陆、居载春、钱寿恒、严宽、袁贻瑾、张庆桢、杨时逢、刘燕夫、查良钊、张仪尊、张起钧、张乃维、李宗侗、梁序穆、E. V. Cowdry（钱思亮陪同）、张紫常等。(《胡适之先生年谱长编初稿〔补编〕》，130 页）

同日　雷震将精华印刷厂不再续印"自由中国"之来函寄送胡适，又

谈厂方不续印之原因。(《万山不许一溪奔——胡适雷震来往书信选集》，175页)

同日　陈质平函谢胡适赐墨宝，并希望对与约旦的关系时赐箴规。(台北胡适纪念馆藏档，档号：HS-NK01-024-020)

同日　苏雪林函谢胡适赐寄《师门五年记》，询病况与致问候意。又谈及撰《纪念五四兼谈胡适先生》一文之意。(台北胡适纪念馆藏档，档号：HS-NK01-258-003)

4月29日　来探视的有杜呈祥、杨一峰、胡锺吾、刘南溟、周书楷、杨亮功、宋英、苏英杰、王理璜、毛子水等。(《胡适之先生年谱长编初稿〔补编〕》，130页)

同日　胡适对胡颂平大赞陈之藩用英文写的《氢气弹的历史》一书文笔好。读了钱锺书的《宋诗选注》后，又赞钱是一个年轻有天才的人。台大医院护士徐秀梅、廖杏英、吴玉琳来看胡适。(《胡适之先生晚年谈话录》，20～21页)

4月30日　来探视的有展恒举、郭兆麟、马逢瑞、李敖、程远帆、詹洁悟、孙中岳、沈刚伯、李玉阶、劳榦、孙洵侯、周仲敏、居载春等。(《胡适之先生年谱长编初稿〔补编〕》，131页)

同日　下午，雷震出席侦察庭。被询问完毕，雷即偕夏涛声、李玉阶同到胡适处报告。(《雷震全集》第40册，78页)

同日　蒋硕杰致函胡适，问候胡适的健康。告可参加本年度院士会议。又告返台期间无法任台大客座教授，惟可在台大作一二次学术演讲。(台北胡适纪念馆藏档，档号：HS-NK01-044-002)

同日　黄少谷致函胡适，云叶公超电告，苏俄意图邀请杨振宁、李政道访苏，并饬其驻美大使馆活动，特抄叶公超来电两件送请密参。(台北胡适纪念馆藏档，档号：HS-NK03-001-025)

5月

5月2日　胡适出院。李济、李先闻、梁序穆来。(《胡适之先生年谱长编初稿〔补编〕》，132页)

5月3日　Dr. Brode夫妇来访，留此吃午饭。下午何亨基、林致平来。(《胡适之先生年谱长编初稿〔补编〕》，132页)

同日　胡适在《大藏经》第五十五册《目录部》记道：1959年4月，"子水许我借用这部《大藏经》。五月三日，全部五十五册，搬来南港。胡适记"。后于1959年12月16日题记："付子水美金二百五十元，请他把这部《大藏经》让我买下来。胡适记。"(《胡适藏书目录》第1册，626～627页)

5月4日　访客有陈槃、周法高、石璋如、张秉权、陶振誉、萧铮等。(《胡适之先生年谱长编初稿〔补编〕》，132页)

同日　胡适作有《记日本"入唐求法"诸僧的目录里的"南宗"资料》一篇笔记。(《胡适手稿》第7集卷2，377～395页)

同日　朱如濡函请胡适为其著作写序、题字。(台北胡适纪念馆藏档，档号：HS-NK01-001-007)

按，是年，向胡适求序的还有李抱忱等。(据台北胡适纪念馆藏档)

5月5日　施友忠、郭廷以来久谈。董作宾、贺光中来访。(《胡适之先生年谱长编初稿〔补编〕》，133页；《胡适之先生晚年谈话录》，22页)

同日　胡适应Schmid的午宴。(《胡适之先生晚年谈话录》，22页)

同日　下午，袁贻瑾来访。晚，胡适应梅贻琦的邀宴。(《胡适之先生年谱长编初稿〔补编〕》，133页)

同日　胡适有《"三珠戏语"与珠算的年代》一篇笔记。(《胡适手稿》第9集卷3，319～328页)

5月6日　杜光埙来谈。Cowdry（由梁序穆夫妇陪同）来访，并留此吃午饭。下午，胡适到台大医院换药。(《胡适之先生年谱长编初稿〔补编〕》，

134 页）

  同日 雷震日记有记："十一时到'中央研究院'，适一外人来参观，胡先生陪同。与胡先生打了个招呼，他说身体很好，他的秘书说今日下午仍须去换药……"(《雷震全集》第 40 册，83 页）

  同日 胡适函谢蒋复璁代为查考珠算盘的问题，又寄赠《胡适留学日记》两部。(台北胡适纪念馆藏档，档号：HS-NK01-043-003）

  同日 胡适复函张景樵，谈道：

> 承你同意我考定《醒世姻缘》是蒲留仙作的说法，我很高兴。
> 你说的"方言"方面，我完全同意。
> 但你说的"用字"方面，举了"妓者"一个例子，此例实在不够用作证据。请你试看第三十七回和廿八回，就可以看见"妓女"二字屡见。(台北胡适纪念馆藏档，档号：HS-NK01-036-004）

  按，1959 年 5 月 1 日，张景樵致函胡适云："我同意先生所说《醒世姻缘传》的作者是蒲留仙的说法，却也是经过几番思索的。……《醒世姻缘传》里的山东方言，的确是鲁东地区的，尤其是旧济南府属历城、章邱、邹平、淄川、长山、桓台等县，今胶济铁路以东，益都以西一带，最为流行的。这些方言俗谚，随了时代的演进和'国语'的推行，有的今已逐渐消失。"(台北胡适纪念馆藏档，档号：HS-NK01-036-003）

  同日 胡适复函李书华，谈及台湾没有《九章详注比类算法大全》等，又感谢其转来陈克恢的信。(台北胡适纪念馆藏档，档号：HS-NK01-069-007）

  5 月 7 日 姚从吾来。李济来。全汉昇来。(《胡适之先生年谱长编初稿》第八册，2892 页；《胡适之先生年谱长编初稿〔补编〕》，134 页）

  同日 菲律宾"大使馆"一位秘书来谈菲律宾前总统麦格塞塞的奖学金问题，胡适推荐了候选人。(《胡适之先生年谱长编初稿〔补编〕》，134 页）

5月8日　胡适作有《数术记遗》笔记一篇。(《胡适手稿》第9集卷3,329～338页)

5月9日　美国作家Robinson来访。(《胡适之先生年谱长编初稿〔补编〕》,135页)

同日　下午5时,于右任、胡适为杨亮功之子证婚。(《雷震全集》第40册,84页)

同日　林致平来访,谈及数学所尚无李俨的《中国算学史》,胡适乃将其自购的5册《中国算学史》赠与数学所。(《胡适之先生晚年谈话录》,23页)

同日　胡适函谢黄朝琴给自己赠送日本梨和葡萄汁。(台北胡适纪念馆藏档,档号:HS-NK05-100-021)

同日　胡适作有《"深沙神"在唐朝的盛行》。(《胡适手稿》第8集卷3,571～573页)

5月10日　访客有李青来、陈伯庄、小野教授夫妇(曾虚白陪同前来)、朱家骅、梅贻琦。(《胡适之先生年谱长编初稿〔补编〕》,135页)

同日　胡适复函张紫常,云:

> 吴大猷先生是当代第一流理论物理学者,大前年〔1956年〕"回国"讲学四个月,带了夫人与儿子同来,前年〔1957年〕始返加京。他在台湾讲学时,备受学生敬爱,寒假一个月假期中,不但不休假,并且特别增钟点,听讲者受其感动,亦无一人辍课者!
>
> 这种诲人不倦的第一流学者最爱好自由,决不会受任何妄人的诱惑。请兄转告郑介民兄,请他相信我的话,切不可轻信小报告,使忠贞之士感觉不安。吴大业先生上月曾回台北,我也见过,他也是忠贞之士,绝无可疑。
>
> 吴大猷先生是李政道、杨振宁的老师,这些人都是"国家"的瑰宝,"国家"应该完全信赖他们,不必多疑自扰。(台北胡适纪念馆藏档,档号:HS-NK05-081-003)

同日　胡适作有《薛瓒年表》。(台北胡适纪念馆藏档,档号：HS-NK01-212-003)

5月11日　访客有凌纯声、刘宗怡、宋克良、Daniel Treadgold 和 Eckstein、查良钊、樊际昌等。(《胡适之先生年谱长编初稿〔补编〕》,136页)

同日　胡适为护士会题词：南丁格尔的精神永远不朽。(《胡适之先生年谱长编初稿〔补编〕》,136页)

同日　雷震将世界新闻学校为设立专科而呈送"教育部"的文件寄送胡适,请胡即写一封信给"梅部长",请其准予自下学年起办专科。(《万山不许一溪奔——胡适雷震来往书信选集》,184页)

5月12日　胡适为数学所助理研究员项武忠离台事出具书面证明,使其顺利取得"签证"。(《胡适之先生年谱长编初稿》第八册,2897页)

同日　访客有王企祥、吴铸人、林崇墉等。应莫德惠的邀餐。(《胡适之先生年谱长编初稿〔补编〕》,136页)

同日　胡适改写了《注〈汉书〉的薛瓒(中篇)》。5月26日,胡适又作有后记。(台北胡适纪念馆藏档,档号：HS-NK01-212-004、HS-NK01-212-006)

同日　韦慕庭致函胡适,云：

> We have on hand awaiting your perusal an edited and retyped version of the interviews you had last summer in our Chinese oral history project. I do hope you are planning to give some more time this summer, commencing just as soon as you can, preferably the first week, and Mr. T'ong is ready as before.
>
> I had a call from Mr. Eugene L. Delafield, and learned of his long interest in you and, he says, his friendship. The object of his call was not entirely revealed but it was evident he wanted to ask for the right to make a copy of the transcript or edited version of your interviews. I told him we could not grant this, for two reasons. We had pledged our confidence to you and would not show your memoirs to anyone outside our project (this means only neces-

sary editor and typist）until you had decided and told us what conditions you as author impose on the memoir. I told him frankly I would not imperil our project and the confidence of our Chinese collaborators by any deviation from this obligation. Our interest is in the cause of history and we want as full and frank a record as each subject is willing to give.

The second reason is that Columbia has invested a good deal of research funds（not to speak of professorial time）in the project and the master file is going into Special Collections of Columbia Library for use of future scholars, under whatever terms you impose. We see no reason to release any part to another person.（I gather Mr. Delafield is a manuscript collector）.

Frankly, I do not know Mr. Delafield, or how close your relationship with him is. But I was unprepared to give him any encouragement.

If ultimately a memoir is produced that can be published, you and presumably Columbia would have an interest in getting this done. Until that time I hope we can go right ahead on the historical project in which you and we have invested so much effort.

We may have to ask your permission at some stage to show the manuscript（with any parts removed which you direct）to the executives of some foundation to whom we will go in search of funds to pay salaries of our researchers and operating expenses so we may continue.（台北胡适纪念馆藏档，档号：HS-NK05-171-002）

5月13日　张恩溥（嗣汉第六十三代张天师）偕赵家焯来访，主要谈他影印《道藏》事。(《胡适之先生年谱长编初稿》第八册，2898～2890页）

同日　雷震来访不遇。(《雷震全集》第40册，86页）

同日　赵连芳来访，并在此吃午饭。(《胡适之先生晚年谈话录》，23页）

同日　下午，胡适主持科学会执委会。晚，出席 McCarthy 欢迎 Davis 的茶会。(《胡适之先生年谱长编初稿》第八册，2900页）

5月14日　李济来谈。李先闻来谈。(《胡适之先生年谱长编初稿〔补编〕》，136页)

同日　胡适到台大医院换药，顺便探视董作宾。晚，胡适出席台湾"中华开发信托公司"的酒会。(《胡适之先生年谱长编初稿〔补编〕》，136页)

同日　胡适复函Ono：

It was a very great pleasure to meet you and Mrs. Ono at my house the other day. Thanks for your kind letter.

I have not read the "Publication Act" (or "Press Act") except those parts of it reprinted in the "Free China Fortnightly". My own opinion is that it seems quite unnecessary to have this "law" amended and made more restrictive. The entire Section Six seems too severe and quite difficult to enforce. (台北胡适纪念馆藏档，档号：HS-US01-017-008)

同日　胡适发出通知，5月22日下午4点半在南港本院会议室召开在台院士谈话会，并写出想到的几个问题，请与会者"想想"：(1)此次候选人共有29位，我们第一次投票应否约定一个名数？可否约定第一次投票不得超过15人？(2)假定第一次投票以15人限，此15人应否约定第一组7人，第二、三组各4人？(3)第一次投票结果如得票满五分之四者太少，到会院士继续投票可否仍依旧例，以3次限？此外，如有大家想到的别些问题，也请提出讨论。您若不能到会请用书面表示意见，或推一位院士代表。(台北胡适纪念馆藏档，档号：HS-NK05-222-023)

5月15日　访客有刘崇铉、屈万里、劳榦等。胡适到胡祖望寓吃晚饭，为胡复庆生。(《胡适之先生年谱长编初稿〔补编〕》，137页)

同日　胡适邀雷震来南港讨论"自由中国"的出版印刷等事。(《雷震全集》第40册，87～88页)

同日　胡适改写了《注〈汉书〉的薛瓒（下篇）》。(台北胡适纪念馆藏档，档号：HS-NK01-212-005)

5月16日　台大侨生6人来见，他们组织了一个海洋诗社，并带来他

们的刊物。胡适回答了他们的提问，谈及作诗要明白清楚，要有力量，要美，等等。(《胡适之先生晚年谈话录》，23～24页)

同日 访客还有庄申、Freidman等。(《胡适之先生年谱长编初稿〔补编〕》，137～138页)

同日 上午，胡适参观美国海军医院。(《胡适之先生年谱长编初稿〔补编〕》，138页)

5月17日 访客有杨元忠、杨亮功、张庆桢等。邱楠、崔小萍来，请胡适担任他们广播《红楼梦》的首席顾问，胡适允之。(《胡适之先生年谱长编初稿〔补编〕》，138页)

5月18日 谭伯羽来访。(《胡适之先生晚年谈话录》，24页)

同日 钱思亮为施友忠、曾淑昭饯行，也请了胡适。(《胡适之先生年谱长编初稿〔补编〕》，139页)

同日 赵连芳来谈科学会的事。(《胡适之先生年谱长编初稿〔补编〕》，139页)

同日 陈光甫由江元仁陪同来看望胡适，胡适见其精神焕发，十分高兴。又谈起出席夏威夷大学东西方哲学会议的事，胡适乃托江元仁代办机票，江面允。是夜，胡适函谢江元仁，并寄去代办机票需要的"种牛痘书"。(台北胡适纪念馆藏档，档号：HS-NK05-012-004)

5月19日 李济来谈。(《胡适之先生年谱长编初稿〔补编〕》，139页)

同日 郭廷以来商邀房兆楹来台事，并签订本年度近史所与华大合作协议。(《郭量宇先生日记残稿》，123页)

同日 胡适到台大医院复查伤口，已痊愈。顺便探视董作宾。(《胡适之先生年谱长编初稿〔补编〕》，139页)

同日 胡适函辞李玉阶：因为有其他预约，无法为其子证婚，并致歉意。(台北胡适纪念馆藏档，档号：HS-NK01-060-034)

5月20日 访客有王济远（刘德铭、陶宗玉陪同）、沈怡、张灏、雷震、蒋匀田、夏涛声等。(《胡适之先生年谱长编初稿〔补编〕》，140页；《雷震全集》第40册，92页)

5月21日　下午，胡适主持召开科学会执委会会议。（台北胡适纪念馆藏档，档号：HS-NK01-326-087）

同日　晚，胡适、梅贻琦拜访陈诚。（《陈诚先生日记〔二〕》，1046页；《胡适之先生晚年谈话录》，25页；《胡适之先生年谱长编初稿〔补编〕》，141～142页）

同日　胡适、梅贻琦联名致函各学术机构负责人：

今天我们发出了一封公函，请贵□考虑"国家发展科学专款"的几项用途，并附送上几种参考文件和请款及推荐书的表格。我们代表"国家发展科学委员会"执行委员会，很诚恳的请求先生和贵□同人赞助这个发展科学的计画。我们深信学术界同人的热心合作是这个计画将来可以成功的重要因素。

我们现在加上这封信，要请先生特别注意这个计画中"研究讲座教授"的人选。

"研究讲座教授"是"国家"特设的荣誉讲座，原来用意是要想延致"国内外"已有研究成绩的专门学者，使他们在比较合理的生活条件与工作条件之下能够安心做学术研究工作，并领导研究工作，训练研究人才。

现在暂定的"研究讲座教授"的研究费还是很微薄的。三千台币的研究费，加上原有的待遇，还不到美金一百三十元，只够美国大学里一个助教的月俸。单靠这点微薄的待遇是不够安顿"'国内外'已有研究成绩的"第一流人才的。

…………

下年度的"研究讲座教授"，暂定不得"全国"超过四十人，其中自然科学不得超过三十二人（百分之八十），人文及社会科学不得超过八人（百分之二十）。

…………（台北胡适纪念馆藏档，档号：HS-NK01-213-005）

同日　胡适复函程靖宇，并附寄给 Professor K. S. Priestley 的推荐信，云已收到程所寄的《玄奘西游记》等9种书。又谈及钱锺书的《宋诗选注》：

> 关于《宋诗选注》，我实在看不出何以这书会引起那么大的攻击。倘有关此事的资料，乞寄我一点，我很想看看。
>
> 我觉得这部书实在选的不好。例如黄山谷，他为什么不选《题华莲寺》和《跋子瞻和陶诗》？他选的几首都算不得好诗。（台北胡适纪念馆藏档，档号：HS-NK01-053-030）

同日　胡适致函江冬秀，谈为胡复庆生及胡祖望一家赴美旅费事。又谈及自己7月3日飞夏威夷，7月底可到纽约。（台北胡适纪念馆藏档，档号：HS-NK05-048-028）

同日　胡适函辞黄立懋为其《冤狱赔偿法诠释》一书题字。（台北胡适纪念馆藏档，档号：HS-NK05-100-003）

5月22日　贝祖诒来谈。（《胡适之先生年谱长编初稿〔补编〕》，140页）

同日　王世杰、林致平、杨树人来开院士谈话会。（《胡适之先生年谱长编初稿〔补编〕》，140页）

同日　晚，胡适与梅贻琦、钱思亮在电话中长谈科学会事。（《胡适之先生年谱长编初稿》第八册，2904页）

5月23日　访客有美军顾问团的人员18人及其眷属、林毓生、王企祥、延国符夫妇。（《胡适之先生年谱长编初稿〔补编〕》，140～141页）

同日　贾景德偕万康龄女士来访。万带来查显林送给胡适的《海的十年祭》（公孙嬿著，读者书店，1958年）一书。（《胡适藏书目录》第1册，697页；《胡适之先生年谱长编初稿〔补编〕》，141页）

同日　下午，胡适到金华街主持科学会执行委员会会议。（台北胡适纪念馆藏档，档号：HS-NK01-326-088）

同日　胡适复函郑清茂，对其译成吉川幸次郎的《元杂剧研究》表示高兴，他若愿意将此译稿交于艺文书馆或台北商务印书馆出版，可代为介绍两家出版机构的负责人。（台北胡适纪念馆藏档，档号：HS-NK01-215-019）

按，胡适于 6 月 2 日为郑写过两通介绍函，郑据此洽妥出版事。有关详情参考台北胡适纪念馆藏档，档号：HS-NK01-215-020、HS-NK01-215-021。

5 月 24 日　上午，蒋梦麟来谈。胡祖望全家来。杜元载请胡适吃午饭，陈可忠、田培林、梁实秋作陪。(《胡适之先生年谱长编初稿〔补编〕》, 142 页)

5 月 25 日　齐世英、雷震来访。(《胡适之先生年谱长编初稿〔补编〕》, 142 页)

同日　胡适到美国驻台外事机构证明王济远、顾淑娱是一对夫妻，以便王太太取得赴美"签证"。(《胡适之先生年谱长编初稿》第八册, 2905 页)

同日　晚，胡适参加 Haraldson 欢迎 Warren 的茶会之后，又赴 Argentina 的酒会。(《胡适之先生年谱长编初稿〔补编〕》, 142 页)

5 月 26 日　上午，阮维周来谈。下午，胡适到台大医院请医生检查伤口，已结疤。(《胡适之先生年谱长编初稿〔补编〕》, 142 页)

同日　胡适致电美国国务院的劳勃森，吊唁杜勒斯。("中央日报", 1959 年 5 月 28 日)

同日　胡适致函林河源，云：

你的函件和模型，都已请本院数学研究所的代所长林致平先生看过。他的意见如下：

（一）林君的"水中永久回转体"，系属永恒运动（perpetual motion）之机器的一种。

（二）永恒运动的特征，乃系可不加外"能"（energy），即能继续运动，产生"功"（work），也就是一种可不需要消耗燃料（如煤、油等）而能动作的机器。

（三）此种永恒机器，自"能力不灭定律"（Law of Conservation of Energy）具体化后，已公认绝无成功的可能，所以英国的 Patent Office 早已拒收此类发明品的申请。

（四）林君设计的回转体，绝无成功的可能；但他的毅力与精神，殊觉可佩。

....

孔子曰:"吾尝终日不食,终夜不寝,以思,无益,不如学也。"这句话是值得想想的。(台北胡适纪念馆藏档,档号:HS-NK01-075-028)

同日　雷震为世新学校立案事,再函胡适,拜托胡再向梅贻琦说项。(《万山不许一溪奔——胡适雷震来往书信选集》,186页)

5月27日　胡适函辞马之骕请其为《新闻日报》撰文。(台北胡适纪念馆藏档,档号:HS-NK01-231-004)

同日　胡适复函陶振誉,告洛克菲勒基金会向来不考虑个人的小计划,我们不可作细小的请求。又陶之赴日、韩考察计划应该告知罗氏基金会方面等。(台北胡适纪念馆藏档,档号:HS-NK05-092-007)

5月28日　上午10时,胡适在张群陪同下晋见蒋介石。蒋介石对胡适这次住院割治粉瘤表示关切。胡适请蒋介石在今年的院士会议开幕典礼上致训辞,蒋介石表示:"那时除非我不在台北,我一定来的。"胡适又向蒋介石请假三个月赴美,请假期内,由李济代理。又谈发展科学的计划。(张群是日《日记》,中国国民党党史馆藏档,档号:群7/12;《胡适之先生年谱长编初稿〔补编〕》,143页)

蒋介石是日日记:

上午入府召见胡适,约我七月一日"中央研究院"院士会致训,其容辞特表亲善为怪,凡政客爱好面子而不重品性者皆如此耳。

同日胡适与胡颂平谈话,谈到长期发展科学计划:

这个梦的计划是很大的,但在八月廿三日之后,这个梦的计划就打了一个对折了。那时的计划,研究费从五千以上或可超过一万元,但是七折八扣之后,这个梦已做不通了。我的计划失败了。"政府"财

政的困难我是很了解的，如果钱从外面来，好像不太好；高的待遇办不到；如果只有一百二十元美金的待遇，在美国连请一个打字员还请不到吧！先生又说了一个发展科学教育的故事。(《胡适之先生晚年谈话录》，26页）

6月9日胡适与黄伯度谈话：

……这回见"总统"时，他的旁边有人：这样，大概不愿意听我的"逆耳之言"的缘故——年老了，都是愿听爱听的话了。(《胡适之先生年谱长编初稿〔补编〕》，151页）

同日　访客有周敏、江俊华。(《胡适之先生年谱长编初稿〔补编〕》，144页）

同日　胡适复函杨力行，辞谢中坜中学的讲演邀请。详论法显绝对没有"发现美洲"的事。有云：

我终身注意治学方法，一生最恨人用不谨严的态度和不谨严的方法来轻谈考据，故忍不住要替法显和尚洗刷一下。千万请仔细读一遍《法显传》，仔细读一遍足立的《法显传考证》，千万不可以妄谈法显曾发现美洲。那是可以贻笑于世界的。(台北胡适纪念馆藏档，档号：HS-NK01-151-002）

同日　胡适复函黄少谷，云：

前得四月卅日及五月十四日尊示及附来的公超兄三电，月涵兄曾和我谈过。我们觉得此中经过似可以由我向杨振宁、李政道两君说明，使他们知道美国政府方面有深感地位困难的情形，既不便劝告 Academy of Science，又不便劝阻杨、李二君。

昨天（廿七日）我写了一封信给吴健雄博士——她是我的学生，又比较年长，在物理学家之中，健雄是"大姊"，吴大猷先生是"老师"——把上述情形告诉她，并把公超三电及先生五月十四日一函，

1959年　己亥　68岁

都寄给她，请她和杨、李两君细谈一次，最好邀吴大猷先生参加一谈。我在信上说明，月涵和我都不愿劝阻杨、李二位，但我们应该使他们知道美国政府的为难与顾虑，作他们的参考资料。（台北胡适纪念馆藏档，档号：HS-NK03-001-027）

同日　苗培成同阙明德来，谈为胡适造像事，胡适表示最近太忙，以后再说。（《胡适之先生晚年谈话录》，26页）

同日　"中国广播公司"要在"小说选播"节目中播《红楼梦》，请胡适做顾问并给予指导。（台北胡适纪念馆藏档，档号：HS-NK01-146-006）

5月29日　蒋介石宴请各重要机关首长，胡适在被邀之列。（《胡适之先生年谱长编初稿〔补编〕》，144页）

同日　下午4时，刘海波带领台湾师范大学侨生27人来谒胡适，胡适有谈话，并回答他们的提问。（《胡适之先生晚年谈话录》，27页）

同日　晚，胡适宴请海洋学会的4人。（《胡适之先生年谱长编初稿〔补编〕》，145页）

同日　胡适为"自由中国"的印刷问题，函托黄少谷：

"自由中国"半月刊为了印刷所问题，曾屡次承吾兄帮忙，我们关心此事的人都很感激。倘得吾兄大力成全此事，实为大幸。

自从所谓"陈怀琪事件"发生以来，至今数月，我始终没有向"政府"中任何人说过一句话。我几次写信给雷儆寰兄，总是对社中朋友自己检讨。但印刷所的麻烦，似是很不幸的事，也是不应该有的事，所以我很盼望吾兄能替这个刊物帮忙，解除此种不幸的麻烦，似乎也是一个"自由国家"里的一件大好事罢？（台北胡适纪念馆藏档，档号：HS-LC01-005-038）

按，6月3日，雷震受蒋匀田之托，将"民主中国"一册寄胡适。又谈道：先生前致少谷兄函已递去，并托舍我帮忙，但迄今仍未解决，党部不仅不管，反叫少谷不要管，而下面则威胁工厂不要续印。一面

又叫台北厂给我们印，要台北厂不要好好印和脱期，以逼使本刊自动停刊。(《万山不许一溪奔——胡适雷震来往书信选集》，188 页)

同日　胡适复函入矢义高，讨论禅宗的有关问题，又询可否在日本的各大寺里发现在唐末请求到日本的禅宗史料。(《胡适手稿》第 8 集卷 3，438 页)

按，次日，胡适又致函入矢义高，进一步探讨相关问题。(《胡适手稿》第 8 集卷 3，438～446 页)

5 月 30 日　李霖灿来访。(《胡适之先生年谱长编初稿〔补编〕》，147 页)

同日　晚，雷震、王世宪以欢迎蒋匀田、郭雨新为名，邀请胡适、李万居、吴三连、殷海光、夏涛声、夏道平等 30 人在"自由中国"社聚餐。(《雷震全集》第 40 册，99～101 页)

同日　蒋介石在其上星期反省录中有记："胡适无聊，面约我七月一日到其研究院院士会致训，可笑。"

5 月 31 日　吴相湘来访。下午，胡适到"联合中国同志会"出席朱家骅的茶会。(《胡适之先生年谱长编初稿〔补编〕》，147 页)

同日　胡适为陈伯庄的《卅年存稿》所作序文写定，并寄陈，请陈"不客气的斧削"。又建议删去《虚云法师》一篇，理由是文中所引的"弥勒佛所示偈"等偈语都是骗人的，况且虚云和尚的自传有不少虚假的资料。又谈到今夏将在檀香山演讲"John Dewey in China"，略述杜威在中国讲学的情形，以及实验主义对胡适等的治学方法的影响，在教育上的影响等。(台北胡适纪念馆藏档，档号：HS-NK01-028-006)

同日　胡适复函毛子水，答复其提出的学术问题。(台北胡适纪念馆藏档，档号：HS-NK01-232-020)

6月

6月1日　陶振誉来谈。(《胡适之先生年谱长编初稿〔补编〕》,147页)

同日　胡适复函东海大学校长吴德耀,诚恳辞谢赴该校参加第一届学生毕业典礼并致辞的邀请。(台北胡适纪念馆藏档,档号:HS-NK01-149-030)

同日　胡适作有《郭象的自然主义》一篇笔记。(《胡适手稿》第9集卷3,343～346页)

6月2日　李宗侗来访。(《胡适之先生年谱长编初稿》第八册,2923页)

同日　胡适分别致函艺文书局和台北商务印书馆的赵叔诚,询能否出版郑清茂翻译的《元杂剧研究》。(《胡适之先生年谱长编初稿》第八册,2923页)

同日　胡适为管惟二之事致函张群,请张帮忙:

> 顷收到一位"陆军中尉"管惟二君来函,此君我从未识面,但推荐他的Princeton大学确系第一流大学,标准很高,此校肯给他两千三百五十元的年俸,想其人必很优异,所以我把原信仍[及]附件仍交管君送呈先生,以供参考。我知道先生爱护青年好学的军人,必定不怪我转呈此函件罢。(台北胡适纪念馆藏档,档号:HS-NK01-228-015)

> 按,6月1日,管惟二致函胡适,告知普林斯顿大学聘其为助理研究员事,请胡适与张群鼎力协助。6月25日,张群复函胡适,告知洽办成功。7月1日,管氏函谢胡适。(台北胡适纪念馆藏档,档号:HS-NK01-228-014、HS-NK01-228-016、HS-NK01-228-018)

6月3日　刘世超来访。胡适应庄莱德的午宴。下午,胡适主持科学会招待各大学校长的茶会。(《胡适之先生年谱长编初稿〔补编〕》,148～149页)

6月4日　胡适有赠高天成的小诗。

同日　胡适复函杨力行，谈到"虚心是治学的基本条件"等。

> 我的狂言，你不但没有生气，还向我道谢，我很佩服你的雅量。这种虚心是治学的基本条件，我很诚恳的给你道贺。
>
> 卫挺生先生是我的老朋友，我也曾收到他送我的两本书。但我对于这个问题向来没有研究，所以从没有敢发表意见。因为日本古代史里就会有很多不可信赖的神话，近几十年里这种神话很多的古史又得到了政治与宗教的保障，所以近代日本学人的谨严史学方法似乎没有自由的充分应用到那个领域里去。神武天皇本身的有无，谁都不能知道，传说的徐福故事里有多少可靠的成分，我们也不知道：我们又何从评判神武天皇是不是徐福的问题呢？（台北胡适纪念馆藏档，档号：HS-NK01-151-035）

同日　胡适再函吴德耀，谈不能出席东海大学第一次毕业典礼的第四个理由：

> 东海大学是一个教会大学，第一次毕业典礼就请一个自认"无神论者"作毕业讲演，这是最难得的容忍精神，最可佩服！但我不应该接受这种荣宠，因为这是可以引起贵校少数校董的正当质问的，也许给先生引起一点 embarrassment。所以我平常在这种场合总以不使主人感到 embarrassment 为原则。……
>
> 我在作驻美大使任内，有 Connecticut 的 Wesleyan College 的校长写信来，要给我一个学位。我看校名，知道这是用 John Wesley 作校名的，所以我就写信告诉那位校长（是我的朋友），我是不自讳的无神论者，不可使他感受 embarrassment on criticism。他回信说，校名是一百年前起的，现在学校完全没有教会关系了，我才回信答应去。
>
> 我举此事，让先生知道我的看法是此次东海办第一次毕业典礼，不应该让一个不信神也不信灵魂不灭的人来作毕业演词，以免招致不

必要的指摘。先生想能体谅我这一点微意罢？（台北胡适纪念馆藏档，档号：HS-NK01-149-031）

6月5日　访客有殷海光、刘世超、沈志明、井口贞夫。中午，应Dr. Dixon的午宴，后访王世杰。（《胡适之先生年谱长编初稿〔补编〕》，149页）

同日　胡适致函胡家健，谈及同乡胡锺吾卖帖筹钱等事，重点是拜托胡家健在香港搜集《杜威五种演讲集》和各种演讲录，以纪念其百岁诞辰。8日，胡适再为此事致函胡家健。（《胡适中文书信集》第5册，89～90页）

6月6日　访客有管惟二、胡锺吾。（《胡适之先生年谱长编初稿〔补编〕》，150页）

同日　胡适复函赵元任，诚邀其来参加本年度院士会议。（台北胡适纪念馆藏档，档号：HS-NK01-047-005）

同日　下午4时，胡适参加台湾"中国工程师学会"的茶会。7时，应魏景蒙的宴会。（《胡适之先生年谱长编初稿〔补编〕》，150页）

6月7日　访客有罗家伦夫妇、陈伯庄。（《胡适之先生年谱长编初稿〔补编〕》，150页）

6月8日　周法高来借去《清代名人书札真迹》及《乾隆甲戌脂砚斋重评石头记》作次日院庆展览用。（《胡适之先生晚年谈话录》，29页）

同日　下午，梁实秋、浦家麟来访。胡适与梁实秋谈起，大陆上所谓"曹雪芹小象"的插图，全是错的。浦家麟主要来谈远东图书公司出版胡适著作的版税问题。（《胡适之先生年谱长编初稿》第八册，2928页）

同日　"中研院"举行篮球赛，胡适主持颁奖典礼。（《胡适之先生年谱长编初稿〔补编〕》，151页）

6月9日　"中研院"31周年庆，来致贺的有朱家骅、黄伯度、蒋复璁、黄少谷、毛子水、刘崇鋐、陈维伦、钱思亮等。（《胡适之先生年谱长编初稿〔补编〕》，151页）

同日　王云五送来《历代纪事年表》一部。（《胡适之先生年谱长编初

稿〔补编〕》，151 页）

同日　周象贤函谢胡适题"丰乐亭"三字。(《胡适之先生晚年谈话录》，30 页）

6 月 10 日　下午，雷震陪成舍我来访。雷到时，杨亮功、赵丽莲及王霭芬已先在。雷震请胡适看"自由中国"下一期社论的稿子，"他说彼疲乏，要我们多多注意就是了"。雷震又记：胡先生说"民主中国"那篇文章的头一段，"写得弯弯曲曲的，写得不好，后面很好"。(《雷震全集》第 40 册，106～107 页；《胡适之先生年谱长编初稿〔补编〕》，152 页）

同日　晚，胡适到台大法学院，应钱思亮的晚宴。(《胡适之先生年谱长编初稿〔补编〕》，152 页）

同日　胡适函谢王云五赠送《历代纪事年表》，又云：华国小序提到的辟园居士是兰溪刘治襄，其官名是刘焜，而"治襄"乃其表字。"沈志明夫妇的案子，前几天已判决无罪，他们特别要我向先生表示他们深刻的感激的诚意！"（台北胡适纪念馆藏档，档号：HS-NK01-143-025）

6 月 11 日　郭廷以来谈近史所工作计划及人员分配事，胡适提及陶振誉事，郭廷以有所说明。(《郭量宇先生日记残稿》，125 页）

6 月 12 日　王洪钧来谈。(《胡适之先生年谱长编初稿〔补编〕》，152 页）

6 月 13 日　Lipman 和 Luburme 来访。(《胡适之先生年谱长编初稿〔补编〕》，152 页）

同日　胡适复函苏雪林，谈到苏不能当选院士候选人的原因及研究补助金的审查办法；重点谈苏之楚辞研究已"走入迷途而不能自拔"：

> 关于你自己的研究，我颇感觉你有点走入迷途而不能自拔。即如你此次信上说，《九歌》乃是整套神曲，九神乃隶属于一个集团之大神，不但我国所有各神多系此九大神所衍化，全世界各宗教之神亦不出此九神范围。……我的书若能写成，中国全部文化史皆须重写，即外国宗教神话史也须重新安排。"此种想法就是迷途，就是入魔的路，不可不深戒。

至于说，"中国古代文化结构极密，完全是个有机体，惜代久年湮，络脉断绝，致成僵尸，若能将络脉连接起来，则这个文化便可复活。……"这更是迷途，使我深为你忧虑。你所凭借的"天问"一类残乱不可读不可解的文件，本身就很不可靠。我们用最谨严的方法，至多也只能做到使这种文件比较可读而已。千万不可从这种本身不大可靠不大可懂的文件上建立什么"文化络脉"。（台北胡适纪念馆藏档，档号：HS-NK05-139-006）

6月14日　访客有李豪伟、金振庭、黎子玉。（《胡适之先生年谱长编初稿〔补编〕》，154页）

6月15日　访客有林致平、程维贤。（《胡适之先生年谱长编初稿〔补编〕》，154页）

同日　胡适到台大医院探视董作宾。（《胡适之先生年谱长编初稿》第八册，2932页）

6月16日　访客有雷震、夏涛声、胡国材。（《雷震全集》第40册，110～111页；《胡适之先生年谱长编初稿〔补编〕》，154页）

同日　晚，胡适在陈雪屏家中吃晚餐，同席的还有王世杰。（《雷震日记》，1959年6月18日，载《雷震全集》第40册，112页）

同日　胡适致函张群，报告7月1日上午举行的"中央研究院"院士会议，海内外院士共有15人到会，"为空前人数最多的会议"，请张将此消息报告蒋介石，请蒋"保留那个上午的一部分时间来给我们作开幕训词"。又将"中研院"下年度追加名额50人的公文副本寄张，拜托张"能替我们说几句话，使这个案子能早日提出"。（台北胡适纪念馆藏档，档号：HS-NK01-036-015）

同日　胡适复函段辅尧，赞其厂生产的台盐纯度高，并表示祝贺。（台北胡适纪念馆藏档，档号：HS-NK01-118-003）

同日　胡适复函黄守诚，告因7月离台，没空写文章了。请用《四十自述》里有关材料来写《胡适的童年》。很想拜读黄氏所写《胡适先生的母

亲》一文。(台北胡适纪念馆藏档,档号:HS-NK05-100-005)

同日　雷震致函胡适,请胡将提交檀香山东西哲学会议论文副本给"自由中国",以便发表。(《万山不许一溪奔——胡适雷震来往书信选集》,190页)

6月17日　吴讷孙、查良鉴、芮逸夫来访。闵道宏、戴子安来访。(《胡适之先生晚年谈话录》,30页;《胡适之先生年谱长编初稿〔补编〕》,155页)

同日　胡适致函蒋梦麟,对其《留学考试与留学政策》一文提出自己的意见。(台北胡适纪念馆藏档,档号:HS-NK01-045-002)

6月18日　访客有王企祥、鲁道夫。(《胡适之先生年谱长编初稿〔补编〕》,155页)

同日　下午,雷震等来访,胡适告知雷氏16日在陈雪屏家中吃晚餐时谈话内容。(《雷震全集》第40册,112页)

同日　胡适给袁方的《记者生涯》题写了书名,又给魏讷、魏廉、何亨基写了小立轴。(《胡适之先生年谱长编初稿〔补编〕》,155页)

同日　胡适复函韦莲司小姐,谈割治粉瘤及后来住院情形,以及将到夏威夷开会及赴美国大陆行程。(《不思量自难忘:胡适给韦莲司的信》,272～273页)

同日　胡适致函严一萍,谢寄《十三经注疏目录》,希望再寄二三册来。(台北胡适纪念馆藏档,档号:HS-NK01-166-004)

6月19日　访客有马保之、于景让、芮逸夫。晚上,胡适应白健民之饭约。(《胡适之先生年谱长编初稿〔补编〕》,156页)

同日　胡适复函苏雪林,谈楚辞研究及考证的方法:

> 你读过王静安先生的《殷卜辞中所见先王先公考》的《王亥》《王恒》两篇吗?你读过《傅孟真全集》里的《史料论略》……讨论这两篇的文字吗?静安先生两篇皆与《天问》有关,其方法最谨严,故值得重读。
>
> ……考证的工作,方法是第一要件,说话的分寸也是一件重要的

事。我常劝朋友，"有几分证据，说几分话。有五分证据，不可说六分话"。（台北胡适纪念馆藏档，档号：HS-NK05-139-010）

同日　胡适、梅贻琦致研究机关负责人一函，云：

现在我们寄上"国家长期发展科学委员会"下半年度研究补助费申请表若干份，专供先生为贵校（院，所）之任教人员与研究人员提出专题研究计划向本委员申请"研究补助费之用"。表格应由专题研究人员自己填写，请贵校（院，所）汇交本会。

我们请先生看这个申请表最后附记的说明四条，其第二条指出研究补助费分甲乙两种：甲种补助费每月台币一千六百元，乙种补助费每月八百元。委员会现在决定下年度拟设甲种补助费一百名，乙种研究补助费一百二十名。因为名额实在不多，所以我们很诚恳的请求各学术机关首长最好能在提出申请书之前，负责作一次初步审查，务请特别注意下列各项：

第一，申请研究补助费的人必须有已发表之研究成绩。

第二，申请人必须有切实的研究计划，其研究计划应限于一年内可以完成之专题，并须与贵校（院，所）之研究设备相配合。

第三，申请人必须有决心在补助期内不得在其他机关兼任有给之职务。

［1959年］度之"研究补助费"，自下年度开始时实行。我们请求先生务必将贵校（院，所）之"研究补助费申请表及附件"于七月十五日以前送交本会，使我们可以分送各专门委员会审查。

研究补助费的事是"国家长期发展科学纲领"的一个重要项目。这件事的成功与失败，全靠先生和学术界同人的热心与合作。我们代表本委员会同人很诚恳的感谢先生及贵校（院，所）同人的协力合作。（《胡适之先生年谱长编初稿》第八册，2935～2936页）

6月20日　访客有马逢瑞、札奇斯钦、蒋复璁。（《胡适之先生年谱长

编初稿〔补编〕》，156 页）

同日 下午 3 时，雷震来访。雷氏日记有记：

> 下午三时到南港，把给亚洲协会总会之信交给胡先生，并说明理由。因继任的 Miller（台北处长）二十五日早晨要去看他，谈"中研院"建筑费事，故托胡先生提一提，他允提。他也认为我们过去签字而不细看，是错误。
>
> 胡先生要请现任谭维理□□□□吃饭，给他安慰安慰。他说打电话给蔡增瑞而无人接，我说去办……
>
> 胡先生看了"立法院"议事规则，规定秘密投票只要主席提出，并无当场表示之意，嘱我转告齐世英。……
>
> 今日见到端木恺，他盼与胡先生谈一谈。他说……胡先生出去后，要看好再回来。（《雷震全集》第 40 册，113～114 页）

6 月 21 日 访客有汤姆生、刘世超、张灏。（《胡适之先生年谱长编初稿〔补编〕》，157 页）

同日 胡适复函胡家健，告已收到《杜威罗素讲演录》，仍盼悬重赏征求《杜威五大讲演集》。又提到："《绩溪县志》的重印，我当留意，但不可作给我作寿之用……我的七十寿在 1961 十二月，不在明年。"又告知自己知道的 4 部《绩溪县志》。（《胡适中文书信集》第 5 册，100～101 页）

6 月 22 日 访客有江易生、萧作梁、陈长桐、吴幼林、杨亮功。（《胡适之先生年谱长编初稿〔补编〕》，157 页）

同日 胡适函谢姚志崇、何联奎赠送《梁任公先生遗著三十二种》和《辞海》。（台北胡适纪念馆藏档，档号：HS-NK01-159-002）

6 月 23 日 胡适回拜越南"公使"阮贡勋。访客有程远帆、翁兴庆、蒋复璁和米尔顿夫妇等。（《胡适之先生年谱长编初稿〔补编〕》，157 页）

同日 胡适致函孔德成、庄尚严，介绍翁兴庆到"故宫博物院"研究"宝物"。（刘广定教授提供）

同日 胡适复函罗锦堂，谢赠《中国散曲史》《历代图书板本志》，至

于罗氏的《论带过曲与集曲》一文,"我大体上赞成你的意思"。(台北胡适纪念馆藏档,档号:HS-NK01-094-006)

6月24日 "中央日报"就著作盗印发表胡适的谈话,胡适指出,盗印著作,实在是不道德。又说,中国作家一向稿费版税收入低廉,生活清苦,呕尽心血,产生一部创作,非法翻版简直等于扼杀著作人的生命线。

同日 胡适作有《论初唐盛唐还没有雕板书》,指出李书华《再论印刷发明的时间问题》一文的结论"西元七世纪上半期很有可能中国已有雕版引述了",是自己向来相信的,但没有寻到可信的实物或文件作证据。李文提出的三件证据,都不是证据,都不可用来证明唐太宗和唐玄宗时代已有雕版印刷。("自由中国"第21卷第1期,1959年7月1日)

同日 李应兆、包德明来见。包德明陈述创办铭传女子商业专科学校的动机、现在的概况以及请求"教育部"立案的困难情形。胡适答允帮忙。后来胡适向梅贻琦谈及此事,该校顺利立案。(《胡适之先生晚年谈话录》,31页)

同日 访客还有黄彰健、吴望伋等。(《胡适之先生年谱长编初稿〔补编〕》,157～158页)

同日 胡适为旧庄小学题写:吾尝终日不食,终夜不寝,以思,无益,不如学也。(《胡适之先生年谱长编初稿〔补编〕》,158页)

6月25日 访客有Mr. R. J. Miller和Patrick Judge、杜光埙、查良钊、樊际昌。晚,胡适应吴三连、李万居、郭雨新三人的宴会。(《胡适之先生年谱长编初稿〔补编〕》,158页)

同日 胡适复函黄守诚,认为他所写的《胡适先生的母亲》一文很好,而自己没有时间应约写《我的童年》。(台北胡适纪念馆藏档,档号:HS-NK05-199-013)

同日 胡适复函黄璞斋,因不赞同其编书计划,所以不能为其题封面或题字。(台北胡适纪念馆藏档,档号:HS-NK05-100-037)

同日 胡适复函苏雪林,因没有时间细读其《湘君与湘夫人》等6篇文章,故寄还。(台北胡适纪念馆藏档,档号:HS-NK05-139-012)

6月26日　胡适回拜井口贞夫。(《胡适之先生年谱长编初稿》第八册，2946页)

同日　访客有凌纯声、马廷英、唐子宗、胡锺吾。(《胡适之先生年谱长编初稿》第八册，2947页；《胡适之先生年谱长编初稿〔补编〕》，159页)

同日　下午4时，胡适主持科学会执委会会议。晚7时，胡适出席Patrick Judge 欢迎 Miller 和 Thompson 的酒会。(《胡适之先生年谱长编初稿〔补编〕》，159页)

同日　韩镜塘（化名胡天猎）致函胡适，谈他几十年间搜集明清善本3万余卷，但1949年带到台湾的仅有20余种。韩氏想影印这些旧小说，以便学人研究。冒昧请教胡适：一、乾隆壬子程、高用木活字排印之《红楼梦》是否为胡适昔年鉴定之程乙本，该书是否有影印流传价值？二、倘有影印流传价值，希胡适能在书首题字。三、其他数种如认为有影印价值者，希代排定印行先后次序。(台北胡适纪念馆藏档，档号：HS-NK01-196-001)

按，胡适接到信时，恰逢他将到夏威夷大学开会，乃于动身前交代秘书胡颂平：胡天猎先生信上说的几种小说，都有影印的价值，你先替我复信道谢，并且把他的信和小说样本寄到檀香山来给我。(台北胡适纪念馆藏档，档号：HS-NK01-196-002)

6月27日　胡适发出复拙哉函，指出：

道士的书，百分之九十九是伪作。《仙佛合宗》书中说"邱祖作《西游记》以明心曰心猿"，正足以证此书是伪作。

小说《西游记》与邱处机《西游记》是两部书，完全无关。(台北胡适纪念馆藏档，档号：HS-NK01-056-015)

同日　访客有王德芳、马熙程、许孝炎、林崇墉、John W. Dixon、Rogen U. Aenert、Mordon A. Marten、李锦屏、浦家麟、张祖诒夫妇。(《胡适之先生年谱长编初稿〔补编〕》，159页)

同日　雷震、端木恺来访，雷震日记有记："端木劝胡先生看看情势再回来，在外面说话，较为有力。"雷震也告诉胡适，胡钝俞劝他不要返台。胡适表示必要时他将辞去"国大代表"，并拟于行前写一信给蒋先生。与其事后讲话，不如事前讲话……他对"中央研究院"不放弃，满69岁一定辞职。他说他没有钱可以在"国外"住上半年。(《雷震全集》第40册，118页)

同日　胡适致函江易生，云：

> 送上《陈太山函》，并乞谢谢少谷先生。外间传说甚多，都是党部传出来的，说胡某人"亲身出马，奔走说合"，"终于解决了'自由中国'的印刷岔子"。今寄上彰化出版的《台湾洋裁时报》一份，请你看了转呈少谷先生，使他知道党报的论调下流到什么样子。
>
> 外间又说台湾省党部林朝皋君写了一封信，叫印刷所主人签名盖章，送给黄部长。大概就是我送还的信了？(《胡适中文书信集》第5册，104页)

6月28日　上午，旧庄"国民学校"举行开校典礼，胡适应邀主持并讲话。(《胡适之先生年谱长编初稿〔补编〕》，159页)

同日　访客有朱家骅、钱思亮夫妇、刘真、虞舜、王淦、王锺、黄秉心、郭兆麟等。中午，胡适宴请"农复会"的朋友。(《胡适之先生年谱长编初稿〔补编〕》，159页)

6月29日　胡适针对左舜生的一篇文章发表谈话。(次日之"中央日报")

同日　访客有马逢瑞、吴忠信、吴申叔、赵连芳、张庆桢。中午到黄少谷家吃饭。晚，参加Haraldson的晚宴。赵元任自东京来，住胡适寓。(《胡适之先生年谱长编初稿〔补编〕》，160页)

6月30日　钱思亮夫妇来。(《胡适之先生年谱长编初稿〔补编〕》，160页)

同日　晚，胡适于台北宾馆宴请"中研院"院士及评议员。(《郭量宇先生日记残稿》，128页)

同日　胡适复函姜贵：我本想请你改用"旋风"或"东海旋风"的书名，

现在你已这样做了，我很高兴。承你影印我的信代序，荣幸之至。（台北胡适纪念馆藏档，档号：HS-NK01-143-030）

同日　胡适致函董作宾，云：若董之健康允许，请参加明日下午3时的院士选举会，最好请台大医院派一位护士陪同照料。若不能来，请委托一位代表代为投票。送上选票及委托代表书备用。（台北胡适纪念馆藏档，档号：HS-NK05-115-007）

7月

7月1日　上午10时，胡适主持召开"中研院"第四次院士会议。出席院士有朱家骅、王世杰、李济、李先闻、凌鸿勋、赵元任、董作宾、赵连芳、姚从吾、劳榦、潘贯、蒋硕杰、林致平、李方桂等15人。首由陈诚代表蒋介石致辞，次由胡适简单介绍院中情形，胡适次请海外回来的赵元任、李方桂、蒋硕杰三院士致辞。来宾有王云五、梅贻琦、程天放、蒋梦麟、钱思亮、黄国书、罗家伦、毛子水、李嗣璁、傅秉常、黄正铭、黄伯度、彭济生及院内研究员以上人员，来访的香港大学教授葛璧和戴维斯也应邀参加。（台北胡适纪念馆藏档，档号：HS-NK05-222-035；次日台北各大报）

同日　下午3时，胡适主持1958—1959年度院士选举，选出院士9人。数理组：周炜良、袁家骝、顾毓琇、范绪筠。生物组：王世中、汪厥明。人文组：凌纯声、杨联陞、刘大中。选举完毕后，胡适对记者谈话称：院士选举，不应有地域的限制，更不应重视"国内""国外"的分别，应以学术上的成就为主。（台北胡适纪念馆藏档，档号：HS-NK05-222-034）

同日　晚，陈诚宴请"中研院"院士24人。（次日台北各大报）

7月2日　郭廷以来商王萍事，兼为介绍窦宗仪。（《郭量宇先生日记残稿》，128页）

同日　中午，蒋介石夫妇宴请包括胡适在内的全体院士。陈诚、张群、梅贻琦等作陪。

同日　晚，黄少谷为胡适饯行，应邀作陪的有张群、董显光、蒋经国、王世杰、梅贻琦、蒋梦麟、罗家伦、钱思亮、陈雪屏等。

同日　胡适复函李辰冬，赞成李之国语文教学试验：

我的两篇旧文，原都假定小学完全用白话文教学为大前提，但这个大前提在这三四十年里并没有实现，所以我这两文都不适用了。现在只希望有人用一种开明的见解来做试验，把白话文与古文分开来教，分开来学。你的试验是在这个正确的方向上，但此时只可争取并坚持师范大学用新法试验的权利，不可急于希望此法的能推行。

刘厅长方面，我秋天"回国"一定要向他谈谈，此时来不及写信了。

（台北胡适纪念馆藏档，档号：HS-NK01-062-015）

7月3日　胡适自台北飞往东京。是日，来住处送行的有王世杰、钱思亮夫妇、陈雪屏夫妇、陈槃、石璋如、董同龢、杨时逢、芮逸夫、黄彰健、徐高阮、李光涛、张秉权、李光宇、刘世超等。到机场送行的有黄少谷、严家淦、沈刚伯、庄莱德、金弘一、陈雪屏、胡祖望等100多人。（《胡适之先生年谱长编初稿〔补编〕》，161页）

雷震日记：

上午十一时许至机场送胡先生，与赵元任接谈。（《雷震全集》第40册，122页）

同日　胡适复函吕行，谢其寄赠《女人的艺术》，并赞该书"写得很好"。（台北胡适纪念馆藏档，档号：HS-NK01-091-013）

7月4日　胡适在东京接受司马桑敦的访问。（《联合报》，1959年7月30日）

同日　胡适飞抵檀香山。（台北胡适纪念馆藏档，档号：HS-NK05-048-030）

同日　蒋介石在其上星期反省录中记道：

"中央研究院"院士会议未应邀参加，而仍约宴其院士，此乃对胡

适作不接不离之态度,又一表示也。因对此无聊政客,惟有消极作不抵抗之方针,乃是最佳办法耳。

同日　吴健雄致函胡适,告:6月23日去接受A. A. U. W.的奖。另谓在A. E. C.会后有人谈到李、杨不去苏俄赴会是台湾方面干预的缘故。(台北胡适纪念馆藏档,档号:HS-US01-017-015)

7月5日　一个叫"明砂"的人致函胡适,历数蒋介石的种种罪恶。(台北胡适纪念馆藏档,档号:HS-US01-017-017)

7月6日　胡适在第三届东西哲学会议上宣读《中国哲学里的科学精神与方法》。此文共四部分。在第一部分,胡适不同意 Filmer S. C. Northrop 提出的"东方人用的学说是根据由直觉得来的概念造成的,西方人用的学说是根据由假设得来的概念造成的"这一观点,认为这个理论是没有历史根据的,是不真实的。第一,并没有一个种族或文化"只容纳由直觉得来的概念",也并没有一个个人"只容纳直觉得来的概念"。人是一种天生会思想的动物,每天都有实际需要逼迫他做推理的工作,不论做得好做得不好。人也总会懂得把推理做得更好些,更准确些。有一句话说得很不错:推理是人时时刻刻逃不开的事。为了推理,人必须充分使用他的理解能力、观察能力、想象能力、综合与假设能力、归纳与演绎能力。这样,人才有了常识,有了累积起来的经验知识,有了智慧,有了文明和文化。这样,东方人和西方人,在几个延续不绝的知识文化传统的中心,经历很长的时间,才发展出来科学、宗教、哲学。第二,为着尝试了解东方和西方,所需要的是一种历史的看法,一种历史的态度,不是一套"比较哲学上用的专门名词"。历史的看法只是认为东方人和西方人的知识、哲学、宗教活动上一切过去的差别都只是历史造成的差别,是地理、气候、经济、社会、政治,乃至个人经历等等因素所产生,所决定,所塑造雕琢成的。这种种因素,又都是可根据历史,用理性,用智慧,去研究,去了解的。尽力弄清楚有些什么因素使欧洲得到了至少400年来领导全世界发展近代科学的光荣,在另一方面又有些什么因素,或者是些什么因素怎样凑合起来,对于有史以来多少个种族或文化（连中世纪的"希腊罗马基督教"文化也不在例外）在科学发展上遭受的阻碍以至于推行毁坏，要负很大的责任——这在我们这个很有学问的哲学家与哲学史家的会议中，也是一件值得做的事业，一种应当有的抱负。

在第二部分，胡适说，"我有意不提中国哲学的科学内容，不但是为了那份内容与近四百年西方科学的成就不能相比——这是一个很明白的理由——而且正因为我的见解是：在科学发达史上，科学的精神或态度与科学的方法，比天文家、历法改革家、炼金术士、园艺家在实用上或经验上的什么成就都更有基本的重要性"。"对于冷静追求真理的爱好"，"尽力抱评判态度而排除成见去运用人类的理智，尽力深入追求，没有恐惧也没有偏好"，"有严格的智识探索上的勇气"，"给精确而不受成见影响的探索立下标准"，"这些都是科学探索的精神与方法的特征。我的论文的主体也就是讨论在中国知识史、哲学史上可以找出来的这些科学精神与方法的特征"。

在第三部分，胡适说，古代中国的知识遗产里确有一个"苏格拉底传统"。自由问答、自由讨论、独立思想、怀疑、热心而冷静的求知，都是儒家的传统。过去2500年中国知识生活的正统就是这一个人创造磨琢成的。孔子确有许多地方使人想到苏格拉底。像苏格拉底一样，孔子也常自认不是一个"智者"，只是一个爱知识的人。儒家传统里一个很可注意的特点是有意奖励独立思想，鼓励怀疑。知识上的诚实是这个传统的一个紧要部分。"道常无为，而无不为"这是这个自然主义宇宙观的中心观念。自然主义本身最可以代表大胆怀疑和积极假设的精神。自然主义和孔子的人本主义，这两样的历史地位是完全同等重要的。中国每一次陷入非理性、迷信、出世思想——这在中国很长的历史上有过好几次——总是靠老子和哲学上的道家的自然主义，或者靠孔子的人本主义，或者靠两样合起来，努力把这个民族从昏睡中救醒。中国哲学的经典时代的大胆怀疑和看重知识上的诚实的精神如何埋没了几百年还能够重新起来推动那种战斗：用人的理智反对无知和虚妄、诈伪，用创造性的怀疑和建设性的批评反对迷信，反对狂

妄的威权。大胆的怀疑追问，没有恐惧也没有偏好，正是科学的精神。"虚浮之事，辄立证验"，正是科学的手段。

在第四部分，胡适阐释了中国思想史上的新儒家运动。胡适说，这个运动开头的时候有一个"即物而穷其理"，"以求至乎其极"的大口号，然而结果只是改进了一种历史的考证方法，因此开了一个经学复兴的新时代。这是一个有意要恢复佛教进来以前的中国思想和文化的运动，是一个要直接回到孔子和他那一派的人本主义，要把中古中国的那种大大印度化的，因此是非中国的思想和文化推翻革除的运动。朱子真正是受了孔子的"苏格拉底传统"的影响，所以立下了一套关于研究探索的精神、方法、步骤的原则。11世纪的新儒家常说到怀疑在思想上的重要。张横渠说："在可疑而不疑者，不会学。学则须疑。"朱子有校勘、训诂工作的丰富经验，所以能从"疑"的观念推演出一种更实用更有建设性的方法论。他懂得怀疑是不会自己生出来的，是要有了一种困惑疑难的情境才会发生的。朱子所说的话归结起来是这样一套解决怀疑的方法：第一步是提出一个假设的解决法，然后寻求更多的实例或证据来做比较，来检验这个假设——这原是一个"未可便以为是"的假设，朱子有时叫做"权立疑义"。总而言之，怀疑和解除怀疑的方法只是假设和求证。朱子是人类史上一个有第一等聪明的人，然而他还是从不放下勤苦的工作和耐心的研究。他的大成就有两个方向：第一，他常常对人讲论怀疑在思想和研究上的重要——这怀疑只是"权立疑义"，不是一个目的，而是一个要克服的疑难境地，一个要解决的恼人问题，一个要好好对付的挑战。第二，他有勇气把这个怀疑和解除怀疑的方法应用到儒家的重要经典上，因此开了一个经学的新时代，这个新经学要到他死后几百年才达到极盛的地步。

胡适最后总结道：中国思想里的科学精神与方法的发展史"开端在十一世纪，本来有一个很高大的理想，要把人的知识推到极广，要研究宇宙间万物的理或定律。那个大理想没有法子不缩到书本的研究——耐心而大胆地研究构成中国经学传统'典册'的有数几部大书。一种以怀疑和解决怀疑做基础的新精神和新方法渐渐发展起来了。这种精神就是对于牵涉到经典的问题也有道德的勇气去怀疑,就是对于一份虚心,对于不受成见影响的,冷静的追求真理,肯认真坚持。这个方法就是考据或考证的方法。我举了这种精神和方法实际表现的几个例,其中最值得注意的是考订一部分经书的真伪和年代,由此产生了考证学,又一个是产生了中国音韵的系统研究。然而这个方法还应用到文史的其他许多方面,如校勘学、训诂学、史学、历史地理学、金石学,都有收获,有效验"。"为什么这种科学精神和方法没有产生自然科学呢?不止四分之一世纪以前,我曾试提一个历史的解释,做了一个十七世纪中国与欧洲知识领袖的工作的比较年表。我说:……这些不同国度的新学术时代的大领袖们在科学精神和方法上有这样非常显著的相像,使他们的工作范围的基本不同却也更加引人注意。伽利略、解百勒、波耳、哈维、牛顿所运用的都是自然的材料,是星球、球体、斜面、望远镜、显微镜、三棱镜、化学药品、天文表。而与他们同时的中国所运用的是书本、文字、文献证据。这些中国人产生了三百年的科学的书本学问;那些欧洲人产生了一种新科学和一个新世界。这是一个历史的解释,但是对于十七世纪那些中国大学者有一点欠公平。我那时说,'中国的知识阶级只有文学的训练,所以他们活动的范围只限于书本和文献'。这话是不够的。我应当指出,他们所推敲的那些书乃是对于全民族的道德、宗教、哲学生活有绝大重要性的书。那些大人物觉得抄出这些古书里每一部的真正意义是他们的神圣责任。"(《胡适之先生年谱长编初稿》第八册,2955～2977页)

同日 刘大中函谢胡适电告自己被选为院士。希望胡适夏间来绮色佳小住。(台北胡适纪念馆藏档,档号:HS-NK05-128-004)

同日 陈康函谢胡适帮忙向"中基会"代为申请600美元补助金。(台北胡适纪念馆藏档,档号:HS-US01-017-020)

7月7日 杨联陞函谢胡适电告自己当选"中研院"院士。云:"清华学报"开编辑会,决定印行"庆祝梅先生七十岁论文集"。拜读胡适关于臣瓒即薛瓒的大文,高兴极了。"清华学报"请胡适抽空写一篇英文提要。又告朱希祖曾发表《臣瓒姓氏考》一文,不知胡适是否有必要在文末一提?

又谈及程其保为"清华学报"不刊登其文章而致其不满事。（台北胡适纪念馆藏档，档号：HS-LS01-008-003）

同日　雷震日记有记：

> 今日阅《工商日报》，胡先生对"中央日报"发表之意见，"中央日报"择对国民党不利者删除，胡先生甚表遗憾。（《雷震全集》第40册，125页）

7月9日　夏威夷大学授予胡适人文学荣誉博士学位。（台北胡适纪念馆藏档，档号：HS-NK05-213-005）

同日　雷震致函胡适，请胡将《杜威在中国》或《东西哲学之异同》讲演稿尽早发来，以便请夏道平翻译后在"自由中国"发表。（《万山不许一溪奔——胡适雷震来往书信选集》，192页）

7月14日　胡适致函江冬秀、曾淑昭，云自己将于7月31日起飞，8月1日到旧金山，8月4日可到纽约。（台北胡适纪念馆藏档，档号：HS-NK05-048-030）

7月16日　胡适在夏威夷大学所作题为"John Dewey in China"的公开演讲。胡适回顾了杜威1919—1921年来华讲学的来龙去脉，指出杜威因对五四运动产生浓厚兴趣而决定在中国停留两年。又指出杜威的演讲在中国曾一版再版。杜威的思想对中国究竟产生了多大影响，是难以估计的。胡适再度阐释了杜威的思想哲学理论：

> ……思想并不是一种消极性的活动，不是从一些没有问题的绝对真理去作推论，而是一个有效的工具与方法，用以解决疑难，用以克服我们日常生活中所遇到的一切困难的。杜威说，思想总是起于一种疑惑与困难的情境；接着就是研究事实的真相，并提出种种可能的假定以解决起初的疑难；最后，用种种方法，证明或证实那一种假定能够圆满地解决或应付原先激起我们思想的那个疑难问题或疑难的情境。

胡适又说，在过去的40年里，他一直努力使这种思想在中国普遍化。

又指出渐进改革与革命、相对真理与绝对真理这两个根本区别。又指出他的《红楼梦考证》，就是用实例来阐明杜威的思想论，并且使它大众化。(《胡适文集》第12册，422～432页)

同日　J. W. G. Bruce 致函胡适，云：

In view of your position as the Director of the "Academia Sinica" in "Formosa", I am sure you will be interested to know that under agreement with the Royal Asiatic Society, we hold the right to reproduce in micro form the Society's journals from 1834 (in 10 year groups at £20 a group) and also a complete set of their out-of print monographs, prize publications, J.G. Forlong Fund Publications and the Oriental Translation Fund — new series and old series, nearly 100 titles in all.

Among the out-of print titles which can now be supplied in this form are:

Gerini (G.E.) Researches on Ptolemy's Georgraphy (Further India and the Indo-Malay Peninsula) 1909.

Thomas (Bertram). The Kumzari Dialect of the Shihuh Tribe, Arabia and a Vocabulary. 1930.

Tawney (C.H.) The Katha Kosa. 1895.

Gaster (M). The Chronicles of Jerahmeel; being a collection of the most ancient Biblical legends translated for the first time from the unique Hebrew MS. in the Bodleian, with an introduction, full of literary parallels, copious index and five facsimile reproductions of the Hebrew MS. 1899, and many more.

contd...

As you probably know in the 19th Century there were quite a number of publications relating to the South East Asia area, for example in the Oriental Translation Fund - old series, there is Marsden's translation, *Malayan Family*;

Memoirs, by Themselves 1830.

I much look forward to hearing from you whether this new project is of interest to you in connection with your own programme and I would mention that the prices of these publications have been fixed at 4/Od. per micro card or micro fiche, or £5 per reel of micro film.

A list of the titles available is enclosed and I look forward to hearing any requirements.（台北胡适纪念馆藏档，档号：HS-NK05-145-060）

7月20日　胡适致函雷震，云：《杜威在中国》讲演稿改正错字后寄上，因《中国思想史里的科学精神与方法》太长，引文又多，故决定不寄给"自由中国"。又谈到在此开会的生活情形及行期等。（《万山不许一溪奔——胡适雷震来往书信选集》，193页）

同日　叶公超致函胡适、黄少谷、梅贻琦，建议"中研院"等机构于1961年10月10日前后召开一次"世界汉学会议"。（台北胡适纪念馆藏档，档号：HS-NK01-158-003）

同日　王光逖致函胡适，云：左舜生文章发表后，国民党当局所造成的不许说话的高压态度，更为许多人所不安，为了这个，我不揣冒昧，把访问您（在东京）的结果，整理出来发表了。访问您的稿子，发表在《联合报》7月13日第二面和第三面上。兹剪奉一份，请参酌指教。拙作《野马传》，想已赐阅。原想透过此书抒发对政治的怀疑和嫌恶，不幸，写得不够成功。（台北胡适纪念馆藏档，档号：HS-NK05-007-013）

7月22日　胡适复函胡颂平，云：

在此和不少哲学家同住，大家过大学生宿舍的生活。每晚自己洗袜子小衣，在窗上吹干。早饭在房间里吃点水果饼干，午饭晚饭则在一家小饭店里吃，往往须走二十分钟，故走了不少的路。每天穿单衫在太阳里走，背上的伤口居然全好了。

我本想早点走，但主持人坚不放走，我也怕最后几天有人可能提出超出哲学讨论之外的政治问题来发宣言，故决计住到七月卅一日下

午七点起飞……（《胡适之先生年谱长编初稿》第八册，2988页）

7月23日　Donald C. Holmes 致函胡适，云：

On March 1, 1958, we announced that the Photoduplication Service of the Library of Congress was considering the desirability of reproducing on microfilm certain Chinese journals. A list of 16 journals, and their estimated prices, was enclosed with the announcement. We were gratified by the response which this announcement aroused in a number of countries throughout the world. All of the titles on the list were filmed, and positive copies of the film were produced and sold as ordered.

The original list drawn up by the Conference of Junior Sinologues comprised 32 titles. We are now offering to film the remaining 16 titles (nos. 17–32 on the enclosed list) plus four more which may be of interest. The negative films of nos. 34–36 either have already been completed or are now in process. Orders for positive reproductions of these three titles will be accepted at any time, and will be filled as rapidly as our work-load permits.

The other 17 titles (nos. 17–33) will be filmed and sold on a subscription basis, as was done in the case of the 16 titles filmed in 1958, provided that there is sufficient demand. Your consideration of this program is invited. If you are interested, we should welcome a firm order, and an indication of the maximum subscription price at which your institution would subscribe to each title it desires to acquire. A subscription period of three months will be observed; as of November 1, 1959, the subscription rate for each title to be filmed from the series 17–33 will be fixed. Since the cost of making the negative film of each title will be divided among the subscribers to that title, a large number of subscriptions will result in savings to each ordering institution.

Subscriptions to individual titles will be accepted; it will not be necessary for any institution to subscribe to all of the titles or to any group of them. We regret that requests for the reproduction of individual issues cannot be accepted under this program. We recognize, however, that there is a specific need here, and we have several methods for dealing with it. For items which are in the Library of Congress collections, negative microfilm reproductions can be ordered at any time at our usual rates. For items of which the Library of Congress already holds (or, by the time this project is completed, will hold) a negative microfilm, positive reproductions can be made from the negative. Experience has demonstrated, however, that in dealing with material of this type it is not feasible for us to make such positive reproductions of parts of individual reels; in the future such positive reels (which average about 100 feet each) will be sold only as complete units. But our purpose at present is to determine which of the journals listed in this second series are to be filmed, and at what price positive reproductions of complete individual titles can be made available; at this time, therefore, we are soliciting subscriptions only for complete titles.

A list of the 16 titles filmed in 1958, showing the prices fixed for them at the end of the subscription period, is enclosed. Positive reproductions of these films are still available at these prices.

Payments from foreign countries for these films may be made with UNESCO Book Coupons.（台北胡适纪念馆藏档，档号：HS-NK03-004-021）

同日　袁家骝函谢胡适告知自己被选为"中研院"院士，极感荣幸。又谈及自己去年应法政府原子委员会及日内瓦欧洲原子联合研究所合约去欧担任研究及咨询工作为期约一载，现已任务完毕仍返 Brookhaven 研究所工作。（台北胡适纪念馆藏档，档号：HS-NK05-063-003）

7月24日　胡适复函陈受颐，告自己行期，陈8月中旬在纽约时，自己也一定在纽约，故不必在旧金山见面。(《胡适中文书信集》第5册，

109~110 页）

按，陈受颐 7 月 22 日来函现存于台北胡适纪念馆，档号：HS-US01-018-007。

同日　E. V. Cowdry 致函胡适，云：

We have returned from our World Tour and have the happiest memories of our visit to Taiwan – in particular, it was a privilege to see and talk to you. I am expecting before long to go to New York and discuss with the Ford Foundation our hope that the Foundation will contribute towards the improving of academic salaries in Taiwan as they have done in the United States. I'll report to you later on this subject.

In the meantime, I wish to give some assistance to Dr. Chao Nien Sun. Dr. Sun is an example of the situation in which all too many Chinese find themselves. He has received excellent training in this country during the past ten years. He wishes to work for China in almost any capacity. His wife and two children are on the Mainland. It is possible that you will remember him because he was at Peking University when you were, and he tells me that you obtained for him his first opportunity to work in this country in 1948.

For some reason that I don't fully understand, our immigration people will not permit him to work over here any longer. I think that this is a newly passed regulation. I enclosed herewith Dr. Sun's curriculum vitae.

I have advised him to return to "Formosa" if that is feasible having in mind the fact that his family is, as I stated, still on the Mainland. If this is not possible, I think he should go to Hong Kong where I have attempted to interest Dr. Hou Pau Chang in him. Dr. Hou has great influence at Hong Kong and he should be sympathetic with Dr. Sun because of his own seven living children, five of whom have qualified in Medicine – three are on the Mainland and, according to him, doing very well. He visits them occasionally.

Dr. Sun tells me that he has some connections in Singapore. I have advised him to develop these as best he can and to go there himself seeking an appointment.

Dr. Sun has saved a little money, despite his remittances to his family, which will keep him going for several months. If you have any suggestions as to what can be done for him, I shall be very grateful if you will let me have them soon.

Alice joins in sending respect and best wishes.（台北胡适纪念馆藏档，档号：HS-NK05-146-045）

7月25日　李济致函胡适，告：员额事已与陈雪屏晤谈了三次，在胡适返台前一定解决。又报告本周临时院务会议。又谈及亚洲协会赠送本院资金已前后签字。申请"长科会"补助者逾500人。（台北胡适纪念馆藏档，档号：HS-NK05-025-013）

7月31日　胡适飞离檀香山，次日抵达旧金山，与张君劢会晤两次，力劝张写回忆录。3日飞离旧金山，4日抵纽约。（8月4日胡适致雷震函；台北胡适纪念馆藏档，档号：HS-LC01-004-012）

8月

8月1日　李济致函胡适，告：7月28日本院曾与亚洲协会联合举办一次酒会，宣布亚协捐赠本院宿舍建筑费，大约8月内即可招标开工。又谈及自本日起向台大请假一年，以便可用大部分时间办本院事。（台北胡适纪念馆藏档，档号：HS-NK05-025-014）

同日　全汉昇致函胡适，告：7月30日在"中研院"举行一个会，由Richard Miller把台币217万元赠给"中研院"，由李济代表接受。该款收到后，现正请基泰工程师详细设计，预定于最近期内开始建筑工作。准备在最近期内即申请外汇寄呈，俾在纽约能召开院士谈话会。李济正在办理赴美证件，约11月成行。名额增加问题，俟5人小组开会讨论再做决定。（台北胡适纪念馆藏档，档号：HS-NK05-017-003）

8月4日　胡适复函雷震，将《杜威在中国》一文所引曹孚等人的文字抄示雷。（《万山不许一溪奔——胡适雷震来往书信选集》，198～200页）

8月7日　黄庆萱致函胡适，云：读《红楼梦》疑"玺"乃"尔玉"之误。理由是玺代表皇室的权威，为臣的似不敢以之为名；曹玺的弟弟名曹尔正，依我国取名习惯，兄弟名大都相近，为什么曹玺与曹尔正兄弟，会一人单名，一人双名呢？古书无标点，且字的疏密无定，故尔玉易误为玺，现在试将"玺"改还为"尔玉"，那么与他的弟弟之"尔正"，名字都是双名，而且中间都是"尔"字，似较为正确些。请胡适赐示。（台北胡适纪念馆藏档，档号：HS-NK01-197-028）

8月10日　韦慕庭致函胡适，云：

We are happy to be able to present for your approval the edited and typed version of your reminiscences as told to Dr. Te-kong Tong which is the second manuscript in Columbia University's Oral History Project. I hope you will have the time to read it over and give us your approval of it as it stands or make such corrections as you feel necessary. Of course, the work is not yet completed but we would like your impressions of the work at its present stage.

We hope the interviews will continue during your present visit in America and that we may make a substantial addition to the present manuscript.

As I am sure you know, the memoir will eventually be placed in Columbia University's special collections for the use of scholars in the future. However, there will be nothing done until you have approved the entire manuscript and told us any terms and conditions you may wish to impose on its use. In the meantime, we are not showing it to anyone except typists and editors and others who actually work on it.

It is our hope to assist in the publication of the memoirs done in this project. I am enclosing a statement of policy which we have developed on this matter. In the case of your memoir, I feel there is still so much more to be done to bring your career more nearly up to date that we do not have to be concerned about publication possibilities for the time being.（台北胡适纪念馆藏档，档号：HS-NK05-171-004）

8月11日　Hiram L. Fong 致函胡适，云：

I wish to acknowledge with deep appreciation your very kind message upon my election to the United States Senate.

……

My election has been to me, a personally humbling, exciting and stirring experience. I shall be ever mindful of the great responsibilities of this office. I shall do my utmost to be a worthy Senator.

My warmest Aloha to you and yours. I ask your continued faith and blessing in the days to come.（台北胡适纪念馆藏档，档号：HS-NK05-149-012）

8月12日　李宗侗致函胡适，告：前谈妲己九尾狐一事，兹将伯希和所述之敦煌写本李邏注千字文号数呈上，即 Bibl. Nat., Pelliot 2721。伯希和以为是9世纪的写本。又谈及《红楼梦》已于上月15日在电台播出，自己认为播得不好。（台北胡适纪念馆藏档，档号：HS-NK05-031-018）

8月19日　胡适被台湾当局行政管理机构聘为"故宫博物院""中央博物院"共同理事会第五届理事。（台北胡适纪念馆藏档，档号：HS-NK05-213-006）

8月20日　钱存训致函胡适，为能在檀香山受教而感到欣幸。又谈及与李方桂夫妇及施友忠会晤事，并及先生曾表示或可于纽约公毕返台时道经芝城小留,请胡适行程确定后,早日示知到芝日期,俾便准备各项事宜。(台北胡适纪念馆藏档,档号:HS-NK05-133-003)

8月21日　李济致函胡适,告为叶公超、黄少谷建议召开"国际汉学会议"拜访黄少谷事,并言此事须待胡适决定。又告:台湾水灾严重,"中研院"虽受影响但不大,一切照常。(台北胡适纪念馆藏档,档号:HS-NK05-025-015)

8月23日　陈源致函胡适,谈及茀廷谈起江冬秀托打听胡思杜情形,告以只有静俟机会,向大陆的熟人打听。另提及去年春曾在英与金岳霖一度长谈,金未提及思杜,陈认为"没有消息便是好消息"。(台北胡适纪念馆藏档,档号:HS-NK05-086-001)

8月24日　胡适复函雷震,指出《杜威在中国》一文中几处翻译的错误。(《万山不许一溪奔——胡适雷震来往书信选集》,201～202页)

同日　胡适复函李书华,讨论起《印刷发明的时期问题(下)》。(《李润章先生藏近代明贤手迹》,100～106页)

> 按,李书华来函、复函均藏于台北胡适纪念馆,档号:HS-NK05-029-003、HS-NK05-029-004。

8月25日　蒋复璁致函胡适,告:为兴建"中央图书馆"右侧楼房,已于前日备文向"中基会"申请3000美金;请念及本馆业务,鼎力斡旋,照数拨助。(台北胡适纪念馆藏档,档号:HS-NK05-123-002)

8月26日　毛子水、姚从吾致函胡适,告:蒋复璁说,今年"中央图书馆"预算,被减去20万元。事后部中再三弥补,仍差10万元,使他主要的事项都不能如预定的计划完成。因为他早就想在台北建造一个比较坚固的书库和阅览室,使存在台中北沟的善本书,可提取15000册至20000册来台北,以供此间读书人使用。慰堂兄认为如"中基会"补助项下,今年能给予"中央图书馆"3000美金,则他年来所梦想的这件最切实用的事情,便可完成。祈胡适赐予考虑。(台北胡适纪念馆藏档,档号:HS-NK05-009-003)

8月27日　胡适复函胡颂平，告：连日为"中基会"第三十次年会忙碌，该会将于9月4日召开。寄上支票一纸，请王志维取款后交水灾地震救济机构。日内当为胡天猎的旧小说写几句话。(《胡适之先生年谱长编初稿》第八册，2993页）

8月28日　胡适致函杨联陞，为杨之病情好转表示高兴。又云：

  此文中提及台湾的"发展科学计画"，其中有一点，他们没有知道。去年八月廿二日的原案，本说"科学专款"用于自然科学者不得少于百分之八十。这已是说，人文及社会科学只能用百分之二十了。今年正式发表之前（二月一日，经我力劝，才发表），有人把百分之"八十"改为百分之"九十"！幸而那天我知道了，才阻住，才改回原文的百分之八十！

  现在我很忙，忙的是"中基会"九月四日的年会，因为在台的五位董事（梅、蒋、梅、胡、霍宝树）有一个提议要请"中基会""make a voluntary contribution to 'the National Council on Science Development'"，一切报告及提案都由我写出，还得设法口头陈说，故很有点忙。（台北胡适纪念馆藏档，档号：HS-LS01-008-004）

8月31日　胡适复函柳无忌，感谢柳为《注〈汉书〉的薛瓒》一文写英文摘要，并就有关细节问题进行商榷。(《传记文学》第34卷第6期，1979年6月，24页）

8月　胡适在 Physics and Philosophy: The Revolution in Modern Science（by Werner Heisenberg，纽约，1958）扉页签记：Hu Shih August, 1959。(《胡适藏书目录》第4册，2866页）

8—9月　胡适重校其所著《赵一清与全祖望辨别经注的通则》("中研院"，1954年），并注"1959年八、九月适之重校本"，"此文应重写。应先列举东原'水经立文'四则的三个说法，次举东潜，次举谢山。或依时代，先叙全，次叙赵，次叙戴？适之"。(《胡适藏书目录》第2册，1029页）

9月

9月2日　雷震复函胡适，谈及《中国思想史里的科学精神与方法》务请注好，由"自由中国"发表。务祈给亚洲协会旧金山总部的Blum先生去一信。又谈及台湾中南部水灾甚重，上周六之台风为台湾有纪录可考者之最大之台风。(《万山不许一溪奔——胡适雷震来往书信选集》，203页)

9月3日　晚，"中基会"在华盛顿举行第三次"中美友谊聚餐会"。胡适作题为"'自由中国'实施长期发展科学计划概况"的演讲，说明台湾地区学术文化发展的前途及实施"国家长期发展科学计划"的价值。出席的嘉宾有叶公超、周以德、福尔登、卡尔夫妇、穆懿夫妇、恒慕义夫妇、郭秉文夫妇、左格教授、朱抚松、曹文彦、芳莱、李惟果、张伯训、霍宝树等170余人。("中央日报"，1959年9月22日)

9月4日　胡适主持召开"中基会"第三十次年会，议决从次年7月后，设立一个研究讲座，负担30名讲座教授经费。第二，该基金会每年负担的1名客座教授经费，自明年起增至2名。(《联合报》，10月15日)

9月9日　胡适在寓所接待来出席联合国大会的王世杰。王之日记记述胡适转述叶公超及华府之美国友人对台湾最大政治热点问题之看法。(《王世杰日记》下册，900页)

同日　郑莆廷来访。(《王世杰日记》下册，900页)

9月10日　胡适在 Zen Buddhism: Selected Writings of D. T. Suzuki (edited by William Barrett，纽约，1956) 一书题记："今天第二次买此书，还是看不下去！适之一九五九，九，十。"(《胡适藏书目录》第4册，2940页)

9月12日　杨联陞复函胡适，谈及8月22日、23日见到胡适两次，虽谈话不多，但见胡适精神饱满，非常欣慰。又谈及：

> 上次谈的(1)在匹资堡大学设一"胡适中国文化讲座"蒙您在原则上赞同，子健想必去商洽了。(2)"中央研究院"似可出一院刊或报

告……包括简史、章则、人员及工作略报等。（3）"中研院"（或史语所先办）似可招考助理研究员、助理员、研究生等，待遇宜厚——初来的人宜受研究员副研究员指导。这两件事，您也都同意。（4）台湾书报检查对学术刊物应尽量从宽……

此外还有几件事，想跟您提一提：

（1）"中研院"院士之推选，除在学术上造诣成就之外，似应注意其人在学术界推动、联络、领导等方面可能发生之作用……

（2）"中研院"（或史语所）似宜放大"通行［信］研究员"范围……则便于增进对"国内外"（包括外国人）学人之联络。（例如钱宾四先生……）

（3）"中华文化基金委员会"资助来美研究之学人，最好能早一年或半年以上通知本人……

（4）"中研究［院］"或可设（或与台大、师大合设）英、日语文讲习班（以速成为原则）及自修室，除人教外（类似美国之成人教育），并用 tape record 等（自修室应有各种文法书、字典等）。（台北胡适纪念馆藏档，档号：HS-LS01-008-005）

9月13日　胡适复函柳无忌，谈《注〈汉书〉的薛瓒》一文翻译问题。（《传记文学》第34卷第6期，23页）

同日　赵自强将其所译 *A Chinese Garden of Serenity*（纽约，1959）题赠胡适。（《胡适藏书目录》第4册，2724页；台北胡适纪念馆藏档，档号：HS-NK05-118-006）

9月14日　胡适出席蒋廷黻在纽约举行的招待台湾当局出席联合国大会代表团的宴会。出席者有王世杰、潘公展等。（《王世杰日记》下册，901页）

同日　陈源致函胡适，告在剑桥举行的青年汉学家会已经开过，大陆没有学者参加，故思杜的消息只好将来有机会时打听。又谈及与金岳霖、冰心会面事。（台北胡适纪念馆藏档，档号：HS-NK05-086-002）

同日　陈之藩赠送 *Introductory Circuit Theory*（by Ernst A. Guillemin,

纽约，1953）一部与胡适，并题："适之先生，您那本神会和尚小册中，有几句话，'以不见性，故言深远'，您还特别加小注，说是见解高明。我送给您此书，请看序上的骂街，如出神会和尚之口，好玩，好玩。之藩Sept.14，1959 Memphis 4，Tenn.。"（《胡适藏书目录》第4册，2807页）

9月16日　全汉昇致函胡适，报告亚洲协会送给"中研院"5000美元购买书刊的款项，已在Bank of Canton存妥。又询福特基金会在台湾社会科学的研究能够有具体援助否。又询胡适行期等。（台北胡适纪念馆藏档，档号：HS-NK05-017-004）

9月17日　吴宪夫人严彩韵复函胡适，云：

> Thank you very much for your good letter of September 2 with enclosure. I am writing to seek your advice regarding the *Memorial Booklet* which I am trying to get out for Tao-min. I have thought of including in it a portrait, a biography, a list of publications, and about fifty personal tribubss from close friends, former colleagues and students, both Chinese and American. Also a list of societies of which he was a member. Is there anything else which will be desirable to include?
>
> I shall try to do the preliminary editing myself. Do you suppose you could possibly find time to go over the manuscript before it goes to the printer, say, about a month from now? Knowing how very busy you are, I have hesitated to ask this favor of you. However, I cannot think of any one more ideal than you, both on account of your warm friendship for Tao-min and your celebrated experience as editor. Should you find it difficult to give your time to the booklet, please inform me accordingly and I'll understand.
>
> The question has also come up as to whether the *Memorial Booklet* should be printed privately by the family or by some official organization with which Tao-min was affiliated. What is your opinion? If some official organization should be willing to sponsor the publication, it undoubtedly would

have more prestige. Of all the professional and scientific societies he belonged to, none was closer to his heart than the "Academia Sinica". Knowing him as you did, he would prefer a Chinese Society at any rate. Do you think there is any possibility that the "Academia Sinica" could or would be in a position to sponsor the publication of the Memorial Booklet? I shall be most grateful if you will let me have your opinion and advice.

...（台北胡适纪念馆藏档，档号：HS-NK05-037-006）

9月18日　胡适访王世杰。王之日记："……彼谓仍决定于下月返台北，但拟（一）于其十二月十七日六十八岁生辰，发表拟于一年内退休之意；（二）并拟于适当时间辞'国民大会'代表。（彼对雷震事件甚不惬'政府'之措施。）余对于第（二）点未表示赞否。"（《王世杰日记》下册，903页）

同日　杨联陞复函胡适，云：杜威与胡适早年论"力的哲学"那些文字一定会借出细读。自己的历史观，受了些近代物理的影响。匹兹堡大学设文化讲座事，是刘子健和杨推动的，意思是希望某财东捐一笔款，因为财东对胡适极为敬仰，故希望能打胡适的旗号，如成事实，希望胡适能来讲一次作为开端。胡适如肯假以名义，"帮忙不小"。（台北胡适纪念馆藏档，档号：HS-LS01-008-006）

9月19日　蒋硕杰为其亲戚马熙程之子马忠赴美国留学办证件事拜托胡适致函梅贻琦帮忙。胡适在此函上批注：9月24日写信给月涵了。（台北胡适纪念馆藏档，档号：HS-NK05-124-004）

9月20日　刘子健致函胡适，告匹兹堡大学设"胡适中国文化讲座"构想：Broughton原意是限于请胡适个人来校，偶尔讲讲演，写英文回忆录，休息休息。刘向他解释胡适一向多方面推进，为人为事，很少为己，未必肯接受他这番好意。希望胡适来这里，还得另想双方合适的方案。杨联陞认为可以从积极方面考虑。最好由胡适来一年或半年，奠定基础，将来可请有名学者代替。附上已拟具的私人备忘录，如觉得可以，最好由胡适给校长Edward H. Litchfield写一封信，表示一下可能性，另也给Broughton一个复本，这样发动一下，学校当局就会和基金会方面去讨论新方案。（台北胡适纪念馆藏档，档号：HS-NK05-129-004）

同日 刘大中致函胡适，谈自己离开康奈尔大学前往霍普斯金大学执教之详情。（台北胡适纪念馆藏档，档号：HS-NK01-081-002）

9月21日 鲍运生复函胡适，感谢胡适帮忙办赴美证件，又借给他200美金，他才得以留学美国，又谈及他在美的学业情况。（台北胡适纪念馆藏档，档号：HS-NK05-134-004）

9月23日 胡适复函张燕波，云：张能在今年度研究经费项下，资助由台来美同学一名，自1960年1月起；1960年9月后，还可资助一名。他和叶良才都很佩服张鼓励青年学者的热诚。至于委托他"返台后代为选派"一事，建议最好由张自己写信委托成功大学校长阎振兴代为选派，似较简易妥善。（台北胡适纪念馆藏档，档号：HS-NK05-084-024）

　　按，张燕波谈此事的9月17日来函现存于台北胡适纪念馆，档号：HS-NK05-084-023。

9月26日 《联合报》刊登胡适接见记者谈话，谈返台行程。又谈及留学生学成，最好能回来为台湾所用，但也要顾及留学生的所学，不使他回台之后学业荒废。台湾现在的研究机构，聘人都有限额，而且在台湾做工作的学人，都很清苦。现在在美的留学生，大部分都刻苦发愤，感到无限欣慰。

9月27日 胡适将科学专款运用办法、9月16日"中央日报"之剪报、胡适本人的 Report of the Director of the "China Foundation"（Section 1 and section 3&4）、"中研院"数学研究所报告（1958—1959）4个文件函寄吴大猷，并云由剪报可以知道科学专款的研究补助费一项用途本月已实行了。我的报告专为请30名在"中基会"担任1960—1961年度的"研究讲座教授"的研究费，每人每月3000元台币，每年36000元台币，只等于1000美金。此事已得"中基会"通过，明年实行后，此30人的待遇可增加两倍，加上住宅及实物配给，加上研究设备费及助理员一人至二人，可以勉强说够得

上体面的生活和工作条件了。数学所的报告可以使你略知数学所的现状。今年可以建造数理馆房子，其经费由"国家发展科学专款"支付。今年"中研院"又可以由科学专款项下建造"学人住宅"4所或5所。胡适又云：

> 我去年曾向你表示我的一个希望，就是要在"中研院"建立一个数学与理论物理学的中心，或叫做"数理研究所"，或竟沿用"数学研究所"的名称而不改。这个中心必须有你亲自来主持几年，才可以有希望。你当时曾表示，你可以把家眷暂留在"国外"，自己来台北几年，但你说，必须有四五个帮手同去，才可以成一个班子。这话我至今记在心里。
>
> 我现在要报告你的是，"中基会"从1960年七月起，每年可设两个"Visiting Professorships"，每个美金六千元，包括旅费在内。又科学委员会（"NCSD"）本学年即可设立"Visiting Professorships"四个；1960〔年〕以后每年或可增加其名额。此项"NCSD"的Visiting Professorship，"由本委员会致送讲学费，来往旅费，并供给住宅"。"以上各项待遇，依其讲学时期之长短，及其他个别情况，分别洽定之。"
>
> 故自1960〔年〕七月起，我们至少有6个"Visiting Professorships"可以支配。又有30个"China Foundation"捐赠给"NCSD"的"研究教授"，其中一部分也可以留给从"国外"回去的青年学人。
>
> 我想请你老兄考虑1960年秋季"回国"，先作"China Foundation"的Visiting Professor；半年之后，改作"NCSD"的Visiting Professor，或另作更适当的决定。主要的办法是要使你每年至少可以剩余美金五千元以上，作为海外养家之费。
>
> 其次，我想请你老兄考虑，你若有意"回国"主持"中研院"的数学研究所，有些什么人可以邀请回来？那些人可以作Visiting Professors？那些人可以作"研究教授"？有什么人能早点回去吗？
>
> 其次，我听说马仕俊现在已到日本京都。你知道他的日本地址吗？他能从日本回到台北，作半年或三个月的Visiting Professor吗？他能放

弃 Australia 的事，来台北南港工作，那就更好了。如果"中研院"有你和马仕俊同来主持，就不愁没有别人来参加了。我很想知道仕俊的近况，很想和他通信。

我此信没有写完，廿五日一早到 Princeton 去了一天，见着杨振宁、林家翘两院士，火车上与李政道同来同往。家翘今年休假，在 Institute 研究。我劝他在 Princeton 完事之后，来台北讲学一个短时期。此事尚未能决定。（明天当写信给他谈此事。）

…………

此信大半是 Day Dream 的话，老兄定可以谅解。（政道曾来谈，他颇赞成我的梦想！）（台北胡适纪念馆藏档，档号：HS-NK05-034-014）

同日　胡适复函赵元任，谈回台前忙乱情形，又云："中基会"年会确已决定停止台湾的 8 个 Fellowships，把钱腾出来帮助设立 30 个研究教授。会议上讨论颇激烈，但终于通过"停止"的议案。杨时逢到"国外"事，恐须另想办法，胡适对此表示抱歉。(《近代学人手迹》三集，121～122 页)

按，赵元任原函现存于台北胡适纪念馆，档号：HS-NK05-117-012。

同日　李济致函胡适，谈自己赴美行期，又报告研究院建筑的进度；另提及名额事、《大藏经》事及询问何时返台等。（台北胡适纪念馆藏档，档号：HS-NK05-025-016）

9 月 28 日　Marion J. Levy, Jr. 致函胡适，云：

We are all of us indebted to you for what you have done for our library and for what you have taught us, but now I am in your particular debt for your contribution of beauty and of friendship. If there is ever any way that I can be of use to you, I shall feel very hurt if you do not give me the opportunity to serve.（台北胡适纪念馆藏档，档号：HS-NK05-157-018）

10月

10月2日 吴大猷致函胡适,云:此次长期科学发展工作,能的确开始实事求是地进行,可说是科学发展程序中一新路碑。极赞成"'国家长期发展科学委员会'与数理所诸计划"。对胡适建议成立数理研究所极为赞同,又详谈自己的想法。关于胡适希望自己明年再就"中基会"的客座教授返台事,短期离此,较易实现。但自己对此去留问题,尚未决定。如来美,则离开数月,恐不容易;如留在此地,则告假数个月尚能办到。去留问题大约明年春可确定,届时再视情形回复胡适。(台北胡适纪念馆藏档,档号:HS-NK05-034-015)

同日 蒋硕杰复函胡适,感谢胡适为马忠事帮忙。闻将动身回台,敬祝一路平安。(台北胡适纪念馆藏档,档号:HS-NK05-124-005)

10月6日 游建文邀宴胡适,同席的有王世杰、叶公超、郑莋廷、郑宝南等。(《王世杰日记》下册,908页)

同日 何炳棣将其所著的 Studies on the Population of China 1368—1953(芝加哥,1959)赠与胡适。(《胡适藏书目录》第4册,2909页)

10月7日 胡适致函陈受颐,贺其大作完成,又以不能全部读完表示歉疚。对陈著的大关节目都是完全赞同的。"上古几章,次序似尚可斟酌。"匆匆中夹的条子都是指出小枝节的条子。(《胡适中文书信集》第5册,125页)

10月8日 胡适自纽约飞抵西雅图,停一日夜,看望了萧公权和李方桂。再到旧金山停两日,看望了赵元任、李卓皓。12日从旧金山起飞,过东京只停2个小时,14日下午飞抵台北。

10月14日 胡适飞抵台北,前往接机的有朱家骅、杨亮功、雷震、陈雪屏、黄少谷、董显光、毛子水、姚从吾、李济、郭廷以等多人。胡适对记者发表谈话,评论了赫鲁晓夫访美等事。(据《日记》)

同日 胡适抵南港后,杨亮功、李济、胡祖望来谈。晚,在张遵仪家吃饭。

（《胡适之先生年谱长编初稿》第八册，2998页）

10月15日　郭廷以偕王萍来访。(《郭量宇先生日记残稿》，144页）

同日　下午，杨树人来谈科学会事。(《胡适之先生年谱长编初稿》第八册，2998页）

同日　访客还有姚从吾、劳榦、刘世超、杨时逢、董作宾、芮逸夫、樊际昌、张贵永。(《胡适之先生年谱长编初稿〔补编〕》，162页）

同日　晚，胡适到台大医院探视梅贻琦、陈可忠后，即赴朱家骅的宴会，又赴陈雪屏和钱思亮的宴会。(《胡适之先生年谱长编初稿〔补编〕》，162页）

同日　陈雪屏向陈诚报告：胡适在机场对记者谈话除各报所载外，答齐世英之子关于华侨态度的部分不得体，各报已删去。(《陈诚先生日记〔二〕》，1108页）

10月16日　访客有赵传缨、杜元载、李先闻、林致平、李济、全汉昇等。(《胡适之先生年谱长编初稿〔补编〕》，162页）

同日　下午3点一刻，雷震来访。雷氏日记记胡适谈话要点：

一、此次水灾紧急命令是"总统"亲笔条子，王雪艇在"行政院"坚决反对，已获"陈院长"同意，但散会后"陈院长"又变了。

二、紧急命令之前文，谓根据一七四条（"宪法"）一语，新编"宪法"均去掉。

三、在旧金山看到张君劢，张先生发牢骚，谓国民党如何整他们。

四、胡先生去旧金山以前，张和某君和胡先生交谈，发表联合宣言，某君不赞成，直到胡先生旧金山行前头一晚才告诉他。

五、胡先生说，他前日在机场谈话，只有《公论报》登得最忠实，而"中央日报"说纽约中华公所有劝进电报系对胡先生而发的。

六、在旧金山过"双十"，参加该地总领事酒会，会到Mr. Blum，但未讲"自由中国"的事。

七、他说十月一日这一期他在纽约未收到，王雪艇亦云未收到。我接到谢扶雅和徐逸樵来信，均云未收到，可能是被扣也。(《雷震全

集》第 40 册，176～177 页）

同日　胡适约严耕望来谈，并留此吃晚饭。(《胡适之先生年谱长编初稿〔补编〕》，162 页）

同日　George E. Taylor 致函胡适，云：

First of all let me say how grateful we all are for the visit you made to Seattle, for the opportunity to discuss things with you in a leisurely fashion, and for the Stimulation which you provided to our thinking. We are more than ever convinced of the importance of the proposed conference and realize how much we are indebted to you for your understanding and insight.

You asked me to write to you about the matters which you might take up with President Chien. First of all, of course, would be the question of timing. We agreed that it would be most appropriate to hold the conference sometime in June, 1960, as this would make it possible for you to attend, give more time for preparation, the writing of papers, and the inviting of prominent men to participate. Then there is the matter of the agenda, on which we need your collective advice and time for correspondence between you and us, and between us and our co-sponsoring institutions. Dr. Odegaard is writing to the presidents of several universities. We shall keep you informed. We shall also send you some of our suggestions for the agenda for you to discuss. Then there is the question of participation. The changes we have suggested in the nature of the conference call for a somewhat different balance in representation as between the humanities, the social sciences, and the natural sciences. You yourself made some excellent suggestions which I hope you will discuss with President Chien. Further, there is the question of what papers should be prepared, and we shall be happy to have your ideas on this and we will send you ours. I am budgeting, tentatively, $100 each for the regular papers, and $250 for the opening paper, which we hope you will prepare. These seem to me the main points and I shall look forward to further discussion of them with our old friend Li Chi.（台北胡适纪念馆藏档，档号：HS-NK05-168-006）

10月17日　上午，胡适主持本年度第二次临时院务会议，讨论学人宿舍分配办法。（台北胡适纪念馆藏档，档号：HS-NK05-231-001）

同日　下午3时半，胡适在台大附属医院特等病房二号病房主持召开科学会执行委员会第十六次会议。出席者有梅贻琦、李济、浦薛凤、李熙谋、钱思亮、李先闻、杨树人。会议主要讨论并通过了受补助研究人员的10条规定。（台北胡适纪念馆藏档，档号：HS-NK01-326-095）

同日　蒋复璁为筹办"杜威书籍展览"来借杜威的著作。（《胡适之先生年谱长编初稿》第八册，2999页）

同日　雷震致函胡适，请胡适阅"自由中国"刊载的"军人之友社"如何敛财的文章以及徐逸樵的《略谈同文同种》。又邀约吃饭，请胡谈谈时局，参加的人有蒋匀田、王世宪（以上民社党）、夏涛声、王师曾（以上青年党）、齐世英、刘博崑、成舍我、端木恺、陶百川、胡秋原及雷震。（《万山不许一溪奔——胡适雷震来往书信选集》，204～205页）

10月18日　访客有田炯锦、雷宝华夫妇、顾文霞、莫德惠、黄伯度。晚，胡适参加Roy E. James、邝友良的酒会。夜，为孙观汉夫妇写条幅。（《胡适之先生年谱长编初稿〔补编〕》，163页）

10月19日　访客有李济、赵连芳、全汉昇。晚，胡适应金弘一的宴会。饭后，看望朱家骅夫妇。（《胡适之先生年谱长编初稿〔补编〕》，163页）

同日　胡适复函巫学坤，告：自己从未说过"基督教是中华民族的迷魂汤"这样一句话。The Age of Reason 如有好的译本，自然可以出版，只怕销路不大。（台北胡适纪念馆藏档，档号：HS-NK01-147-012）

　　按，10月17日，巫学坤曾就以上问题致函胡适请教。（台北胡适纪念馆藏档，档号：HS-NK01-147-006）

同日　胡适为准备次日之演讲，写有《杜威在墨西哥》笔记一篇。（胡

适次日《日记》）

10月20日　上午10时，胡适应邀在台湾"中国教育学会"、台湾"中国哲学会"、"华美协进社"台湾分社3个团体（由樊际昌主持邀集）联合举办的杜威百年诞辰纪念大会上演讲（地点在台湾师范大学），阐述杜威思想以及杜威思想对中国的影响。（次日台北各大报）

同日　下午4时，台湾"中国教育学会"、台湾"中国哲学会"、"华美协进社"台湾分社3个团体在国际学社举行纪念杜威百年诞辰茶会，胡适应邀出席并讲话。出席茶会的有董显光、程天放、罗家伦、黄季陆、李济、杜元载等百余人。（次日台北各大报）

同日　晚，胡适应庄莱德的宴会。（《胡适之先生年谱长编初稿〔补编〕》，163页）

同日　胡适致函"中研院"评议员，云："中研院"第三届评议会在本年3月21日开第五次会议以后，已经过了半年。为了商量选举下届评议员的手续，定于本年11月1日下午3时在南港开本届评议会第六次会议，盼能出席。又详述会议召开的原因及要商量的问题。（台北胡适纪念馆藏档，档号：HS-NK05-225-010）

同日　《公论报》发表《胡适之先生的话》。

10月21日　上午9时，胡适出席"立法院"预算、教育两委员会联席会议，说明"长期发展科学计划"。（次日之"中央日报"、《联合报》）

同日　下午，Hiden T. Cox，Scins H. Adehvos，Fred R. Cagle 由张天开陪同来访。晚，Dr. Pardee Lowe 来访。（《胡适之先生年谱长编初稿〔补编〕》，164页）

10月22日　上午，胡适整理与杨联陞讨论全祖望研究《水经注》的往来信函。（据《日记》）

同日　上午，劳榦来谈。（《胡适之先生年谱长编初稿〔补编〕》，164页）

同日　下午，安全分署的 Harry Schmid 与李熙谋来谈，李济参加。（据《日记》）

同日　晚，胡适访陈诚，谈当时岛内的热点问题。

胡适日记：

> 晚饭时，得电话，陈"副总统"要来谈。我说，应该我去看他。八点去看他，谈到十点。

陈诚日记：

> 本晚见适之，谈话二小时。
> ………（《陈诚先生日记〔二〕》，1111～1112页）

同日　胡适自陈诚官邸辞出后，又顺道访陈雪屏。（据《日记》）

同日　胡适函辞吴祖望索序之请求。（台北胡适纪念馆藏档，档号：HS-NK01-148-027）

同日　胡适致函Richard J. Miller，为告赵元任推荐杨时逢到加州大学接受语言学的高深训练，与支持李济提议。又说明"中基会"计划，请亚洲协会受理。12月28日，Richard J. Miller复函胡适，云：杨时逢的深造申请已获通过，并已将数据寄到旧金山总部做最后的考虑与决定，希望在三个星期内自旧金山得到答复。（台北胡适纪念馆藏档，档号：HS-NK03-004-028、HS-NK05-117-014、HS-NK05-158-007）

10月23日　上午，胡光麃来访。下午，胡适参加于右任的酒会。（《胡适之先生年谱长编初稿〔补编〕》，164页）

同日　晚，雷震等11人宴请胡适，主要谈当时岛内最大热点问题。雷氏日记有记：

> 晚间我们十一人（王世宪、王师曾、蒋匀田、夏涛声、刘博崑、齐世英、成舍我、胡秋原、端木恺、陶百川）合请胡先生在埤腹寓晚饭。未到六时半，胡先生已来到，饭后谈到快至十一时始散。……胡先生说《公论报》二十日的社论也说得很明白，还引潘公展和陶百川为证明。对美国大选也谈到，和平共存也谈到，胡先生说当年马歇尔赞成我们接收东北，并派机协助。（《雷震全集》第40册，180页）

同日　胡适复函入矢义高,谈禅宗的有关问题。(台北胡适纪念馆藏档,档号:HS-NK04-006-004、HS-NK04-007-013)

10月24日　上午,张维翰、张国柱偕同曾宪镕、邓华卿来访。中午,杨亮功来访。下午6时,胡适参加联合国日纪念酒会。(《胡适之先生年谱长编初稿〔补编〕》,164~165页)

同日　凌鸿勋复函胡适,云:11月1日之评议会无法出席,特请林致平评议员代为出席。(台北胡适纪念馆藏档,档号:HS-NK05-060-001)

10月25日　胡适接到泰勒的信,因约梅贻琦、沈刚伯、李济等在钱思亮寓所商量加州大学远东研究所和台湾的合作计划。(《胡适之先生年谱长编初稿》第八册,3006页)

同日　下午,王天闳、胡锺吾、胡文郁等来访。胡适访黄少谷。(《胡适之先生年谱长编初稿〔补编〕》,165页)

同日　胡适复函袁飚:

你提出的问题太大,我很惭愧,我不能给你一个可以使我自己认为满意的解答。我只能说,你说的英国制度和美国制度其实没有什么大分别。你信上叙述的那个"杜鲁门没有带走一个人"的故事,也正和邱吉尔在一九四五年离开顿宁街十号时没有带走一个人,是一样的。

我还可以说,我们这个"国家"里,有一个卖饼的,每天背着铅皮桶在街上叫卖芝麻饼,风雨无阻,烈日更不放心上,但他还肯忙里偷闲,关心"国家"的大计,关心英美的政治制度,盼望"国家"能走上长治久安之路——单只这一件奇事已够使我乐观,使我高兴了。

(台北胡适纪念馆藏档,档号:HS-NK01-164-018)

按,袁飚系卖芝麻饼小贩,曾于10月23日致函胡适。(台北胡适纪念馆藏档,档号:HS-NK01-164-010)

同日　胡适复函彭家驹,谈新诗及彭的诗作:

你说:"我以为新诗应该用最普通的词句,来直接抒写感情,扔去五光十色的联想，使每一句诗读来都是口语，然后使这些口语结合成整体，乞灵（此二字不大好，不如说'归结'？）于含蓄。"

这几句话，我大致都很赞同。（"然后使"三字也有语病，似不如删去？）如果你能依照这几句话去做诗，我相信你的成绩一定会很好。

我在民国廿五年（一九三六）曾说：我做诗的戒约至少有这几条：

第一，说话要明白清楚。……

第二，用裁［材］料要有剪裁。消极的说，这就是要删除一切浮词凑句；积极的说，这就是要抓住最扼要最精彩的材料，用最简练的字句表现出来。……

第三，意境要平实。……在诗的各种意境之中，我自己总觉得"平实""含蓄""淡远"的境界最禁得起咀嚼欣赏的。……

我的戒约和你的新诗见解似乎颇相接近，所以我很赞同你的看法。

你说"诗真是很难写的"。这一句话也是从经验里得来的真实话，我已多年不写诗了。

你的七首诗，我觉得《泪》最好。

《病》也好，但下半首有毛病，"心脏"与"心"不同，"心脏"是在"在这儿"，那"在我那遥远的故乡的"是你的"心"。

《相会》的语言是很干净的口语，但意境还不够"含蓄"。你说是吗？

《兰花之献》原是两首诗，读者误看作一首，这三节说那青年"从此哑默无言"了，怎么下面又说话了？

何妨试删去两个子题，又删去第三段，试把两诗并作一首，似乎别有风味。那就不会引起误会了。（台北胡适纪念馆藏档，档号：HS-NK01-242-002）

按，10月12日，彭家驹寄来诗作7首，并请胡适指教。（台北胡适纪念馆藏档，档号：HS-NK01-242-001）

10月26日　上午11点，胡适到机场送李济夫妇去美。（据《日记》）

同日　程天放来谈其新著《美国论》的几个结论。(据《日记》)

同日　水泽柯来访,沈志明夫妇来访。晚,胡适参加越南国庆日酒会。(《胡适之先生年谱长编初稿〔补编〕》,165 页)

同日　晚,胡适修改旧作《王国维先生论官本〈水经注〉校记里引的归有光本》。(据《日记》)

10 月 27 日　王企祥来谈。(《胡适之先生年谱长编初稿〔补编〕》,165 页)

同日　郭廷以来长谈,恳辞近史所筹备主任一职,胡适苦留,并表示决不接受郭之辞职。

郭廷以是日日记:

与胡适之先生长谈,请辞近史所主任,胡先生开诚相见,谓深了解余之困难,同时于余之认识亦至深,无论如何,盼勉为其难,决不接受余之辞职。(《郭量宇先生日记残稿》,146 页)

1959 年 10 月 30 日胡适致郭廷以函:

前天久谈,使我得了解你的困难,也使我得向你陈述我这一年来对你的认识,所以我很感谢,也很高兴。(台北胡适纪念馆藏档,档号:HS-NK04-011-010)

同日　胡适就与当地居民的地皮税问题指示总务处,应以"睦邻"原则处理之。(《胡适之先生年谱长编初稿》第八册,3009 页)

同日　胡适作有《采旅,采稆,采穞》一文。(《胡适手稿》第 9 集卷 3,427～434 页)

同日　胡适致函谢白萍、佘慎予,无法为其在"中研院"安排工作。(台北胡适纪念馆藏档,档号:HS-NK01-254-003、HS-NK01-274-002)

同日　胡适函辞苏景泉为其出版物题词的请求。(台北胡适纪念馆藏档,档号:HS-NK01-259-002)

同日　黄少谷致函胡适,告:陈之迈来电,谓澳洲政府拟邀先生前往讲学。详情可见次日陈之迈致胡适函。（台北胡适纪念馆藏档，档号：HS-NK03-001-034、HS-NK03-001-035）

同日　Herman Pines 向胡适函介自己指导的 Chen Chao-tung 博士。（台北胡适纪念馆藏档，档号：HS-NK05-164-025）

10月28日　晚，胡适应袁守谦的宴会。（《胡适之先生年谱长编初稿〔补编〕》，166页）

10月29日　访客有杨希枚、芮逸夫、黄彰健等。晚，胡适应胡光麃之宴。10时半，参加 Schmid 夫人的生日酒会。（《胡适之先生年谱长编初稿〔补编〕》，166页）

同日　胡适应约与美国心理作战组人员 John Dixon、Gordon A. Martin、Roger W. Severt 共进午餐。（据《日记》）

同日　胡适与胡颂平谈起可将过去的《尝试集》，以及别的诗，另外选择一些译诗，编一本《胡适诗存》，给友联社出版。（《胡适之先生晚年谈话录》，32页）

同日　"中华日报"记者甘立德将《金门发现鲁王真冢》剪报及《圹志》寄送胡适（台北胡适纪念馆藏档，档号：HS-NK01-074-001），又电话访问胡适。胡适说根据《金门志》和《新金门志》关于鲁王生卒年月日的记载，与此《圹志》所载相符，可证历史中所载鲁王被郑成功沉海而死的说法不确。此鲁王冢是真的。（据《日记》所贴剪报）

按，鲁王冢与鲁王《圹志》是本年8月26日金门士兵炸山时发现的。

同日　胡适复函欧阳垂仁，告："中研院"物理所尚未恢复，无法审查其自制物理仪器。最好致函台湾省教育厅长刘真，请他委托专家审查。（台北胡适纪念馆藏档，档号：HS-NK01-235-004）

按，10月27日，欧阳垂仁致函胡适，说明所制物理仪器事，并请赐面谒时间进呈。（台北胡适纪念馆藏档，档号：HS-NK01-235-003）

同日　陈诚日记有记：1时，见蒋经国，告以与适之谈话（22日）经过

及内容。(《陈诚先生日记〔二〕》，1115 页)

　　同日　James Gutmann 致函胡适，云：

　　　　We were truly sorry that you were not with us on October 20th for a memorable Dewey Centenary. But your message and Chiangmonlin's arrived in time and Horace Friess read it with other tributes to our audience. Professor Kilpatrick gave us your Hawaii lecture and Horace Firess read a part of that too. Enclosed I am sending you a copy of the program since I think you may be pleased to have this reproduction of the Breitenbach photograph.

　　　　With sincere appreciation of your interest and admirable tribute to Dewey.（台北胡适纪念馆藏档，档号：HS-NK05-150-028）

10 月 30 日　访客有张国兴、桂中枢、黄彰健、张庆桢等。晚，胡适应井口贞夫的宴会。(《胡适之先生年谱长编初稿〔补编〕》，167 页)

　　同日　胡适将郭廷以昨日交来之辞职信退郭，并同意郭兼任台湾师范大学文学院院长。(台北胡适纪念馆藏档，档号：HS-NK04-011-010；《郭量宇先生日记残稿》，146 页)

　　同日　Niyazi Berkes 将其编译的 *Turkish Nationalism and Western Civilization: Selected Essays of Ziya Gökalp*（伦敦，1959）题赠胡适："With best wishes from Niyazi Berkes Montreal Oct.30, 1959."(《胡适藏书目录》第 4 册，2922 页)

　　同日　雷震日记有记：

　　　　上午至社，张君劢文章今日送来。他有函说，胡适之先生过谈甚欢，胡先生说给我造铜像，铜像不易成，而文章易交卷。(《雷震全集》第 40 册，183 页)

10 月 31 日　早，袁瓞来访，胡适为其致函高天成，介绍他去看鼻子的毛病。同日访客还有鲍克兰、芮逸夫。(据《日记》；《胡适之先生年谱长编初稿〔补编〕》，167 页)

同日　郭廷以来长谈，胡适劝其兼任台湾师大文学院院长。郭谓目前暂时维持近史所事，请胡早觅替人。(《郭量宇先生日记残稿》，146页）

同日　下午，胡适撰成《跋金门新发见〈皇明监国鲁王圹志〉》，交甘立德由"中华日报"发表。胡适的文章说，此《圹志》可以考证许多旧史的错误。如可以纠正《明史》中郑成功将鲁王沉海而死的说法，可以纠正全祖望鲁王死于甲辰之说（实际死于壬寅），可以纠正全祖望鲁王死在台湾之说，可以订正查继佐《鲁春秋》中鲁王卒于九月十七的错误，可以订正全祖望《舟山宫井碑文》"元妃陈氏舟山投井而死"之说，投井的实系继妃张氏。（"中华日报"，1959年11月2日）

同日　晚，胡适准备次日召集的"国家长期发展科学委员会"大会和"中研院"评议会。（据《日记》）

11月

11月1日　上午9时30分，胡适在南港主持召开"国家长期发展科学委员会"第二次全体委员会议，历时3个小时。出席委员有董作宾、罗云平、潘贯、姚从吾、朱家骅、钱思亮、林致平、李熙谋、浦薛凤、梅贻琦、赵连芳、凌纯声、郭廷以、全汉昇、梁序穆、魏嵒寿、李先闻、凌鸿勋（林致平代）、杨树人。胡适首先报告，照规定，"国家长期发展科学委员会"每年2月、8月召开一次会议。因自己离台，梅贻琦生病，拖延至今才召开第二次会议。次由梅贻琦汇报工作。次由胡适补充报告。梅贻琦又补充报告。执行委员会报告内容主要是充实科学研究设备费用，计2380万台币及36万美金；研究补助费核准244名，由各校推荐及分配情形；第一期学人住宅18栋已开始动工，将由"教育部"开始统筹分配。胡适报告"中基会"捐3万美金设立研究讲座的经过。朱家骅、赵连芳、罗云平相继发言，胡适逐一回应。与会者广泛讨论工作的得失，并交换意见，作为将来的参考。（台北胡适纪念馆藏档，档号：HS-NK01-326-020、HS-NK01-326-075、HS-NK05-247-001）

同日　下午2时，胡适主持召开"中央研究院"第三届评议会第六次会议。出席人有朱家骅、全汉昇、李先闻、林致平、姚从吾、凌纯声、梅贻琦、凌鸿勋（林致平代）、郭廷以、梁序穆、董作宾、杨树人、赵连芳、潘贯、钱思亮、魏嵒寿。会议的议题是商量第四届评议员选举。议决：（1）接受院士会议的建议，修正评议会选举规程第四条，在原条文之后，加上"必要时，经院长征得院士三分之一以上之同意，得以通信方式用无记名票选评议员"。（2）推定朱家骅、林致平、潘贯、李先闻、袁贻瑾、汪厥明、姚从吾、劳榦、凌纯声9名院士组成第四届评议员提名委员会，由朱家骅召集。（3）决定第四届评议员名额为30人，每组选举10人。（台北胡适纪念馆藏档，档号：HS-NK01-295-001）

同日　下午，台湾省教育厅长刘真来谈。（据《日记》）

11月2日　甘立德带当天登载《跋金门新发见〈皇明监国鲁王圹志〉》的"中华日报"及500元稿费来访，胡适即拜托甘将稿费捐赠给水灾赈济单位。（《胡适之先生年谱长编初稿》第八册，3018页）

同日　上午，美国人Mr. Auchineloss来访。下午，董显光来谈。（《胡适之先生年谱长编初稿〔补编〕》，167～168页）

同日　下午，菲律宾法学家Dean Augusto Iturralde（家传有跌打治法）带了两本中英文的《失传的艺术》来访，胡适即将此人介绍给出身伤科世家的凌纯声，希望凌把那些秘方传下去，两本《失传的艺术》也转赠凌。（台北胡适纪念馆藏档，档号：HS-NK01-096-001；《胡适之先生年谱长编初稿》第八册，3019页）

> 按，12月1日，菲律宾文化研究所执行会执行秘书Herminio Santos致函胡适，对Augusto A. Iturralde（该会顾问）博士到台演讲之行所受亲切款待致谢，并乐意告知由于其在中国台湾、香港，以及日本的演讲，已使古代的中国骨疗法广泛流行。（台北胡适纪念馆藏档，档号：HS-NK05-167-003）

同日　晚，胡适应Mclanghlin之宴。（《胡适之先生年谱长编初稿〔补

编〕》，168 页）

  同日　程天放致函胡适，云：很高兴彼此对美国文明的看法相同。为提倡科学精神和科学方法，请作公开演讲。（台北胡适纪念馆藏档，档号：HS-NK01-053-002）

  同日　苏雪林致函胡适，为得"国家长期发展科学委员会"研究费而致谢。拟北返师大任教请询学人住宅事。抨击"现代主义"新诗。（台北胡适纪念馆藏档，档号：HS-NK01-258-007）

  11 月 3 日　杜元载来访，解释发表郭廷以为台湾师大文学院院长之事。（《胡适之先生年谱长编初稿》第八册，3019 页）

  同日　访客还有蓝乾章、芮逸夫、浦家麟、Kindermann（由廖昭权陪同）。（《胡适之先生年谱长编初稿〔补编〕》，168 页）

  同日　道安法师将其所著的《中国藏经译印史》一部赠与胡适。（《胡适藏书目录》第 2 册，1066 页）

  11 月 4 日　晚 6 时，胡适应邀参加教廷新"公使"的酒会，其间向张群提出求见蒋介石的意向："我回来二十天了，还没有去见'总统'。我知道他很忙，又常到别处去。请你（张先生）留意，如'总统'有工夫，我想去看他。"（据胡适 1959 年 11 月 14 日《日记》）

  同日　访客有杨时逢、Rudolph、钟伯英等。晚 7 时，胡适约张平群来南港吃晚饭。（《胡适之先生年谱长编初稿〔补编〕》，168 页）

  同日　胡适复函姜良仁，云"They were killed to a man"一语译为"他们全被杀死了"是对的。也可以译作"他们被杀的一个人也不留"，也可以译作"他们全数都被杀光了"。另谓其美国朋友们的说法是错的。（台北胡适纪念馆藏档，档号：HS-NK05-047-006）

  11 月 5 日　上午，胡适到台大医院检查身体，做完心脏、肺部等检查，因次日早上要取血化验，故当晚住在医院里。下午 3 时，到"励志社"参加"北大校友会"为胡适举办的欢迎会，会毕返回医院，探视了在此住院的李宗侗。（据《日记》）

  同日　胡祖望来，商量胡适的会客时间。胡适总以客人远道而来不见

不礼貌而踌躇。(《胡适之先生年谱长编初稿》第八册,3020～3021页)

同日 雷震来访,向胡适约稿。(《雷震全集》第40册,187页)

同日 访客还有樊际昌、董作宾、蒋复璁、钱思亮等。(《胡适之先生年谱长编初稿〔补编〕》,168页)

同日 夜,胡适致函赵元任,补祝其生日,略谈杨时逢赴美等事,希望赵明年退休后能回南港定居,把史语所的语言学组光大起来,并训练出几个后起之人:

听说你明年夏天"退休"了,羡慕之至!我很诚恳的劝你退休之后回到南港来住,把史语所的语言学组光大起来,训练出几个后起的人来,我们还可以多多见面,大家高兴高兴!

我们在南港兴造四座"学人住宅",明天〔年〕夏天可以完成。其中一座是留给你们住的。

"交友以自大其身,求〔造〕士以求此身之不朽",这是李恕谷(塨)的名言,我曾读了大感动。这是"收徒弟"的哲学!(《近代学人手迹》三集,123页)

按,11月9日,赵元任复函胡适说:明年退休的话,在名义上如此,事实上还在酝酿"召回",所以明夏回南港的话要迟点再说了。(台北胡适纪念馆藏档,档号:HS-NK05-117-017)

11月6日 上午,胡适在台大医院继续做体检。(《胡适之先生年谱长编初稿》第八册,3022页)

同日 访客有朱家骅、石璋如、李先闻。晚约严耕望来吃晚饭。(《胡适之先生年谱长编初稿〔补编〕》,169页)

同日 夜,胡适有《记曹溪宝林传的僧璨大师章里的房琯碑》。

同日 雷震致函胡适,请胡为"自由中国"特刊写一篇文章,"不然我们太不好看。近来常有人说,先生和'自由中国'分开了,如先生不写,一定又给他们许多闲话"。又希望胡适能写"知识的责任、道德的勇气"这

个题目。(《万山不许一溪奔——胡适雷震来往书信选集》，209 页）

11月7日　上午，胡适出席"中研院"评议会提名委员会会议，决定全体院士、上届评议员、各所筹备主任为候选人，另外请各院士推举 12 名，共为 60 名，并从中票选 30 人为评议员。其中，生物、数理、人文 3 组每组 10 名。（次日之"中央日报"）

同日　胡适于金华街 110 号主持科学会第十七次执行委员会会议，出席人有梅贻琦、浦薛凤、李熙谋、钱思亮、杨树人。决定以 50 万元补助纯粹学术性刊物等议案 11 项。（台北胡适纪念馆藏档，档号：HS-NK01-326-096）

同日　美国驻台机构的 Joseph A. Yager 宴请俄勒冈州民主党众议员 Porta，胡适应邀作陪。Porta 提出"两个中国"的意见，并谓这是美国部分人士基于畏战的心理提出来的，胡适对此予以严词驳证。（台北胡适纪念馆藏档，档号：HS-DY03-002-032）

同日　蒋介石接见陈诚，日记记其与陈谈话，谈及胡适最近的政治主张。蒋云：余谓其以何资格言此？若无我党与"政府"在台行使职权，则不知彼将在何处流亡矣。

11月8日　访客有周杰人、刘世超、张紫常夫妇、秦汾一家人、李玉阶等。（《胡适之先生年谱长编初稿〔补编〕》，169 页）

同日　雷震来，并在此吃晚餐。雷氏日记有记：

继至南港看胡先生，请他写文章，他允为之，写一某君之传记。今日周杰人去看他，他说周之见解有失公平……胡先生问我自传继写没有，我说续写。他说"自由中国"有许多通信真写得好，比社论还好。又谓《西游记》作者吴承恩在明朝嘉靖年做过长兴的县丞。我在他那里吃晚饭……（《雷震全集》第 40 册，189 页）

同日　胡适致函郭廷以，请其代拟许淑真赴日留学的推荐书。（台北胡适纪念馆藏档，档号：HS-NK01-263-012）

按，11月7日，许淑真致函胡适，告以参加日本政府奖学金考试已被录取，恳请允予推荐。(台北胡适纪念馆藏档，档号：HS-NK01-263-010)当日，胡颂平将此情报告胡适，并言郭廷以请胡适推荐事。(台北胡适纪念馆藏档，档号：HS-NK01-263-011)

11月9日　全汉昇、万绍章来谈公事。胡适为周杰人之女题写"钧之以爱，揣之以恭"。(《胡适之先生年谱长编初稿〔补编〕》，169页)

同日　胡适作有《记美国医学教育与大学教育的改造者弗勒斯纳先生(Abraham Flexner，1866—1959)》一文，指出弗勒斯纳是美国大学教育改造最有大功的两个人之一，是美国医学教育改造最有大功的两个人之一；弗勒斯纳晚年最得意的一件大成就是在普林斯顿大学创办"更高学术研究院"。弗勒斯纳终生研究中等教育与高等教育，他1930年出版的《美国的、英国的、德国的大学》发表了他对大学的见解：在大学里，学者和专门科学家应该发愿做到4个目标：知识与思想的保存，知识与思想的解释发挥，寻求真理，训练青年人为将来继起的工作者。他理想中的大学是一个小小的学术研究中心，没有课程表，没有上课时间，只有一些有天才又有学问的第一流学人在那里独立思想、自由研究、自由论辩，把他们的全副精神用在纯粹学术的思考上。("自由中国"第21卷第10期，1959年11月16日)

11月10日　雷宝华、张志礼来请胡适出席台湾"中国工程师学会"年会，并作讲演。芮逸夫来谈。晚，胡适应吴申叔、徐文若的邀请看金素琴的京戏。(《胡适之先生年谱长编初稿〔补编〕》，170页)

同日　下午，郭廷以来商请参加民国史谈话诸先生。(《郭量宇先生日记残稿》，148页)

同日　H. Standish Thayer 致函胡适，云：

On behalf of the Executive Committee I would like to extend our sincere thanks to you for accepting our invitation to the Honorary Committee for the Observation of John Dewey's Centenary. Your acceptance has enabled us to give the programs held in Dewey's honor, in this country and abroad, an added significance.

I enclose the announcement of the Columbia activities and the fine reproduction of the Breitenbach portrait of Dewey.（台北胡适纪念馆藏档，档号：HS-NK05-168-014）

同日 胡适致函友联社诸先生，对《祖国周刊》禁销台湾表示遗憾，并欲函购《追求幻想的人们》《野马传》两书各 5 册。（台北胡适纪念馆藏档，档号：HS-NK01-174-001）

按，该社的萧辉楷 13 日将上二书寄奉胡适，并询其是否需要其他书以及拟出版《人权论集》事。（台北胡适纪念馆藏档，档号：HS-NK01-265-011）

同日 胡适将郭廷以代拟的致井口贞夫的函（介绍许淑真）修改后寄出。（台北胡适纪念馆藏档，档号：HS-NK01-263-013）

同日 胡适复函姜贵，谢其又寄赠一部新版《旋风》并高阳的长文。又云若北来，可到胡宅下榻。（台北胡适纪念馆藏档，档号：HS-NK01-143-016）

按，姜贵 13 日复函胡适，大意谓：因《旋风》的出版得了许多新朋友。内人瘫痪，已六七年不去台北。《旋风》有销路赖先生推荐。（台北胡适纪念馆藏档，档号：HS-NK01-143-017）

同日 胡适致函毛一波，再谈鲁王《圹志》：

……承先生指出术桂与术雅不是一人，又指出术桂的生死年份，我读了很感谢。

又"坿省县邑屡有克复"一句，我存疑"坿"字或是"浙"字之讹。读尊文第四节，考证详明，我才明白此"坿"字不误。

《圹志》所记次妃陈氏二女未孕，又有遗腹八月。遗腹子似即弘桓，《鲁春秋》作弘甲，似是错的。尊文引《郑氏附葬祖父墓志》所记

郑聪娶"故明鲁王二郡主朱氏",又"王父……女四,次适故明鲁王世子朱讳弘桓",似皆非陈氏所出,其婚配皆远在郑成功死后,皆远在鲁王死后,故《圹志》不载。尊文疑"世子"之称,又疑温氏《南疆逸史》所记己丑(永历三年,一六四九)世子生即是弘桓,故疑弘桓在六子之外,又疑鲁、郑联姻在鲁监国五年。鄙意以为《圹志》记载鲁王的子女最详悉,证以克塽之墓志文,可以明定其第二女适郑,遗腹子娶郑,皆是鲁王死后之事。郑碑不称监国,系称"故明鲁王",其书法亦似有用意。六子皆已失去,故称遗腹子为"世子",此与称"鲁王第二郡主",同是夸说"门第"而已,不足怪也。先生以为此说有点道理吗?

…………

……《圹志》全文不提及郑氏父子一个字,而有"末路养晦"一语,似皆可见鲁郑之间的意见颇深,历久而终未尽消除。郑成功征服台湾,在鲁王死前近一年。永历帝崩覆之后,张苍水诸人上疏请鲁王监国,谢山所谓苍水"晚年欲再奉(鲁)王起事",似皆非郑氏父子所愿望。"末路养晦,而志未尝一日稍懈也",鲁王晚年的处境是可以想像的。鲁王仅有遗腹子,而须辽藩宗臣术桂代为抚养,《鲁春秋》此条似可信。此亦可见鲁王身后之萧条也。……(台北胡适纪念馆藏档,档号:HS-NK01-232-010)

按,11月15日,毛一波复函胡适,告知台湾省文献会有关南明史料、研究事,并复所询各点。又附呈《〈季明封爵表〉的解说和批评》,请胡适指正。(台北胡适纪念馆藏档,档号:HS-NK01-232-011)

11月11日 上午9时,胡适出席台湾"中国工程师学会"第二十四届年会并演讲,胡适强调基本科学的重要性,促请协助发展科学计划,呼吁改善环境培养人才。演讲毕,即前往荣民医院探视吴忠信。(次日之《联合报》、"中华日报"、《星岛日报》;《胡适之先生年谱长编初稿》第八册,3034页)

同日 胡适作有《试补刘昫〈唐书〉"肃宗纪"阙文一叶》。(《胡适手稿》

第9集卷3，411～420页）

同日　胡适复函王梦鸥，感谢其赠送庚辰本《脂砚斋重评石头记》。又云此书正是他1933年校阅过并且写了几千字长跋的原书。此书原在徐星署家，王克敏代为借出。后来此书归王克敏。王克敏的藏书后来都归燕京大学。中共取消了燕大，把北大搬到燕大去，所以此书现藏在北大图书馆了。卷头所附"曹雪芹小象"，真是荒谬之至。此人号雪芹，又号雪琴，但不姓曹。（台北胡适纪念馆藏档，档号：HS-NK01-142-046）

同日　"中研院"院长胡适就第四届评议员选举之有关事项向各有关人员发出公函，如下：

本院第三届的评议会，应于一九六〇年四月一日满任。评议会特在本年十一月一日开会，商讨第四届评议员提名及有关选举筹备事项。现在将这一次的会议纪录寄呈尊览（附件一）。请先生注意其中最末一条决议："第四届聘任评议员的总额定为三十人，每组十人。"这是因为依据本院组织法第十一条，总额至少为三十人；又依据评议会选举规程第二条，每组名额至少十人。

此次评议会组设的第四届评议员提名委员会，已在十一月七日开过会，到会者朱家骅、汪厥明、李先闻、林致平、姚从吾、凌纯声、劳榦七位先生（潘贯先生因事请假，袁贻瑾先生尚未到台北），评议会议长与秘书应邀列席。提名委员会决议如下：

（1）三组院士，共四十人，全数提名为第四届评议员候选人。计数理组十六人，生物组十人，人文组十四人。

（2）非院士的现任聘任评议员四人（梅贻琦、钱思亮、张其昀、杨树人）都提名为第四届评议员候选人。

（3）非院士的现任当然评议员四人（本院总干事全汉昇、化学所筹备主任魏喦寿、动物所筹备主任梁序穆、近代史所筹备主任郭廷以）都提名为第四届评议员候选人。

以上共计提名为评议员候选人者四十八人。计有数理组十九人，

生物组十一人，人文组十八人。

第四届评议员选举总额三十人，每组十人，候选人"至少应为当选名额之倍数"，所以提名委员会还有一项决议，由三组提名委员分组商定应补提的候选人，然后会同决定。当日决定补提名的各组候选人如下：

数理组一人：阮维周。

人文组三人：蒋梦麟、毛子水、沈刚伯。

生物组九人：刘淦芝、马保之、欧世璜、蒋彦士、魏火曜、叶曙、严智钟、高天成、卢致德。

现在我们把提名委员会提出的第四届评议员候选人六十一人的名单列为详表，其中非院士的候选人，并附注所专治的学科及现任职务，作为"附件二"寄呈尊览。

评议会选举规程第三条："评议会应于本届评议员任满前五个月，组设下届评议员提名委员会，并通知各组院士，院士得以五人之联署，并注明理由，向提名委员会提出本组评议员之候选人，提名委员会应连同院士所提，一并提出各组候选人。其人数，至少应为当选名额之倍数。"我们因为第四届评议员候选人数，照规定至少需要六十人，而各院士分散在海内外各地，不容易提出这许多候选人，也不容易商得联署人，所以我们请求提名委员会斟酌各组所需候选人数，先提出了上列六十一位候选人。这是不得已的情形，千万请各位院士谅解。现在我们请求先生审查提名委员会提出的评议员候选人名单（附件二），如先生认为此名单之外，尚有应补提的本组候选人，请用附上的提名表（附件三），由院士五人联署（选举规程并未明白规定是应由本组院士五人联署。参照院士候选人提名办法，联署者应有三人"为同一组别"。）于十一月二十五日以前寄到本院。如联署人数不足，也请将提名表寄下，我们当代为补足联署的人数。（台北胡适纪念馆藏档，档号：HS-NK05-224-005）

1959年　己亥　68岁

11月12日　访客有徐高阮、汤绚章、夏道平、沈宗瀚。胡祖望来。(《胡适之先生年谱长编初稿〔补编〕》，170页)

11月13日　上午，Bruce Hutchison夫妇由葛美娟陪同来访。董作宾来访。(《胡适之先生年谱长编初稿〔补编〕》，170页)

同日　下午，胡适到历史博物馆参观桂中术的中文照相排字机的表演。(次日之"中央日报")

同日　胡适致函严耕望，云：

> 顷检《铁琴铜剑楼书影》及《藏书目录》，始知宋刻《旧唐书》是每叶廿八行，行廿四字、廿五字、廿六字，不等。平均行廿五字，则每叶约有七百字。
>
> 瞿氏校《旧唐书》(《目录》八，二二)指出卷廿一《地理志》脱七十八字，乃是三行，行廿六字。又卷一百四十下《李白传》脱二十六字，也是一行。
>
> 昨试估每叶四百八十字，是错的。上元二年的943字，大概是卅八行。(台北胡适纪念馆藏档，档号：HS-NK05-138-015)

11月14日　王云五来谈，转达张群对胡适求见蒋介石的想法。胡适是日日记有记：

> 〔张群〕说，他知道我要向"总统"说些什么话。所以他颇感迟疑。"如果话听的进，当然很好。万一听不进，胡适之也许不感觉为难，但'总统'也许觉得很窘。"所以他要云五先生示意，要我去和他谈，让他代我转达！
>
> 这是岳军的好意，我当然接受。

同日　胡汉文来访。(《胡适之先生年谱长编初稿〔补编〕》，171页)

同日　胡适将陈育民的信函寄魏嵒寿，并请魏指示如何作答。(台北胡适纪念馆藏档，档号：HS-NK01-025-033)

同日　高宗武给胡适邮寄圣诞卡一张。

按，自此至年底，邮寄圣诞卡或新年贺卡的还有 Mrs. Frances F. Morse、陈正雄、余耀南、于右任、谷正纲、莫德惠、高玉树、郑彦棻夫妇、张文俊等。（卡片均存于台北胡适纪念馆）

11月15日　访客有高天成、李锦屏、张新葆。下午6时，出席高惜冰的宴会。（《胡适之先生年谱长编初稿〔补编〕》，171页）

同日　晚，胡适应邀参加梅贻琦招待日本文部省前大臣滩尾弘吉的宴会，遇张群。饭后，张约胡适到张宅小谈。胡适请张向蒋介石传话。（据《日记》）

同日　胡适复函入矢义高，感谢其和日本朋友帮忙"大索"唐代传入日本的禅宗史料，又讨论《大慧语录》的一个具体问题。（台北胡适纪念馆藏档，档号：HS-NK04-006-005、HS-NK04-007-014）

11月16日　日本众议员滩尾弘吉由李熙谋等4人陪同来访。高惜冰陪同 Glen Baxter 来访。董同龢来访。（《胡适之先生年谱长编初稿》第八册，3041页；《胡适之先生年谱长编初稿〔补编〕》，171页）

同日　胡适作有《记美国普林斯敦大学的葛思德东方书库藏的〈碛砂藏经〉原本》。（《胡适手稿》第8集卷3，519～542页；《大陆杂志》第19卷第10期，1959年11月30日）

同日　胡适致函芮逸夫，谈《碛砂藏经》事。（台北胡适纪念馆藏档，档号：HS-NK01-246-001）

同日　蒋介石在其上星期反省录中记美国国务院对台湾问题报告书对其有利之处，又认为美国对目前台湾地区反对派胡适等反蒋之心理的记载，对蒋政权来说无异于打击，等等。

同日　郭廷以日记有记，蒋经国"对胡适之颇有不谅之处"。（《郭量宇先生日记残稿》，149页）

11月17日　萧作梁来访。美国原子专家 W. Herbert Pennington 和 James M. Berkebile 由李熙谋、霍宝树、张昌华陪同来访。晚，胡适应金弘一的宴会。（《胡适之先生年谱长编初稿〔补编〕》，171～172页）

同日　胡适复函黄恒浩，认为苏联发射月球火箭的消息用不着怀疑，"因为这是一个工业技术上的问题，并不牵涉到基本科学上新的发现。如果一个大国能集中大力量去作这种有宣传作用的科学工作，他的成功，应该可以期望得到，并不足惊异的"。又说：

> 你的文章第二页第四行上说："因该火箭是经过精细制造，所以不会破碎。"你说这"又是在宣传"。其实你上文引的莫斯科原电说的是火箭所带去的徽记。火箭一定会撞碎，但徽记可能不至于破碎。大概先生先存了一个不相信的心理，所以有此小错误。（台北胡适纪念馆藏档，档号：HS-NK05-100-016）

> 按，11月14日，黄恒浩致函胡适，谈苏俄太空科技发展之报道，请询研究之价值与消息确否（台北胡适纪念馆藏档，档号：HS-NK01-197-017）。黄氏收到此函后，又于12月5日复函胡适，感谢赐信，并述己对报载苏俄太空科技事仍存疑（台北胡适纪念馆藏档，档号：HS-NK01-197-016）。

　　同日　胡适复函何勇仁，谢其寄来的《胡适的为学与做人》一文，又指出该文的三处小错误。又谢其拟携画到"中研院"来展览的好意，但因院中没有可以展览的地方，且离台北市太远，故请其在台北另觅展览之地。（台北胡适纪念馆藏档，档号：HS-NK05-038-010）

　　同日　陈诚日记有记：岳军先生来访，示与适之先生谈话记录。（《陈诚先生日记〔二〕》，1124页）

　　11月18日　韩国延世大学校长白乐濬来访，邀胡适到韩国讲学，胡适婉辞。（《胡适之先生年谱长编初稿》第八册，3051页）

　　同日　胡适为刘宗向书写立轴，贺其婚礼。（《胡适之先生年谱长编初稿》第八册，3052页）

　　同日　晚，胡适应朱家骅宴。（《胡适之先生年谱长编初稿〔补编〕》，172页）

11月19日 丁履延来访。Miller 来，并在此吃午饭。（台北胡适纪念馆藏档，档号：HS-NK01-181-013；《胡适之先生年谱长编初稿〔补编〕》，172页）

同日 胡适复函李书华，谈到梅贻琦并未提出辞职，又谈到尚未看到《筹算与珠算》一文，又希望李氏退休后也能来南港居住。胡函云：

> 前些时听说元任明年夏间"退休"，我写信去劝他退休后回到南港来住，晚年还可以多收几个徒弟。我信上引了李恕谷的话："交友以自大其身，造士以求此身之不死。"这是你的老乡的名言，我写寄老兄，也盼望老兄与大嫂能回到南港来住。纽约天气冬天太长，又太冷，于老年人实不甚相宜。我们又没有每年去南方避寒之福气。所以我劝你们俩考虑我的建议。（《李润章先生藏近代名贤手迹》，113页）

按，10月29日，李书华致函胡适，谈到《筹算与珠算》已航寄史语所，请胡不客气地予以改正等语（台北胡适纪念馆藏档，档号：HS-NK01-069-008）。12月1日，李书华复函胡适说：承约到南港来住，俟将来再说。并请胡寄《宝箧印陀罗尼经》的照片（台北胡适纪念馆藏档，档号：HS-NK01-069-009）。

同日 胡适写毕《北宋惟白和尚关于西天祖师偈颂来历及〈宝林传〉〈圣胄集〉等书的记载》。（《胡适手稿》第7集卷3，517～566页）

同日 蒋介石在其日记中记道：对政客、无赖文人之态度，应以置之不理不睬为宜。

同日 陈诚日记有记：

> 八时，访蒋梦麟先生，谈在日见闻……继谈明年选举，希其与适之一谈，以免误会（……二、不要害我）。（《陈诚先生日记〔二〕》，1125页）

11月20日 胡适出席"自由中国"10周年纪念会，并演讲"容忍与自由",说道：

>……"自由中国"社所以能够维持到今天，可说是雷儆寰先生以及他的一班朋友继续不断努力奋斗的结果。……回想这十年来，我们所希望做到的事情没有能够完全做到；所以在这十周年纪念会中，我们不免有点失望。不过我们居然能够有这十年的生命，居然能在这样困难中生存到今天，这不能不归功于雷先生同他的一班朋友的努力……
>…………（《胡适文集》第12册，837～843页）

同日　访客有杨时逢、叶维琪和一位法国考古学者。（《胡适之先生年谱长编初稿〔补编〕》，172页）

同日　胡适复函陈虁，对陈氏所寄《吴承恩诗文集》的叙例很感兴趣，因为编辑刘修业是自己的朋友，看此叙例可知她还健在。（台北胡适纪念馆藏档，档号：HS-NK01-033-002）

> 按，11月16日，陈虁致函胡适说，《吴承恩诗文集》叙例中说《射阳先生初稿》原刻在台湾，若有暇可以设法找一找。11月24日，陈虁复函胡适，并寄奉《吴承恩诗文集》《懋斋诗钞》及自著《三台记游集》三书。（台北胡适纪念馆藏档，档号：HS-NK01-033-001、HS-NK01-033-003）

同日　胡适复函何南史，谢其寄来研究鲁王《圹志》的文章，又云：

>先生说的鲁王扞御之功，似乎太过。又谓"沈诸海中"四字仅见于《通鉴辑览》之注文中，"明季诸史所无"，似亦不确。《明史·鲁王传》末及《诸王世表》鲁下，均已说"沈之海中"了。此说之不确，则诚如尊说，有《圹志》可证。
>我说宁靖王术桂与术雅是一人，是错的。已承毛一波先生在"中央日报"上指正其误。封于万历三十四年者是术雅，术桂是鲁王监国时封的长阳王，隆武改封的宁靖王。术桂生于万历四十六年

（一六一八），死于永历三十七年（一六八三）即康熙廿二年。（台北胡适纪念馆藏档，档号：HS-NK05-038-009）

同日　胡适致函芮逸夫，谈洽购《续藏经》事：

……这部《续藏经》确是在日本不能寻得的。

《续藏经》之百分九十九以上是"支那撰述"，故是中国佛教史与中国禅宗史的主要史料。本院无此书，确是一大缺陷。济之兄临行时也曾嘱徐君继续进行此事。鄙意以为我们似可决定一个可能出的价钱，告知原经手的道安和尚。二千二百美金确是太贵，或可决定一个数字，如一千五百美金，作为我们出的最高价钱。此事是否可行，乞老兄与汪和宗先生、蓝先生一商。（《近代名人手迹》二集，台北文星书店，1964年5月）

11月21日　访客有李庆麐、谢问岑、马保之、陈达文。（《胡适之先生年谱长编初稿〔补编〕》，172页）

同日　胡适复函吴望伋，婉谢其邀请撰写关于民意测验的文章，因为对此问题没有研究。（台北胡适纪念馆藏档，档号：HS-NK05-149-013）

同日　胡适复函罗永林，云：不能帮忙写序，请原谅。（台北胡适纪念馆藏档，档号：HS-NK01-093-021）

11月22日　上午10时至下午3时，胡适在"教育部"主持科学会的联席会议。（次日之"中央日报"）

同日　下午，Dr. Phillips夫妇和Dr. Cushing来访。（《胡适之先生年谱长编初稿〔补编〕》，173页）

11月23日　访客有沈亦珍、王世中、李先闻。（据《日记》；《胡适之先生年谱长编初稿〔补编〕》，173页）

同日　下午5时，胡适访王云五，日记有记：

他说，昨天他见到岳军先生了。岳军把我的意思先记出来，然后面告蒋先生。……我的四点意见……他都转达了。

蒋先生郑重考虑了一会,只说了两句话:"我要说的话,都已经说过了。即使我要提出一个人来,我应该向党提出,不能公开的说。"

胡适对此评论道:我怕这又是1948年和1954年的老法子了?他向党说话,党的中委一致反对,一致劝进,于是他的责任已尽了。

同日　当夜,胡适致函王云五,云:"回家来细想转达的两句话,越想越感失望。"蒋介石岂不知道他向党中央提任何人,党中央当然一致不赞成,当然一致再劝进?这岂不是1954年的老文章?"岳公若问我的感想,请先生以此意告他。敬谢赐餐……"(《王云五先生年谱初稿》第3册,1058页)

按,11月24日,王云五向张群转述了与胡适谈话的经过,提到胡适建议"本党应对'总统'出处问题早作决定,公开表示比较有利";张群于11月27日面见"总统","报告云五与适之谈话"。(《张群日记》,1959年11月24、27日,藏中国国民党党史馆,馆藏号:群7/12)

同日　胡适将陈育民来信及魏嵒寿代拟函送与梁序穆,请看看。(台北胡适纪念馆藏档,档号:HS-NK01-025-035、HS-NK01-025-034)

同日　胡适复函吴建燠,告自己11月11日所说的乃是六七年前的事,并不是现在的事。工学院现已改为成功大学。(台北胡适纪念馆藏档,档号:HS-NK01-148-031)

同日　胡适致函李瑄根,谢其赠送《退溪全书》《栗谷全书》《西厓文集》等。(台北胡适纪念馆藏档,档号:HS-NK01-062-030)

11月24日　胡适日记有记:

看萧作梁先生,同他到北投去看他的几个朋友研究中国共产党史料的工作场,即是陈"副总统"收集的资料储藏处。工作者:萧作梁、萧自诚、朱建民、吴英竹、萧良章、谢立英。

同日　董同龢来访。(《胡适之先生年谱长编初稿〔补编〕》,173页)

同日　胡适作有《崔令钦》。(《胡适手稿》第9集卷3,375~376页)

11月25日　因胡适为旧庄"国民学校"捐款3000元，陈槃、高去寻、许光耀等作为学生、家长代表特来致谢。(《胡适之先生年谱长编初稿》第八册，3069～3070页)

同日　访客还有包德明、李应兆、James。(《胡适之先生年谱长编初稿〔补编〕》，173～174页)

同日　下午，胡适主持召开科学会执行委员会会议，商讨美援拨款分配问题，并对下年度的工作计划广泛交换意见。(《胡适之先生年谱长编初稿》第八册，3070页)

同日　胡适复函陈省身，力劝其能于明年来台讲学两个月：

您信上说，"定圣诞节前去巴黎，明年七月返美，即径去芝大任教"。这几句话，我在电话上读给钱思亮兄听了。我们都想向您作一个提议：请您把在巴黎的时间缩短两个月，留出两个月回来做"China Foundation"赠给台大的客座教授（Visiting Professor），五月初回来，七月初飞加大。思亮很赞成这个意思，要我写这信。

"中基会"的客座教授，原为中国学人在休假期中回国作短时期讲学而设的。原定每年一人，由"中基会"直接致送美金六千元。旅费包括在内。第一年吴大猷兄来，讲了四个月。第二年李卓皓兄来，只讲了两个月。第三年赵元任兄来，讲了三个月。……您若能来作两个月的讲学，台大与"中研院"数学所都可以得着极大的鼓舞振奋。

"中研院"已开始建筑两所新屋，一为数理馆，一为生物馆。两处均已开工，明年五六月间可以落成。我们现正为林致平兄设法解除军职（他是"空军少将"，现任航空研究院院长），使他可以到数学所做专任的研究。如果数理馆成立时有您在这里，岂不是最可喜的事！

…………

您若能来，请告知汇款地址，及讲学题目。……（台北胡适纪念馆藏档，档号：HS-NK01-022-021）

按，陈省身原函现藏于台北胡适纪念馆，档号：HS-NK01-022-020。

1959年　己亥　68岁

11月26日　访客有董思霖、董歧兄弟、沈志明、应文婵夫妇。晚，胡适应尹仲容的宴会。(《胡适之先生年谱长编初稿〔补编〕》，174页)

同日　郭廷以来谈民国史访问计划。胡适赠之以施肇基的早年回忆录，"此书记事至民国三年，于清季外交界及政治认识，颇有帮助"。(《郭量宇先生日记残稿》，151页)

同日　胡适致函张其昀，赞其主持的地图集编、印均很精美，又向张请教有关全祖望《句余土音》的问题：

> 我检这三百九十首诗，只有廿九首见于《四部丛刊》所收《鲒埼亭诗集》的《句余唱和集》。不知您见过《句余唱和集》的全本没有？不知《唱和集》有无刻本？……
>
> ……我觉得此两书似有影印流通的价值。……（台北胡适纪念馆藏档，档号：HS-NK01-035-010）

同日　胡适作有《〈吕氏春秋〉可能是二十六篇被刻裂成为一百六十篇的》。(《胡适手稿》第9集卷3，397~406页)

11月27日　蒋梦麟来访。对蒋、胡谈话内容，陈诚次日日记有记：

> 四时，蒋梦麟来访，告已与适之谈过，彼已接受……梦麟先生说服适之之理由为台湾安定才能言其他，现僧多粥少，事实上非"总统"不可，提辞修无异害辞修。
>
> …………
>
> 十一时，与少谷同车回寓，并告以梦麟先生说服适之经过。(《陈诚先生日记〔二〕》，1129页)

同日　上午，许明德来谈。(《胡适之先生年谱长编初稿》第八册，3076页)

同日　中午，梅贻琦约请胡适等在"自由之家"举行餐会，商议"国家科学技术研究发展基金"使用办法。(据《日记》)

同日　下午，胡适接见韩国访问团，胡适陪他们参观"中研院"。(《胡

145

适之先生年谱长编初稿〔补编〕》，174 页）

　　同日　雷震致函胡适，曾更正胡适在 20 日演讲中的一处记忆错误：

　　　　先生前次讲演，谓未打算出杂志，只拟出小册子，这一点，先生记错了，当时震主张出日报，先生坚决主张出杂志，先生并云，为着某种运动，期刊比报纸好，还举了几个例，震已写在日记上，特此订正。
（《万山不许一溪奔——胡适雷震来往书信选集》，212 页）

11 月 28 日　郭廷以来商定下周五宴请莫德惠、傅秉常、张知本等。（《郭量宇先生日记残稿》，151 页）

　　同日　访客还有梁序穆、赵少铁、许孝炎、端木恺、刘燕夫。晚，胡适出席 Miller 的宴会。（《胡适之先生年谱长编初稿〔补编〕》，174 页）

　　同日　蒋介石在其"本星期反省录"中记道：

　　　　胡适无耻……此人最不自知，故亦最不自量，必欲以其不知政治而又反对革命之学者身分，满心想来操纵革命政治，危险极矣。……因之余乃不能不下决心，而更不忍固辞也。以若辈用心不正，"国事"如果操纵在其手，则必断送"国脉"矣。

11 月 29 日　上午 10 时，胡适应"教育部"科学教育委员会及台湾"中华科学协进会"的邀请，在台大法学院礼堂讲"科学的精神与科学的方法"，大要是科学精神以"拿证据来"四个字来讲，科学方法以"大胆的假设，小心的求证"十个字来讲。（据次日之"中央日报"、《联合报》、《公论报》；《雷震全集》第 40 册，198 页）

　　同日　中午，胡适在程天放家吃晚饭。（《胡适之先生年谱长编初稿〔补编〕》，175 页）

　　同日　下午，胡适主持召开"中研院"评议会提名委员会第二次会议，决定第四届评议员的人选，如果第一次开票不足 30 人，将举行第二次选举，以补足 30 人为度。（台北胡适纪念馆藏档，档号：HS-NK05-224-006）

　　同日　蒋梦麟函寄《从历史角度了解日本》一文与胡适，请胡适教正。

(台北胡适纪念馆藏档,档号:HS-NK01-045-003)

同日　R. C. Rudolph 致函胡适,云:

Because I deeply appreciate, and wish to continue to use, the privileges extended to my by "Academia Sinica", I feel that I should explain my recent absence from Nan Kang.

Last week I was forced to try to work at home due to an upper respiratory infection —— an ailment that I have always been susceptible to. Then, just on the point of recovery, my second son was severely burned last Friday in a stupid accident in which he was literally set on fire by another boy. About 20% of his body surface has been burned and he will be in Seventh Day Adventist Hospital for some time. It is important, of course, that I spend some time with him.

I offer this explanation just in case anyone should think that I am not talking full advantage of my opportunities at the Academy.

Thank you very much for your corrections to my translation of Li Ch'ing-chao's Postscript to her husband's archaeological catalogue. I hope that when you have a few free moments we may talk about this again, and also about Chang Ch'ang whom you mentioned in your note as the "first" archaeologist. I think that I shall be coming regularly to Nan Kang again in the latter part of this week or the first of the next.（台北胡适纪念馆藏档,档号:HS-NK05-165-002）

11月30日　胡适指示总干事全汉昇不要和"中研院"所在的镇公所打官司,要睦邻。(《胡适之先生年谱长编初稿》第八册,3081页)

同日　晚,胡适出席美国在远东文化会议餐会,并讲演"文化交流的感想"。胡适说,他是中美文化交流的受惠者。他对中美文化交流的感想有两点:他在康奈尔大学读一年级时,对于 Mabie 著作中的警语"当你去外国学习文化时,切莫乱喊,亦勿嘲笑,惟应致力去了解",他至今牢记。(次

日之《新生报》）

同日　胡适致函周法高，"采稆"的小记一条，承周指出《颜氏家训》附录一条，很高兴。抄示《通鉴》一条。又云：

> 若采稆、采穭，只是采撷田野中不布种而自生之谷物，何以军人采稆而致"火烧宫而累月"呢？
>
> 故知六朝常语之"采稆"确有"出门找机会发点意外之财"的意思。军人入宫殿大搜括，大抢掠，也是"采稆"！"建康宫殿之火烧累月"，与圆明园之烧为瓦砾，都是"采稆"的结果呵！（《胡适手稿》第9集卷3，437页）

同日　蒋介石在其本月反省录中痛骂胡适。

同日　美国海军医学第二研究所主任 Captain Phillip 来访，带来了其9岁女儿 Hope 写给胡适的中文信，信中说：

> 谢谢您送给我和我弟弟那本《四十自述》。我们都很喜欢您的文章，尤其《九年家乡教育》和《我的母亲订婚》那两篇。我几乎一有空就在看您的书。我想您一定是很了不起的人物，可以写出这么好的书，使得我这样小年纪的女孩子，也能够看得懂，而且非常感到兴趣。（《胡适日记全集》第9册，504页）

11月　胡适作有《跋〈宝林传〉残本七卷》，后又改写。（《胡适手稿》第7集卷3，445～516页）

12月

12月1日　访客有郭廷以、邵劲旅、杨时逢。胡适赴唐纵的宴会，同席有王云五、胡健中等10人。（《胡适之先生年谱长编初稿〔补编〕》，175页）

同日　胡适复函周法高，讨论《札朴》"采稆"的义涵。（《胡适手稿》第9集卷3，439～443页）

1959年　己亥　68岁

同日　胡适复函陈皆兴，告：因有事，不能参加12月12日在高雄举办的台湾地区各县市文献工作研讨会并演讲。（台北胡适纪念馆藏档，档号：HS-NK01-024-008）

按，11月18日，陈皆兴致函胡适，邀请胡为台湾文献工作研讨会演讲。陈氏接到胡复函后，于12月3日复函胡适，表示以后若有兴南游，均准备欢迎。（台北胡适纪念馆藏档，档号：HS-NK01-024-007、HS-NK01-024-028）

同日　Herminio Santos 致函胡适，云：

On behalf of the Executive Board of the Philippine Institute of Culture and Research, permit me to extend to you our sincere gratitude for the kind hospitality accorded to Dr. Augusto A. Iturralde, Dean of the Graduate School of the Manuel L. Quezon University, and one of our consultants, for his visit and recent lecture tour to Taiwan.

……

With our fervent hope that the cultural relations between our "two countries" will be forever strengthened, we remain.（台北胡适纪念馆藏档，档号：HS-NK05-167-003）

12月2日　胡适应青年学生会的请求在其纪念册上题字：学如不及，犹恐失之。（《胡适之先生年谱长编初稿〔补编〕》，175页）

同日　胡适致函胡健中，就张龄、蔡克栋讨论虚云和尚的父亲萧玉堂是否在福建做过三府知府或仅是佐治问题的投书，提出看法。胡函云：张、蔡两先生都没有见到《虚云和尚年谱》的1953年原本，他们看见的只是台湾印经处的1958年九月翻印香港佛学书局的1957年"三版"本。张龄先生信上说，台湾印经处的1958年九月初版"是照原版一字不易翻印的"。他不知道这个翻印本翻的不是"原版"，乃是经过大改动的"三版"。香港的"三版"与台湾的翻版前面都有影印的虚云和尚亲笔信，题"丙申（1956

149

年)八月十二日",信中说,年谱是"壬辰岁春(1952年)云门事变时,云重伤重病,目不见,耳不闻,奄奄一息"的时候,弟子证圆等"夙夜询问予生平事迹","随说随录","予亦未曾过目"。信中又说,年谱已再版了,"时阅四年,云始得见。其中不无误记之处。今令侍者略为签出,请(岑)居士于刊刻三版时更正之"。胡函又云:

张龄先生看了虚云此信,就不会相信台湾本是"照原版一字不易"的了。

我现在把原版和"三版"的异文记在这里:

………… [按,以下为校记,从略]

张龄先生问我说的话是根据何处出版的年谱而来的。我请他自己去查看那部香港"虚云和尚法汇编印办事处"佛历二千九百八十年十二月出版的原本年谱,此本并不难得……

张龄先生说"佐"字的意义是"佐幕"。"佐治"确有"佐幕"之意,如最有名的刑名幕友汪辉祖的一部书就叫做《佐治药言》。

但我们试翻开《虚云年谱》原版上,第四十九页附记的"尼妙净留偈记",其原文作:

云公……湘乡人,俗姓萧,……父玉堂,为福建泉州太守。

太守是知府。"三版"(页四七)改为:

父玉堂,为福建泉州二守。

蔡克栋先生来函说:

"佐治永春州事"当系"永春州州同",并非知州。"调佐泉州府"当系"二府",并非"知府"。

"三版"明明改"泉州太守"为"泉州二守",这就是蔡先生函说的"二府"了。

(大约一九五五、六年之间)我在纽约,曾写信给一位住在加拿大的詹励吾居士,指出《虚云年谱》有一些不可信之处;我指出他自述他父亲萧玉堂做过知府的三府之中,有两府的新修府志在美国国会图

150

书馆里可以检查,其中道光二十年到咸丰五年的知府姓名、履历、在任年岁,都有明白记载;其中绝无知府萧玉堂之姓名。

例如年谱说萧玉堂任漳州府知府是从道光二十四年到二十六年。我查光绪三年补修的《漳州府志》,这三年的知府是:

…………[按,名单从略]

这里面没有湘乡萧玉堂其人。

詹居士把我的信抄寄给香港的朋友岑学吕居士,后来才有"三版"的修改,才有虚云和尚承认"其中不无误记之处"的亲笔信。

我细看"三版"修改之处,大概都是因为我指出三府知府并无萧玉堂其人而修改的。修改的人把"道光初年以举人出身官福建"一句也改了,因为"举人"的真假也可以从《长沙府志》和《湘乡县志》里考查出来的。

我们看虚云和尚丙申八月的亲笔信,应该可以相信这些修改之处都是他老人家"令侍者签出"的了。

今天成舍我先生叫人来问我,福建各府志里有没有记载各府"佐治"的"二府"或"二守"?

我试查"中央研究院"历史语言研究所藏的光绪《漳州府志》知府以下可能称为"二府"的官员:

………[按,名单从略]

这里面也没有湘乡萧玉堂其人。

所以我们可以说,不但原版的"知府"是不可信的,三版改的"二府"也是不可信的。

张龄先生问:"父亲没有做过知府和儿子年岁的多少有甚么连带的关系?何以由于前者即可推断后者的不确?这是根据甚么逻辑?"

我可以回答张先生:这就是"拿证据来"的常识的逻辑。儿子的年岁多少,没有别人作证,只有他"自述年谱"是唯一的证据,只有他自己是唯一的证人。所以我不能不考考这唯一的证据是否可靠,不能不考考这唯一的证人是否可信。

我在前几年已证明的是这唯一的证据的"原版"说的萧玉堂"任永春州知府"、"擢泉州府知府"、"调任漳州府知府"、"调任福宁府知府"、"回任泉州府"都是虚假的，所以"三版"里都删去了。"三版"里改"任知州"为"佐治"，改"擢知府"为"调佐"，改"泉州太守"为"泉州二守"。我们现在指出的是这个改版的"佐治"的"二守"也是虚假的。

同治十三年（一八七四）续修的《湘乡县志》二十四卷是一部最特别的县志，二十四卷之中，"选举志"占了十卷之多，凡是有"功名"的湘乡人，包括用钱"捐"的小官，都列在这十卷里。我细查"举人、副榜、贡生（包括四种贡）"，从嘉庆、道光，到咸丰末年，并没有萧玉堂姓名。又细查"仕进"一表，其中分"文职、武职、例贡、吏员"，包括一切"捐州同"、"捐主簿"、"捐典史"在内，也从嘉庆、道光，到咸丰末年，其中也没有那位泉州府"二守"萧公玉堂的姓名。

所以我不能不说，这唯一的证据（初版以至修改的三版）是很可疑的，那位唯一的证人也是很可疑的。他生在道光二十年，活了一百二十岁，是我不能相信的。

老宗兄，这个问题关系一个人信仰的根据，我认为是人生最神圣的问题，我盼望你不要怪我写这两千多字的长信。……（台北胡适纪念馆藏档，档号：HS-NK04-010-013）

按，胡适11月29日所作"科学精神与科学方法"的演讲，其中曾举虚云和尚的父亲没有做过福建三府知府的例子。此内容引起强烈反响。张龄、蔡克栋分别于30日投书曾报道此讲演的"中央日报"，对胡适的考证提出质疑，并请胡适"指教"。12月1日晚间，胡健中将张龄来信面交胡适，次日，又令李青来将蔡克栋信送胡。胡适乃于当日写此长函。为写此信，胡适还向"中央图书馆"馆长蒋复璁借阅《虚云和尚年谱》的原版。（台北胡适纪念馆藏档，档号：HS-NK01-043-006；胡适此函与张、蔡之函均发表于1959年12月5日之"中央日报"）

同日　雷震致函胡适，告已收到安眠药。又代成舍我约胡适到世新学校演讲。（《万山不许一溪奔——胡适雷震来往书信选集》，213页）

同日　郭廷以交近史所通讯研究员简又文来信与胡适，告简计划印行《太平天国全史》，约需2万港币，请设法由本院出资事。陈述简先生计划印行所需之印刷费用，实非本所现有经费所能负担。（台北胡适纪念馆藏档，档号：HS-NK05-074-001）

12月3日　蒋复璁来访。中午，胡适参加Yager的宴会。（《胡适之先生年谱长编初稿〔补编〕》，175页）

12月4日　皖籍学生张森、周敏民、谭西园、何锜章等11人来见，请求指示学生运动的方向。胡适劝他们看孙中山的《民权初步》，以知道开会的规则，怎样提案，怎样修正提案，应该举手通过，决不可用无异议通过。（《胡适之先生年谱长编初稿》第八册，3093页）

同日　访客还有陈汉光、齐世英。（《胡适之先生年谱长编初稿〔补编〕》，176页）

同日　晚，胡适与郭廷以联名宴请答应做口述历史的贾景德、赵恒惕、莫德惠、何成浚、张知本、傅秉常6人。朱家骅、张贵永、胡秋原、沈云龙作陪。（据胡适当日《日记》；《郭量宇先生日记残稿》，153页；台北胡适纪念馆藏档，档号：HS-NK01-114-019）

12月5日　侯璠来见。记者宋文彬来。下午，美国新闻处司马笑夫妇及Lowe夫妇率领"Some on Reflection Culture Exchange"来台出席会员11人来访。晚，胡适参加Lowe的宴会。（《胡适之先生年谱长编初稿〔补编〕》，176页）

同日　胡适赠董作宾支票1000元，并表示："以后我每月一日送上此数，略助病后急需之用。千万请您不要推却。我的意思只是要您决心取消南洋之行，要您明白尊体尚未复原，切不可远行，以生命为儿戏！"又将刘修业编的《吴承恩诗文集》送董阅，"她敢引你的话（页215），而不敢引我的

话。所以送给您看看"。(台北胡适纪念馆藏档，档号：HS-NK01-183-003)

按，12月10日，董作宾将此款送还胡适，并告胡：南洋之行仅9至10天的时间，很轻松，于身体没有什么影响。又说新近接到香港寄来的钱，生活并不困难，故将支票退还。(《胡适之先生年谱长编初稿》第八册，3105页)

同日　胡适复函童世纲，谢其寄赠《碛砂藏》复印件7卷与史语所。又云：今日赠台湾版著作15种给普林斯顿大学图书馆。又拜托童转问林家翘回台讲学之事：

上次我想请林家翘先生作"China Foundation"的Visiting Professor，他因有各种计划，竟不能来。回台时，我偶然谈起，林先生的娘舅郑翠英先生听见了，大为高兴，即写信给林先生，盼望他肯回来。请你便中代为问问林先生，他若能来，他的许多朋友一定万分高兴！(台北胡适纪念馆藏档，档号：HS-NK01-131-001)

同日　胡适致函唐德刚，告：今日寄出台湾版著作15种给哥伦比亚大学，请告知Dr. Linton。近代史研究所正进行口述历史，请将此事报告韦慕庭；将来有好成绩，或许可同哥伦比亚大学合作。又谈到翻译《四十自述》是不容易的事，并感谢修改王纪五的译本。(台北胡适纪念馆藏档，档号：HS-NK01-114-019)

同日　刘大中将评议员选举票函寄胡适。(台北胡适纪念馆藏档，档号：HS-NK01-081-004)

12月6日　上午，薛斯人来访。(《胡适之先生年谱长编初稿〔补编〕》，176页)

同日　下午，胡适主持召开"国家长期发展科学委员会"执行委员会第十八次会议。(台北胡适纪念馆藏档，档号：HS-NK01-326-097)

同日　为庆祝胡适阴历生日，来送花的有郭永、严家淦、周宏涛、谢耿民、吴三连等人，周至柔打电话来祝贺。(《胡适之先生年谱长编初稿〔补

编〕》，176～177页）

同日　韦慕庭致函胡适，为没能为胡适送行表示遗憾，又谈及有关胡适口述访问等事。（台北胡适纪念馆藏档，档号：HS-NK05-171-006）

12月7日　凌纯声来谈。鲁道夫来请教一些考古方面的问题。（《胡适之先生年谱长编初稿〔补编〕》，177页）

同日　下午，胡适主持召开科学会执行委员会会议。会后访高天成。（《胡适之先生年谱长编初稿〔补编〕》，177页）

同日　晚，张婉度与樊际昌夫人、陈雪屏夫人宴请胡适，为江冬秀祝寿。出席者有钱思亮、梅贻琦、陈雪屏、樊际昌、查良钊、张仪尊夫妇等。（台北胡适纪念馆藏档，档号：HS-NK05-048-032）

同日　胡适致函田炯锦，向其借阅1930年铅印的福建《永春县志》28卷。（台北胡适纪念馆藏档，档号：HS-NK01-125-001）

按，12月9日，田炯锦寄奉《永春县志》全卷6册，供胡参考。（台北胡适纪念馆藏档，档号：HS-NK01-125-005）胡适当日查阅后即寄还。并说："此志卷十二《职官志》详载道光十八、十九年的知州、州同、吏目的姓名，其中并无湘乡萧玉堂其人。可证《虚云和尚年谱》原版说他父玉堂在此两年'任永春州知州'是虚假的；三版改为'佐治永春州事'，也是虚假的。"（台北胡适纪念馆藏档，档号：HS-NK01-125-002）

同日　胡适复函杨日旭：

你的支票，我今天寄给叶良才兄，请他代存银行。

此事不必怪锦屏，我不过表示我信用你而已。你也不必谢我，我知道我不会有损失的。（杨日旭教授提供）

12月8日　屈万里来面邀胡适于12月27日在台湾"中国图书馆学会"年会上演讲，胡适答允。（《胡适之先生晚年谈话录》，34页）

按，屈氏为此事曾于昨日致函胡适。（台北胡适纪念馆藏档，档号：HS-NK01-058-019）

同日 下午4时，胡适在世界新闻学校演讲"新闻记者的修养"。胡适认为新闻记者要多看侦探小说，要有替人"辩冤白谤"的责任，并用Brennan 所写 The Stolen Years 一书中所说的案件与 Dreyfus 案件为例详为说明。当时报道如下：

> 做一个新闻记者，不但要有广泛的无所不知的知识，同时在学术上道德上也应当有相当的修养。谈到新闻记者的修养，特别是未来的新闻记者，他主张要多看侦探小说。
>
> 他说，我们中国文学的唯一的缺点，就是没有翻译的最好的侦探小说。现在有许多报纸都刊武侠小说，许多人也都看武侠小说，其实武侠小说实在是最下流的。胡适博士说，侦探小说是提倡科学精神的，没有一篇侦探小说，不是用一种科学的方法去求证一件事实的真象［相］的。他希望同学们能多看《福尔摩斯》一类的良好的侦探小说，因为这一类的侦探小说，不但可以学好文学与英、法等外国文字，同时也是学习使用科学方法的最好训练。
>
> 胡适博士说，明朝有一个大哲学家，他的名字叫做吕坤，他是一个哲学家，也是十七世纪一位很有地位的思想家，他曾经这样的说过："为人辩冤白谤是第一天理。"……当一个新闻记者，不论在任何一个国家，都有这一种替人"辩冤白谤"的责任。这是一件很大的事，也是一种很重要的修养，尤其是在今天"我国"警察、司法、军法各方面尚在比较幼稚的时候。但责无旁贷的，我们当一个新闻记者的，都应该有此义务。
>
> …………
>
> ……社会上一个人的生命与名誉，不仅是在于法庭与法官，同时有一部份是在于我们这些拿笔杆的人的手里的。因此做一个新闻记者，必须要有为人"辩冤白谤"的精神。他希望青年的朋友们学看侦探小说，

并从现在起努力去培育为人"辩冤白谤"的修养，以达成一个新闻记者的任务。（次日之"中央日报"）

同日　胡适演讲毕，即应约到雷震寓所吃晚餐，为胡适预祝寿。同席的有蒋匀田、齐世英、刘伯崑、成舍我、王世宪、夏涛声、陶百川、端木恺。（《雷震全集》第40册，203页）

同日　胡适致函江冬秀，谈昨晚为其祝寿事，又给江300元，买点"心爱合用的东西"。（台北胡适纪念馆藏档，档号：HS-NK05-048-032）

同日　胡适复函苏瑶，为留置证件表示歉意，并说明不写荐人找事的信；另赠500元台币，"略助急需"。（台北胡适纪念馆藏档，档号：HS-NK01-260-005）

按，6月9日，苏瑶致函胡适，请谋工作。10月28日，苏氏再函胡适，再陈6月9日所请，并谈目前境况。（台北胡适纪念馆藏档，档号：HS-NK01-260-003）12月2日，苏瑶为6月9日致胡适函并附证件事函询胡颂平。（台北胡适纪念馆藏档，档号：HS-NK01-260-004）

同日　李济致函胡适，谈及美国外交政策变化，拟赴纽约一行，会晤即将回台之王世杰，并候胡夫人起居。他在哈佛大学算是把学生时代的印象渐渐恢复了。计划与张光直、许倬云合作写一部中国上古史，以世界人类文化为背景，描写中国的一幕，尽量用考古学的材料与民族学的理论，全部布置由自己负责，张光直负责史前，许倬云负责春秋战国，自己负责殷与周初。（台北胡适纪念馆藏档，档号：HS-NK01-073-002）

同日　陈省身复函胡适，云：为接11月25日信约于返美前过台两个月，十分感谢，但时间恐在1961年或以后。又谈及数理馆建设事。曹嘉魁先生拟赴台访学，希望胡适促成此事。（台北胡适纪念馆藏档，档号：HS-NK05-091-032）

12月9日　访客有汪厥明、袁贻瑾、陈拱北、高天成。李青来来采访。（《胡适之先生年谱长编初稿〔补编〕》，177～178页）

同日　胡适复函杨联陞，告知毛子水愿意参加 1962 年的科学史会议，并请杨将此事转告 Prof. Guerlac。又希望杨注意身体，"不可过劳，不可太认真"。又提到李济、严耕望。最后谈到自己："我在此也很忙，身体还不坏，只是每晚睡的太晚——每到晚上总觉得'舍不得去睡！'"（台北胡适纪念馆藏档，档号：HS-LS01-008-008）

按，11 月 13 日，杨联陞致函胡适，在谈了李济、石璋如等人近情后，又提到康奈尔的 Prof. Henry Guerlac，筹备 1962 年 8 月在绮色佳举行的国际科学史大会，问中国、日本方面有什么人应该邀请出席。杨以此事询问李济时，李济推荐了毛子水。杨提出还应邀请李书华、王铃以及孙守全、任以都夫妇。杨告胡适："您如果想到还有什么人，请告诉我……"（台北胡适纪念馆藏档，档号：HS-LS01-008-007）胡适乃写此函。杨收到胡函后，于 12 月 23 日又复函胡适说："毛子水先生肯来参加科学史会（1962），已经照您的意思转告富路特先生，请他告知筹备人了。"杨还说，最近拟写与佛学有关的文章，以交冢本善隆的祝寿论文集。杨又云："您说每到晚上总觉得'舍不得去睡'，这很像曾文正所谓'精神愈用愈出'。我则相信睡觉于身体好处多不可言（于血压尤其显著），'夜乡虽黑其味则甜'（意译米其蓝之楼诗句）。先生如亦多睡，精神必然更好！"（台北胡适纪念馆藏档，档号：HS-LS01-008-009）

同日　胡适致函雷震，希望雷在转载致胡健中信时，同时发表《虚云年谱》的一封信。函中说，从田烔锦处借阅 1927 年修的《永春县志》知道，永春县在雍正十二年升为永春直隶州，设知州一人，州同一人。原有典史一人，改为吏目。《虚云年谱》原版说他父亲萧玉堂"道光初年以举人出身，官福建。戊戌、己亥间任永春州知州"。三版里改末句为"戊戌、己亥间佐治永春州事"。但查《永春县志》卷十二的《职官志》里面都没有湘乡萧玉堂的姓名。（《万山不许一溪奔——胡适雷震来往书信选集》，214～215 页）

同日　胡适致函孔德成、庄尚严、熊国藻，提出为避寿拟在北沟小住，并借调《四库全书》收入之赵一清《水经注》做比勘的工作：

我想带我在海外用甘泉岑氏悇盈斋抄的《四库》本赵氏《水经注释》及《刊误》校过的小山堂雕本《水经注释》及《刊误》来北沟，想用"故宫"的《四库》本赵氏书比勘一遍。倘蒙检出赵氏书一用，至感。

赵家弟兄刊刻父书，曾请梁处素（履绳）细细校正，改正甚多。我校得《刊误》十二卷一共删去了大字二百卅二，小字六；一共增加了大字一千四百七十七，小字三十八。《注释》本身也有不少改动。此皆世人所不及知。魏源说，"考赵氏书未刊以前，先收入《四库全书》，今《四库》书分贮在扬州文汇阁，金山文宗阁者，与刊本无二"。孟心史先生亦曾翻校库本，但只检校了五六事，就说，刻版时并未改动库本一字。此皆一代学人之粗心妄说。故我要一校文渊阁本，为此案作一次最详细的侦查，想能得诸兄的同情支持也。

…………

"故宫"有三四部朱谋㙔的《水经注笺》，此书有初刻与剜刻本之别，我也想一比勘此三四本。（台北胡适纪念馆藏档，档号：HS-NK01-228-003）

按，次日，庄尚严复函胡适，欢迎胡适来北沟"故宫"小住。（台北胡适纪念馆藏档，档号：HS-NK01-221-008）

同日　高宗武、沈惟瑜给胡适寄出生日贺卡一张。（台北胡适纪念馆藏档，档号：HS-NK03-001-042）

按，稍后为胡适寄生日贺卡、贺电、贺函的还有丁履延、陈嘉尚、王天从、张佛泉、薛岳、盛世才、王叔铭、唐纵、黄镇球、阎秉勋、马侠、萧康中、李秉硕、李士珍、马寿华、陆匡文、程新民等。这些贺卡、电函均存于台北胡适纪念馆。

12月10日　方子卫来访。（《胡适之先生年谱长编初稿〔补编〕》，178页）
同日　彭楚珩来访，主要谈在"中央日报"上发表的胡适给胡健中的信。（《胡适之先生晚年谈话录》，34页）

同日　日本植学遗传学所长木原均偕同周彦一、胜屋敬三、于景让、张德慈等来访。(《胡适之先生年谱长编初稿》第八册，3105页)

12月11日　蔡一谔及Wrenn宴请来台美国研究生10余人，胡适、梅贻琦、查良钊、郭廷以等应邀参加。(《郭量宇先生日记残稿》，154页)

同日　访客有马兴生、阮维周、钱益。(《胡适之先生年谱长编初稿〔补编〕》，178页)

同日　晚，胡适主持召开"'国家长期发展科学委员会'执行委员会"临时会议。(台北胡适纪念馆藏档，档号：HS-NK01-326-098)

同日　胡适复函吕藩，告：从来不敢干预任何机关行政的事，恕不能帮忙。(台北胡适纪念馆藏档，档号：HS-NK01-091-014)

　　按，12月10日，吕藩致函胡适，请胡向"经济部长"进言，以解决和台肥六厂之间的问题。(台北胡适纪念馆藏档，档号：HS-NK01-091-011)

同日　胡适复函严耕望，谈禅宗史：

　　鄙意以为上篇较下篇为佳，下篇毛病在于分宗派而不依年代先后。十宗之说，实无根据。南北宗之分，不过是神会斗争的口号，安史乱后，神会成功了，人人皆争先"攀龙附凤"，已无南北之分了。其实南宗史料大都是假造的，"传衣"之说是假的；"二十八祖"也全是中唐晚唐先后捏造出来的，故敦煌石室所保存的廿八祖名单与日本从唐代请去的文件里的廿八祖相同，而与《传灯录》及契嵩的廿八祖不相同。

　　日本入唐求法诸僧请去的法宝绝大多数是密宗资料(约占百分之九十七八以上)。我很奇怪的是新罗入唐之僧人传密宗者何以如此之少！岂皆是后来"学时髦"而改节了吗？

　　其实日本治中国佛教史的学者，并未懂得中国佛教史的真相，因为他们都不肯去检查九世纪日本求法僧从唐土带回来的许多当时争法统的史料。所以他们分的宗派也不是可信的。

其实"十宗""十二宗"之说都不可靠。例如"楞伽宗",我曾作详考,这是的的确确的一个宗派,以苦行(头陀行)为常,有不少史料可据。(唐人诗里也常提到苦行之楞伽僧)然而此宗并不在"十宗""十二宗"之列!可见此种分派都不可依据(看我的《楞伽宗考》)。

宗密的"三宗""七家"说,以唐人说唐时的佛教思想,最值得我们参考。(原见《禅源诸诠集都序》及《圆觉大疏抄》。最方便的节抄在忽滑谷快天的《禅学思想史》第三编,及冯友兰《中国哲学史》下册780以下。冯书最便检查。但不列原书所举僧名,最为无识!)其中"第二家"即大文中提及之无相和尚也。

关于无相和尚及其所出无住和尚(宗密所谓"第三家"),我有金九经排印本《历代法宝记》,有我的校记,你要看吗?

其实马祖(道一)也出于成都净众寺门下。此可见所谓南北宗之分者,不过一时(神会的时期)作战的口号。在贞元以后,各宗各派都争先恐后自附于南宗,人人都是菩提达摩派下的嫡传了!

怀让、行思都不见于最古本的《六祖坛经》。此可见《传灯》的世系之完全不可靠。你屡次称及六祖门下弟子若干人,其中有西印度之崛多,这就是捏造的一个!

故我劝你把下卷分宗派的办法改为与上篇一律,也依年代先后为主,而不以宗派分。其有高丽碑传文可依据者,可充分引用。其仅有《传灯录》可据而无其他旁证者,能不用最好。《宋僧传》是比较可信的。天台一派的史传也比禅宗史料可信得多。如圆侧,《宋僧传》既说氏族莫详,则存疑为是。

………… (台北胡适纪念馆藏档,档号:HS-NK05-138-016)

同日 韦莲司小姐致函胡适,祝贺胡适的生日,并希望她的一笔款子专做胡适著作出版的基金:

现在,我要在[12月]17日那天,祝贺你。我有些不自量力也有些犹豫想帮你做一件事。

也许早已有一些"学术基金会"之类的机构安排出版你重要的著作，像注释、考证、古典文献等等，是不是用英文出版，我不知道（我若不是这么无知，找出这个答案并非难事）。总之，我想为你重要著作的出版和英译尽些微薄的力量，譬如，你早年所写那些具有启发，充满活力和创造力的作品，都是用中文写的。

除非我搬到一个生活消费比较低的地方去，在我有生之年，我似乎不可能做什么。然而，我要确定，在我身后，有笔款子专门用作这个目的。当然，这得经过你的同意。这笔款子也许不过几千块钱，但如果应用得当，可以用这笔款子作为开始，逐年递加，结果可以成为一笔可观的基金。

长久以来，这一直是一件在我心中想告诉你的事，然而，岁月流转，我现在总算把它写成了这纸短笺，飞寄给你，作为你的生日礼物。请将你的看法和指示告知。（《胡适与韦莲司：深情五十年》，177～178页）

12月12日 陈汉光从金门带来《皇明监国鲁王圹志》及《皇明石井郑氏祖坟志铭》。（《胡适之先生年谱长编初稿》第八册，3107页）

同日 台湾师大侨生40多人来见。苗培成来索胡适正面、侧面等不同角度的照片，用以为胡适造像。章君谷来请胡适为《作品》题写封面。南港人代表李福人、陶士君送来各界签名的祝寿题字。蒋梦麟来谈。（《胡适之先生年谱长编初稿〔补编〕》，178～179页）

同日 夜，胡适作《三勘〈虚云和尚年谱〉》一文。胡适根据道光十五年修《福建通志》关于永春州、泉州府、漳州府、福宁府四地关于知州、知府的记载，证明《虚云和尚年谱》初版关于萧玉堂在以上四地任知州、知府的记载"全是假话"；证明三版关于萧玉堂任"佐治""二守"的记载也是虚假的；证明虚云和尚出生于"泉州府署"的记载也是虚假的。（据手稿，粘贴于胡适1959年12月5日的日记中）

同日 胡适致函张其昀，为其来访不值表示歉意，又云：若张愿看全祖

望的《句余土音》及《甬上望族表》，可寄呈。（台北胡适纪念馆藏档，档号：HS-NK01-035-011）

同日　胡适致函台静农，建议台将《歌谣周刊》合订本中的《淮南民歌》第一集重抄、校勘后重印单行本。（台北胡适纪念馆藏档，档号：HS-NK01-136-001）14 日，台静农复函胡适，借抄《淮南民歌》；又云准备写《庆元党禁史证》。（台北胡适纪念馆藏档，档号：HS-NK01-136-002）

同日　胡适复函王子华，很佩服其在艰苦的环境下制成节省劳力、保证渔民安全的"渔船操网自动机器"。又说："我以为一个人的愿望不要太大，太大了，将会失望的。但望你能逐渐改善你的'操网自动机'，如能做到大量的制造，可供渔业同胞之用，你的贡献已是很大了。"（台北胡适纪念馆藏档，档号：HS-NK01-141-034）

同日　胡适致函 F. P. Rolfe，云：

> It gives me great pleasure to write this letter in support of Dr. R. C. Rudolph's application for a renewal of his Fulbright grant.
>
> Dr. Rudolph's first Fulbright research tour (1948-49) on the Chinese mainland resulted in the publication of his "*Han Tomb Art of West China*" (University of California Press, 1951). When he came to us in 1959 again with a Fulbright grant, it was his original intention to work on a history of Chinese archaeology. But he was diverted by a request from Dr. Li Chi, Director of the Institute of History and Philology of the "Academia Sinica", that he might devote a part of his time to work on a very large collection of rubbings of Han tomb reliefs in Nanyang, Honan, which were first discovered by Mr. Tung Tso-pin of the Institute, and on which Dr. Rudolph had done considerable work before coming to Taiwan this time. Fully realizing the great importance of these Nanyang reliefs, Dr. Rudolph gladly acceded to our request and has been working on this collection of Han tomb art. He expects to finish within a few months a book-length report on these Nanyang reliefs.

Because of this resumption of a work of love, he has not been able to devote full time to his originally planned history of Chinese archaeology. For this reason, he is now applying for a renewal of his Fulbright grant.

It is the sincere hope of many of my colleagues at the "Academia Sinica", as well as of myself, that you and the University may find it possible to grant to Dr. Rudolph the additional leave to enable him to finish his important and fruitful researches here.（台北胡适纪念馆藏档，档号：HS-NK05-166-030）

同日　胡适致函美国在台教育基金会：R. C. Rudolph 原获 1959 年 Fulbright 补助，从事中国考古历史的研究工作，后来台，工作方向转到南阳遗址研究上，故请求再得 Fulbright 的补助，请支持。（台北胡适纪念馆藏档，档号：HS-NK05-169-002）

12月13日　上午，雷宝华夫妇、顾文霞、高准等来访。雷震、王世宪、蒋匀田来访。胡祖望来。下午，张紫常夫妇来。（《胡适之先生年谱长编初稿〔补编〕》，179页；《雷震全集》第40册，205页）

12月14日　鲁道夫送还《汉书》。（《胡适之先生年谱长编初稿》第八册，3112页）

同日　上午，访客有张婉度、印永法。下午，访客有杜光埙、陈宝麟、孙德中。中午，胡适参加许明德宴请日本 ICA 科学代表 Boss 的午宴。（《胡适之先生年谱长编初稿〔补编〕》，179页）

同日　胡适复函袁飚，谈道："我劝你不要在信上多谈政事。万一不幸台北街上那位有趣的背着铅桶卖麻饼的朋友忽然失踪了，岂不是大煞风景的事？"（台北胡适纪念馆藏档，档号：HS-NK01-164-013）

按，10月25日胡适复函袁飚后，袁又多次致函，曾请胡适代为介绍高天成为其免费治疗鼻疾，胡适也曾为其写推荐信，后来袁又寄诗、文给胡适，又多次来函谈论政治。

同日　胡适复函吴望伋，表示愿意参加在台"国民参政员"的聚会，日期定好了，一定参加；"但请不要用欢迎我的名义"。又云若等王世杰自纽约回台后再举行，更好。（台北胡适纪念馆藏档，档号：HS-NK01-149-014）

按，吴望伋于12日致函胡适，称在台"国民参政员"同人决定在新年团聚中欢迎胡适，并请胡指定日期。（台北胡适纪念馆藏档，档号：HS-NK01-149-014）

同日　胡适复函入矢义高，共二函，云：已读过柳田圣山关于《圣胄集》的论文，大致赞同其考证。也有些小问题不同意，并举例说明之。完全能了解入矢义高对于"家"字作"的"字解的怀疑。又希望帮忙价购《大日本续藏经》等。（《胡适手稿》第8集卷3，471～477页）

同日　王世杰日记有记：日前接许孝炎君寄来适之近日日记数则，谓已将其主张托张岳军转达蒋先生。（《王世杰日记》下册，924页）

12月15日　上午，邻居李家代表李木聪、李万才送来祝寿镜框。吴相湘、孔德成来，并留此吃午饭。下午，樊际昌、罗家伦夫妇来。晚，王淦来。（《胡适之先生年谱长编初稿〔补编〕》，180页）

同日　胡适致函"中研院"评议会提名委员，云：

本院第四届评议员提名委员会于十一月二十九日开第二次会议，曾有两项决议：

1. 将本会上次会议提出的六十一人（包括三组院士共四十人，非院士的现任聘任评议员四人，非院士的现任当然评议员四人，补充提名的十三人）全数列为第四届评议员候选人的最后名单。

2. 请胡院长于十二月十六日开在台院士谈话会，办理选举票的开票手续，并商量其他有关选举事项。

院中已依照第1项决议的候选人最后名单，印成选举票，同日（十一月二十九日）分函送请全体院士圈选，在十二月十五日以前将圈定的选举票寄到本院。

……到了今天（十二月十五日），海外院士的选票，还有半数没有寄回来，只得延迟几天，定于十二月二十日下午三时半在南港本院开在台院士谈话会，办理开票并商量有关的事项，盼望先生能够出席。（台北胡适纪念馆藏档，档号：HS-NK01-295-003）

同日　胡适将《歌谣周刊》寄与台静农备用。又云：台氏所做《庆元党禁史证》，是很有趣又很有用的工作，并盼成功。又认为李心传的《道命录》比《庆元党禁史证》编得好；《朱子语类》第一〇七卷写晦翁在党禁下的态度，也可供采择。（台北胡适纪念馆藏档，档号：HS-NK01-136-003）

12月16日　毛子水来，留此吃面。（《胡适之先生年谱长编初稿〔补编〕》，181页）

同日　中午，12时半，胡适动身去北沟避寿，胡祖望、孔德成同去。（《胡适之先生年谱长编初稿》第八册，3117页）

同日　胡适致函《联合报》，就该报今日所登"黑白集"指摘中美庚款的说法，说明美国两次退回庚款的大致经过以及1924年"中基会"成立后管理这笔基金的办法，等等。（台北胡适纪念馆藏档，档号：HS-NK01-111-001）

同日　胡适函谢"中基会"给"国家长期发展科学委员会"3万美金的补助。（台北胡适纪念馆藏档，档号：HS-NK03-001-045）

同日　韦慕庭致函胡适：由唐德刚处得知哥大将获赠尊著26种，十分感谢。又闻您将在台主持口述史工作，甚感兴味。（台北胡适纪念馆藏档，档号：HS-NK03-001-044）

12月17日　胡适在北沟"故宫博物院"办事处校勘文渊阁本《水经注》。（《胡适之先生年谱长编初稿》第八册，3117页）

同日　来南港签名祝寿的有高惜冰、陶希圣、朱怀冰、郭寄峤、张岫岚、浦薛凤、谷正纲、杜元载、李应兆、包德明、张乃维、王洪钧、水祥云、周友端、陈槃、董作宾、屈万里、周法高、芮逸夫、黄彰健、凌纯声、郭廷以、全汉昇、严耕望、张贵永、劳榦、唐子宗等100多人。亲友送花送酒的亦甚多。

1959年　己亥　68岁

(《胡适之先生年谱长编初稿〔补编〕》，181页）

同日　张佛泉致函胡适，寄上 Malboro 烟两条以贺生日。认为胡适关于容忍重要的研究，令人畅快至极，罗素和 Kalsen 在这方面很接近。很赞同胡适用白话文翻译弥尔《论自由》的建议，但此事并非轻而易举的，希望胡适发起一个翻译西方经典的计划。(台北胡适纪念馆藏档，档号：HS-NK01-035-018)

同日　狩野直万函寄其父遗著与胡适。(台北胡适纪念馆藏档，档号：HS-NK01-275-001)

同日　李敖将其收藏的《胡适的时论一集》(六艺书局) 题赠胡适。(台北胡适纪念馆藏档，档号：N06F2-026)

12月18日　胡适有《北沟读书笔记》。(台北胡适纪念馆藏档，档号：HS-NK05-183-027)

同日　下午7时，胡适自北沟回到南港。晚8点半，梅贻琦来，告为拟成立孔孟学会宴请各大学校长，请胡适出席，胡适辞之。(《胡适之先生年谱长编初稿〔补编〕》，181页）

12月19日　郑子政来，以将代表"中研院"出席在瑞士举行的"太空学会"，胡适请其留意海外的年轻的天文人才，并把他们弄回来。(《胡适之先生年谱长编初稿》第八册，3118页）

同日　胡适约劳榦、高去寻来谈。朱家骅来，并在此吃午饭。(《胡适之先生年谱长编初稿〔补编〕》，181页）

同日　下午3时，胡适在"中美技术合作研究会"第五届年会上发表"美国如何成为世界学府"的演讲。胡适说，美国之所以成功成为世界科学研究的中心，原因有三：政府的提倡与合作；有钱人捐款与兴学；美国教育界产生了两个具有远大眼光的教育家安德鲁·D.怀特及丹尼尔·C.吉尔曼。胡适重点介绍了创办康奈尔大学的怀特以及创办约翰·霍普金斯大学的吉尔曼对扭转美国高等教育风气的重要作用。胡适希望中国也能办几个类似于霍普斯金大学、康奈尔大学那样的大学。胡适最后说："假如没有第二次世界大战……则中国留美回国学生，都是美国永久的朋友，对中美两国文

化交流一定会有较目前为好的成就。"（据 1959 年 12 月 20 日台北《联合报》及《新生报》）

同日　蒋介石日记有记：闻胡适近来受蒋梦麟之劝，不再坚持以往主张，并愿担任此次"国代"联谊会年会主席，记曰："此乃其观望美国政府之态度而转变者，可耻之至！余昔认其为比张君劢等人格略高，其实彼此皆为政客，其只有个人而绝无国家与民族观念，其对革命自必始终立于敌对与破坏之地位，无足奇感。"

12 月 20 日　胡适到极乐殡仪馆吊唁吴忠信，又去参加傅斯年逝世 9 周年纪念会。（《胡适之先生年谱长编初稿》第八册，3120 页）

同日　上午 10 时，雷震偕蒋匀田、陈启天、王世宪、夏涛声来访。（《雷震全集》第 40 册，209 页）

同日　下午，胡适主持召开"中研院"1959 年院士谈话会，选举第四届评议员。出席人有王世中、朱家骅、李先闻、林致平、姚从吾、凌纯声、袁贻瑾、劳榦、董作宾、潘贯。全汉昇、杨树人列席。胡适首先报告：上次评议会推选出 9 位院士为第四届评议员提名委员会，已提出 3 组评议员候选人 61 人。提名委员会的任务已完成了。上次我们没有请评议会推出一个评议员选举筹备委员会，实在是我的疏忽。今天请在台的全体院士来开这个谈话会，就是要请在台的全体院士和全先生、杨先生担任第四届评议会的筹备委员会的工作，主持今天开票的事。11 月 29 日送请全体院士圈选的第四届评议员选举票，到本月（12 月）19 日为止，共收到寄回来的选票 35 张。当日开票结果，共选出 25 人，计数理组 9 人：朱家骅、梅贻琦、钱思亮、凌鸿勋、林致平、潘贯、吴大猷、李书华、阮维周；生物组 7 人：李先闻、赵连芳、袁贻瑾、魏火曜、梁序穆、汪厥明、王世中；人文组 9 人：胡适、李济、姚从吾、王世杰、蒋梦麟、董作宾、全汉昇、凌纯声、杨树人。胡适依开票结果宣布第四届评议员当选人后，又做说明：不足额部分，即日办理通信选举的第二次投票。仍请在台全体院士和本院总干事、评议会秘书主持开票事项。谈话会请新近回台讲学的院士袁贻瑾致辞。又决定推请袁贻瑾在 1960 年 1 月 11 日蔡元培先生生日纪念会上做学术演讲。（台北胡

适纪念馆藏档，档号：HS-NK05-220-003）

12月21日　访客有劳榦、董作宾、冯百平、余乐泉、甘棠、章昌平。晚，胡适约全汉昇夫妇吃晚饭。（《胡适之先生年谱长编初稿〔补编〕》，182页）

同日　胡适复函陈汉光，同意《鲁王圹志跋》收入《汇辑》，又指出陈校《圹志》失校数处。（台北胡适纪念馆藏档，档号：HS-NK01-031-002）

同日　郭廷以日记有记：闻全汉昇、吴相湘为金钱事大闹，胡适之、毛子水、姚从吾等纷出调解，尚无结果。（《郭量宇先生日记残稿》，156页）

12月22日　郭廷以来谈向福特基金会接洽研究补助费事，拟提出三个计划。（《郭量宇先生日记残稿》，156页）

同日　下午，Dixon偕一位美国客人来访。（《胡适之先生年谱长编初稿〔补编〕》，183页）

同日　胡适致函林家翘，很高兴林能于明年4月来台讲学，行期决定后请告知，以便"中基会"邮寄有关费用。又告：讲学的地方以台湾大学数学系为主，"中研院"数学研究所、台湾"清华大学"原子物理研究所、台湾"交通大学"电子研究所也都会邀请林前往参观、讲话。（台北胡适纪念馆藏档，档号：HS-NK01-078-001）

同日　胡适复函韦莲司小姐，感谢祝贺生日的信，"我最感动的是你为了帮我著作的出版和翻译，所提出的构想！容我考虑过后，再写信给你"。又谈到生日那天在"故宫博物院"校书非常愉快。（《不思量自难忘：胡适给韦莲司的信》，274页）

同日　胡适致函全汉昇夫妇，谈及昨晚和他们的详谈，很高兴，也很感谢。又谈及："如果你们俩看我的面上，能够把过去几天的事都抛开，都勉力忘了……我真要高兴极了。"又邀全汉昇、姚从吾、毛子水、吴相湘4人在26日晚7点到南港来餐叙。（台北胡适纪念馆藏档，档号：HS-NK01-058-002）

同日　胡适复函罗锦堂，告："吉川先生已采用了我的意见的一部分，我不能期望人人能采收我全部的意见。……所以我想我可以不必加什么注解了。"（台北胡适纪念馆藏档，档号：HS-NK01-094-003）

按，12月18日，罗锦堂致函胡适说：郑清茂译《元杂剧研究》稿中有些见解对胡适略有微词，是否必要做一批注？（台北胡适纪念馆藏档，档号：HS-NK01-094-002）

12月23日　10时，胡适出席"光复大陆设计研究委员会"第六次全体委员会议，蒋介石出席并在开幕礼上演说。胡适在当日日记中记道："今天'光复大陆设计研究委员会'——全世界最大的一个委员会——开年会。蒋'总统'作开幕典礼的演说。这个好机会，他又错过了！"午间，胡适在餐会上有简短演说，大意谓：徐永昌、吴忠信逝世后，希望能添补几位副主任委员；希望该会设立一个个人传记资料组，请各委员有空时，把自己的经历及所见所闻记下来，留下资料。此议得该委员会主任陈诚的赞同。（据次日之《新生报》、"中央日报"）

同日　晚，胡适先赴程沧波、王新衡等人的宴会，又赴潘贯的饭局。（《胡适之先生年谱长编初稿〔补编〕》，183页）

同日　胡适致函Dr. Richard J. Miller，云：

Last May, Dr. J.T. Wilson, President of the International Union of Geodesy and Geophysics, wrote to the "Academia Sinica" to invite us to send a delegation of geodesists and geophysists to the XII General Assembly of the IUGG to be held from July 25 to August 5, 1960, in Helsinki, Finland. Mr. Han-sheng Chuan, Acting Director General of "Academia Sinica", in reply to President Wilson's letter, accepted the invitation.

The "Academia Sinica" has appointed Professor V. C. Juan（Juan Wei-chou）to be a delegate to the XII General Assembly of IUGG. Professor Juan is a distinguished geologist, dean of the College of Science at Taiwan University, and recently elected a member of the Council（p'ing-i-hui）of the "Academia Sinica". He has been invited to attend the XII International Congress to be held in Copenhagen on August 15 to August 25, 1960; and the International Speleology Symposium Meeting to be held in the middle of July, 1960, at Lake

Como, Italy. It would be convenient and economical for him to represent us at the Helsinki meeting of IUGG.

Professor V. C. Juan, I understand, has applied to the Asia Foundation for a grant-in-aid totaling US$3, 775.50 to cover his expenses for attending the Lake Como meeting, the Helsinki meeting, and the Copenhagen meeting. I would very much like to support Professor Juan's application for grant-in-aid which, or at least a part of which, I should have applied on behalf of the "Academia Sinica". A sympathetic consideration of this application will be gratefully appreciated.（台北胡适纪念馆藏档，档号：HS-NK05-158-006）

12月24日 下午，胡适在"光复大陆设计研究委员会"致辞。（次日台北各报）

同日 中午，胡适、梅贻琦共同宴请堀内谦介。（《胡适之先生年谱长编初稿〔补编〕》，183页）

同日 胡适致函刘燕夫，答复刘所问周之"宾兴"，汉之"孝廉""贤良""方正"诸问题：

> 《周礼》所谓"以乡三物教万民而宾兴之"，旧注谓"宾兴"是"以宾客之礼举之"。我在儿童时，科举尚未废，秀才出去应乡试，可向县官处领取旅费，即名为"宾兴费"。有些宗祠积有公款，可供士子上省考试旅费，亦名为"宾兴费"。
>
> 周代的选举制度，其实已很难考知。《周礼》所记似是儒家的一种理想，其说甚简略，未可深信。旧注似只是依文字为说。
>
> 汉代乡举里选，有贤良、孝廉等名目，皆指被推选之人的行谊而言。如《汉书·武帝纪》：元光元年冬十一月，初令郡国举孝廉。旧注说，"孝谓善事父母者，廉谓清洁有廉隅者"。
>
> 后世用文辞取士，称"举人"为"孝廉"，只是文人的滥用。（台北胡适纪念馆藏档，档号：HS-NK01-080-036）

12月25日　上午9时，胡适在"国民大会"代表联谊会年会开幕仪式中致辞，大意谓：今年这一次年会，具有特别不同的意义，因为它与明年2月的"国民大会"第三次会议有密切关系，希望大家集思广益，贡献智慧，把这次年会开好。（次日台北各报）

同日　胡适致函"中央日报"，请更正昨日讲话的报道：

> 昨天我在"光复大陆设计研究委员会"年会说了几句话……"中央社"稿记的大致没有错误，只有一点，我觉得有请求更正的必要。
>
> 原稿说："胡适说，'总统'指出'三民主义的思想教育，最基本的方针，第一是要恢复我们固有的民族精神，亦即首先要恢复我们民族传统的伦理道德'。对于这点，我特别要举双手赞成，拥护'总统'所说的话。"
>
> 这几句话，我没有说。我说的是："关于这第一点，刚才曾宝荪女士说的两点都是说中国传统的伦理道德的，不用我再说什么了。"
>
> 我举起双手赞成拥护的是"总统"说的第二点和第三点，和他后来说的"并不是以三民主义的思想来排斥其他思想，更不是以三民主义的思想来控制其他思想"，和"其他思想皆当并存不悖……殊途同归"的容忍精神。
>
> 我说的"举起双手赞成"的话，只有这四次，并没有五次。
>
> 倘你们觉得这一点值得声明，我就很感激了……（"中央日报"，1959年12月26日）

同日　访客有苏雪林、李青来，并在此吃晚饭。（《胡适之先生年谱长编初稿〔补编〕》，184页）

同日　胡适为陈廉青题写了陶渊明的《拟古之九》："种桑长江边，三年望当采。枝条始欲茂，忽值山河改。柯叶自催折，根株浮沧海。本不植高原，今日复何悔！"（台北胡适纪念馆藏档，档号：HS-NK05-194-009）

同日　胡适又为薛斯人题字：我不能呢呢喃喃讨人家的欢喜。又为陈省身、陈家麟、阮维周、匡文炳、侯璠等多人题字。（《胡适之先生年谱长

编初稿〔补编〕》，184页）

12月26日　下午4时，雷震来访，一为台北市议会非国民党籍议员请胡适讲演事（胡已答允），一为夏涛声约胡适吃饭以为其补祝生日事。雷氏日记有记：

> 胡先生说他有信给"中央日报"，今日已登出，关于蒋先生说话第一点，恢复民族精神和固有道德这一点，他并未举手赞成。谈到下午六时始返台北，胡先生又谓他不做主席团，去澳洲讲学，现在亦不方便。(《雷震全集》第40册，213～214页）

同日　晚，胡适约姚从吾、毛子水、吴相湘、全汉昇来吃晚饭。(《胡适之先生年谱长编初稿〔补编〕》，185页）

同日　胡适复函林咏荣：对研究补助费的意见，已送给"国家长期发展科学委员会"作为参考的资料。（台北胡适纪念馆藏档，档号：HS-NK01-075-029）

同日　胡适复函吴肇珤，告以不必携《深海潜深打捞工程学》一书来访，因"中研院"没有这方面的专家。建议吴写信给台湾"中国工程师学会"理事长雷宝华，问雷能否指派一位专家审查该书。（台北胡适纪念馆藏档，档号：HS-NK01-148-021）

> 按，吴氏后来确曾与雷宝华接洽，见1960年2月5日吴肇珤致胡适函（台北胡适纪念馆藏档，档号：HS-NK01-148-022）

12月27日　上午10时，胡适在台湾"中国图书馆学会"年会上讲演，主要通过自己研究《水浒传》《红楼梦》《儒林外史》以及神会和尚的经历介绍自己的找书经验。胡适说：

> 我不是藏书家，只不过是一个爱读书，能够用书的书生，自己买书的时候，总是先买工具书，然后才买本行书，换一行时，就得另外买一种书。今年我六十九岁了，还不知道自己的本行到底是那一门。

是中国哲学呢？还是中国思想史？抑或是中国文学史？或者是中国小说史？《水经注》？中国佛教思想史？中国禅宗史？我所说的"本行"，其实就是我的兴趣，兴趣愈多就愈不能不收书了。……

…………

如果拿曹雪芹和吴敬梓二人作一个比较，我觉得曹雪芹的思想很平凡，而吴敬梓的思想则是超过当时的时代，有着强烈的反抗意识。

…………

最后，根据我个人几十年来找书的经验，发现我们过去的藏书范围是偏狭的，过去收书的目标集于收藏古董，小说之类决不在藏书之列。但我们必须了解了解，真正收书的态度，是要无所不收的。（"中国图书馆学会会报"第14期，1962年12月）

同日　下午3时，胡适在台湾"中国教育学会"等6个教育学术团体的联会年会上讲"中国教育史的资料"。胡适说：

我是一个不懂教育的人，除了写过一篇杜威先生的教育哲学以外，没有写过第二篇有关教育的文章。谈到"中国教育史的资料"，必先了解教育史有几种，有教育思想史，还有教育制度史。在三十年前，曾经写过一封信与我的一个学生讨论教育史的方法。一种是死的方法，就是在"三通""九通""十通"里去找有关教育的资料，而后把它们拼凑起来。另一种是活的方法，就是根据每一个时代的教育制度及那一时代中的师生们的生活情形，师生之间的关系等活的资料，来撰写教育史。

要找寻教育史的活的资料，《儒林外史》《醒世姻缘》《论语》《孟子》《礼记》的《檀弓》篇，都有很好的资料。……

中国的教育史，应当从《论语》时代开始。我国的太学远在二千多［年］前便开始，汉平帝时，王莽扩充太学，收买学生，但仍出了革命人物……

谈到书院，到了北宋时代，有四个书院很出名，清代更为发达，我的父亲便是在同治七年考入上海的龙门书院。……

最后希望有兴趣撰写教育史的，要多多注意以上各种的活的资料，写活的教育史。同时，希望各人能把自己的资料写下来，给以后的人们作参考。(《胡适之先生年谱长编初稿》第八册，3133～3134 页）

同日 "中央日报"发表康华（胡健中）的《南港——午夜不能成寐，有怀胡适之先生》：

> 你静静地躲在南港，
> 不知这几天是何模样。
> 莫非还在东找西翻，
> 为了那个一百二十岁的和尚？

> 听说你最近有过去处，
> 又在埋头搞那《水经注》。
> 为何不踏上新的征途，
> 尽走偏僻的老路？

> 自然这一切却也难怪，
> 这是你的兴趣所在。
> 何况一字一句校勘出来，
> 其乐有甚于掘得一堆金块。

> 并且你也有很多的道理，
> 更可举出很多的事例。
> 总之何足惊奇，
> 这便是科学的方法和精神所寄。

> 不过这究竟是个太空时代，
> 人家已经射了一个司普尼克，
> 希望你领着我们赶上前来，

在这一方面作几个大胆的假设！

我午夜枕上思前想后，
牵挂着南港的气候。
当心西伯利亚和隔海的"寒流"，
会向我们这边渗透！

同日　赵连芳函寄选举票与胡适，又谈及自己已游历纽约、威斯康辛等地，以及下一步的行程。又谈到美国谷物生产剩余情形。（台北胡适纪念馆藏档，档号：HS-NK01-050-003）

同日　陈纪滢赠其 Fool in the Reeds（香港，1959年）一书与胡适。（《胡适藏书目录》第4册，2775页）

12月28日　胡适复函周德伟，认为周著《寿序》与长信都很有史料意味，欲将之送给近史所保存，亦可供口述历史的主访者参考。（台北胡适纪念馆藏档，档号：HS-NK01-009-004）

按，12月24日，周德伟将其著《赵夷午先生八十寿序》寄给胡适，并论民初政局。（台北胡适纪念馆藏档，档号：HS-NK01-009-002）12月30日，周氏又复胡适云："既作史料，就若干细节加以补充、说明。但信函请勿发表。"（台北胡适纪念馆藏档，档号：HS-NK01-009-005）

同日　胡适复函陈文奇，请陈估计继续留日一年所需费用以便与梅贻琦、钱思亮商量。（台北胡适纪念馆藏档，档号：HS-NK01-027-004）

按，在此之前，胡适收到几封推荐陈文奇继续留日从事桥梁研究的信（包括胡锺吾、日本人平井敦等），故给陈复信。1960年1月14日，陈文奇复函胡适说，在日一年所需总数在1500美元左右。（台北胡适纪念馆藏档，档号：HS-NK01-027-006）

同日　胡适致函樊际昌，告知汪敬熙夫人何肇菁病愈事，以及拟申请"农复会"图书馆职事。（台北胡适纪念馆藏档，档号：HS-NK01-204-007）

同日　Richard J. Miller 致函胡适，云：

I am sorry for the lengthy delay in replying concretely to your letter of October 22, 1959 in which you recommend a travel and study grant for Mr. Yang Shih-feng to undertake advanced training in linguistics at the University of California. However, I am pleased to inform you that I have now prepared a recommendation for support of this program and have sent it on to our San Francisco office for consideration and decision. I hope very much that a reply will be received from San Francisco within three weeks.

Since Mr. Yang's English is rather weak, I believe it would profit him greatly to study English conversation rather intensively between now and September 1960, should the grant be approved. I am also hopeful that his travel to and from the United States can be aboard a Chinese vessel which will cut his traveling costs in half. We can discuss these details later, however, after we receive approval from the San Francisco office for this grant.

I am sure Mr. Yang's study in Berkeley for a ten-month period would be most profitable both to him and to the Institute of History and Philology.（台北胡适纪念馆藏档，档号：HS-NK05-158-007）

12月29日　美国人 Buss、Conger、Shapik 来访。王世杰来访，并留此吃午饭。（《胡适之先生年谱长编初稿〔补编〕》，187页）

同日　蔡培火来访，胡适和他谈起大政治家的风度：

当领袖的人应该培养一二个能干而又忠心国家的人可以继承他，到了适当时候，推选这个人出来，还应全力支持他。一个领袖不能培养几个人，这个领袖是失败的。（《胡适之先生晚年谈话录》，37页）

同日　晚，胡适参加梅贻琦的暖寿宴。（《胡适之先生年谱长编初稿〔补编〕》，188页）

12月30日　罗香林来访，并在此吃午饭。（《胡适之先生年谱长编初稿

〔补编〕》，188 页）

同日　胡适在"中国广播公司"录音，谈《红楼梦》作者的背景。谈及自己在 40 年前研究《红楼梦》的两个问题：作者和版本。又云：

> 因为我们欣赏这样有名的小说，我们应该懂得这作者是谁。……曹雪芹所写的极富贵、极繁华的这个贾家、宁国府、荣国府，在极盛的时代的富贵繁华并不完全是假的。曹家的家庭实在是经过富贵繁华的家庭。懂得这一层，才晓得他里面所写的人物。……懂得曹家这个背景，就可以晓得这部小说，是个写实的小说，他写的人物，他写王凤姐，这个王凤姐一定是真的，他要是没有这样的观察，王凤姐是个了不得的一个女人，他一定写不出来王凤姐。……他这部小说，是一个自传，至少带着［自传］性质的一个小说。他写的人物是他真正认识的人物，那么，如果这个小说有文学的价值，单是这一点，刚才我讲的这一段曹家的历史，也许帮助我们的广大的听众，帮助他们了解，《红楼梦》这个小说的历史考据也许有点用处。(《胡适作品集》第 24 册，243～245 页）

同日　亚洲学会代表弥勒博士邀请胡适、孙乐山、王亚权等举行会议，谈合作事宜，拟举办一个科学展览会，目的在于提高中小学生研究科学的兴趣。(《胡适之先生年谱长编初稿》第八册，3134～3135 页）

同日　胡适致函郑达文，谢赠名贵蝴蝶兰两盆。现将两盆花根送还，以便培植新花，并附送威士忌酒一瓶以贺年。郑氏收到后，于次日又赠送胡适两盆。（台北胡适纪念馆藏档，档号：HS-NK05-120-012、HS-NK01-215-032）

同日　胡适赠马保之洋酒一瓶，贺节。（台北胡适纪念馆藏档，档号：HS-NK01-231-015）

12 月 30 日　胡适为水泽柯出具毕业自中国公学政治经济系的毕业证明书。（台北胡适纪念馆藏档，档号：HS-NK01-279-004）

12 月 31 日　凌纯声、芮逸夫、石璋如来谈片刻。(《胡适之先生年谱长

编初稿〔补编〕》，189页）

同日　胡适复函陈汉光，再谈鲁王《圹志》碑文上的考辨意见：

此辑由黄典权先生考证"以是月廿二日辛酉安厝"为十二月廿二日，甚确。《圹志》中此一句实易引起误会，原意当作"以是年十二月念二日辛酉安厝"，误脱了"年十二"三字。

毛一波先生读碑文十七行阙字为"末繇上请"，"繇"字比我读的"缘"字更好。

碑文第四行"母王氏□生□授镇国将军"，尊记说，诸家均作"母王氏所生，领授镇国将军"，鄙意颇有异议，"领授"甚不成文，一可疑。说"母王氏"，何必又说"所生"？二可疑。鄙意颇疑此句当读：母王氏。始生时，授镇国将军。

诸王的"诸子授镇国将军，孙辅国将军，曾孙奉国将军，四世孙镇国中尉……"此是例行的封授，见于《明史》百十六。

若必须读"母王氏所生"，则其下一字当作"封"，决不可作领也。但如此读法，似不如上一读法？

又毛一波先生（页49）说："长阳王术雅，当为术椎或术樵，典权兄疑及此点。"这是他们两位记错了。诸王子孙以"火土金木水"为次序，长阳一支的次序是：

贵焓—豪壏—思钠—宠游—致橺—宪焕—术雅。

故术雅一代当从土而不当从木，但自辽王植至术雅，已是八代，字书里从五行偏旁的字早已用完了。辽藩第八代，术雅、术经、术获、术辖、术壏、术桂——只有术壏从土，桂字辖字可以说是有"土"字，其余都只能顾到上一字的玉牒规定，而不能顾到下一字从土了，但毛、黄两先生从术桂推想此一代从木旁，是错的。

又前几天见到陶元珍先生，他说，《鲁春秋》说鲁王遗腹子"弘甲"，那个"甲"字只是"某甲、某乙"的"甲"字，因不知其名，故称甲，不足奇怪。陶君此言似甚有理。

179

又《三勘虚云和尚年谱》，蒙登载出来，甚感。……今读印本，始知第十七行"庄受祺"之前，抄本误脱了一行：

福宁府知府（《通志》百十六）

庄受祺，阳湖人，道光庚子进士，道光二十七年任。倘蒙下期更正，至感！（台北胡适纪念馆藏档，档号：HS-NK01-031-004）

是年　Edwin A. Burtt 将其所著 *Together ... in Peril and in Hope*（纽约，1959）题赠胡适："To Dr. Hu Shih in respect and esteem E. A. Burtt."（《胡适藏书目录》第4册，2919页）

1960年　庚子　69岁

> 是年，胡适仍任"中研院"院长、"国家长期发展科学委员会"主席。
> 2、3月，胡适出席"国民大会"。
> 5月20日，出席蒋介石的就职典礼。
> 7月，胡适在华盛顿大学出席"中美学术合作会议"。
> 9月2日，胡适主持召开"中基会"第三十一次年会。
> 9月4日，蒋介石制造了"雷震案"，胡适成为中外关注的焦点。
> 10月31日，胡适为蒋介石签名祝寿；11月18日，蒋介石"延见"胡适。

1月

1月1日　上午10时，胡适到中山堂参加"开国"纪念典礼及元旦团拜。来拜年的有杨亮功、蒋复璁、刘真、石裕清、马逢瑞、沈志明、李玉阶、苏莹辉、唐纵、王德芳等。胡祖望一家人来吃午饭。（《胡适之先生年谱长编初稿》第九册，3139页；《胡适之先生年谱长编初稿〔补编〕》，191页）

1月2日　访客有钱思亮夫妇、虞舜等。（《胡适之先生年谱长编初稿〔补编〕》，191页）

同日　晚，东亚学术研究计划委员会开会，宴请大学校长、"教育部"人员及胡适、朱家骅等，"胡先生酒后对国民党及蒋'总统'大事抨击，似涵养不足，政治偏见太深。据闻月余前胡先生拟向蒋'总统'建议四事……蒋'总统'未接见"。（《郭量宇先生日记残稿》，159页）

同日　胡适函谢杨树人赠送大白梨。（台北胡适纪念馆藏档，档号：HS-NK01-155-004）

同日　胡适复函周德伟，表示绝不发表周的两信，赵炎午之事迹得周表彰，已有一篇传记的规模了，将来似可以找一个可靠的近代史研究生为他写一篇详传。又云：

> 尊藏赵君亲笔书札，承允借"中研院"影印保存，至感。……送上《胡适文存》第二集的第三册，此册全是《努力》周报时代的"政论"。台湾印本，我把这一册全删了。当时为的是节省重排之费。及今思之，颇悔删节之多。
>
> 此册中最挨骂的一篇文字是《国际的中国》……
>
> 此册的亚东版已有删节重排的部分——都是关于陈炯明的问题，上海《民国日报》曾为此骂我。亚东的主人商得我的同意，删去了"这一周"的三四条。（台北胡适纪念馆藏档，档号：HS-NK01-009-006）

按，1月6日，周德伟复函胡适说，拟为赵炎午作传，并云尚有二三事可为传记材料。（台北胡适纪念馆藏档，档号：HS-NK01-009-007）

同日　程晓华致函胡适，请为"中国世纪"周刊撰文或题字。（台北胡适纪念馆藏档，档号：HS-NK01-052-011）

按，是年向胡适求题刊物名、题字、题词或签名的还有徐风、黄彦如（代黄鼎福）、黄应良、慕容羽军、苏芗雨、唐嗣尧、台北市立松山商业职业学校、贺恒仁、黄宪国、于岭、胡永祥、李德汉、刘凤仪（代张敬文）、王禹廷、新竹县"二重国民学校"、帝汶侨声报社、"中国晚报"、《亚洲日报》、陈承、庆祝理教在台复教10周年纪念筹备委员会、高雄市凤鸣广播电台、罗国昌、私立新儒文法函授学校、阮毅成、苏瑶、陈俊贤、胡颂尧、徐萱、梁寒操、台北市图书教育用品商业同业公会、李国初、胡崇贤、林映春、张思逸、李德权、江茂森、李士秀、萧学梅、

吕幸治。(据台北胡适纪念馆藏档不完全统计)

1月3日　访客有张庆桢、杜元载等。(《胡适之先生年谱长编初稿〔补编〕》,191页)

1月4日　访客有杨树人、刘燕夫、薛栋梁、张朝群、钱用和、张邦珍、吴望伋、严耕望、田炯锦等。晚,许明德在美军俱乐部宴请 Willis R. Boss 与胡适。(《胡适之先生年谱长编初稿〔补编〕》,191～192页;台北胡适纪念馆藏档,档号:HS-NK03-001-017)

同日　胡适致函胡健中,谢其《南港——午夜不能成寐,有怀胡适之先生》一诗,并将《三校虚云和尚年谱》的印本及"中国科学社"的社歌剪报寄胡。(台北胡适纪念馆藏档,档号:HS-NK05-052-007)

同日　胡适复函毛一波,认为毛文考据甚详,并代改几处笔误,请毛对这些改笔审定后送交《大陆杂志》发表。(台北胡适纪念馆藏档,档号:HS-NK01-232-013)

> 按,1月8日,毛一波复函胡适,谈胡适的订正意见并致谢。(台北胡适纪念馆藏档,档号:HS-NK01-232-014)

1月5日　上午,访客有陈汉光、郭廷以、芮逸夫等。郭廷以来商邀请房兆楹夫妇事,胡适对郭说:"做研究工作总要有个题目,有了一个题目,材料才可以集中;没有题目是不行的。"芮逸夫来谈购买《续藏经》事。下午访客有 Willis R. Boss 与 James M. Berkebile 等。晚,胡适与梅贻琦宴请 Willis R. Boss。(《胡适之先生年谱长编初稿〔补编〕》,192页;《郭量宇先生日记残稿》,160页;台北胡适纪念馆藏档,档号:HS-NK03-001-017)

同日　晚,胡适访王世杰。(《王世杰日记》下册,929页)

同日　胡适复函罗家伦,感谢其寄赠岑学吕关于虚云年岁问题的公开信剪报。又谈佛教诞生年:

> 关于佛的诞生年,本来没有定论。最近几十年中西方学者渐倾向于佛生于前六世纪,死于前五世纪之说。然一九二一年出版的 Charles

Eliot's Hinduism and Buddhism 的第一册"引论"页XIX有小注云："近年多数学者已接受了佛死在487 B. C. 之说。但最近有人研究Saisunage王朝历史的结果，似指示那个年代应该提前到554 B. C.。"这就把生年提到前七世纪了，可见三十多年前尚无定论。但前四年（一九五六），印度政府在新德里举行释迦牟尼降生二千五百年纪念大典，则是认定他生于544 B. C. 了。

至中国旧说，则更纷乱而皆无根据（西方学者的推论，皆先从考订阿育王的年代入手）。

费长房在隋开皇十七年（五九七）作《历代三宝记》，曾指出……异说有这些：

（1）殷武乙二十六年甲午……

（2）周昭王二十四年甲寅……

（3）周平王四十八年戊午……

（4）周桓王五年乙丑……

（5）周贞定王二年甲戌……

（6）周庄王十年甲午……

到了唐朝，"昭王甲寅"之说似渐占胜利，敦煌出土的《历代法宝记》（大正藏五十一册）即引《周书异记》如此说。

南宋志磐作《佛祖统记》，又考订昭王二十六年为甲寅。（《罗家伦先生文存附编：师友函札》，国民党党史会出版，1996年，281页）

按，罗家伦原函现存于台北胡适纪念馆，档号为HS-NK01-092-002。

又按，1月5—7日，香港《工商日报》和《星岛日报》都刊登岑学吕的一封公开信，说明他编辑《虚云和尚年谱》的原本及改本的经过，其中颇多责备胡适的话。胡适读到罗家伦寄来的剪报后，决定："此信不是给我的，我不必答他。况且他公开信末段已明说他要我'把这个问题暂时放下'，我也不必重提了。"（据胡适1月7日《日记》）

再按，本谱引用胡适1960年日记，均据《胡适的日记》手稿本第18册，以下不再特别注明。

同日　胡适复函王晋屏，感谢其指出赵亚曾的生死年岁。又云：我写这传记时，参考书很不完备，自己又不懂地质学的文献，所以传记中不能发挥丁在君先生在地质学上的重大贡献，至今感觉遗憾。（台北胡适纪念馆藏档，档号：HS-NK04-011-007）

按，1959年12月29日，王晋屏函告胡适：据翁文灏撰《赵君生平及其著述》一文，知赵亚曾死时32岁。（台北胡适纪念馆藏档，档号：HS-NK04-011-008）

同日　胡适复函严耕望：

第①页僭改一字，此文法所关，乞审正。九华山的地藏，你的考证似是对的。他名"地藏"，后来九华山就把他当作"地藏王菩萨"了！

…………

在新罗诸僧中，无相为最有特色。值得详说。当看金九经铅印本《历代法宝记》。……（台北胡适纪念馆藏档，档号：HS-NK05-138-017）

1月6日　上午，法国驻日大使Daridan等来访。李先闻来此吃午饭。（《胡适之先生年谱长编初稿》第九册，3147页；《胡适之先生年谱长编初稿〔补编〕》，193页）

同日　下午，胡适主持召开"国家长期发展科学委员会"执行委员会第十九次会议。（台北胡适纪念馆藏档，档号：HS-NK01-326-099）

同日　夜，胡适作有《能禅师与韶州广果寺》。（《胡适手稿》第7集卷1，103～110页）

同日　Charles A. MeGinley Jr. 函寄美国新闻处函赠胡适的 One Great Society: Humane Learning in the United States（by Howard Mumford Jones，纽约，1959）一书。（《胡适藏书目录》第4册，2855页）

同日　杨力行函寄胡适《杨宗同姓分氏始祖考》小册子，并希望前来请教。（台北胡适纪念馆藏档，档号：HS-NK01-151-005）

按，是年致函胡适请教问题的还有张维、张国仁、刘金海、太玉文、悟明、郭志嵩、王之怡、翁成驯、严济群、洪钧、潘士华、何玉凤、张天溥、梅明敏、许闻韵、曲颖生、张知本、于维礼、黄种强、陶启沃、李明华、沈英名、欧阳沈思、叶昭渠、陈文庆、顾耀基、鲍雨林、陈惠麟、王化宇、李定一、陈进机、孙方铎、林咏荣、金启人、李荣治、汪麟、赵金清、江得致、王镭、水秉和、金振庭、叶旭海、李纪生、方乃斌、杨力行、金益之、胡升祥、黄国彦、钱化鹏、饶程万、郑清茂、胡亚杰、吕冠、孙了凡、尚铭功、朱厚如、黄少游、黎东方、胡止归、吴淳美、莫天随、余凌云、潘德高。（据台北胡适纪念馆藏档不完全统计）。

1月7日　上午，访客有丁朝栋、黄拓荣（台东县长）、王九逵、杨兆庆等。胡适劝黄拓荣保留山地文化。胡适与秘书谈起美国大学中只有斯坦福大学和康奈尔大学不授名誉博士学位，当康奈尔大学欲授名誉博士学位给胡适时，胡适以不要打破传统为由婉谢。又谈到陈布雷、戴季陶自杀的原因，当年曾与蒋介石谈及淮海战役时说，自古淮北守不住的话，长江是守不住的。下午，接待台大政治系学生吴霭春、关天正。晚，王世宪、陶百川等10人宴请胡适。为南港士绅林世港题"仁者必得其寿"。(《胡适之先生晚年谈话录》，42页；《胡适之先生年谱长编初稿〔补编〕》，193～194页）

同日　胡适致函Richard J. Miller，云：

I am glad to report that the Commercial Press of Taipei has agreed with me that both the publisher and the author should give permission to a Korean translation of my "History of Ancient Chinese Philosophy"（first published in 1919 under the titile of "An Outline of the History of Chinese Philosophy: vol. 1）without any financial considerations. I would appreciate a few copies of the Korean translation when it is published.

　　I am sending you a copy of the 1958 Taipei edition of this book which has my new Preface and three pages of Errata. Kindly forward this copy to our Korean friend, who may find some of the corrections（which are "revisions"after 40 years!）useful in his translation work. If I may be of assistance to him in any way, kindly tell him not to hesitate to write to me.（台北胡适纪念馆藏档，档号：HS-NK05-158-009）

同日　雷震等宴请胡适，雷氏日记有记：

> 晚间我与王世宪、蒋匀田、夏涛声、王师会、胡秋原、陶百川、端木恺、刘博崑、齐世英等约胡先生与成舍我吃午饭，为适之先生补祝，并给舍我饯行。(《雷震全集》第40册，223页)

同日　胡适电贺萧公权获得"美国人文学术团体联合会"奖金。（台北胡适纪念馆藏档，档号：HS-NK01-266-002）

　　按，1月10日，萧公权复胡适致谢。（台北胡适纪念馆藏档，档号：HS-NK01-266-003）

同日　胡适致电徐大春：照片已收悉，你抵达时许可证会在机场。另外，将至机场接机并带你回家。（台北胡适纪念馆藏档，档号：HS-NK05-066-005）

同日　胡锺吾函请胡适为陈文奇赴日深造事帮忙。6月15日，胡锺吾为此事再函胡适。（台北胡适纪念馆藏档，档号：HS-NK01-195-020、HS-NK01-027-007）

1月8日　上午，访客有樊际昌、章君谷。晚，Dixon宴请胡适。(《胡适之先生年谱长编初稿〔补编〕》，194页)

同日　胡适寄赠萧平所著的《追求幻想的人们》与雷震。(《万山不许一溪奔——胡适雷震来往书信选集》，216页)

同日　胡适由《观堂集林》谈到他起初考证《水经注释注》的一段掌故：王国维的《水经注释注》一文里有"然则为此书时"一句，王重民曾专为此句与胡适讨论。胡适说：王国维决不会这样疏忽，一定是抄错了字。并疑应作"然则为此书序时"，落了一个"序"字。王不相信。后来查另一个版本，果然落一"序"字。"于是大家劝我不要等到太老再作《水经注》的审查工作。他们就把各种版本都陈列出来，要我现在就开始，这样，我才开始作《水经注》的校订工作了。"（《胡适之先生年谱长编初稿》第九册，3151页）

同日　Carl Billman 函催胡适缴纳 Phi Beta Kappa 下年会费5美金。（台北胡适纪念馆藏档，档号：HS-NK05-145-035）

1月9日　上午，孟瑶来访。（《胡适之先生年谱长编初稿》第九册，3151～3152页）胡适对曾淑昭谈胡复的教育问题："小孩子教不好，都是做母亲的没有耐心的缘故。每天教两个字，时常要他温习，没有教不好的！"（《胡适之先生晚年谈话录》，42页）郭廷以、胡秋原、村松祐次来访，并留此吃午饭。（《胡适之先生年谱长编初稿〔补编〕》，194页；《郭量宇先生日记残稿》，160页）

同日　下午，王淦来访。（《胡适之先生年谱长编初稿〔补编〕》，194页）

同日　胡适手抄王国维《水经注笺跋》，并自作一短跋。（《胡适手稿》第5集卷3，525～528页）

同日　胡适试作《遗书本〈观堂集林〉的增入篇目》。（台北胡适纪念馆藏档，档号：HS-NK05-184-001）

同日　刘泽中致函胡适，请求在"中研院"当工友。（台北胡适纪念馆藏档，档号：HS-NK01-080-022）

　　按，1960年致函胡适请求介绍工作的还有吴顺、朱建、曹慕沙、孙春贵、蔡春媚、张钟元、王大闳、程靖宇、杨卓成、刘同庄、Chi-hsiang Wong、胡斌、初铭劭、黄孟秋、马导源、许英华、宋浩兴、刘宗正、林荣一、鲁志超、陈一列、李永旺、俞艺顺。（据台北胡适纪念馆藏档不完全统计）

1月10日　上午，朱家骅陪同韩国客人俞镇午夫妇、李丙焘、金载元等来访，并留此吃午饭。(《胡适之先生年谱长编初稿》第九册，3153页）晚，胡适有两个饭局，一为蓝荫鼎的宴请，一为朱家骅的宴请（欢迎韩国友人）。在朱家骅的宴席上，胡适对谷正纲表示不参加是年"国民大会"的主席团，谷未允。(《胡适之先生年谱长编初稿〔补编〕》，195页；《胡适之先生年谱长编初稿》第九册，3153页）

1月11日　上午，程天放来访。下午3时半，胡适在台湾大学法学院主持蔡元培91岁生日纪念会，在简短致辞中盛赞蔡元培是"一代完人"。纪念会邀请袁贻瑾主讲"世界卫生近况与趋势"。会毕，胡适看望当日抵达台北的Herbert Passin，并邀其与钱思亮同到南港晚饭。("中央日报"，1960年1月12日；《胡适之先生年谱长编初稿〔补编〕》，195页；《胡适之先生年谱长编初稿》第九册，3153页）

1月12日　上午，胡适到机场接徐大春。张紫常、陈其明、潘祖琳、胡祖望等同在此午饭。晚，应韩国"大使"金弘一的宴会。(《胡适之先生年谱长编初稿〔补编〕》，195页）

同日　雷震把蒋匀田致胡适的信面交胡适，并托其速与陈诚一言，可与陈雪屏一说。(《雷震全集》第40册，227页）

同日　胡适复函萧辉楷，谢其赠书，并表示愿意接待和崎博夫。（台北胡适纪念馆藏档，档号：HS-NK01-265-013）

按，1月7日，萧辉楷致函胡适，询前函与赠书是否收到，并介绍"亚细亚问题研究会"理事长和崎博夫来谒。萧氏未收到胡适12日函时，于14日又为和崎博夫来访事再函胡适。（台北胡适纪念馆藏档，档号：HS-NK01-265-012、HS-NK01-207-001）

又按，据台北胡适纪念馆藏档，知是年向胡适赠书的人士或单位至少还有郑彦棻、赵叔诚、梁在平、罗锦堂、姜道章、张宝乐、郑清茂、陈志豪、吴祖望、林衡茂、屈映光、陈健夫、台湾中华书局、姚淇清、郑普仁、张其昀、陈锡璋、台湾"中国天文学会"、Charles A. MeGinley Jr.、刘绍辅、"外交部情报司"、徐力行,等等。有的胡适会复函致谢,如收到思高圣经学会赠书后,即函谢。

同日　胡适复函罗果为,谈到《罗壮勇公年谱》全文多用浅近的文字,往往很近于白话,可能是他晚年自己记的,或是口授他人笔记的。又说到卢逮曾曾标点此书,并拟付印,后因卢沟桥事变作罢。又谈到自己曾撰文介绍这部年谱,并承诺帮助罗借阅此书。(台北胡适纪念馆藏档,档号:HS-NK01-093-022)

同日　胡适函询卢逮曾夫人刘宗怡:卢氏遗书中是否有一部标点过的《罗壮勇公年谱》？(台北胡适纪念馆藏档,档号:HS-NK01-080-030)

1月13日　上午,赵赓飏来访。中午在钱思亮家午饭,饭后偕 Passin 到"中研院"。晚,潘祖琳、张紫常合请胡适吃饭。(《胡适之先生年谱长编初稿〔补编〕》,195～196页)

同日　胡适复函刘峙,谈自己从来未患过糖尿病,报纸所传,全是瞎说。又说:关于我患糖尿病的传说,最早见于某种中国医学词典,我也曾屡次更正,但传说至今未绝,我也就懒去更正了。随时更正无稽的传说,颇似"与影竞走",永不能断除的。(台北胡适纪念馆藏档,档号:HS-NK01-081-033)

按,1月8日,刘峙致函胡适,询问"中国世纪"中《中医药救了胡适之》一文所述是否确实。(台北胡适纪念馆藏档,档号:HS-NK01-081-028)

同日　胡适复函陈文庆:因"中研院"的天文研究所和物理研究所都没有恢复,故不能审查陈氏著作,并将原件寄还。(台北胡适纪念馆藏档,档号:HS-NK01-023-005)

按,据胡适纪念馆藏档,是年寄胡著作并请求审查的,还有陶启沃、何冠群、陈桐章、胡亚杰等。

同日　朱金海致函胡适,提出因贫病请求济助。(台北胡适纪念馆藏档,档号:HS-NK01-001-017)

> 按,1960年向胡适请求济助的还有陈龙泉(胡适赠给台币100元)、胡升义、王一森、胡元金、林芝兰、程官杰、牛存善(代转向石垣安、关舒借贷)、韩文彬、赵联、解乐天、曾榕端、元朝华、沈维甫(张子语代请)、陈进先、高成鹏、成剑秋、周世文、何日中等。(据台北胡适纪念馆藏档不完全统计)

1月14日　上午,访客有刘宜明、孙颐庆等。(《胡适之先生年谱长编初稿〔补编〕》,196页)

同日　上午,郭廷以来访。郭氏日记有记:

> 与胡适之先生商聘欧阳鸷先生及邀约房兆楹夫妇来台旅费事。胡先生谈及九一八后对日外交,当时渠并非完全主和,即系有条件的使中日关系暂入正轨。(胡先生曾出示廿四年六月致王世杰先生函)。又云抗战发生后,渠奉命赴美,在蒋委员长之意,实希望由罗斯福调解中日战争。(《郭量宇先生日记残稿》,161页)

同日　下午,胡适主持召开"中研院"院士谈话会,选举5位第四届评议员,无一人当选。决定即日办理通信选举的决选,希望全体院士圈选后将决选票于2月5日以前寄回到"中研院",随即定期仍请在台院士和"中研院"总干事、评议会秘书主持开票。(台北胡适纪念馆藏档,档号:HS-NK05-220-004)

同日　胡适对胡颂平谈起《古文观止》所选《左传》《国策》的文章比较好,但汉以后的文章,选得不好。(《胡适之先生晚年谈话录》,43页)

同日　胡适致函陈嘉尚,请其准许航空研究院院长空军少将林致平退出军役,并允许他辞去航空研究院院长之职,使他可以在"中央研究院"专任数学研究所所长,并得以专力从事纯粹科学之研究。胡函云:林致平先生在空军服务已逾20年,他从1952年起,兼任"中央研究院"数学研究

所的工作。胡适又说：

> 一九五六年，数学研究所所长周鸿经先生在"国外"病故，本院前院长朱家骅先生即商请林致平先生兼代数学研究所所长职务，至今已近四年，他的学问，他的研究成绩与兴趣，本院同人都深切认识，并十分钦佩。
>
> 本院近年很想努力重建并扩大数学研究所，很想把这个研究所做成一个数学与理论物理的研究中心。我们很盼望林致平先生能够专任我们数学研究所的所长，用全力来主持所务。明年五六月中，本院新建之数理馆可以建筑完成，所以我们更盼望林致平先生今年能够退役，专力主持数学研究工作。
>
> 我们曾和林致平先生屡次面谈此事，他因为个人的兴趣也倾向于纯粹科学的研究，所以也愿意退役，并辞去航空研究院院长的职务。据他的报告，他在最近两年之中，已将航空研究院的事务布置妥帖，已有人可以完全负责。所以他若离开航空研究院，院务可以照常进展，不至于有妨碍。
>
> …………
>
> 这是完全为"国家"的学术前途设想，我所以敢向先生提出这个很诚恳的请求。(《胡适之先生年谱长编初稿》第九册，3156～3157页)

同日　胡适复函苏雪林，谢其邀宴，并告待苏等确定日期后再通知即可。又谈到不必邀请胡祖望夫人及钱思亮夫妇，因渠等均甚忙。(台北胡适纪念馆藏档，档号：HS-NK01-258-008)

同日　康奈尔大学图书馆函谢胡适寄赠《胡适文存》《中国古代哲学史》等26册书。(台北胡适纪念馆藏档，档号：HS-NK05-147-003)

按，据台北胡适纪念馆收藏档案，知道胡适是年至少曾向以下单位或人士赠书：哈佛燕京社中日图书馆、普林斯顿大学图书馆、加州大学东亚图书馆、姜道章、叶棠穆、李传有、私立东海大学图书馆、

Jennings Wood、黄得时、吴春馥、周维亮等。

1月15日 上午10时,蒋介石见胡适。中午,李先闻、徐大春、张紫常、潘祖琳、陈其明夫妇、胡祖望等来此午饭。晚,胡适出席蒋介石招待吴廷琰的宴会。(《胡适之先生年谱长编初稿〔补编〕》,197页)

同日 胡适复函入矢义高,谈搜购《续藏经》等事:

> 柳田先生的《宝林传》油印本,既是据《宋藏遗珍》本复印的,请他不必寄了。将来他辑出《义楚六帖》等书的佚文,汇印成"宝林传遗文"油印本,我盼望他肯赐寄一本。关于《续藏经》的搜购,如能蒙先生帮助购得一部,我愿意出"日金五十万圆(等于美金一千三百八十九圆)左右"的价钱。若能"还低廉些",当然更好。如非五十万圆日金不可,我也愿意出此高价,因为没有一部《续藏经》是很不方便的。此事只好拜托先生促成了。若能在一两个月内购得,那就更好了。
>
> "大索"一事,能得铃木大拙先生倡导,最好。他已在这一方面有大贡献了:如石井本的《神会录》,如兴圣寺本《坛经》,如加贺大乘寺本《坛经》,都开"大索"的先声。他若能倡导此事,登高一呼,响应必很多!
>
> 鄙意以为"大索"一事宜速而不宜太迟。我很盼望先生和贵友们早日努力进行。
>
> 去年寄给先生的"日本入唐求法诸僧的目录里的南宗史料"笔记,及五月廿九,五月卅诸函,如先生认为有发表的价值,我愿意综合诸件,写一短文,送给先生在日本的中国佛教史学刊物上发表。或在台湾刊物上发表,亦可。鄙意只在促进"大索"的事业,请先生考虑后赐示。

(《胡适手稿》第8集卷3,480~482页)

1月16日 上午,芮逸夫来访。胡适送回美国的徐大春到机场。中午赴林适存、章君谷为7位学术得奖人举办的宴会。下午6时半,参加朱家

骅举办的酒会；7时，参加越南"公使"的酒会；8时半，参加陈诚为吴廷琰举办的宴会。(《胡适之先生年谱长编初稿〔补编〕》，197页）

1月17日　胡适设午宴招待来"中研院"参观的越南访问团文化组人员张公仇、阮文适、阮辉濡、高文论、梁仲海、阮卓、阮登淑等。(台北胡适纪念馆藏档，档号：HS-NK01-173-002) 下午，胡适出席"教育部"举办的越南与台湾地区文教界人士座谈会。胡适说，同意越南人士提出的加强中越历史研究的建议，促进对越南更进一步的了解。希望在各校设越南语文专科，使中国人懂得越南文字，才能知道中国对越南历史的记载哪些正确、哪些错误。印度文化传入中国，越南是媒介地区之一。(据次日之"中央日报"、《公论报》等）

1月18日　上午，罗锦堂来访。(《胡适之先生年谱长编初稿〔补编〕》，197～198页）晚，胡适应邀出席吴廷琰答谢蒋介石的宴会。(次日之"中央日报"）

同日　胡适将林家翘来信抄寄钱思亮，并云：若钱同意，请钱以台大校长名义电请他为"中基会"客座教授，5月中旬到台湾，讲学四星期。同时，钱、胡函请叶良才将6000美金寄林。(台北胡适纪念馆藏档，档号：HS-NK01-078-003）

> 按，1月12日，林家翘致函胡适，谈回台讲学事宜，故胡适有此给钱思亮的短笺。1月26日，胡适致函叶良才，请叶汇6000美金与林家翘。2月3日，叶良才复函胡适，报告给林汇款事。但2月10日和14日，林家翘致电钱思亮，致函叶良才，告知今年抽不出时间，无法应命，盼明年能效力。故胡适一直努力的林家翘返台讲学之议，未能实现。(以上文件存台北胡适纪念馆，档号为：HS-NK03-002-006、HS-NK01-022-022、HS-NK01-078-002、HS-NK05-111-002、HS-NK05-111-004、HS-NK03-002-008、HS-NK05-040-013）

1月19日　胡适致函高宗武，将前年答允代查台湾现存的《乐清县志》清单附纸寄上。(台北胡适纪念馆藏档，档号：HS-NK05-057-004）

1960年　庚子　69岁

1月20日　上午，胡适接待联邦德国记者Dr. Lily Abegg。中午，应Dr. Philip之宴。下午，许世瑮、马熙程等来访。(《胡适之先生年谱长编初稿〔补编〕》，198～199页)

同日　晚，胡适、王云五、王世杰、于斌、莫德惠、雷震、陈启天、陶百川、钱用和、张邦珍等出席旧"参政会"同人聚餐会（共5桌），此次餐会顺便欢迎王、胡、于三人返台。王云五致欢迎辞，胡适致辞。(《王世杰日记》下册，933页；《王云五先生年谱初稿》第3册，1067页；《雷震日记》第40卷，232页；《胡适之先生年谱长编初稿〔补编〕》，199页)

1月21日　上午，延国符夫妇来访。雷震、蒋匀田、夏涛声来访并留此午饭。(《胡适之先生年谱长编初稿〔补编〕》，199页)

雷震是日日记：

胡先生说他已向谷正纲表示不做"国民大会"主席团主席，谷说不可。他又说过第二次，他的理由是主席团太忙，谷先生叫他少来些。他本拟再与蒋"总统"一书，和雪艇先生谈。雪艇谓这样做，可能使其反而要做，因为不做是受胡适之的影响。胡先生说今日在台，找人谈问题都很困难，胡先生要《民主潮》看日人移民巴西之事，因李国钦去巴西有厂，我告以过去兴业公司"移民"之事，"政府"如何在帮忙。胡先生说，像我们今天这样，关了门做皇帝是不行的。胡先生今日说，狭隘的民族主义是落伍的，包括国家主义派在内，而且对夏涛声说的。他又开玩笑的说，是我委派他反对的，就是指上次社论而言。他说徐佛观与牟宗三是反动的，还提到张君劢，不过说他自己还有东西。(《雷震全集》第40册，234页)

同日　胡适与郭廷以约秦德纯、孙连仲、石敬亭、刘景健、钱大钧诸人谈话。(《郭量宇先生日记残稿》，163页)

1月22日　上午，访客有和崎博夫、山口等。下午，林玉铿来访。(《胡适之先生年谱长编初稿〔补编〕》，199页)

同日　胡适复函徐道邻，辞谢为其侄证婚，"因为证婚太费时间，故已谢却了不少请求，其中两处是'中央研究院'的同人。所以我不能不请求您许我辞谢这一次的荣誉差使，千万请您和令侄原谅"。（台北胡适纪念馆藏档，档号：HS-NK01-020-002）

按，据台北胡适纪念馆藏档，知胡适还函辞黄正模证婚请求。而是年收到的喜帖则有左如霖、方治、王志能、胡正中、吴寅斌、李光宇长女等。

1月23日　上午，访客有刘宗怡、和崎博夫。（《胡适之先生年谱长编初稿〔补编〕》，199～200页）

同日　胡适致电李建兴：不能亲来参加三合煤矿贯通出煤典礼，敬此电贺。（台北胡适纪念馆藏档，档号：HS-NK01-061-036）

按，是年胡适收到典礼、茶会、餐会、展览请柬或通知有"北大同学会"春节团拜茶会、北京大学校友暨"国民大会代表"餐会、"北平参议会"在台人员餐会、纳卯达昂小学独立办理与建校典礼、金九林七秩寿庆、叶锟画马展预展、"北大同学会"茶会、第四届"五月画展"、香翰屏书法展、成世光主教祝圣纪念酒会、"中日合作策进委员会"与"中日文化经济协会"欢迎日参议院议长等举行的茶会、大陈妇女义胞技工互助社成品展览会、联合画展、世界画刊社创刊周年纪念会、田父祝寿国画展、台南美术研究会第八届美术研究发表展览会、台中私立中山牙医专科学校成立典礼、郭柏川画作纪念展、台湾"中国化学会"1960年度年会开幕仪式等。（据台北胡适纪念馆藏档统计）

同日　郭廷以日记有记：以《民国十五年前之蒋介石先生》一书赠胡适之先生，应其请也。（《郭量宇先生日记残稿》，163页）

1月24日　晚，应苏雪林、孙继绪、李青来等人的宴会。（《胡适之先生年谱长编初稿〔补编〕》，200页）

同日　林玉铿致函胡颂平，感谢胡适为其出具证明其曾在北大服务的

证明书。（台北胡适纪念馆藏档，档号：HS-NK01-075-025）

按，1月19日，林玉铿致函胡适，请求证明曾在北大服务。（台北胡适纪念馆藏档，档号：HS-NK01-075-009）据24日谢函可知，胡适曾为其出具证明书。

1月25日　胡适致函胡健中：昨天李青来交来《学人》稿费300元，甚出意料之外！此文已印过一次，不应收稿费，所以另送上《从牟子理惑论推论佛教从交州到长江流域的史迹》一文，或可补还稿费。（台北胡适纪念馆藏档，档号：HS-NK05-052-008）

1月26日　上午，访客有杨亮功、鲁道夫等。晚，应马熙程之宴。（《胡适之先生年谱长编初稿〔补编〕》，200页）

同日　上午，郭廷以来商聘欧阳无畏事，胡适完全同意。又商印莫德惠《西康考察记》事。（《郭量宇先生日记残稿》，164页）

同日　下午，胡适主持科学会执行委员会第二十次会议。（台北胡适纪念馆藏档，档号：HS-NK01-326-100、HS-NK05-249-016）

同日　胡适复函蒋梦麟，答应到四健会第七届年会致辞；又谈到张漱菡的《江山万里心》，"顾忌太多，不能比《旋风》，也是一本很用心写的小说"；又谈到拟出版《蔡元培先生自传》；又询写作《蔡孑民先生传略》的高平叔是谁。（台北胡适纪念馆藏档，档号：HS-NK01-045-006）

按，1月27日，胡适又致函蒋梦麟：未看清四健会开会地点（蒋梦麟1月20日来函言明，开会地点在台中一中。台北胡适纪念馆藏档，档号：HS-NK01-045-004），因2月9日有事，不克前往台中，请代达遥贺的诚意。（台北胡适纪念馆藏档，档号：HS-NK01-045-007）故胡适未曾前往。

1月27日　柏林大学Fuchs教授及其助教由蒋复璁、林秋生陪同来访。朱家骅带联邦德国女记者Miss Abegg来访。研究金文、甲骨文的李乾来访，胡适介绍他访问对此学有研究的屈万里。晚，到钱思亮家吃年夜饭。（《胡

适之先生年谱长编初稿〔补编〕》，200～201 页）

　　同日　胡适致函田炯锦：李国钦的信送上一份供参考。承田示，已读《民主潮》上论日本移民巴西的文章。此文甚好，已寄了一份给李君了。并希望于春节过后再借《永春县志》一天。（台北胡适纪念馆藏档，档号：HS-NK01-125-003）

　　同日　张景樵函谢胡适惠借《聊斋志异》有关书刊，并抄呈台北文渊出版社影印《红楼梦》第一回首段。（台北胡适纪念馆藏档，档号：HS-NK01-036-009）

　　1月28日　旧历元旦，来拜年的人很多，《胡适之先生年谱长编初稿〔补编〕》有来客名单。雷震、成舍我、蒋匀田、夏涛声亦来拜年。（《雷震全集》第40册，238页）

　　同日　胡适校《孔继涵行状、行述》钞本。（台北胡适纪念馆藏档，档号：HS-NK05-184-004）

　　1月29日　胡适复函梅贻琦，表示不能担任"孔孟学会"发起人之一：

　　　　我在四十多年前，就提倡思想自由、思想平等，就希望打破任何一个学派独尊的传统。我现在老了，不能改变四十多年的思想习惯，所以不能担任"孔孟学会"发起人之一……（台北胡适纪念馆藏档，档号：HS-NK01-232-005）

　　同日　胡适在毛思诚主编、陈布雷校订之《民国十五年以前之蒋介石先生》题记：此书原排印大字线装本已不易得。此本两厚册，是郭廷以先生送我的。（《胡适藏书目录》第2册，811页）

　　1月30日　陈诚日记有记：

　　　　……遇适之。
　　　　…………
　　　　适之认为，美国如派斯曼之流，大多不了解国际形势，及艾森豪任内决无战事，因军人了解战争之难（所谓战争即地狱），国际发动战争除日本军阀外,其余均是文人发动,并谈及西安事变一段历史极为重要及抗战时情形,余赠以《八年抗战经过概要》一册。(《陈诚先生日记〔二〕》,1154页)

同日 胡适在陈雪屏家晚饭。(《胡适之先生年谱长编初稿〔补编〕》,202页)

1月31日 延国符邀胡适午饭。(《胡适之先生年谱长编初稿〔补编〕》,202页)

2月

2月1日 王叔铭来拜年,胡适谈到罗致林致平来"中研院"事,并托王向陈嘉尚推动此事。王一口答应"促成此事"。(胡适是日致林致平函,《胡适之先生年谱长编初稿》第九册,3168页)

同日 晚,胡适出席庄莱德的酒会,又应徐文若的邀宴。(《胡适之先生年谱长编初稿〔补编〕》,203页)

2月2日 胡适应菲律宾"大使"的晚宴。(《胡适之先生年谱长编初稿〔补编〕》,203页)

同日 胡适复函张圣述,据文献资料说明两家世谊:

> 先钞寄赟斋公集中"致吴清卿书"一通,此中胡铁华即是先父,名传。又章琴生编修洪钧也是安徽绩溪人,你看此书就可以知道"致安圃侄"书中的章琴生是谁了。
>
> 《涧于日记》中记赟斋公在宣化谪所时,收到胡铁华从远道寄银二百两,那也是先父。《涧于日记》此时不在手边,只记得大意如此。
>
> 先父自作《年谱》,是自传中最难得的好作品,其中记他进谒赟斋先生一段最详。先父与吴清卿的关系——十多年的师生关系——起于赟斋公这一封介绍信,故我珍重此信,钞给你看,要你知道我们两家的世谊不止于远伯先生与在君先生和我的友谊而已。

先父《年谱》只记到他四十一年，尚缺十四年，我总想补作。现在想先付印，加上他的日记，可以成一部自传了。（台北胡适纪念馆藏档，档号：HS-NK01-035-029）

按，2月8日，张圣述曾复函胡适致谢。（台北胡适纪念馆藏档，档号：HS-NK01-035-030）

2月4日　晚，张群邀胡适听"石井好子演唱会"。（《胡适之先生年谱长编初稿〔补编〕》，203页）

同日　Gordon B. Tweedy 函询胡适能否接受"华美协进社"提名委员会的建议，回美国接受推荐继续担任会长职务，或是不回美国，但由委员会提议设立荣誉会长职。（台北胡适纪念馆藏档，档号：HS-NK05-168-023）

2月5日　胡适与王云五共同参加天主教在台传教100年之集会。

同日　上午，杜光埙来拜年。（《胡适之先生年谱长编初稿〔补编〕》，204页）

同日　胡适致函徐高阮，感谢徐将自己文章中有关名字的日本读音寻出。（《胡适之先生年谱长编初稿》第九册，3170页）

同日　晚，陈诚宴请胡适、张群、莫德惠、王世杰等，对"国大"开会有所讨论。

陈诚是日日记：

晚，请胡适之、莫柳忱、王雪艇、蒋梦麟、朱骝先、梅贻琦、曾约农、曾宝荪、张岳军、王云五、于斌（未到）等便餐，并对"国大"开会交换意见。（《陈诚先生日记》〔二〕，1157页）

王世杰是日日记：

今晚胡适之在辞修宅中餐席上，向岳军、辞修质问，"国大"即将开会……为何国民党迄今未提出任何人为"总统"候选人……（《王世杰日记》下册，935页）

1960年　庚子　69岁

雷震2月8日日记：

下午三时许到南港见到胡先生，他说上周五在陈"副总统"处吃饭，大家喝酒，酒后他发酒疯，说了许多话。他说"国大"行将开会，只有二个星期，"总统"候选人尚不知，国民党是怎样作法，谁人作主？……胡先生又说"国大"开会一个月，每人一万元，发展科学计划今年只有二百万，明年只有五百万，不及开会费三分之一。又说"国大"代表每人要五万元，那更不得了。今如果降低法定人数，将来变成暴民政治，你们如何受得了？他于十时许辞出。……（《雷震全集》第40册，246页）

2月14日《自立晚报》报道：

本月五日某巨公宴请于斌总主教……在座的九位陪客为：胡适之、张岳军、莫柳忱、王云五、王雪艇、朱骝先、梅贻琦、曾约农及曾宝荪等。……

胡适之首先问主人："国民大会"集会，距今仅余二周……国民党之"总统"候选人，何以还未提出？国民党究竟系由谁当家？……………（《胡适日记全集》第9册，603～604页）

按，胡适将此报道粘贴在日记上，又注道：这一则报道，大致不错。不知是怎样传出来的。临时条款是1948年的"国大"提出的，1948年5月10日公布的。

2月6日　林致平、梁序穆、蒋昌炜、张翰书、全汉昇来拜年。（《胡适之先生年谱长编初稿〔补编〕》，204～205页）

同日　《胡适之先生晚年谈话录》有记胡适谈话：

中午饭桌上，先生谈起一个爱国的人，不能把自己看得太重。现在负有国家重大责任的人，在从前，可以说是国家的大臣；历代的大臣也有大臣的风范，在北宋时期是最好的；到了徽宗以后，才有党争，

风气就差了。北宋的政治是最文明的政治，如唐朝贞观时代，也杀了不知多少人才，不能和北宋比的。(《胡适之先生晚年谈话录》，45页)

同日　晚，胡适应黄少谷的邀宴。(《胡适之先生年谱长编初稿〔补编〕》，205页)

同日　胡适复函袁方，认为袁等预备出版的刊物似可以叫《传记月刊》，或可以叫《传记资料》，并请袁等决定后再告知。(台北胡适纪念馆藏档，档号：HS-NK01-164-003)

按，2月5日，袁方致函胡适，请为所办传记刊物择定名称、赐题刊名并撰文代发刊词。(台北胡适纪念馆藏档，档号：HS-NK01-164-003)2月14日，袁氏函告胡适，刊物遵示以《传记月刊》名称办理登记。恳请题刊名、撰发刊词。当日，胡颂平代胡适复函，谓封面已题，但未答应写发刊词。(台北胡适纪念馆藏档，档号：HS-NK01-164-004)

同日　陈诚日记记道，渠与张群共同晋见蒋介石，报告昨日与胡适、王云五、莫德惠、王世杰等谈话内容。蒋介石明确表示：总额仍须由"大法官"解释，取得合法立场，此种解释可于18日公布，各方反对不必顾虑，仍照预定进行，全会开会不妨稍迟。(《陈诚先生日记〔二〕》，1158页)

2月7日　潘祖琳夫妇来拜年。钱思亮夫妇来，留此吃午饭。晚间，齐世英来。(《胡适之先生年谱长编初稿〔补编〕》，206页)

同日　胡适将连日赶成的"An Appeal For a Systematic Search in Japan for the Longhidden Tang Dynasty Source-materials of the Early History of Ch'an (Zen) Buddhism"航寄大谷大学主办的铃木大拙90岁祝寿论文集筹备委员会。(据《日记》；胡适致山口益电稿，台北胡适纪念馆藏档，档号：HS-NK05-003-009)

按，2月15日，铃木大拙九十大寿庆祝筹备委员会代表山口益复函胡适，感谢为铃木大拙九十大寿纪念文集撰文；另为无法在此事上提供财务上的报酬而致歉，但会致赠50本抽印本，且在10月

18日铃木大拙九十大寿前寄到。(台北胡适纪念馆藏档,档号:HS-NK05-003-010)

同日 《自立晚报》刊登一篇题为《"国民大会"幕前幕后》的报道,其中涉及胡适的谈话。胡适将这则剪报贴在日记里,并写道:"今晚的《自立晚报》登出一段没有得我同意的报道。"

按,《胡适之先生晚年谈话录》之2月8日条(该书46页)有记:

昨天(7日)《自立晚报》《星期专栏》里有一篇"国民大会"幕前幕后》的特写,报道先生的谈话,但有许多超出谈话范围之外,如说"他(指先生)可能以不出席会议来作消极的抗议"。先生根本没有说"不出席"的话,而记者完全凭他个人的猜想,完全超出谈话的范围。

今天,某大报的主持人来访,谈了很久。最后问起《自立晚报》上的谈话是不是真的先生说的。先生怕那位记者可能要受处分,于是说:"全是真的。"先生把那些超出谈话范围之外的话,也都担当起来了。

又按,据《胡适之先生年谱长编初稿〔补编〕》207页所记,此"大报主持人"系胡健中。

2月8日 上午,刘廷蔚(刘廷芳之弟)代表康奈尔大学同学会面邀胡适吃饭。(《胡适之先生年谱长编初稿〔补编〕》,206页)

同日 胡适对胡颂平说:神会和尚在当时是个了不起的大和尚,但死后倒没有人知道了。又说:当神会和尚的思想最普遍的时候,日本入唐求法诸僧,从西北到东南的温州等地去搜求,他们带回去的神会资料不少。中国禅宗是主张"不立文字"的,但经典有7000万字。那时日本民族不会接受禅宗的思想,他们只能接受密宗的念咒,等等。这是一般文化比较差的民族都是如此的。(《胡适之先生晚年谈话录》,45~46页)

同日 下午3时,雷震受李玉阶之托,来访胡适。胡适谈话内容参见本年2月5日条。(《雷震全集》第40册,245~246页)

2月9日 访客有沈刚伯、王云五。晚,陈长桐请胡适吃饭。(《胡适之

先生年谱长编初稿〔补编〕》，207 页）

同日　陈诚日记有记：接见李芳池，表示遵从"中央"一切决议，但内心同情胡适之主张。(《陈诚先生日记〔二〕》，1160 页）

同日　Charles A. Moore 致函胡适，云：

I am sure you are acquainted with the possibility of the establishment of a major East-West or (International) Cultural Center at the University of Hawaii in the near future, if present plans materialize. The primary source of funds for the establishment and perhaps for the first few years of this Center will be some Department or Departments of the United States Government. However, the Center is to be devoted unquestionably to the purposes to which our conferences have been devoted, namely, the development of greater understanding between the peoples of Asia (some say of the world as a whole) and America.

Without bothering you further with details, I am writing now to enlist your advice in the form of recommendations of a person—or you can name as many as you wish—who would be a really competent man to become the Director of this Center. The Center will include not only the cultural side of education but also the more practical side, the latter involving programs of more technical training in which, apparently, the Americans will be attempting to train people from Asia in the more technical and practical aspects of activities directed toward the raising of the material standard of living where this is needed.

We are looking for an extremely strong leader in every sense to be the Director of this Center. Among the names that have been mentioned are Chester Bowles, Henry Cabot Lodge, Adlai Stevenson, and people of that sort. We are quite sure that the political affiliation of the individual will not militate against his being selected or his doing a good job, because, of course, most outstanding people on the American scene have a political affiliation of one party or another. We are determined not to have anybody with a military background in this top position or anyone who would in any way bring any characteristics which would jeopardize the success of this Center.

We would greatly appreciate your suggestions, because the Director of this Center must be knowledgeable about Asia and must also have the highest respects of Asians—otherwise he cannot do his job at all successfully.

We would all appreciate it very much if you would keep all such recommendations completely confidential to avoid embarrassment all around.（台北胡适纪念馆藏档，档号：HS-NK05-159-012）

2月10日　劳榦、刘世超等来访。（《胡适之先生年谱长编初稿〔补编〕》，207页）

同日　雷震致函胡适，建议胡适不可缄默。大家觉得胡适太消极！国民党现分10人一组，一个人担负10个"国大"代表，总指挥为陶。"国大"代表最后底盘，为月支3000元，每年开"国大"一次，今日"国大"代表，谁人都不影响。（《万山不许一溪奔——胡适雷震来往书信选集》，220～222页）

同日　韦慕庭致函胡适，云：

Professor James Morley, one of the most higly valued members of the faculty of the East Asian Institute and of our Department of Public Law and Government, is to visit Taiwan during February and I have asked him to call upon you so that you may become acquainted with each other. Professor Morley has a special field of interest in Japanese politics and foreign relations and is also interested in China in the same way. He is the author of a history of Japan's intervention in Siberia at the close of the first World War and knows Japanese and Russian quite well. In the summer of 1958, he traveled in Russia visiting centers of Oriental studies. This is his first visit to the Chinese world.

I will very much appreciate any courtesy which you can give to my esteemed colleague and good friend, Professor Morley.

We are hopeful that our Oral History Project will have further opportunities to work with you. We now have a translation of your autobiography at the age of 40 ready to integrate into the text of the interviews.（台北胡适纪念馆藏档，档号：HS-NK05-171-007）

2月11日　胡适在台北国际学社"爱迪生纪念会"上演说"终身做科学实验的爱迪生"。(次日台北各大报）

同日　胡适到"国民大会"秘书处报到，有记者询问胡适对政局的意见时，胡适说："我今天已经报到了，还不够吗？"(《胡适之先生年谱长编初稿》第九册，3188页）

同日　胡适作有《全唐文里的禅宗假史料》。（台北胡适纪念馆藏档，档号：HS-NK05-184-007）

同日　王世杰在日记中记道，他对2月8日台北《自立晚报》刊登的胡适谈话感到意外，事后又获悉胡适并无发表之意；惟既经发表，则不愿否认。(《王世杰日记》下册，935页）

同日　胡适复函Dunn：

Thanks for your charming note!

I am sending you these 6 photos of the stone sculptures of the Shang dynasty.

Kindly let me know if you wish to have pictures of other objects.

It was a real joy to see you here!

With warm greetings and good wishes.（台北胡适纪念馆藏档，档号：HS-NK05-147-051）

2月12日　胡适吊周至柔母亲之丧。到钱思亮家午饭。(《胡适之先生年谱长编初稿〔补编〕》，208页）

同日　下午，胡适访王云五之后，应张庆恩之邀，参观"司法行政部"调查局的科学侦查仪器展览，并题字：用科学的工具和方法来做辨冤白谤的工作。在此晚饭。(《胡适之先生年谱长编初稿》第九册，3190 页）

同日　胡适复函易恕孜，云："四十年来从未替人写过介绍信，'中研院'因为预算和名额的限制，自己从来没有添过一个人，你的事如有机会，一定会留意。"（台北胡适纪念馆藏档，档号：HS-NK01-162-003）

同日　姜尚贤赠送其编著的《词曲欣赏》(台南，1960 年）一部与胡适。(《胡适藏书目录》第 1 册，602 页）

2月13日　王世杰一早与胡适见面，"劝以勿再发表谈话"。王氏日记又记：我于前日接到雷儆寰信，促我发表与适之的谈话相似的言论，我未予以答复。我在纽约时曾告适之，说："你尽可坚持你的主张，但台湾现时国际地位太脆弱，经不起你与蒋先生的公开决裂。"(《王世杰日记》下册，935 页）

同日　上午，访客有王洪钧、李青来。贝祖诒、沈传经、林致平来，并在此午饭。下午，《时与潮》记者齐振一来采访。晚，杨亮功邀胡适吃饭，同座有朱家骅、罗家伦等人。朱家骅说："你的态度没有人不知道，多说没有用，倒会减轻说话的力量。"(《胡适之先生年谱长编初稿〔补编〕》，208~209 页）

同日　雷震有致胡适函。(《万山不许一溪奔——胡适雷震来往书信选集》，223 页）

2月14日　江小波及曾淑昭、胡复等来，在此午饭。(《胡适之先生年谱长编初稿〔补编〕》，209 页）

同日　下午 2 点半，胡适在南港主持召开 1960 年第二次院士谈话会。(台北胡适纪念馆藏档，档号：HS-NK05-220-005）

同日　下午 3 点半，胡适在南港主持召开"国家长期发展科学委员会"第三次大会。(次日之"中央日报"）

同日　下午 6 点半，胡适在南港主持"国家长期发展科学委员会"执行委员会第二十一次会议。(台北胡适纪念馆藏档，档号：HS-NK01-326-

101）

　　同日　陈诚访问胡适。"渠之意见仍如前日《自立晚报》所载，原对总额问题发表意见，现决定不再发表任何意见。……其忠于'国家'、爱护'总统'，值得同情意。"(《陈诚先生日记〔二〕》，1162～1163页）

　　2月15日　总干事全汉昇来请示，拟添2名警察保护胡适，胡适颇生气，未准。凌纯声来谈。阎秉勋带70多名女侨生来见。杜秋生陪同奥国驻日大使Botschafter Franz H. Leitner）夫妇来访。蒋复璁陪同外籍牧师柯克及贺子缄来访。(《胡适之先生年谱长编初稿〔补编〕》，209页）

　　同日　晚6时，胡适到国际学社参加Miller的酒会。晚7时，陈诚招待希腊彼得亲王和王妃，胡适应邀作陪。(《胡适之先生年谱长编初稿〔补编〕》，209页）

　　同日　胡适致函欧阳无畏，云：平日敬仰先生的学识，甚苦于没有请教的机会。今天"外交部"通知我们，说希腊的彼得亲王是位人类学家，他和王妃将于17日上午17时20分到"中央研究院"来参观。"外交部"并且要我在12点半请他们吃午饭。胡适诚邀与这位亲王有相同学术背景的欧阳无畏届时来"中研院"与这位亲王共进午餐。(台北胡适纪念馆藏档，档号：HS-NK01-235-005）

　　同日　胡适复函张圣述，抄示《涧于日记》有关张佩纶与胡传交往的有关记载，指出前函记忆之错误。又谈到自己自传、丁文江传以及为傅斯年写传等事。(台北胡适纪念馆藏档，档号：HS-NK01-036-001）

　　2月16日　郭廷以、芮逸夫来。郭氏日记有记：适之先生以其先人日记见示。(《郭量宇先生日记残稿》，168页；《胡适之先生年谱长编初稿〔补编〕》，210页）

　　同日　晚，胡适应陈安荔之宴，曾淑昭同去。(《胡适之先生年谱长编初稿〔补编〕》，210页）

　　同日　胡适作有《张佩纶的〈涧于日记〉》读书笔记一篇。(《胡适手稿》第9集卷3，465～475页）

　　同日　方豪致函胡适，盼能进"中研院"做研究工作，希能伸援手。(台

北胡适纪念馆藏档，档号：HS-NK03-002-009）

按，2月20日，方豪复函胡适说：谅解需由各所长推荐人。为了学问，要凭一己之力去挣扎。（台北胡适纪念馆藏档，档号：HS-NK03-002-010）可见，这期间胡适曾拒方氏所请。2月27日，方豪再致函胡适，告2月21日信收到，并谢关切及定遵照指示去做；另提及田枢机想借于主教钳制自己。（台北胡适纪念馆藏档，档号：HS-NK05-004-002）

2月17日　胡适宴请来"中研院"参观的希腊彼得亲王及王妃。因该亲王是人类学者，曾住中印边境几年，并能说藏语，胡适特邀请藏文学者欧阳无畏、芮逸夫与鲍克兰女士（Dr. Imeg de Beanclair）来陪。（据胡适是日《日记》；前引1960年2月15日胡适致欧阳无畏函）

同日　齐世英来访。胡适应林灯的宴会，同席有贾景德、李建兴等人。（《胡适之先生年谱长编初稿〔补编〕》，210页）

同日　胡适作有《〈涧于日记〉里的薛福成与薛刻全校〈水经注〉》一文。（《胡适手稿》第6集卷2，235～240页）

同日　Charles A. Moore 致函胡适，云：

Partly in connection with an article I am writing for publication in the Aryan Path in India and partly for the sake of our records, I would like to request from you some statement of the impression made upon you of what we consider the rather remarkable human relations and race relations and racial harmony that we think exists here and that we are so proud of. Partly, I am suggesting or requesting such a statement from you because we have very emphatic statements from Dr. Radhakrishnan and Professor Kishimoto, and, for China, I would like very much to have a corresponding statement from you—unless you object for any reason whatsoever and also only if the situation in Hawaii did impress you favorably thus justifying a statement from you to this effect. I am not asking for a long statement—it could be as long or short as you please. I am sending you herewith a copy of an interview with Dr. Radhakrishnan in Germany, the latter part of which gives one of his statements about Hawaii—he wrote others to me in letters and spoke about the situation to Sinclair and also to the Chairman of the Board of Regents, Philip Spalding, always in the most glowing of terms.

By the way, Kishimoto told Spalding that this was the first international conference that he and his Asian colleagues ever attended where they felt perfectly free to speak their minds openly on a par with everybody at the conference and without any feeling whatsoever of inferiority or of hesitation. He repeated my statement that in Hawaii everybody feels at home, nobody a stranger or an outsider.

I would appreciate a statement from you—of any length you wish and of any content.（台北胡适纪念馆藏档，档号：HS-NK05-159-013）

2月18日　上午，谷正纲来电话表示要来看胡适，胡适以准备中午的英文演讲辞之。谷乃请胡适担任一次"国大"的临时主席。胡适表示，昨日"中央日报"说他不愿担任大会主席系谣言的说法，其实一部分并不是谣言，"我总觉得当主席要说话，你们何必强迫我不能不说话呢？……我是决定不当主席，因为过去几次当的太多了"。谷乃表示次日中午请胡适吃饭，胡适允之。(《胡适之先生年谱长编初稿》第九册，3200页)

同日　中午，胡适到扶轮社作题为"四十年来的中国文学革命运动"的英文讲演。(次日台北各报)

同日　南港"公民代表"李和、唐添秀等多人来向胡适致敬。王同荣来谈。(《胡适之先生年谱长编初稿〔补编〕》，211页)

同日　晚，胡适出席 Bortoff 欢迎 Hielson 的酒会。(《胡适之先生年谱长编初稿》第九册，3201页)

同日　胡适致函钱复，不赞成他到"中研院"近史所工作，也不赞成

其到"外交"单位学习,而希望其尽可能在耶鲁大学多留两年,多得一点训练。胡函云:

> ……你在一个第一流大学里,应该多方面去听几位名教授的课,"国际关系"向以耶鲁为最好,但前几年耶鲁此系跑掉了五六位教授……似乎颇减色了。但在人文科学的许多方面,如历史、语言,耶鲁还是很强的。……何不利用这两年时间多开辟一两片新园地,多开拓一点新眼界、新胸襟?
>
> ……你若真有政治的兴趣,我劝你不要做衙门小官,要从不做官做起。先把你的衙门学习资格丢了,努力从学问方面养成政治的见解(vision),多读历史,多读传记,多读大政治家的传记,养成政治家的风度与人格。(台北胡适纪念馆藏档,档号:HS-NK01-055-005)

按,胡适写好此函后,先交钱复的父母钱思亮夫妇阅看,又致函钱氏夫妇说:"……有机会到了一个好大学,似乎应该多住些时,多学一点东西。例如外国语,如法文,如西班牙文,多学得一种语言文字,岂不比在衙门里挨时光高明的多?"(台北胡适纪念馆藏档,档号:HS-NK01-055-002)

同日 唐嗣尧致函胡适,拟于本星期六下午4时拜候起居。(台北胡适纪念馆藏档,档号:HS-NK01-114-008)

按,是年致函胡适求见的还有王醒泥、胡剑飞、董鼐、韩光耀、吴铸人、王成桩、胡寄尘、冯建文、王洪钧、R. C. Rudolph、Stanway Cheng等。(据台北胡适纪念馆藏档不完全统计)

2月19日 访客有许淑真、许明德、关颂声、初毓梅及怀特公司代表等人。(《胡适之先生年谱长编初稿〔补编〕》,211页)

同日 上午11时20分,胡适到机场迎接康奈尔大学教授、胡适在康奈尔大学求学时的同班同学Dean William I. Myers夫妇(与胡适同年同月同

日生）。(《胡适之先生年谱长编初稿》第九册，3202 页；胡适次日《日记》)

同日 中午，胡适应谷正纲的午宴，赴宴者共 10 人，均劝胡适担任"国大"主席。张群劝胡适出任 4 次临时会议主席中的一次，胡适仍力辞。(《胡适之先生年谱长编初稿》第九册，3202 页)

同日 下午 5 时，雷震来访，雷氏日记有记：

> 胡先生说明陈诚来疏解，要他承认现实。胡先生问现实是什么？我们对外形势不好，我们现在好好的做，一步不乱，这是现实。说了一个钟头，陈诚颇难自圆其说。胡先生又谓今午谷正纲约吃饭，对预备会议和开幕式之主席问题，他极力摆脱，张群一定要他做一次，他说在台湾最好有不做主席的自由。他说如要我做主席，我临时可能讲话，所谓箭在弦上，不能不发。(《雷震全集》第 40 册，253 页)

同日 胡适将再度借阅的《永春县志》6 卷寄还田炯锦。(台北胡适纪念馆藏档，档号：HS-NK01-125-004)

> 按，1 月 27 日，胡适向田炯锦提出再度借阅《永春县志》后，田氏 2 月 3 日复函说，该书已被借去，已命去函索还。(台北胡适纪念馆藏档，档号：HS-NK01-125-006) 2 月 8 日，田炯锦将该书寄奉胡适。(台北胡适纪念馆藏档，档号：HS-NK01-125-007)

同日 胡适复函翟国瑾，告知林语堂大概不会替翟办所请托之事，劝其勿徒做恳求，又抄示林之地址。因自己知道林的脾气，故不写介绍信。(台北胡适纪念馆藏档，档号：HS-NK01-270-002)

> 按，2 月 18 日，翟国瑾致函胡适说：近撰就一英文电影故事，希望荐予林语堂在美洽办。(台北胡适纪念馆藏档，档号：HS-NK01-270-001) 2 月 21 日，翟国瑾复函胡适说，拜托林语堂之事作罢，另谢赐复。(台北胡适纪念馆藏档，档号：HS-NK01-270-003)

同日 胡适复函董鼐，表示无法为《学林》半月刊写文章。(台北胡适

纪念馆藏档，档号：HS-NK05-115-002）

按，2月15日，董鼎致函胡适，略述《学林》半月刊创建波折，并向胡约稿。（台北胡适纪念馆藏档，档号：HS-NK01-182-011）21日，董鼎又函胡适，询胡适传记计划及可否登载。23日，胡适复函董，目前还没有"准备或开始"续写自己的传记，可以让《学林》报道给读者。（台北胡适纪念馆藏档，档号：HS-NK01-182-012、HS-NK05-115-003）

又按，据台北胡适纪念馆藏档，知胡适有函辞祝康彦约稿的请求。是年向胡适约稿的还有黄朝琴、陈思成、道德月刊社、Charles A. Moore、台湾新生报社、胡健中、丁永安、余纪忠、黄辉、吴重生，等等。

同日　胡适复函刘桂山，告知不清楚刘氏来函提到的意大利某大学，也不知其中的教授人才。（台北胡适纪念馆藏档，档号：HS-NK01-081-031）

按，2月15日，刘桂山来函，请胡适代查意大利一所大学经济学教授名字。（台北胡适纪念馆藏档，档号：HS-NK01-081-017）

同日　罗家伦致函胡适，希望胡适能参加"国大"主席团，请求赐票。（台北胡适纪念馆藏档，档号：HS-NK01-092-004）

2月20日　上午9点45分，胡适出席"国民大会"开幕典礼。在会场门口，胡适被记者围住，胡适说："我不说话了……"开幕礼结束后，胡适偕顾毓琇回南港，同午饭。下午，唐嗣尧来访，马熙程偕刘年珑来访。（《胡适之先生年谱长编初稿〔补编〕》，211～212页）

同日　晚，胡适到"自由之家"参加Cornell Club欢迎康奈尔农学院新卸任的院长Dean William I. Myers的聚会。胡适向来宾介绍了Dean William I. Myers，并在其演讲后作简短讲话以引申他演讲的话。（据《日记》）

同日　胡适致函江冬秀，关切江腰痛事，另及胡祖望的旧上司王蓬要调他到美国帮忙事。（台北胡适纪念馆藏档，档号：HS-NK05-048-036）

2月21日　王云五来谈。Myers夫妇由沈宗瀚陪同来访，留此午饭。

（《胡适之先生年谱长编初稿〔补编〕》，212 页）

  同日　晚，胡适与郭廷以为口述历史事宴请秦德纯等人，郭氏日记有记：

  晚与胡适之先生宴秦德纯、石敬亭、孙连仲、庞炳勋、钱大钧、熊斌、张维翰诸先生及景健、良规，为民国史谈话事。石敬亭先生追随冯玉祥最久，清末曾在新民府驻防五年，并参加滦州起义。饭后，胡先生谈"国大"代表大会事，心情似不轻松，且欠平静。据云第一次大会时，渠确已接受"总统"候选人提名，后又中变，内情未多加说明。(《郭量宇先生日记残稿》，169 页）

  同日　萧庆向胡适函索《师门五年记》一册。(台北胡适纪念馆藏档，档号：HS-NK01-265-010）

  按，是年向胡适请求赠书的还有秦忠财、张宝乐、袁飚、贺兰山、姜道章等。(据台北胡适纪念馆藏档不完全统计）

2 月 22 日　《征信新闻》刊登胡适的答记者问。

  同日　下午 4 时，台北"故宫博物院"召开理事会议，讨论古物运美展览事，胡适因有他约，到会场委托朱家骅代表自己后，即离去。下午 5 时，哈佛大学的 Mcdougal 教授由姚淇清陪同来访。7 时半，胡适参加 Wesley C. Haraldson 的宴会，有人送一本《世界文学史》来，胡适说："我最反对写文学史的人，专记这个人的姓名经历及他的几本著作的名称。这样的文学史有什么用呢？"(《胡适之先生年谱长编初稿〔补编〕》，213 页）

2 月 23 日　午饭后，胡适说："'国民大会'的事情太重要了，我要找一个地方来仔细想一想。"(《胡适之先生年谱长编初稿》第九册，3205 页）

  同日　下午 3 时，胡适到会议室听沈刚伯演讲"中国上古史的发展"。(《胡适之先生年谱长编初稿》第九册，3205 页）

  同日　胡适为唐嗣尧写了"黄山谷松风阁"和"苏东坡寒食诗"两个题签。(《胡适之先生年谱长编初稿》第九册，3205 页）

同日　雷震函邀胡适29日餐叙。(《万山不许一溪奔——胡适雷震来往书信选集》，224页)

2月24日　访客有林玉琛（雷震介绍来）、郑骞、王醒魂。中午，胡适约梁序穆、王九逵来午饭。毛子水、姚从吾来，留此晚饭，谈至深夜。(《胡适之先生年谱长编初稿〔补编〕》，214页)

同日　蒋介石签发聘书，聘任胡适为"中研院"第四届评议员。(台北胡适纪念馆藏档，档号：HS-NK05-213-007)

2月25日　凌鸿勋来谈其所编《詹天佑年谱》，胡适请其写信到美国查阅资料。赵星艺来访。曾淑昭来此午饭。全汉昇来谈，胡适请其将借去的《徐雨之年谱》送凌鸿勋参考。晚，胡适参加Commander Kivette的酒会。(《胡适之先生年谱长编初稿〔补编〕》，214页)

同日　胡适复函陈荆和，告其不必亲自来台摄制越南史籍微卷：

> 顺化大学高校长与越南诸位教育家来南港参观时，我们特别检出了一些有关越南的旧档案，作一个小展览。他们各位颇感觉兴趣。他们曾问起照相复写的事，我们曾告知他们，"中央研究院"不久可以有microfilming的设备。
>
> 但这种设备，此时还没到齐，恐须到四五月间，始能装置完全。届时当再奉告。
>
> 鄙意以为此等事不必要先生专程回台北办理。是否可以先由我们这边请一位同人开出本院所藏有关越南的史料目录，供越南史家选择若干件为摄制microfilm之用？有了一个目录，随时可以由越南学术机构函托摄影，似不必一时照齐？(台北胡适纪念馆藏档，档号：HS-NK01-025-036)

2月26日　胡适出席"国民大会"第二次预备会议，被票选为主席团成员之一。

同日　章君谷同王平陵的女儿来访。《公论报》记者宣中文来访。Dr. Phillips邀宴胡适，并看美国戏。(《胡适之先生年谱长编初稿〔补编〕》，

214～215 页）

2 月 27 日　台湾师大侨生由一位姓陈的教员陪同来见，胡适向他们介绍了考古馆的古物。(《胡适之先生年谱长编初稿》第九册，3206 页）

同日　胡适致函全汉昇，提出：对于各所所长负责提出的人选，如非确知其有不妥之处，都不宜加以否决。否则无人肯做负责任的所长了。又谈到郭廷以提出的（某君）是有学术资格，可以做整理档案的工作，并且可以训练年轻人，似应该照准。(台北胡适纪念馆藏档，档号：HS-NK01-058-003）

郭廷以是日日记：

近史所拟聘一"外交"档案管理员，代理总干事全君作无谓挑剔。经向胡适之先生说明，胡先生深不以全君为然。(《郭量宇先生日记残稿》，170～171 页）

同日　下午，全汉昇来谈。(《胡适之先生年谱长编初稿〔补编〕》，216 页）

2 月 28 日　张紫常来访。中午，胡适应庄莱德的宴会，同席有杜勒斯的妹妹。(《胡适之先生年谱长编初稿〔补编〕》，216 页）

2 月 29 日　胡适出席"国民大会"第一次大会。(次日台北各报）

同日　午间，蒋介石宴请"国大"主席团。餐毕，曾就记名投票和无记名投票发生争论。胡适主张无记名投票，而张知本、曾宝荪主张记名投票，蒋介石明确表示主张记名投票。

是日陈诚日记：

胡适之对无记名投票极赞成，曾宝荪认为无记［名］投票为不负责，适之书生之见也……(《陈诚先生日记〔二〕》，1169 页）

同日　午餐后，罗家伦与胡适同车来南港谈话。(《罗家伦先生文存补遗》第三部《日记补遗》，644 页）

同日 晚，胡适出席雷震之邀宴，雷氏日记有记：

……下午六时半约郑振文、胡适之、夏涛声、朱文伯、沈云龙、李万居、蒋匀田、王世宪、齐世英、夏道平、端木恺来吃饭，大家一致对莫德惠之落选感到欣慰。胡先生说今午蒋先生约主席团吃饭，因张知本说无记名投票是对人而不对事，随由"总统"叫胡先生讲话，胡先生说无记名投票亦称 Australia ballot，系一八五六年由澳洲发明。前几年在美国举行百年纪念，美国制宪时尚未发明。无记名投票有两大理由，一可表示言论自由，二可表示不受威胁……胡先生要纠正张知本的话，说美国各州禁酒和妇女参政权等等均为政策问题，用无记名投票决定，可见不完全对事也。据胡先生说曾宝荪特别强调记名投票。今日端木恺劝胡先生今后称病不出席，据胡先生今天语气，他不拟为临时条款讲话也。有人怀疑端木恺系受人之托而出此。（《雷震全集》第40册，260页）

3月

3月1日 胡适"请假"，未出席"国民大会"。

同日 访客有陈亦修、董作宾、杨亮功、John Dixon 等。（《胡适之先生年谱长编初稿〔补编〕》，217页）

同日 下午，郭廷以来访，郭氏日记有记：

近史所拟聘吕君为管理员，负责"外交"档案管理，全汉昇君做事挑剔，胡适之先生曾致函婉劝，于各所用人，勿多干预，并谓吕君学历经验，均堪胜任。今日余再向全君解说，竟逢彼之怒，无理指摘。余不愿与之当面冲突，贻笑士林，未予多辩。午后将大概情形请颂平转达胡先生，胡先生立即表示慰劝之意，一切由其处理。……（《郭量宇先生日记残稿》，171页）

同日　晚，钱思亮宴请胡适。(《胡适之先生年谱长编初稿〔补编〕》，217页)

同日　胡适复函凌鸿勋，告：根据房兆楹、杜联喆夫妇编的《增校清朝进士题名录》，知清末考试留学生多次，皆系考试。而宣统元年之詹天佑等12人，是"特给"。根据《大清实录》之"宣统政纪"可知，詹天佑等12人皆不经考试，"赏给"进士，颇近于一种荣誉学位。又将郭廷以检得之詹天佑参与福州战役之档案一片寄凌。(台北胡适纪念馆藏档，档号：HS-NK01-097-008)

同日　晚，罗家伦来电话。(《罗家伦先生文存补遗》第三部《日记补遗》，644页)

3月2日　胡适为近史所聘档案管理员事访全汉昇，告全：我是为保护你，所以把公事退回给你，你无论如何不应该批了的。你的任务是调和各所的有不同的意见；你对这件事有相反的意见，你应该拿来给我作最后决定。(《胡适之先生年谱长编初稿》第九册，3210页)

3月3日　上午，访客有屈万里、孙洵侯、吕仲明。(《胡适之先生年谱长编初稿〔补编〕》，218页)

同日　凌鸿勋来，留下其《詹天佑年谱》，请胡适作序。(《胡适之先生年谱长编初稿》第九册，3210页)

同日　胡适约郭廷以来午饭，郭氏日记有记：

　　适之先生约午饭，为近史所聘管理员事，渠已一再向全汉昇劝说，于各所用人，勿加留难，并应随时商告。不满之意，溢于言表。并允此事渠当有处理，不使余感受困难。又询余对"国民大会"观感，余答以唯望其早日结束，勿再闹笑话。……又谈民国初年学术人物……适之先生云，任公绝顶聪明，惟用心不专，起居无节，兴之所至，无论打牌读书，往往夜以继日，饮食不离牌桌书案。(《郭量宇先生日记残稿》，172页)

同日　下午，雷震偕夏涛声、齐世英来访。对这次会面，雷震日记和胡颂平所记，各有侧重。

雷震日记：

> 夏、齐二人之意见，拟请胡先生在讨论临时条款时，发表意见，并以书面意见留在纪录之内，胡先生表示不必了。他说他的意见已发表甚多，路人皆知，所谓留上历史纪录云云，他不重视此事。他又说陈雪屏打电话给他，怕他发什么宣言，他未待对方说完，即表明绝无此事。（《雷震全集》第40册，262页）

按，胡颂平记胡适与雷震的这次谈话，载《胡适之先生年谱长编初编〔补编〕》，218页。

同日　晚，胡适出席天主教欢迎主教田耕莘的酒会。晚，端木恺来劝胡适不要讲话。（《胡适之先生年谱长编初稿〔补编〕》，218页）

3月4日　胡适约高去寻劝全汉昇不要干预近代史所聘任档案管理员事。韩国青年官员尹永甲、裴泾镐、辛秀汉、咸锺源、金太山、宋顺昌在苏在山、周培章二人陪同下来访。（《胡适之先生年谱长编初稿〔补编〕》，218页）

同日　晚，胡适等在Harry C. Schmid住宅举行餐会，会后举行科学教育计划会议。出席者还有王世杰、梅贻琦、Dison Poe、李熙谋、钱思亮、杨树人等。（台北胡适纪念馆藏档，档号：HS-NK05-258-006）

3月5日　晚，胡适约高去寻晚饭，高报告：全汉昇已经同意照胡适意见处理近代史所聘请档案管理员事。（《胡适之先生年谱长编初稿〔补编〕》，219页）

同日　胡适将一本《丁文江的传记》送交郭廷以，拜托郭将此书转交近代史所的一位青年学者帮忙查阅丁文江担任淞沪督办公署总办时的原始材料，包括"淞沪督办公署"的组织条例、孙传芳5月5日的演说、收回上海会审公堂协定、上海临时法院组织条例，等等。（台北胡适纪念馆藏档，档号：HS-NK04-011-012）

同日 "行政院"聘胡适为台湾"中国古艺术品赴美展览委员会"委员。（台北胡适纪念馆藏档，档号：HS-NK05-213-008）

3月6日 胡祖望一家来。（《胡适之先生年谱长编初稿〔补编〕》，219页）

同日 晚，胡适出席张庆桢为王世杰举办的生日宴会。（《胡适之先生年谱长编初稿〔补编〕》，220页）

同日 《公论报》有关于胡适与"国大"的报道，报道说：胡适之先生的影响力是不可漠视的。胡先生自从2月29日在宾馆遭遇围攻后，到今天为止，他就未进过中山堂。由此可见，"胡先生消极的态度，颇为主力派方面所困扰的"。胡适对最后一句话评论道：

> 中国人不讲究文法，又用"困扰"这个新名词，我真看不懂。如果说我的消极态度给国民党头痛的话，这句话应该这样写："主力派感觉头痛的。"人家一看就明白了。（《胡适之先生年谱长编初稿〔补编〕》，220页）

同日 胡适将《记取历史教训》小册子及两封匿名信寄送雷震，又云："我把这三件都送给你，请你细看。不必给任何人看。这个情形是严重的。你似乎不很了解我去年写给编辑部的信以及十周年演说的用意。"又叮嘱雷与毛子水多谈谈，并关照雷：下一期的稿子措辞要特别小心。（《万山不许一溪奔——胡适雷震来往书信选集》，226页）

> 按，3月7日，雷震收到这些文件后，在日记中有记：胡先生来信，并寄来赫尔回忆录文章一篇及匿名信二封，一封是去年的，另一封是最近给他的（说雷震是罪人）……盼他不要跟我走，受我利用。胡先生信中则劝我下一期文章措辞要谨慎，寄来文章当表示他支持本刊也。（《雷震全集》第40册，265页）

3月7日 全汉昇送来关于近史所聘档案管理员之公文，胡适留其午饭。晚，谷正纲、陶希圣、唐纵等宴请非国民党籍"国代"，胡适出席，谷正纲再请胡适担任大会主席，胡适答以不行，旋即逃席。晚，胡秋原来访，胡

适留其晚饭。(《胡适之先生年谱长编初稿〔补编〕》,220页)

同日　胡适邮寄20本《师门五年记》与张佛泉,请其除分赠索要该书的东海大学2名学生各一本外,另赠东海大学图书馆5本,其余的留存张处备用。(台北胡适纪念馆藏档,档号:HS-NK01-035-019)

3月8日　劳榦来谈。(《胡适之先生年谱长编初稿〔补编〕》,221页)

同日　胡适约郭廷以来午饭,郭氏日记有记:

> 适之先生约午餐,知近史所管理员问题已解决,全君另行补签。又谈丁在君传记事,胡先生否认丁任淞沪商埠会办时曾代孙传芳向英国借款。(《郭量宇先生日记残稿》,173页)

同日　周森沧夫妇陪同Mrs. Neuseld 和Mrs. Lull 来访。晚,胡适出席金弘一的酒会。(《胡适之先生年谱长编初稿〔补编〕》,221页)

3月9日　萧作梁来访。中午,参加陈诚的宴会。下午,徐堪来访。(《胡适之先生年谱长编初稿〔补编〕》,222页)

同日　《联合报》和《征信新闻》都有"主席团已推定第六次大会主席由胡适、朱家骅担任"的报道。胡适说:这大概是前天晚上谷正纲说的话,我去了一次,给他们一个机会了。现在的问题是赖得掉或赖不掉的问题。(《胡适之先生年谱长编初稿》第九册,3211页)

同日　夜,胡适心脏不舒服。13日,张婉度带医生来为胡适检查一次,15日又到台大医院检查一次。(台北胡适纪念馆藏档,档号:HS-NK05-048-042)

3月10日　雷啸岑来访。郭廷以和Howard L. Boorman 来访,留此午餐,谈至下午5时。Dr. Eberhard 来谈。(《胡适之先生年谱长编初稿〔补编〕》,222～223页;《郭量宇先生日记残稿》,173页)

同日　黄杰日记记"保安处"报告:

> 刘处长报告:
> 据"自由中国"编辑委员戴杜衡透露:

……雷震方面曾不惜多方面拉拢胡适与"政府"公开破裂，甚且只要胡适支援，即在"国民大会"中首先"发难"。而胡适方面，内心至为矛盾，如公然反对而与雷震合流，似不无顾虑，如就此缄默，又恐在所谓反对派知识份子中失去领导地位。因之雷震目前最惧本党中央怀柔胡适，尤惧"总统"与胡适单独谈话，取得谅解，因如此彼等多年努力均将落空。

民社党"国代"牛存善谈称：三月七日晚参加本党台北宾馆邀宴时，曾以师生关系，要求胡适对其所提"安全条款"案发表意见。胡初则微笑不答，继谓"还谈什么主张"。牛又以报载胡适很少出席大会一事相询，胡答："跟着胡闹，有什么意思，闹多了，将来国民党如拖出陪选'总统'时，一切都完了。"（陈世宏等编：《雷震案史料汇编·黄杰"警总"日记选辑》，台北"国史馆"印行，2003年，38页）

3月11日　林致平来。（《胡适之先生年谱长编初稿》第九册，3212页）

同日　下午，胡适主持召开科学会执委会会议。会毕到王世杰家吃晚饭。（台北胡适纪念馆藏档，档号：HS-NK01-326-102；《胡适之先生年谱长编初稿〔补编〕》，223页）

同日　胡适致函江冬秀，告胡祖望已决定接受王蓬先生的命令，至华盛顿任事；另及顾一樵、徐堪及梅先生都问好。（台北胡适纪念馆藏档，档号：HS-NK05-048-037）

同日　胡适有《无相五更转》一文。（台北胡适纪念馆藏档，档号：HS-NK01-318-006）

同日　胡适写一条子与史语所，询其是否有经费购买元刻明印本《五灯会元》。（台北胡适纪念馆藏档，档号：HS-NK03-006-034）

同日　第一届"国民大会"第三次会议第六次大会修订通过《动员戡乱时期临时条款》。（次日之《征信新闻》）

3月12日　胡适复函思高圣经学会，谢该会赠送《旧约》译本，另询《新约》是否译成。（台北胡适纪念馆藏档，档号：HS-NK01-276-002）

同日　晚，胡适到胡祖望寓所吃晚饭（今日乃祖望生日）。(《胡适之先生年谱长编初稿〔补编〕》，224页)

同日　胡适复函蔡维屏，感谢其去夏在檀香山的招待，又谈到已从Moore教授的信中得知夏威夷大学校长史奈德博士访台之事，4月5日一定亲自接机，并且安排请他来参观"中央研究院"。关于史奈德希望谒见蒋介石夫人事，当向"外交"单位接洽，希望他有一个不太辛苦的日程。(台北胡适纪念馆藏档，档号：HS-NK01-126-013)

3月13日　下午，关颂声来谈。胡祖望来。(《胡适之先生年谱长编初稿〔补编〕》，226页)

3月14日　"国民大会"第七次大会，胡适担任主席。(次日台北各报)

同日　胡适写定《荷泽寺神会和尚五更转两首》。(《神会和尚遗集》，胡适纪念馆印行，1968年，456～463页)

同日　Jim Wiggins致函胡适，云：

The purpose of my writing is to ask a small favor which means a great deal to me. Will you please send me a personally autographed photograph of yourself for my collection of outstanding philosophers and educators? I certainly shall appreciate it, and I assure you the size of the photo does not matter as long as you personally sign the front of it. This is so the signature will be visible when the photo is framed.

It is indeed an honor to know you are taking time to read my letter and to consider my request. I shall be anxiously awaiting your reply, so please let me hear from you at your earliest convenience.

In closing please accept my warmest personal regards for your health and happiness, and I sincerely wish you and yours the best of everything in life.(台北胡适纪念馆藏档，档号：HS-NK05-172-022)

3月15日　上午，胡适到台大医院检查身体，顺道看望了顾毓琇。本日访客有刘登胜、傅安明。(《胡适之先生年谱长编初稿〔补编〕》，226页)

同日　W. I. Myers 致函胡适，云：

My wife and I got back to Ithaca on schedule Tuesday evening, March 8th... One of the most enjoyable parts of our stay on Taiwan was the chance of renewing my friendship with you and of learning more about the important work in which you are engaged.

Since I realize how busy you are with all of your duties and responsibilities, I appreciate especially the time you gave in welcoming us at the airport and in saying good-bye on our departue...

My wife and I will look forward to the visit you are planning to make to the United States and hope that we will have the opportunity of seeing you in our home here in Ithaca. Now that you have a son in the United States as well as your wife we hope that you will visit this country and Ithaca more frequently than has been possible in recent years.

My wife joins me in warm personal regards and best wishes for your health and happiness.（台北胡适纪念馆藏档，档号：HS-NK05-160-050）

3月16日　访客有鲍克兰、许孝炎、王世杰。（《胡适之先生年谱长编初稿〔补编〕》，228页）

同日　雷震来访，并在此午饭。

雷震日记：

他对"自由中国"再版、三版，极为忧虑。怕当局在胜利之后，得意忘形，故将蔡孑民先生辞北大校长登报一句话，"杀君马者道旁儿"告诉我，希望我注意及之。因为大家喝彩，使当局妒嫉，可能使"自由中国"夭折。

胡先生说……拟日内入台大再检查。他定于七月初至美，十月返台北，太太一同来。我告诉他，他主了一次席，有人失望，他还要去投票，他说无记名，可以不投他，他说一定有陪选的，我劝他不要去。

今日午饭饭菜不佳，饭后又无水果。

……我问他今后怎么办。他说只有民青两党和国民党民主派和台湾人合组反对党，如果组成了，他首先表示赞成，他自己不参加，留几个无党无派份子比较好，如果他参加，我们推他做主席，那便无法推卸了。我说写了一篇纪念先母的文字，请他看看，他十分愿意。胡先生又说今后本刊要力求自足自给，不要亚洲协会的补助。（《雷震全集》第40册，270～271页）

胡颂平有记：

雷震来看先生，先生对他说："你说的话，我自己说的话，都会记在我的帐上。你不知道吗？'杀君马者道旁儿'：人家都称赞这头马跑得快，你更得意，你更拼命地加鞭，拼命的跑，结果，这头马一定要跑死了。现在你以为'自由中国'出了七版、八版，你很高兴，这都是你的灾害！"（《胡适之先生年谱长编初稿》第九册，3217页）

同日 胡适写定《南阳和尚问答杂征议》《神会和尚的五更转曲子》《南宗定邪正五更转》。（《神会和尚遗集》，426～455页，469～471页）

3月17日 凌鸿勋来谈其《詹天佑年谱》，胡适说："年谱就是长编，把谱主每年做的什么事，写的什么文章，按时间先后排起来，实在是个写传记打稿子的格式，不是传记。年谱是材料的记录，等于目录。"又允诺《詹天佑年谱》编好后，一定写一篇序。（《胡适之先生年谱长编初稿》第九册，3217页）

同日 女记者宣中文来访问胡适对学生联考的意见。（《胡适之先生晚年谈话录》，59页）

同日 访客还有屈万里、郭廷以、芮逸夫、董作宾。（《胡适之先生年谱长编初稿〔补编〕》，229页）

同日 陈诚邀约胡适、蒋梦麟、梅贻琦等10位教育界人士聚餐。（《陈诚先生日记〔二〕》，1178页）

同日　雷震致函胡适，告昨日承教甚快，并询饮食，请注意营养。2月7日东京《朝日新闻》两次提到"自由中国"杂志……(《万山不许一溪奔——胡适雷震来往书信选集》，228页)

按，据黄杰3月20日日记，知此函为"警备总司令部"的"特检处"检获。《雷震案史料汇编·黄杰"警总"日记选辑》，45页)

3月18日　访客有Harry Golberg和德国人Dr. Büttersatz。晚，刘年珑来谈。(《胡适之先生年谱长编初稿》第九册，3218页；《胡适之先生年谱长编初稿〔补编〕》，230页)

3月19日　上午9点半，胡适到台大医院检查身体，即住院治疗。(次日之"中央日报")

同日　来探访的有顾毓瑞、杨亮功、杨树人、凌纯声、全汉昇、钱思亮夫妇、张祖诒夫妇、雷震、夏涛声、沈志明、李先闻、梅贻琦、顾毓琇、毛子水、姚从吾等人。胡祖望全家来。(《胡适之先生年谱长编初稿〔补编〕》，230页)

3月20日　来探访的有朱家骅、顾毓琇、劳榦夫妇、陈可忠、浦薛凤、杜光埙、杨肇嘉、汪厥明、延国符、李谦、张紫常、刘年珑、程匀田、胡锺吾、王淦、汤绚章、夏道平、吴申叔、郭虞裳、于衡等。"国大"秘书处来商明日投票事。(《胡适之先生年谱长编初稿〔补编〕》，230～231页)

3月21日　上午，胡适自台大医院前往"国民大会"会场投票。(次日之"中央日报")

同日　下午，胡适在台大医院检查身体。(次日之"中央日报")

同日　来探视的有阮维周、萧作梁、王同荣、钱纯、张庆桢、程天放、田炯锦、芮逸夫、周静芷、杨西崑、方志懋、吴望伋、周杰人、唐纵等。(《胡适之先生年谱长编初稿〔补编〕》，231页)

同日　李书华致函胡适，对胡适因心脏病住院，深表挂念。(台北胡适纪念馆藏档，档号：HS-NK01-069-010)

按，3月19日胡适因心脏病住进台大医院后，陆续发来慰问函的有方重生、H. W. Peters、曹师式、C. Martin Wilbur、陈隽人、李国钦、农国孙、Robert J. Bernard、韩朝宗、N. Wing Mah（马如荣）、Hollist Yale、李瑄根、杨日旭等。（以上电函均存台北胡适纪念馆）

3月22日　上午，胡适自台大医院前往"国民大会"会场投票。（次日之"中央日报"）

同日　中午，Roy E. James 请胡适和 John J. Brooks 吃饭，同席有钱思亮。晚，张婉度与陈雪屏夫人为胡祖望夫妇饯行，也请了胡适。（《胡适之先生年谱长编初稿〔补编〕》，234页；台北胡适纪念馆藏档，档号：HS-NK05-154-004）

同日　访客有周静芷、张乐陶、郭炳钧、张仪尊夫人、杨继曾、钱思亮夫妇、凌鸿勋夫妇、胡文郁、宣中文、杜元载、李寿雍、潘蕃荪等。杨亮功来，胡适谈到历史上两部最好的自传，一是《汪龙壮遗书》里的《病榻梦痕录》和《梦痕余录》，二是《罗壮勇公年谱》。（《胡适之先生年谱长编初稿〔补编〕》，234页；《胡适之先生年谱长编初稿》第九册，3220页）

同日　黄杰日记有记：

"保安处"刘处长报告：

一、胡适于廿一日上午，由其秘书程维贤陪同参加"总统"选举会，投票后，程曾语胡，雷震未来参加大会。胡称："我们要说的话，已经说过了，民主政治是少数服从多数，雷震不来投票，是不应该的。"程并问胡："'总统'连任已告成功，如新闻记者请胡先生发表感想，将何言答之？"胡称："大势已定，我（胡自称）自有应付办法。"

二、"中央日报"女记者李青来廿一日下午3时访问胡适询以对"总统"连任之感想。胡某表情冷淡，答称："我站在'中国'老百姓立场，和其他老百姓一样感到兴奋。"此外即不再作答。

三、廿一日选举"总统"开票结果，"国代"胡锺吾（胡适之侄）曾问胡适是否投空白票。胡适答称"我会做这种小鬼头的事情吗？我

要不投蒋先生的票，我就不去投票，既去投票了，我何苦还这样做呢？"

四、胡适私人秘书王志维透露，胡已将本次大会中所领膳宿等费4000余元由该王代存于南港土地银行，并称："胡适以其食、宿、交通等，均系'政府'供应，不应再领任何款项，准备于闭会后，将该费送还'国大'秘书处。"（《雷震案史料汇编·黄杰"警总"日记选辑》，46页）

3月23日 访客有俞国华、苗培成、王成椿、虞舜、沈志明、顾毓琇、谢冠生、菲力普、李熙谋、蔡培火、刘光年、屈万里、唐子宗、程刚、王澄、刘世超、朱家骅夫人等。（《胡适之先生年谱长编初稿〔补编〕》，234页；《胡适之先生年谱长编初稿》第九册，3220页）

3月24日 访客有张国键、陆幼刚、陆匡文、李宗侗、朱学勤、雷法章、张晓景、汪新民、鲍良传、田宝田、沈志明、朱家骅、蒋复璁、梅贻琦等。（《胡适之先生年谱长编初稿〔补编〕》，235页）

同日 郭廷以日记有记：

据闻此次"国民大会"胡适之先生未表示任何意见，由于其公子祖望之恳劝，国民党当局则允派胡公子往"驻美大使馆"任职。未审确否。（《郭量宇先生日记残稿》，175页）

3月25日 罗家伦来探视。郭廷以来探视。（《罗家伦先生文存补遗》第三部《日记补遗》，648页；《郭量宇先生日记残稿》，176页）

同日 访客还有尹葆宇、石璋如、陈槃、高去寻、严耕望、何联奎、陈倬、毛子水、郑彦棻、伦蕴珊、顾毓瑞、王洪钧、李青来、胡秋原等。（《胡适之先生年谱长编初稿〔补编〕》，235页）

同日 晚，胡适到金华街台湾"清华大学"办事处吃饭，饭后与王世杰同来医院，久谈。（《胡适之先生年谱长编初稿〔补编〕》，235页）

3月26日 罗家伦来长谈，并送来金亚匏诗集。（《罗家伦先生文存补遗》第三部《日记补遗》，649页）

1960年　庚子　69岁

同日　雷震来访，雷氏日记有记：12时去看胡先生，他把蒋先生在"国大"闭会所说的话，念给我听。胡先生又说他找报纸来看艾森豪与赫特有电贺蒋先生之事，只有韩、越等不相干的国家，胡先生又云今日"中国邮报"把他昨日所云过去的让他过去了登载出来，他倒觉得不好意思了。(《雷震全集》第40册，277页)

同日　访客还有魏炳炎、方子卫、张翰书、宣中文等。晚，胡适到张兹闿家吃饭。(《胡适之先生年谱长编初稿〔补编〕》，236页)

3月27日　访客有夏涛声、魏嵒寿、蓝乾章、何肇菁、杨亮功、张紫常、毛子水、台静农、孙德中、郑骞等。(《胡适之先生年谱长编初稿〔补编〕》，236页)

同日　胡适对胡颂平谈及其阅《张荫麟文集》的感想，赞佩张的学问，又慨叹其英年早逝。指出张之《尚书考》是最好的一篇，《沈括传》也写得好。(《胡适之先生晚年谈话录》，63～64页)

3月28日　胡适致函陈雪屏，云：

在医院收到一封有趣味又很动人的信，谈的是一个真实又很严重的问题，所以我送给老兄看看。我盼望这个问题能得着"政府"诸公的注意……此信可以复写分呈辞公与云老看看。

我今天还没有出院，下午要看心电图的结果如何再定是否可以回去。

按，胡适函中提到的信，是一个小学生写来，来信说，他的父亲是一位技工，当局对工人家属的实物配给只给2口，而他家有兄弟姐妹7人。他说，自己是一个被"国家"不要的孩子，将来也不要"国家"，也不要对"国家"效忠。拜托胡适向"总统"陈情。(《胡适之先生年谱长编初稿》第九册，3223页)

同日　郭寄峤、张国键、张婉度、鲍弗博士（Marshall C. Balfour M. D.）、张世钜、董作宾、芮逸夫、杭立武、朱家骅、查良钊、蒋复璁、齐世英、

229

赵连芳、凌纯声、张紫常、吴相湘、雷震、全汉昇等来探视。(《胡适之先生年谱长编初稿〔补编〕》，237页；《雷震全集》第40册，278页)

3月29日　罗家伦、王世杰、钱思亮、梅贻琦先后来劝胡适多住几天医院，胡适终于答应到4月4日出院。(《胡适之先生年谱长编初稿》第九册，3223页)

同日　访客还有雷宝华夫妇、沈志明、张学增等人。(《胡适之先生年谱长编初稿〔补编〕》，238页)

3月30日　魏炳炎、顾文霞、高平子、张贵永、朱家骅夫人、杜光埙、雷震、夏涛声来探视。(《胡适之先生年谱长编初稿〔补编〕》，238页)

雷震日记：

随去看胡先生，他说孙中山对于宪法是闯了大祸，举凡新的东西，他都搜进去。……胡先生又云他第一次读到孙中山引用威廉之书，他去哥大图书馆借阅，他是第一人看此书，后问杜威先生，杜说此人乃牙医。……胡先生又说，三月底 Newsweek 和 Time Weekly 上面有蒋"总统"长孙蒋孝文在美国丢脸之事。据《新闻周刊》上载称，孝文闯车祸多次，警察送到法院，经我方"大使馆"和国务院商量，国务院打电话给法院，请对此案不要判罪，说我方（美方）在台军事人员常有车祸，恐将来报复而不好，不意法院推事拒不接受，反判徒刑三天，予以缓刑，并对外公开此事，责备国务院不该干涉司法。(《雷震全集》第40册，279～280页)

同日　晚，胡适到胡祖望家吃晚饭。(《胡适之先生晚年谈话录》，66页)

3月31日　马之骕、沈刚伯、朱家骅夫人、陈继承夫人、罗家伦、庄莱德夫人、张紫常、梁序穆、朱学勤等来探视。(《胡适之先生年谱长编初稿〔补编〕》，239页)

同日　杨日旭致函胡适云，阅21日《纽约时报》知胡适入院休养消息，极感不安，23日往谒胡夫人知胡适已康复出院，衷心快慰无已。请胡适"珍

摄，藉慰远念"。（台北胡适纪念馆藏档，档号：HS-NK05-109-004）

4月

4月1日　台湾"中国古艺术品赴美展览委员会"第一次会议召开，胡适作为委员出席了会议。（台北胡适纪念馆藏档，档号：HS-NK05-270-001）

同日　来医院探视的有查良钊、钱思亮夫妇、顾毓瑞、端木恺、郭寄峤、全汉昇等。（《胡适之先生年谱长编初稿〔补编〕》，240页）

4月2日　来医院探视的有王世杰（携其《乾嘉闻人书翰》，请胡适消遣）、程天放、雷震、俞大绥、张婉度、齐世英等。（《胡适之先生年谱长编初稿〔补编〕》，240页）

同日　蒋介石派蒋经国前来探视，蒋介石此举，系"表示其对'国民大会'态度尚持大体，故慰之"。（《胡适之先生年谱长编初稿〔补编〕》，240页；蒋介石4月1日日记）

同日　晚，樊际昌、查良钊请胡适吃饭。（《胡适之先生年谱长编初稿〔补编〕》，240页）

4月3日　来探视的有延国符、李熙谋、林致平夫妇、张庆桢夫妇、全汉昇夫妇等。（《胡适之先生年谱长编初稿〔补编〕》，240页）

同日　王世杰宴请胡适，罗家伦等作陪。（《罗家伦先生文存补遗》第三部《日记补遗》，650页）

同日　胡适致函王世杰，略谈王氏收藏《乾嘉闻人书翰》的感想。（台北胡适纪念馆藏档，档号：HS-NK01-143-008）

> 按，次日，王世杰又函寄胡适罗素近著，不妨作为消遣品看，不致耗神。又云：《乾嘉闻人书翰》尊跋甚好，自当与册并藏。20年前付裱时未将旧裱人名次序更改，确是疏忽。（台北胡适纪念馆藏档，档号：HS-NK05-005-011）

4月4日　朱家骅、钱思亮来探视时，均劝胡适多在医院住几日，但胡适执意出院。今日来探视的还有彭明敏、周静芷、沈志明、芮逸夫、刘崇𬭎、雷震、周象贤、樊际昌、梅贻琦等。(《胡适之先生年谱长编初稿》第九册,3225 页;《胡适之先生年谱长编初稿〔补编〕》,240 页)

雷震是日日记:

> 今日上午有人打电话来,劝我不要对自己事给胡适之先生写信,他说得我不懂。他说明譬如去年对陈怀琪事件,我请胡先生转请王云五出来调停,他说有我的信的抄件。他可以给我看,但他要工作到晚上十时才能下班。我请他到"自由中国"社来,他不允,他说可以到咖啡店见一面,随即约定衡阳街公园这一头电话亭子边上见面,后到咖啡店谈话。我记得我没有信给胡先生托其调停一事,所以我也想看看究竟。我告诉了胡先生,他劝我不要去,我遂决定不去。由傅先生、马先生去看看。胡先生又说,我将信送到和平东路办事处,似不妥。因只有工人二名,不大可靠,王志维已警告过他,胡先生说他那里无问题。(《雷震全集》第 40 册,283～284 页)

4 月 5 日　胡适出院。回南港后,来拜访的有董作宾、石璋如、张秉权、芮逸夫、高去寻、李光涛等。(《胡适之先生晚年谈话录》,66 页;《胡适之先生年谱长编初稿〔补编〕》,241 页)

同日　下午,郭廷以来访。郭氏日记有记:

> 与胡适之先生谈及西雅图"中美文化合作会议"事,承以有关文件见示,并嘱参加,允之。就胡先生所示名单看来,余原不在内,今日始临时决定将余列入,将来如何,尚不可知。但在余则毫无所谓。(《郭量宇先生日记残稿》,178 页)

4 月 6 日　夏威夷大学校长史奈德(Laurence H. Snyder)由钱思亮、赵连芳陪同来访。中午,胡适与史奈德同赴庄莱德的宴会。(《胡适之先生年谱长编初稿》第九册,3226 页)

同日　法国原子专家阿蒙由盛成陪同来访。(《胡适之先生年谱长编初稿〔补编〕》,241页)

同日　晚,胡适在钱思亮宅宴请史奈德。(《胡适之先生晚年谈话录》,66页;《胡适之先生年谱长编初稿》第九册,3226页)

4月7日　芝加哥大学史乐生(Kenneth Starr)来访,与鲍克兰留此午饭。(《胡适之先生年谱长编初稿》第九册,3226页)

同日　许明德、俞国华、吴幼林等来邀胡适出席22日留美同学会的餐会。(《胡适之先生年谱长编初稿〔补编〕》,242页)

同日　胡适函辞祝康彦的约稿请求。(台北胡适纪念馆藏档,档号:HS-NK05-046-007)

4月8日　马逢瑞来邀请胡适出席中国公学校友会为于右任举办的祝寿活动。全汉昇陪一位王君来,请胡适为其证婚,胡适婉辞。Dixon和夏普来访。高平子来谈天文学会和日历的事。(《胡适之先生年谱长编初稿〔补编〕》,242页)

同日　胡适致电房兆楹:欢迎停留在我家。(台北胡适纪念馆藏档,档号:HS-NK05-044-001)

4月9日　郭廷以、芮逸夫来谈。(《胡适之先生年谱长编初稿〔补编〕》,242页)

同日　胡适致函李玉阶,云:

> 最近一两个月中,《自立晚报》常登出关于我个人的话,有许多是毫无根据的。你知道我的电话,又和我的秘书胡颂平兄相熟,为什么不先问问我或问问颂平?为什么要登载这些毫无根据的话?这是很不负责任的行为,使我十分失望。
>
> 关于我自己的政治见解,我自己有主张,自己负责任,外间流传的各种揣测,我从来不更正,也没有工夫来一一更正。
>
> 但最近《自立晚报》有两次提到我的儿子,这是关系一个青年人事业的事。我不能不替他说几句话。

> 我在社会上做事四十多年，从来没有一封荐人荐事的信到任何政府机构或教育行政机构。我的儿子祖望做了十多年的事，全靠他自己的成绩吃饭，从来没有得到我一丝一毫的介绍力量。他是学工程的，从来没有和我谈过政治。三月廿七日《自立晚报》说的"有关方面……曾拜会了祖望，并在〔三月〕九日的晚上请祖望到南港去劝说胡先生"，那真是最荒谬的奇闻！《自立晚报》四月八日"新闻眼"登出的"胡祖望将有新命"一条，更是毫无根据的奇谈。
>
> 今年一月里，祖望的老上司王蓬先生从美京打电报给美援会，要调祖望去做助手。这是一件苦差，在国外每月约三百多块美金，很难养活妻子的。祖望因为老上司的关系，踌躇许久，才决定接受此事。《自立晚报》四月八日说的"执政党某权威人士不久以前曾数次约晤胡祖望，对其近况颇表关切"云云，完全是有意造谣，诬蔑"执政党"，也诬蔑我的儿子。
>
> 你在新闻界多年，难道竟不知道王蓬先生是什么样子的人？这位王蓬先生从来不受政治方面任何压力的，也从来不受一封荐信的。《自立晚报》四月八日"新闻眼"登的话，不但对我的儿子是一种侮辱，对"驻美大使馆经济参事"王蓬先生是一种大侮辱。《自立晚报》对他们两人应该道歉。
>
> 如果《自立晚报》这两次的奇闻是有来源的，我要求你公开宣布这位"有关方面"是谁，"执政党某权威人士"又是谁。（台北胡适纪念馆藏档，档号：HS-NK05-031-012）

同日　胡适复函罗鼎，云：

> 我向来不敢作没有读过的著作的序文。……
>
> 我当然不敢请贵会把县志稿本寄给我看看，但我很盼望先生把县志的目录钞给我看看，若能蒙先生的编纂凡例及文献会诸公已成的序文等等参考资料，钞示一份，使我可以知道新修志的内容，我就可以有点考虑的材料了。

再者，《台东州修志采访册》是先父草创的，六十多年来，《台东县志》有没有续修过？乞先生便中示知为感。（台北胡适纪念馆藏档，档号：HS-NK01-093-018）

同日　胡适函辞黄正模证婚的请求，函辞贺恒仁索序的请求。（台北胡适纪念馆藏档，档号：HS-NK05-100-004、HS-NK05-101-004）

4月10日　胡祖望一家来，留此午饭。（《胡适之先生年谱长编初稿〔补编〕》，243页）

同日　下午，胡适主持科学会执行委员会会议。（台北胡适纪念馆藏档，档号：HS-NK01-326-103）

同日　胡适致唁电与Mrs. Alfred Kohlberg: Kindly convey following to Mrs. Kohlberg: Alfred's passing greatly saddens me. Nobody in the world can carry on his work of love in constantly watching and ridiculing what he considers wrong ideas on world affairs. Sincere condolences.（台北胡适纪念馆藏档，档号：HS-NK05-155-024）

按，在胡适纪念馆收藏的这份英文电报旁边，有胡适亲笔题写的一段中文。

4月11日　倪源卿、贝祖诒、程沧波、郭虞裳、江元仁等来访。蓝乾章来请胡适为市立图书馆题字。胡适到许明德家吃饭，同时谈科学会的事。（《胡适之先生年谱长编初稿〔补编〕》，243页）

同日　胡适在智𫖮述《小止观六妙门合订本》（台湾印经处，1951年）封面题记："此是天台智者大师著作中流行最广的一本小册子，可说是天台教义的最简明的叙述。（老同学郭虞裳先生送我的）"（《胡适藏书目录》第2册，968页）

4月12日　董作宾来谈。（《胡适之先生晚年谈话录》，67页）

同日　中午，王世杰宴请美国国家艺术博物馆馆长John A. Pope和Aschwin Lippe，胡适应邀作陪。（台北胡适纪念馆藏档，档号：HS-

NK05-340-209;《王世杰日记》下册，939 页）

同日　胡适对胡颂平说：假定我还有 10 年的工作时间，我要刻苦把必要的东西写出来，至少要计划计划。我在医院里就计划到这些事了。又谈道：我想把我的诗，少年的旧诗、新诗、打油诗，连同填词，按照年代的前后，统统放进去。另外出一本诗存。胡适在医院时还谈到编辑《胡适文存》的五集、六集之事。(《胡适之先生年谱长编初稿》第九册，3231 页）

同日　胡适有《校写〈五更转〉后记》一文。(台北胡适纪念馆藏档，档号：HS-NK05-184-008）

4 月 13 日　胡适到机场送胡祖望赴美，旋到台大医院检查身体。(《胡适之先生年谱长编初稿》第九册，3233 页）

同日　中午，胡适到朱家骅宅午饭。下午，John A. Pope 和 Aschwin Lippe 来访，仍谈艺术品赴美展览事。(台北胡适纪念馆藏档，档号：HS-NK05-340-209）

同日　下午 5 时，雷震来访。雷氏日记有记：

下午五时半到胡先生处，第一，将《对母亲回忆》送给他看。第二，亚克曼嘱向福特基金请款事，向胡先生报告。胡说福特基金款甚多，对台湾恐不重视。我把过去饶大卫所说告诉他。第三，谈到反对党事，仍希望他出来发起，担任主席一年，无他承头，则此事搞不起来。我说胡先生过去说过，美国大学六十五岁强迫退休，胡先生又多做一年"中央研究院"院长，到今年十二月十七日他已六十九岁，应该退休，来发起反对党之事；做一年即辞去，任顾问，由副的代理。我说政治搞不好，一切不会搞好的，他仍不允。涛声叫他做发起人，他只说你们做好了，他可立刻声明支持。胡先生对《自立晚报》所载胡祖望劝他任主席和投票，又说祖望去美任工作，是这个原因。他很生气，写了信给李玉阶，说那篇文章不仅侮辱了祖望，而且侮辱了王蓬。胡先生说他从未给儿子工作写过信，此信写好后未发，只叫胡颂平告诉了李玉阶，说他这种作法是下流。又胡先生对"孔孟学会"要求他做发起人之言，他有覆信，他反对独尊，他主张百家并重。我说这又在开倒车，完全不朝新的路上走。……(《雷震全集》第40册，289～290页)

4月14日　凌纯声、劳榦、姚从吾来。维也纳合唱团20多人来见。Margaret Condiffe Kessler来访。下午，芮逸夫来谈购藏《续藏经》事。下午6时，胡适到圆山饭店看望顾维钧夫人，旋到美国在台基金会吃饭。(《胡适之先生年谱长编初稿〔补编〕》，244～245页)

4月15日　中午，庄莱德宴请胡适。胡适为吴大业、郑达文写了条幅。晚，访朱家骅。又应陈继承夫妇的晚宴。(《胡适之先生年谱长编初稿〔补编〕》，245页)

同日　胡适为学人宿舍奠基石题字：此幢研究人员宿舍，承美国亚洲协会捐款建造，敬志感谢。(《胡适之先生年谱长编初稿》第九册，3233～3234页)

4月16日　访客有王成椿、李学广、刘伯祥、刘彭年、芮逸夫、吴大业夫妇。(《胡适之先生年谱长编初稿〔补编〕》，245页)

同日　胡适为程天放著《美国论》作一后记。认为这本书是介绍美国、说明美国、了解美国的一部最好的书。该书的优点有：搜集材料勤劳，运用资料谨慎；历史叙述法；作者对美国民族与美国文化的同情热心。又指出此书的不足：应该有专章讲美国人的宗教；应有专章叙述美国的司法制度。("中央日报"，1960年4月26日)

4月17日　王企祥来见。樊际昌、曾淑昭来，留此午饭。(《胡适之先生年谱长编初稿〔补编〕》，245页)

同日　胡适致函胡家健，拜托其帮忙在香港觅购《续藏经》。(《胡适中文书信集》第5册，236～237页)

同日　胡适致函入矢义高，谈为铃木大拙九十岁大寿写文等事，又拜托帮忙觅购《续藏经》。(台北胡适纪念馆藏档，档号：HS-NK04-006-007、HS-NK04-007-006)

4月18日　中午，胡适约赵连芳、魏嵒寿、陈朝栋、全汉昇午饭。下午，

杜光埙来访。(《胡适之先生年谱长编初稿〔补编〕》,245~246页)

同日　胡适复函黄拓荣,告已将为《台东县志》作序的意思函告罗鼎,并请罗鼎提供参考材料。又托"中研院"民族所研究员鲍克兰(Beauclair)夫人带上胡传的《台湾日记与禀启》三部访黄,将书赠与黄等,又希望黄能接见鲍克兰夫人。(台北胡适纪念馆藏档,档号:HS-NK05-100-013)

同日　胡适复函李先闻,详告自己此次心脏报警及住院治疗的全过程,又云大病看作小病,小病看作无病,才是养生的要诀。(台北胡适纪念馆藏档,档号:HS-NK01-064-002)

4月19日　访客有郭廷以、江良任、罗吉眉、丁惟诚、刘光、顾献梁、袁伦仁。下午,美国华语学校校长任乃圣,学员葛思廷、康莱德、班赋思、顾国定等9人来见。(《胡适之先生年谱长编初稿〔补编〕》,246页)

同日　房兆楹自日本来,由郭廷以陪同来住胡适寓。(《郭量宇先生日记残稿》,180页)

同日　晚,胡适应委内瑞拉"大使"的酒会,又应张群的邀宴。(《胡适之先生年谱长编初稿》第九册,3243页)

同日　胡适复函宋兢燊,感谢宋和咸洪根、闵斗基三位翻译《中国古代哲学史》,但因此时太忙,不能为这个译本写序了。又说来函提到的"台湾现代书店出版"之《胡适文选》一书是香港盗编、盗印的,编辑不负责任,校对也十分不负责任。其中错误百出,脱字、误字,不计其数。"最可怕的错误竟把我原来的意思错到反面去了!"又举例指出该书的种种错误。劝宋等不要翻译这本文选。"如果你已翻译了若干篇,请将题目钞下,我可以将校正的本子寄给你。"(台北胡适纪念馆藏档,档号:HS-NK01-268-014)

4月20日　中午,霍宝树在圆山饭店请胡适吃饭。晚,James M. Berkebile请胡适吃饭。(《胡适之先生年谱长编初稿〔补编〕》,246页)

同日　下午,胡适作成《丁文江的传记》之《校勘后记》。胡适考出:丁文江是在宣统三年八月参加游学毕业考试,九月得"格致科进士",李四光得"工科进士"。房兆楹、杜联喆合编的《增校清朝进士题名碑录》的附录一上误记作"五月",应改作"九月"。(台北胡适纪念馆藏档,档号:

HS-NK05-184-009）

4月21日　董作宾来访。(《胡适之先生年谱长编初稿〔补编〕》,246页)

同日　胡适邀房兆楹、郭廷以来午饭。(《郭量宇先生日记残稿》,180页)

4月22日　中午,胡适到"自由之家"中国留美同学会以英文演讲"裁军的历史教训"。胡适说,第一次世界大战后,美国和其他欧洲国家的裁军,使当时的国际组织——国际联盟失去力量,致使日本、德国和意大利掀起了第二次世界大战。(台北胡适纪念馆藏档,档号:HS-NK05-206-010)

同日　下午,方豪来访。(《胡适之先生年谱长编初稿〔补编〕》,247页)

4月23日　胡适与房兆楹共进午餐。下午,顾献梁来访。旧金山杨氏博物馆负责人Elkus来访。(《胡适之先生年谱长编初稿〔补编〕》,247页)

同日　胡适有《记永宪录排印本》笔记一条。(《胡适手稿》第9集卷2,181～183页)

4月24日　蒋廷黻来长谈。曾淑昭母子来午饭。下午,胡适参加选举台湾省议员的投票。晚,出席Pardee Lowe的餐会。(《胡适之先生年谱长编初稿〔补编〕》,247页)

同日　胡适作有《〈永宪录〉里与〈红楼梦〉故事有关的事》《清圣祖的保母不止曹寅母一人》两篇笔记。(《胡适手稿》第9集卷2,185～204页)

同日　杨树人致函胡适,欲辞掉一切其他的事务,专心念书上课。执行委员和秘书的差事,请胡适和梅贻琦商量,另邀他人接替。(台北胡适纪念馆藏档,档号:HS-NK05-108-041)

4月25日　下午,李先闻来谈。萧作梁来谈。芮逸夫、高去寻来谈考古馆两件文物赴美展览事。(《胡适之先生年谱长编初稿〔补编〕》,248页;《胡适之先生年谱长编初稿》第九册,3248～3249页)

同日　胡健中约胡适、王云五、严家淦、尹仲容、唐纵等与嘉新水泥公司的董事长张敏钰、总经理翁明昌晚饭,因为该企业营业大有盈余,颇想捐款作教育事业。胡适说,今日之急务不在中小学助学金一类的善举,而在"提高"学术。(据《日记》)

4月26日　下午3时,胡适出席"教育部"酒会。晚,到圆山饭店参

加 Dr. Miller 的宴会。(《胡适之先生年谱长编初稿〔补编〕》,249 页)

4月27日 洛克菲勒基金会的 Boyd Compton 来访。中午,胡适宴请 Ralph Cleland 和 Harold J. Coolidge,约李先闻、赵连芳、魏喦寿、袁伦仁、全汉昇作陪。下午,邓萃英来访,杨树人偕周富瑞来访。晚9时,胡适访蒋廷黻。(《胡适之先生年谱长编初稿〔补编〕》,249 页;台北胡适纪念馆藏档,档号:HS-NK01-309-001)

同日 胡适复函黄应良,云:

你要把《新青年》杂志七卷中发表的白话新诗钞出,编为《新诗的开拓者》一书,这些诗有成功的,也有失败的,至少可以代表那个时代的尝试精神。因为不是我一个人的诗,我不敢说"允诺",但我是赞成的。我没工夫写序文,只能题一个封面附上。

你要附录"我为什么要做白话诗"(《尝试集》自序),我不反对。《谈新诗》一篇似可以不必附录了罢?寄上《新文学运动小史》一册,供你参考。(台北胡适纪念馆藏档,档号:HS-NK05-100-036)

按,5月5日,黄应良复函胡适致谢,并遵嘱删存编辑数据。(台北胡适纪念馆藏档,档号:HS-NK01-198-029)

同日 胡适复函韦莲司小姐,为得悉韦"不能行动""还不能上楼"而非常挂念。希望韦早早上床,不在已经疲倦的时候勉强自己。(《胡适与韦莲司:深情五十年》,182 页)

同日 胡适复函郑钰记,告《梁任公先生年谱长编初稿》已排印出来了,渠所藏油印本在今日已无多大用处,只有历史意味而已,个人愿出 100 港币买此书,留作纪念。另,盼告盐山杨复礼编的《康梁年谱》的价钱,"倘蒙将此书挂号寄给我看看,那就更好了"。(台北胡适纪念馆藏档,档号:HS-NK05-120-010)

同日 胡适复函陶启沃,告陶著《五权运行之理论与研究》一书,用"五行"来研究五权,不能了解这样的"玄机",也无法代为介绍,寄还原件。

（台北胡适纪念馆藏档，档号：HS-NK01-113-019）

同日　胡适复函成剑秋，因自己从不干预任何机关团体内部的事，故无法帮忙。30日因有他约，请不要来南港。（台北胡适纪念馆藏档，档号：HS-NK01-056-013）

同日　郭廷以日记有记：

> 午后访蒋廷黻先生，为述近史所工作。蒋先生云渠对于胡适之先生与蒋"总统"之关系，年来颇费苦心。适之先生不甚了解实际政治，说话有欠考虑。蒋"总统"最初确系诚意邀其出长"中央研究院"，适之先生居台亦大有裨于"自由中国"。为适之先生计，应全力注于研究院，培养人才、转移风气，作长期之投资，不采短期之收获。对人应包涵原谅。（《郭量宇先生日记残稿》，181页）

4月28日　访客有张子良、陈香梅。（《胡适之先生年谱长编初稿〔补编〕》，250页）

同日　郭廷以来午饭，郭氏日记有记：

> 中午在适之先生处用饭，承以陈独秀先生之《实庵自传》相示，此书仅成两章，记其童年事。适之先生云陈颇好色，青年时代与其妻妹（高氏）相恋，不容于乡里。及其晚年在上海被捕，系于南京监狱，极受优待，适之先生与段锡朋先生尝往探视，有一中年妇人白日经常相伴，适之先生戏呼之曰"土摩登"。廿六年［1937年］上海战争发生，八月十四日敌机炸南京，当日由适之先生及段锡朋先生共同保释，西去汉口，旋入川，居江津，迄于病卒。适之先生云，马寅初之好色，尤过于陈。（《郭量宇先生日记残稿》，181页）

同日　下午5时，参加庄莱德的酒会。下午7时出席台湾"清华大学"同学会的餐叙。（《胡适之先生年谱长编初稿〔补编〕》，250页）

同日　胡适日记有记：

> 兆楹兄带来《东洋文库》印出的《满文老档》Ⅲ、Ⅳ两册……他指给我看日本学人的合作方法与合作精神。这件《满文老档》的译注工作是五个学者合组的"满文老档研究会"做的……我也指给他看我特别提出日本学人组织合作研究班来仔细调查 British Museum 的 Stein Collection of 敦煌写本影片的合作方法。

同日　胡适复函罗煜寰，告罗氏所藏碗底篆文，颇疑是满文。房兆楹也怀疑是满文，"但左右混淆，无从辨认"。附寄房兆楹先生对之审查的铅笔记录。（台北胡适纪念馆藏档，档号：HS-NK01-093-023、HS-NK04-009-020）

4月29日　于望德来访。鲁道夫来并留此午饭。下午，王世杰来谈古物运美展览事。（《胡适之先生年谱长编初稿〔补编〕》，251页）

同日　晚，胡适出席日本驻台机构负责人井口贞夫的酒会。会毕，偕雷震来南港。雷氏日记有记：

> 上午至社，下午赴"日本驻华大使"井口贞夫酒会，遇到胡适之先生。餐毕同去南港，在"中央研究院"晚饭。
>
> …………
>
> 胡先生说今日下午四时王雪艇来南港，王说韩国事件对东南亚影响一定很大，我们暂时不要讲话，以免人家说我们幸灾乐祸。胡先生说他很兴奋，我询以何故。他说，他看到报纸上载有南韩大学教授而受尊敬者有一五〇人带队游行，李承晚看了不能不下台。他觉得台湾如何，言下感到台湾大学教授不及南韩了。……（《雷震全集》第40册，298页）

同日　上午，胡适为台湾"清华大学"原子能实验馆的奠基石题写："理未易察　敬写南宋哲人吕祖谦的一句话，为母校四十九年校庆记念，并预祝原子能实验馆的完成。"（台北胡适纪念馆藏档，档号：HS-NK05-194-010）

4月30日　胡适设午宴招待费正清夫妇，同席有 Brandt、Jerome B.

Grieder（贾祖麟）及房兆楹等，饭后陪同参观近史所。郭廷以日记有记：

> 接经之两函，谓"中美文化会议"台湾出席人员，华盛顿大学盼余参加，曾向此间提出，而胡适之、钱思亮先生送去名单，始终未将余名列入。公权拟再商华大当局设法。实则余对于参加与否毫无所谓，所可怪者，本月五日胡先生尚以此事征余同意，并将有关文件见示，而送出名单则不予列入，真莫测高深。(《郭量宇先生日记残稿》，182页)

同日　下午，钱思亮、刘崇鋐来访。(《胡适之先生年谱长编初稿〔补编〕》，251页)

同日　胡适有《〈清末民初洋学学生题名录初辑〉序》一文。(台北胡适纪念馆藏档，档号：HS-NK05-184-012)

5月

5月1日　上午，胡适到台湾"清华大学"研究院参加校庆纪念会。(《胡适之先生年谱长编初稿》第九册，3252页)

同日　下午，雷震偕端木恺来访。雷氏日记有记：

> ……胡先生至四时四十余分始返，而端木因有先约已先返矣。我与胡先生谈甚久，觉得局面长此下去，前途太暗淡了，请他考虑办法，四日他允到吴三连，但不知要如何说，他也没有好的意见。我在他那里吃晚饭，直到晚间八时始返……胡先生对现局实不乐观，因想不到方法改善现局也。胡先生又说，李石曾"出国"申请"护照"，党部打电话给"外交部"不要发。(《雷震全集》第40册，299页)

5月2日　蓝乾章来谈购买《续藏经》事，决定由徐高阮、高去寻去和松山寺的道安和尚说：台湾可以翻印《续藏经》，胡适愿意作一篇序文。这样，香港的优昙和尚或许愿意出让了。访客还有Mckinley、赵连芳、Eymann 夫妇、Neufeld 夫妇、齐世英。(《胡适之先生年谱长编初稿〔补编〕》，251～252 页)

同日　梁寒操来为其夫人的一部艺术方面的书求序，胡适以不懂艺术为由婉辞。(《胡适之先生年谱长编初稿》第九册，3252～3253 页)

同日　晚，蒋介石宴请菲律宾总统 Garcia，胡适应邀参加。(次日之"中央日报")

同日　胡适函谢台湾银行经济研究室将胡传之《台湾日记与禀启》重排印行。(台北胡适纪念馆藏档，档号：HS-NK04-011-016)

5月3日　下午4时，"中央广播公司"匡文炳、蓝蔚民来请胡适就五四运动发表录音讲话。胡适谈了五四运动的原因和经过，指出中国共产党成立于五四运动后的1921年，又谈了五四运动对于中国文艺复兴的意义。(次日台北各大报纸)

同日　晚，胡适应邀出席陈诚招待菲律宾总统 Garcia 的宴会。(次日台北各报)

同日　Charles K. Bassett 致函胡适，云：

The Class of 1914 at Cornell has always been generous in its gifts to the University. We have always been among the class leaders.

I have always felt that we were at Cornell during the "Golden Years" of American universities, and in return have shown a vigorous appreciation of what the University has done for us. Last year, for example, we contributed $24,120 and ranked third among all classes in total dollars contributed.

At this time each year we join together as a Class to present our University with a gift to help support its outstanding educational program. Please send your gift for the current year to the—1959-60 Cornell Fund—NOW. The University's accomplishments and its needs are both great.(台北胡适纪念馆藏档，档号：HS-NK05-145-019)

5月4日　下午，李伟圣来访。胡适到台大医院检查身体。(《胡适之先

生年谱长编初稿〔补编〕》，252页）

　　同日　下午5时，胡适到静心乐园出席"北大同学会"举办的五四纪念会，并有演讲。胡适说，如果把五四运动当做一种民主运动、科学运动、文艺运动，那么我们今天不要仅仅纪念过去，应该努力将来。又说，该运动是一般青年人爱国思想的爆发，绝对没有预先准备。又说，当前国民党主张民族主义，凡民族主义运动都有守旧的、顽固的思想，认为老祖宗的一切东西都是好的，国民党就代表这种思想。（次日之"中央日报"）

　　同日　晚，吴三连宴请胡适。雷震日记有记：晚间吴三连约胡适之先生吃晚饭，其余有杨肇嘉、郭雨新、李万居、蒋匀田、夏涛声、王世宪、齐世英和我共10人，饭毕交换意见，郭请胡先生出来组反对党，胡先生劝他们干，因有台湾人的民众也。……（《雷震全集》第40册，301页）

　　同日　陈铁凡将其所著《敦煌论语影本叙录》（台湾师范大学出版组，1960年）寄赠胡适。（《胡适藏书目录》第1册，646页）

　　5月5日　访客有凌纯声、Brandt、胡秋原、李宗侗。（《胡适之先生年谱长编初稿〔补编〕》，254页）

　　同日　晚，"国民大会"招待菲律宾总统Garcia夫妇，胡适应邀出席并以英语致欢迎辞。（台北胡适纪念馆藏档，档号：HS-NK05-206-012）

　　5月6日　沈宗瀚来访。加州大学化学院院长Dr. K. S. Pitzer来访，并留此午饭。（《胡适之先生年谱长编初稿〔补编〕》，254页；《胡适之先生年谱长编初稿》第九册，3257页）

　　同日　晚，菲律宾总统Garcia答宴蒋介石，胡适应邀出席。（次日台北各报）

　　5月7日　费正清访问近代史所，午间与胡适合影后即告辞。（《郭量宇先生日记残稿》，184页）

　　同日　下午3时，胡适之、钱思亮邀参加"中美文化学术会议"人员商讨应行准备事宜，到场的有刘崇鋐、梁实秋、沈刚伯、蒋复璁、徐道邻、张佛泉、施建生、萧作梁、林致平、李先闻、阮维周、陈奇禄、彭明敏及郭廷以等，共16人，只有罗家伦、梅贻琦未到。（《郭量宇先生日记残稿》，

184 页）

同日　晚，胡适应雷宝华之宴。（《胡适之先生年谱长编初稿〔补编〕》，255 页）

5 月 8 日　上午，王企祥来。下午，John A. Pope、Aschwin Lippe 及曾宪七等来谈。（台北胡适纪念馆藏档，档号：HS-NK05-340-209）

同日　胡适函谢梁嘉彬赠送《广东十三行考》，又希望梁能赠送美国 Freer Gallery 的 Dr. John A. Pope 一本。（台北胡适纪念馆藏档，档号：HS-NK01-089-012）

5 月 9 日　访客有查良钊、查良鉴、高去寻。下午，胡适出席"'行政院'古物运美展览委员会"会议。会后与 Pope、Lippe 共进晚餐。（《胡适之先生年谱长编初稿〔补编〕》，255 页）

5 月 10 日　严一萍来谈两件事：艺文书局希望影印《续藏经》，请胡适作一篇序；他们希望影印胡适手校的《水经注》，胡适交给他们一部去试印。（《胡适之先生年谱长编初稿》第九册，3258 页）

同日　访客还有龙宇纯、凌鸿勋（谈《詹天佑年谱》）、姚从吾、陶天翼。（《胡适之先生年谱长编初稿〔补编〕》，255 页）

5 月 11 日　胡适到台大医院检查身体。（《胡适之先生年谱长编初稿》第九册，3258 页）

同日　Herman B. Wells 致函胡适，云：

Dr. Cleland has sent me your place card greeting from Taipei. I do appreciate your thoughtfulness.

In reading recently in the *New York Times* of the new edition of your collected works, I thought of you and your great contribution to scholarship and the cause of freedom throughout the world.

In turn, I send you my felicitations and best wishes.（台北胡适纪念馆藏档，档号：HS-NK05-172-019）

5 月 12 日　访客有章君谷、姚从吾、徐文韵、芮逸夫、全汉昇。晚，

胡适访梅贻琦、陈雪屏。(《胡适之先生年谱长编初稿〔补编〕》，258页）

同日　胡适复函程靖宇，同意在香港大学应聘书上把自己写作三个referees之一。并未收到程寄《永宪录》，但此书最近已从日本买到，请不必再寄。又托程代买一本《听雨丛谈》。（台北胡适纪念馆藏档，档号：HS-NK01-053-036）

5月13日　访客有王凤喈、马保之。(《胡适之先生年谱长编初稿〔补编〕》，258页）

同日　蒋介石日记有记："胡适又要陈雪屏来作卖空生意，可耻之至。"

5月14日　张豁然夫妇来访。(《胡适之先生年谱长编初稿〔补编〕》，258页）

同日　胡适致函雷震，说："十八日我不能去，甚抱歉。"又谈及《对母亲的回忆》的看法。(《万山不许一溪奔——胡适雷震来往书信选集》，229～230页）

同日　胡适致函全汉昇，云：

> 我们是一个人数不多的"亲密"（intimate）小团体，往往一件研究工作开始时，大家已知道某人正做什么问题了。在研究的过程中，同人大概可以知道某人的某题研究有了什么新成绩，或遇了什么新困难，或引出了什么新问题。这是我们这样的亲密团体常有的，或应该常有的情形。
>
> 故我不赞成某君拟的"附送著作……应以已发表的为限"的办法。我以为各所研究人员考绩应请各所所长注意各人平时之研究能力，注意其人已完成或尚未完成的研究工作，而不必"限"于已发表之著作。（有些研究成绩，如数学，不容易在短时期中取得在有地位的刊物上发表的机会。)
>
> 又某君拟稿有"转请专家审阅"一语，似须删去。本院各所研究人员之考绩，似应该以各所主持人之负责考语为主。我们应该鼓励各所主持人（所长及senior研究员）负责任下考语，故不必"转请专家

审阅"。(台北胡适纪念馆藏档,档号:HS-NK01-058-004)

5月15日　郭廷以日记有记:下午"中美学术合作会议"代表集会,胡适之先生报告会议日程。新增加人员有罗家伦、毛子水、沈亦珍、阎振兴、蒋梦麟等。(《郭量宇先生日记残稿》,186页)

同日　晚,为庆祝胡复5岁生日,胡适到曾淑昭寓所吃饭。(《胡适之先生年谱长编初稿〔补编〕》,260页)

同日　黄杰日记有记:

"保安处"周副处长报告:

据确报本(五)月八日左右,雷震、齐世英、夏涛声、杨肇嘉、李万居、郭雨新、吴三连、胡适等于台北市李万居家中秘密集会,初则谈韩国事件,继而讨论筹组反对党问题,并当即邀请胡适出面领导,胡氏对彼等之要求,即席表示,韩国问题不可与台湾并论,渠对政治不感兴趣,筹组反对党一事,不愿参加等情。《雷震案史料汇编·黄杰"警总"日记选辑》,47页)

5月16日　中午,胡适访叶公超。下午,芮逸夫来谈古物赴美展览事。晚,张豁然夫妇陪章锡珍医生来看胡适的右指。(《胡适之先生年谱长编初稿〔补编〕》,260~261页)

同日　胡适为"中研院"数学所刘登胜离台进修事致函陈诚,云:

我今天写信是为一个可爱的青年数学家请求您大力的援助,使他可以"出国"进修。

这个青年是"中央研究院"数学研究所的助理员刘登胜,他是前台湾电力公司总经理刘晋钰的儿子。他在台湾大学数学系毕业(四十三年)[1954年]后,经过一年军训,于四十四年八月[1955年]到"中研院"数学所作研究工作。他的成绩很好。最近有一篇数学论文(题目是"A Note on Maximal Ti-Topologies")在《葡萄牙数学杂志》(*Port. Math.*)一九五九年第四期上发表。他的品行也很好,本院同人都很爱敬他。他是国民党员，又是天主教，在思想上是没有问题的。

只因为他是刘晋钰的儿子，故他前年及今年两次得美国第一流大学的奖学金，两次由"中央研究院"代为办理"出国"进修手续，均未经"警备司令部"核准出境。前年他得史坦福大学奖学金，今年他得宾州大学奖学金，两校都是世界第一流大学，其数学奖学金甚不易得。刘君的师友，本院的同人，都为他惋惜。

我因此特写这信，请求您考虑这个问题。刘登胜在他父亲死后，能继续在"国立"大学完成学业，又能在"国立"研究机构继续研究五六年之久，这都可见我们是一个文明的"国家"，能充分实行"罪人不孥"的法意。我很盼望我们的安全机构也能充分了解"国家"的正确立场，不可因为一个父亲犯了罪而剥夺他的儿子"出国"进修的难得机会。

刘登胜家有老母，有爱妻，有一子一女皆甚幼小。我相信他"出国"学成之后可以回来工作的，我也相信他在"国外"进修时期不会发表诽谤"国家"或不利于"国家"的言论。此种学人，"国家"应该多培植鼓励，使他们爱念"国家"，使他们回来为学术努力。

反过来说，此种有高等专门科学知识的人，若因安全的措施而怨望"政府"，似甚非"国家"之福。您想是吗？

因此，我很恳切的请求您怜念这个可爱的青年数学家的学业前途，准许他接受美国宾州大学的数学奖学金，特别准许他"出国"进修。如安全机构需要保人，我愿意为刘君作保。（台北胡适纪念馆藏档，档号：HS-NK01-086-001）

5月17日　胡适、钱思亮致函梅贻琦，谈本年7月召开之"中美学术合作会议"事，并邀其参加与配合办理诸事：

关于本年七月在美国西雅图召开之"中美学术会议合作会议"，初由美国华盛顿大学及"中央研究院"及台湾大学发起，嗣后有美国哈佛大学、普灵斯顿大学、康奈尔大学、加利佛尼亚大学、密歇根大学、

印第安那大学、芝加哥大学陆续加入为发起人，会议所需经费，已由华盛顿大学洽由美国各基金会负担，会期为七月十日至十五日，以商讨"中美两国"学术界在改进教学加强研究方面如何合作互助为主题，讨论范围为人文学科、社会科学、自然科学三组。本案自开始洽议以至定案，均会与先生商及。上述三组之我方参加人选，除拟就现在美国而会在台讲学之学者若干人邀请就近参加外，其余由台前往参加者计人文学科组八人、社会科学组八人、自然科学组七人，共计二十三人（见名单所列）。敬请先生惠允参加自然科学组，无任感企——单列之台湾大学及其他大学人员，并请"教育部"核准参加；连同单列全部人员一并请由"教育部"迅予转报"行政院"核准转由"外交部"发给"护照"。现距启程之日，仅有月余，尚待院令核准后办理出境手续，务恳"教育部"主办单位惠予赶办，并同"行政院"及"外交部"洽催提前办理。检附华盛顿大学致台大函件原件……暨其抄本二份，又会议议程一式二份，请察阅办理……（台北胡适纪念馆藏档，档号：HS-NK01-297-004）

5月18日　石璋如来辞行，胡适说，吉川幸次郎、入矢义高都是可以来往的。他们研究敦煌古代的东西都是集体研究的，希望石注意这些，回来之后提倡。（《胡适之先生年谱长编初稿》第九册，3261～3262页）

同日　上午，马保之偕同"中华民国驻越农作物改良技术团"的团员朱海帆、朱德琳、张灏、林克明等多人来见。李一飞来访。（《胡适之先生晚年谈话录》，74～75页；《胡适之先生年谱长编初稿〔补编〕》，261～262页）

同日　上午10时，胡适到编译馆演讲"编译"的问题。（《胡适之先生年谱长编初稿》第九册，3262页）

同日　下午3时，胡适到台大文学院出席沈刚伯召集的"中美学术合作会议"文史组谈话会，"商论文事"，胡适嘱郭廷以撰近代史研究报告及计划。（《郭量宇先生日记残稿》，186页；台北胡适纪念馆藏档，档号：HS-

NK01-014-001）

同日　胡适致函洪浩培，预定《笔记小说大观》一部。（台北胡适纪念馆藏档，档号：HS-NK05-046-004）

5月19日　朱家骅来，请胡适在"联合国中国同志会"在台恢复工作10周年大会上演讲，又谈起许光耀申请德国奖学金的事。劳榦来。董作宾来。（《胡适之先生年谱长编初稿〔补编〕》，262页）

同日　"中研院"各单位为单身宿舍问题送来一个请愿书，并推代表李念萱、谭外元等6人来见。胡适表示一直关注诸君住的问题，并将考虑出一个公平合理的办法。胡适即约总务主任汪和宗来午饭并谈此事。（《胡适之先生年谱长编初稿〔补编〕》，262～263页）

同日　下午5时，胡适到国际学社参加华美协进会的茶会。6时半，出席土耳其"大使"的酒会。7时半，陈诚宴请Luce，胡适应邀参加。（《胡适之先生年谱长编初稿〔补编〕》，263页）

同日　胡适致函江冬秀，谈3月以来自己身体状况。又谈及不很赞成胡祖望赴美，因薪水薄，难以养家。（台北胡适纪念馆藏档，档号：HS-NK05-048-042）

5月20日　上午10时，胡适参加陈诚的就职典礼，11时参加蒋介石的就职典礼。胡适（偕查良钊）应约到陈雪屏家午餐，饭后一同去看樊际昌。（次日台北各报；《胡适之先生晚年谈话录》，75页）

5月21日　上午，Luce、Alexander、Karnow、Sessler、Macbath来访，留此午饭，胡适陪他们去参观考古馆。（台北胡适纪念馆藏档，档号：HS-DY03-006-025）

同日　下午，刘年珑等来访。晚，王世杰宴请Luce和胡适。（《胡适之先生年谱长编初稿〔补编〕》，263页）

5月22日　上午，曾后希来访。杨亮功来此午饭。下午，齐世英来访。晚，胡适应邀出席蒋介石招待Luce的宴会。（《胡适之先生年谱长编初稿〔补编〕》，263～264页）

同日　雷震日记有记：晚间和世宪、匀田见面。世宪谓20日在"总统府"

时，胡适之先生和他打招呼，对新党很兴奋，并谓亨利罗斯亦兴奋。(《雷震全集》第 40 册，314 页)

5 月 23 日　上午，胡适约万绍章、汪和宗来谈单身宿舍问题，指示应该召开一次院务会议，商量一个公平合理的解决方案。并指示新建宿舍应该有卫生设备，房子要造得坚固等。全汉昇来，胡适亦谈此事。赵连芳来。(《胡适之先生年谱长编初稿〔补编〕》，264 页)

同日　下午 3 时，胡适出席"教育部"的留学生考试会议。(《胡适之先生年谱长编初稿〔补编〕》，264 页)

同日　下午 4 时，胡适主持召开科学会执行委员会会议。(台北胡适纪念馆藏档，档号：HS-NK01-326-104)

同日　房兆楹自香港回，带回买到的一本胡适编的《神会和尚遗集》，胡适甚为高兴。(《胡适之先生年谱长编初稿〔补编〕》，264 页)

同日　胡适复函李一飞，告关于其子赴美事，外面的干涉是有害无利的，而且李已经请两批人帮忙呼吁。最好由李亲自向梅贻琦恳切陈情，但不宜用"放任下属胡作胡为"这样的口气。此函有旁记：此事已由"教育部"核准离台，此函未发。(台北胡适纪念馆藏档，档号：HS-NK01-061-035)

同日　胡适复函胡家健，谢寄《千字文》4 种，谢赠茶叶。又谈及从香港优昙上人处购买《续藏经》事，并询胡及香港集成图书公司愿否帮忙点查、打包及运台事。(台北胡适纪念馆藏档，档号：HS-NK01-200-007)

按，8 月 15 日，胡颂平致函胡适云：《续藏经》已运到基隆了，几天之内就可以提取了。先生曾应允给《续藏经》影印本作一篇序及答应替影印本增补一些材料，似乎都该准备了。影印的事，艺文印书馆请求先生代为估计外国各大学图书馆最低可能预约的有多少部。(台北胡适纪念馆藏档，档号：HS-NK05-051-015)

5 月 24 日　上午，胡适主持召开"中研院"临时院务会议。(台北胡适纪念馆藏档，档号：HS-NK05-230-001、HS-NK05-230-002、HS-NK05-230-009)

1960年　庚子　69岁

郭廷以是日日记：

研究院召开临时院务会议，始悉月初总干事处代理总干事全汉昇擅行变更房租津贴办法，引起风波，胡适之先生不满全君措置，由会中决定仍维持原议，未曾分得住屋者，照旧支付津贴。（《郭量宇先生日记残稿》，187页）

同日　中午，林致平、李先闻、郭廷以、芮逸夫、全汉昇来此午饭。（《胡适之先生年谱长编初稿〔补编〕》，264页）

5月25日　上午，胡适到台大医院检查身体。（《胡适之先生年谱长编初稿〔补编〕》，265页）

同日　下午，雷震偕夏涛声来访。雷氏日记有记：

下午四时至南港胡先生处，和涛声同去，谈甚久，报告那一天检讨会之事，他对新党甚兴奋，并谓不和台湾人在一起，在新党不会有力量。今日晚间我约主席团（吴三连、高玉树、李万居、王地、许世贤、杨金虎）吃饭，外约齐世英、夏涛声、杨毓滋、郭雨新等吃饭，胡先生亦到，语多勖勉，并向新党道贺。饭后讨论座谈会基本人员，对声明亦表示意见……（《雷震全集》第40册，315～316页）

按，对此来访，胡颂平亦有记：下午，雷震、夏涛声来请先生参加他们今晚的宴会。这是民、青两党及无党无派人士的宴会，他们本来想请先生出名领导组织一个反对党。先生曾经明白告诉他们说：我从来不参加实际的政治，我是决定不干的。今天他们来请的目的，只求先生能够到一到。在他们一再的坚邀之下，先生答应可以到一到，但决不说话，也不吃饭。先生到了那边，他们还没有到齐，坐了一坐，就去参加赵连芳的饭局。（《胡适之先生年谱长编初稿〔补编〕》，265页）

同日　胡适有《东西》笔记一篇。（《胡适手稿》第9集卷3，447～450页）

5月26日　上午，郭廷以陪房兆楹来向胡适辞行，谈了好久。(《郭量宇先生日记残稿》，188页；《胡适之先生年谱长编初稿〔补编〕》，265页)

同日　董作宾送来严一萍取走的《水经注》(因胡适为作序还需参考此书)。中国公学毕业生戴毅来，请胡适为其出具证明书。下午，王世杰来谈。夜，章锡珍来为胡适诊视手指，告已好。(《胡适之先生年谱长编初稿〔补编〕》，265页)

同日　胡适复长函与入矢义高，讨论敦煌卷子等问题。(台北胡适纪念馆藏档，档号：HS-NK04-006-008)

同日　高浩然赠其 The Imam's Story (香港，1960年) 一书与胡适。(《胡适藏书目录》第4册，2799～2800页)

5月27日　上午，Dr. Divis 和 William Theodore de Bary 来访。下午，胡适到"自由之家"参加 Edgar N. Pike 的宴会。夜，刘年玡来访。(台北胡适纪念馆藏档，档号：HS-NK05-340-209)

5月28日　上午，郭廷以陪费正清来访。郭氏日记有记：

上午与费正清先生访胡适之先生，谈台北现有近代史资料使用原则，并以其所草备忘录见示，其意虽在使此项资料得以供外国学者使用，要亦为应当之事。又详谈哈佛大学东亚研究所与近史所今后合作问题，包括出版品、论文及研究人员之交换。(《郭量宇先生日记残稿》，188页)

同日　访客还有延国符夫妇、江良任、浦家麟、庄漱之、黄少谷等。晚，胡适约杨树人晚饭，杨同意暂时不辞科学会执行秘书。(《胡适之先生年谱长编初稿〔补编〕》，266页)

同日　胡适致函吴相湘，谈到若重印《心史丛刊》，最好3册全部重印。又谈及抗战后该书被迫避讳事。(台北胡适纪念馆藏档，档号：HS-NK01-149-007)

同日　胡适复函雷震，退还周之鸣信，告"研究讲座教授"不适用于私人设的研究所等。(《万山不许一溪奔——胡适雷震来往书信选集》，232页)

按，雷震原函载《万山不许一溪奔——胡适雷震来往书信选集》，231页。

5月29日　曾淑昭母子来，并留此午饭。访客还有何亨基、刘真夫妇等。(《胡适之先生年谱长编初稿〔补编〕》，266～267页)

同日　胡适复函周至刚，因腾不出时间读其小说《心痛》，故将原稿寄还。(台北胡适纪念馆藏档，档号：HS-NK01-003-006)

5月30日　访客有钱思亮、刘崇鋐、赵连芳。下午5时，胡适出席"联合国中国同志会"茶会。到台大医院探视梅贻琦。晚，胡适出席Haraldson欢迎Norman M. Little的宴会。(《胡适之先生年谱长编初稿〔补编〕》，267页)

同日　胡适在日记中摘记了大陆出版的一粟编的《红楼梦书录》的有关内容。

5月31日　凌鸿勋来谈。钱思亮介绍Va Dil和Dr. Andrewt来访。刘年珑偕其未婚夫来，并在此午饭。下午，江良任来谈胡适7月赴美飞行的日期。(《胡适之先生年谱长编初稿〔补编〕》，267页)

同日　胡适复函高成鹏，对所问"美国大学医院有学术研究医疗的事例"事，建议请台大医院的主治医师代为向外国医院打听这一类的机会。(台北胡适纪念馆藏档，档号：HS-NK05-058-006)

5月　周策纵赠其所著 The May Fourth Movement: Intellectual Revolution in Modern China (《五四运动史》，哈佛大学出版社，1960)与胡适。(《胡适藏书目录》第4册，2831～2832页)

6月

6月1日　William Theodore de Bary来访，并留此午饭。下午，吴鼎昌之子吴元黎和刘廷蔚来见。朱家骅来谈2小时。(《胡适之先生年谱长编初稿》第九册，3271页；《胡适之先生年谱长编初稿〔补编〕》，268页)

同日　雷震函寄邀请胡适出席他们政治活动的请柬与胡适。又请胡适

出席 6 月 25 日他们举行的另一场活动,并云:"务请先生讲话半小时,以资鼓励。先生目前不来领导,这一点鼓励作用,先生应该不吝赐与的。"(《万山不许一溪奔——胡适雷震来往书信选集》,233 页)

6 月 2 日 钱思亮电话告知台大文理学院院长对于科学会的研究补助人选都不敢提名,胡适认为这是不负责任。阮维周来访,胡适亦表达了此意。(《胡适之先生年谱长编初稿》第九册,3271 页)

同日 下午,Prof. Paul C. Hodges 来访。杜元载来请胡适演讲。晚,胡适约徐高阮晚饭。(《胡适之先生年谱长编初稿〔补编〕》,268 页)

6 月 3 日 上午 10 时,雷震来访,"对新党要在艾森豪未到前发表一事,征询胡先生意见,他不赞成。他误解了此事要与美总统连在一起之事。他又提到《上海日报》造谣之事(该报说美政府拨了二十万美金)。涛声请他做顾问委员,他未拒绝"。(《雷震全集》第 40 册,321 页)

> 按,对于此次会见,胡颂平亦有记,与雷震所记略有不同,亦转引于下:"上午,雷震、夏涛声来,他们仍要组织一个反对党。先生劝他们不必组织反对党,而且一定没有结果的。他们不很接受先生的劝告,只好由他们去了。"(《胡适之先生晚年谈话录》,76 页)

同日 上午,李青来来访。阎振兴来邀请胡适到成功大学演讲,留此午饭。(《胡适之先生年谱长编初稿〔补编〕》,269 页)

同日 下午,胡适到机场迎接夏威夷大学校长 Gregg Sinclair。旋去俞宅吊俞鸿钧之丧。又去台大医院探视梅贻琦。(《胡适之先生年谱长编初稿》第九册,3271～3272 页)

同日 晚,胡适出席 Roger W. Severt 为 John Dixon 举行的饯行宴。又到王世杰家小谈。(《胡适之先生年谱长编初稿〔补编〕》,269 页)

6 月 4 日 钱用和来访。郑光州来访。下午,胡适到曾淑昭寓所,以其明日将偕胡复赴美也。晚,朱家骅请吃晚饭。(《胡适之先生年谱长编初稿〔补编〕》,269 页)

6 月 5 日 蔡庆华、余坚来访。(《胡适之先生年谱长编初稿〔补编〕》,

269页）

同日　胡适在台湾师大14周年纪念会上演讲"教师的模范",胡适说:师范,就是教师的模范,他们至少要有两方面的理想,人格方面,是要爱自由和爱独立,比生命还重要,做到不降其志不辱其身,把自由独立看作最重要的,这样人格才算完满。另一方面是知识,就是要爱真理,寻真理,为真理牺牲一切,为真理受苦,爱真理甚于自己的生命。胡适又感慨中国没有超过六七十年的大学,好的大学有三个要素作保证:有董事会、有教师会、有校友会。(次日之《公论报》《台湾新生报》）

同日　胡适讲演毕,即到圆山饭店接Gregg Sinclair来南港午饭。(《胡适之先生年谱长编初稿》第九册,3272页）

6月6日　郭廷以来商聘谢文孙为近史所助理员事。(《郭量宇先生日记残稿》,189页）

同日　访客还有王叔岷、蒋明喜、狄别瑞、陶振誉。(《胡适之先生年谱长编初稿〔补编〕》,269页）

同日　胡适致函《情报知识》编辑部,云:

《情报知识》仅仅只有一年的历史,能有这样的成果,是很难得的,尤其在目前这样的时局里,报导一些大家要知道的知识,也是件有意义的事情。

我想给诸位报告一个同业的故事。这个同业是几个英国人在伦敦出版的一个刊物,叫做《情报摘要》(Intelligence Digest)。据说是私人办的,但有些人相信这个刊物发表的某些消息,某些推测,大概是英国政府的情报机构传出来的。但这不过是一种猜测,我们至今不知道那个刊物和英国官方情报局有什么关系。我个人相信那刊物是一种私人企业——是一种很发财的私人企业。

《情报摘要》是用圣经纸印的,薄薄的十几页,每月出两期,每期航空邮寄,每年报费连寄费总在美金四十元以上。我现在记不清实在数字了,我只记得我曾估计我很想定阅,实在出不起那么多的钱!

为什么那个《情报摘要》能卖得高价，还能得许多公私机构定阅呢？

简单一句话，那个刊物从头到尾是报告大家急于要知道的"情报""专题情报"。他们的专题情报往往取预测的形式，往往是很大胆的推测，说来都很像有根据，有时候也颇灵验——当然也有猜错的时候。因为那薄薄的十几页全是关于世界形势的专题情报……所以当那个韩战与法越最后战斗的年头，那个刊物真成了人人爱看，人人抢着看的刊物。

我说这个故事，是要指出先生们主持的《情报知识》还不免偏重于传播有关情报的"知识"，而情报本身的报导似乎还嫌太少，还嫌不够。我们应该知道绝大多数的读者必定很盼望《情报知识》能供给他们最可靠的大陆情报、最可靠的国际共产党情报、最可靠的亚洲各国［情］报，等等。诸位先生一定会承认这种应有的期望吗？

总而言之，《情报知识》不应该是一种普通杂志，不应该登载"文艺""故事""游记"等等引起读者兴趣的读物，而应该努力发展"专题情报"的一个主要方向，应该努力把这个刊物作为"自由中国"的一个最快捷又最可靠的情报中心刊物，应该努力把这个刊物发展到"自由世界"公认的一个最有权威的情报中心刊物。（台北胡适纪念馆藏档，档号：HS-NK04-001-014）

按，7月4日，李甲孚复函胡适云，来函已登载《情报知识》月刊，当遵指示逐步改进。（台北胡适纪念馆藏档，档号：HS-NK01-062-006）

同日　胡适寄赠毛一波、周维亮、毛子水《台湾日记与禀启》各一册。（台北胡适纪念馆藏档，档号：HS-NK01-232-016、HS-NK01-003-019、HS-NK01-232-021）

6月7日　访客有梁序穆（送胡适一套日本瓷器）、章君谷、卢致德。越南教育访问团陈文顺、阮玉琚、胡文萱、黎闻、范廷霭、司徒华等来见。（《胡

适之先生晚年谈话录》,77页;《胡适之先生年谱长编初稿〔补编〕》,270页)

同日　胡适寄赠林熊祥、方豪《台湾日记与禀启》各一册。(台北胡适纪念馆藏档,档号:HS-NK01-079-006、HS-NK01-186-017)

同日　胡适致函宣中文,感谢记录在台湾师大演讲的演说辞,又查了一些材料。"但我想给你指出,这种加上的材料最好加入括弧里,作为记者的附注。最好不要作为演说的一部分。"(台北胡适纪念馆藏档,档号:HS-NK01-253-001)

同日　胡适复函周法高,探讨《五灯会元》等问题。(《胡适手稿》第8集卷2,373～382页)

6月8日　刘崇鋐来访,并留此午饭。晚,胡适约章锡珍、张豁然来晚饭。(《胡适之先生年谱长编初稿〔补编〕》,270页)

同日　胡适函谢杨秀鹤赠送《佛教圣经》。(台北胡适纪念馆藏档,档号:HS-NK01-151-022)

6月9日　上午,John Dixon夫妇偕三个孩子来访,并留此午饭。下午访客有史弥匡等三人,以及杜元载、杨亮功、查良钊、蒲尔克、Schmid、陈之藩等。晚,胡适约周法高来晚饭。(《胡适之先生年谱长编初稿〔补编〕》,270页)

6月10日　访客有张健生、William Theodore de Bary、查良钊、Roger W. Severt、Robert A. Ackerman。晚6时,胡适出席金弘一的酒会后到钱思亮家晚饭。(《胡适之先生年谱长编初稿〔补编〕》,270页)

同日　胡适电请梅贻琦夫人返台。(《胡适之先生年谱长编初稿〔补编〕》,270页)

同日　胡适函谢阎振兴寄来往返台南的飞机票。(台北胡适纪念馆藏档,档号:HS-NK01-160-011)

6月11日　胡适出席"故宫博物院"理事监事联席会议。会毕,参加费正清的茶会。(《胡适之先生年谱长编初稿〔补编〕》,271页)

同日　晚,胡适出席雷震等筹组新党的第二次主席团会议。胡适说:一个外国人说我们态度太消极,对于国民党拒绝在野党派管理员监察,则放

弃选举，劝选民罢选事不赞成，结果删去。(《雷震全集》第 40 册，327 页)

同日　胡适函谢李石曾电贺"中研院"成立 32 周年。(台北胡适纪念馆藏档，档号：HS-NK01-071-003)

6 月 12 日　上午，胡适同陈雪屏去台大医院探视梅贻琦，遇陈诚，即到陈宅小谈。中午，Little 同蒋梦麟来谈，并留此午饭。晚，胡适应 Hugh Borton 的晚宴。(台北胡适纪念馆藏档，档号：HS-NK05-340-209)

同日　胡适复函赵元任夫妇，谈自己得病、治疗以及现在"完全好了"等情，又谈及梅贻琦病情。自己准备 7 月 9 日飞西雅图，等等。(《近代学人手迹》三集，124～126 页)

6 月 13 日　Little 请蒋梦麟和胡适吃午饭。王世杰、蒋匀田来访。晚，汪和宗在胡适寓所晚饭。(台北胡适纪念馆藏档，档号：HS-NK05-340-029)

同日　胡适复函蒋廷黻，谈张兆理申请 Asia Foundation 奖学金事，又谈到梅贻琦病。(台北胡适纪念馆藏档，档号：HS-NK01-042-004)

同日　阮维周致公函于胡适，告"国际海洋研究会中国委员会"推派人选复函，因"教育部"不决致受阻。又告将参加国际大地测量及地球物理联合会大会等事。(台北胡适纪念馆藏档，档号：HS-NK01-245-007)

同日　林可胜致函胡适，告已寄 Atlas 给 the Academy Library。另请将之前的通知转译成英文再寄一次。(台北胡适纪念馆藏档，档号：HS-NK05-040-005)

6 月 14 日　胡适复函张兆理，告已将张本意写给"中基会"而误写给 Asia Foundation 的奖学金申请函等文件交给 Asia Foundation 的台北代理代表人 Mr. Edgar N. Pike (胡适为此事特意于是日请他吃午饭)，他答应将此函转交总会，但他表示 Asia Foundation 可能不热心担负这一类的事。Mr. Pike 又建议张直接向哈佛大学的"中东研究所"申请奖学金。(台北胡适纪念馆藏档，档号：HS-NK01-035-003)

同日　下午，亚韩代表团的金声翰、郑淳根、朱耀豪、金容九、金在镐、金俊烨 6 人来访。胡适回答了他们的提问。(《胡适之先生年谱长编初稿》第九册，3284～3286 页)

同日　夜，王淦来访。(《胡适之先生年谱长编初稿〔补编〕》，272页)

同日　胡适致函黄彰健，谈《五灯会元》等问题。(台北胡适纪念馆藏档，档号：HS-NK05-100-027、HS-MS01-023-019)

同日　"教育部"聘胡适为1960年度公自费留学考试委员会委员。(台北胡适纪念馆藏档，档号：HS-NK01-210-006)

同日　胡适致函东海大学校长吴德耀，请怜悯刘年珑及戴旭阳两个年轻孩子的过错行为，"顾念台湾全岛没有戴旭阳可以转学的大学化学系，能不能采用记过或记大过的惩罚，而免除他本学年考试后立即离开东海大学的处分？"(台北胡适纪念馆藏档，档号：HS-NK05-037-020)

> 按，胡适受戴旭阳之父戴耀间之托，拜托吴德耀给刘年珑及戴旭阳机会(台北胡适纪念馆藏档，档号：HS-NK01-082-002、HS-NK01-082-004)。17日，胡适又面托一位大律师端木铸秋向吴德耀说情，但吴校长指出，对戴旭阳的退学决定是最宽大的处分；吴德耀也亲自复函胡适，谈此意(台北胡适纪念馆藏档，档号：HS-NK01-082-005、HS-NK01-082-006)。据后来戴耀间复胡适函(台北胡适纪念馆藏档，档号：HS-NK01-082-008)，知戴旭阳转学了之。

6月15日　William Theodore de Bary来辞行，并留此午饭。(《胡适之先生年谱长编初稿》第九册，3289页)

同日　胡适函谢台湾省环境卫生协会害虫防治服务部来胡适住宅杀虫。(台北胡适纪念馆藏档，档号：HS-NK01-317-002)

6月16日　胡适致函钱思亮、刘崇鋐，谈邀请何淬廉来台事。(台北胡适纪念馆藏档，档号：HS-NK01-081-027)

> 按，是日郭廷以日记有记：公权来信，主邀淬廉参加"中美学术合作会议"，即转商胡适之先生，允考虑。(《郭量宇先生日记残稿》，190页)

同日　胡适致函蒋复璁，谈《五灯会元》的版本问题，并向蒋借观"中

央图书馆"所藏的宝祐本《五灯会元》。(台北胡适纪念馆藏档,档号:HS-NK01-043-008)

同日　胡适复函徐同诚,云:

据我所知,我们没有一点根据可以"推测蒸汽最早应用于中国"。所以我们很想知道贵院巴特博士的"推测"是根据什么史料的。请你代我们问问他,并代达我们请教的诚意。当然,他发现的材料,我们决不会随便发表。(台北胡适纪念馆藏档,档号:HS-NK01-017-012)

按,徐氏原函见台北胡适纪念馆藏档,档号:HS-NK01-017-011。

同日　胡适致电刘驭万:Have appealed to President Wu. Your teacher ill and hospitalized.(台北胡适纪念馆藏档,档号:HS-NK05-129-015)

6月17日　胡适飞台南出席成功大学学生毕业典礼。

6月18日　上午9时40分,胡适在成功大学毕业典礼上演讲"一个防身药方的三味药",大意谓:

……今天我用老大哥的资格,应该送你们一点小礼物,我要送你们的小礼物只是一个防身的药方……

这个防身药方只有三味药:

第一味药叫做"问题丹"。

第二味药叫做"兴趣散"。

第三味药叫做"信心汤"。

第一味药,"问题丹",就是说:每个人离开学校,总得带一两个麻烦而有趣味的问题在身边作伴,这是你们入世的第一要紧的救命宝丹。

问题是一切知识学问的来源,活的学问、活的知识,都是为了解答实际上的困难,或理论上的困难而得来的。……

只要你有问题跟着你,你就不会懒惰了,你就会继续有智识上的长进了。

………

第二味药，叫做"兴趣散"，这就是说：每个人进入社会，总得多发展一点专门职业以外的兴趣——"业余"的兴趣。

………

……一个人应该有他的职业，又应该有他的非职业的玩意儿。不是为吃饭而是心里喜欢做的，用闲暇时间做的——这种非职业的玩意儿，可以使他的生活更有趣，更快乐，更有意思，有时候，一个人的业余活动也许比他的职业还更重要。

………

第三味药，我叫他做"信心汤"，这就是说：你总得有一点信心。

我们生存在这个年头，看见的、听见的，往往都是可以叫我们悲观、失望的——有时候竟可以叫我们伤心，叫我们发疯。

这个时代，正是我们要培养我们的信心的时候，没有信心，我们真要发狂自杀了。

我们的信心只有一句话："努力不会白费"，没有一点努力是没有结果的。(《胡适作品集》第25册，209～212页)

同日　中午，胡适在阎振兴家午餐（由阎夫人亲自下厨）。(台北胡适纪念馆藏档，档号：HS-NK01-160-012)

同日　胡适演讲毕，曾与姜贵小谈几句。当日晚6时后飞抵台北，参加蒋介石欢迎美国总统艾森豪威尔的宴会。宴会结束后，胡适与艾森豪威尔同到圆山饭店晤谈。(《胡适之先生年谱长编初稿》第九册，3296～3297页)

同日　黄杰日记有记：

胡适博士在表面上对组织新党不感兴趣，但其与美国哈佛大学教授费正清常有交往，对成立新政党亦表赞同，目前筹备委员等仍希胡博士将来领导新政党。《雷震案史料汇编·黄杰"警总"日记选辑》，58页)

6月19日　晚，胡适到机场迎接梅贻琦夫人。(《胡适之先生年谱长编初稿》第九册，3297页）

6月20日　上午，美国化学家 Adolp Rialechi 和 Richard F. Benoit 由吴仁智陪同来访，并留此午饭。下午，胡适出席"故宫博物院"理事监事联席会议。晚，端木恺来访。(《胡适之先生年谱长编初稿〔补编〕》，273页）

同日　胡适致函周法高、黄彰健，云：

看了"中央图书馆"的宋本图录，始信《五灯会元》的最初刻本确有刻工名，然则学部编目人记宋本有刻工名，也许是不错的。

于此可知推论（inference）最容易有错误。从个体事实推知个体事实，更容易错误。

慰堂兄已允将《会元》宋刻提到台北借给我看，许多问题或可因此解决。（台北胡适纪念馆藏档，档号：HS-NK01-007-003）

同日　胡适复函周维亮，云：

此书改编本，去年托毛子水先生交给台湾银行经济研究室诸公，问他们这样改编是否合式。当时并未将《家传》交去。不意台银诸公太客气，就将改编本付排了；子水先生又太体恤我，他一力担任校勘，没有问我要其他资料。等我注意到此本时，全书已印好装好，送了一百部到我家了！

我当与台银诸公商量，此书若有再版机会，当加《家传》，及尊作《胡铁花之台盐治绩》一类的有关资料。

…………

胡函又提到1954年10月要周氏索题《薤海述林》书名的事，"使我大愧悚！"并云："当时必定是手头没有毛笔，一搁就被压积到我的信札堆里去了。日子久了，就好像已经写了寄出了！六年前旧约，真使我十分惭愧！请先生即将《薤海述林》的封面样张寄给我，我一定补写。宣纸请不必寄了，我一定写一小幅寄上。我一生没有学写字，故最怕写毛笔字。书案上笔筒里虽有毛笔，但一个月中磨墨写字大概至多不过一次。这一次一定为先生磨一次墨，但字是不会好的。"（台北胡适纪念馆藏档，档号：HS-NK01-003-020）

同日　胡适复函朱玖莹，云：

……蒙先生写长信，追奖先人的行谊，感谢之至！

先父家传，文献委员会原印本收载全文。此次改编，竟未载《家传》，是大错误，故劳先生问及是否《日记》遗嘱中所记之"柜儿"。柜是二先兄，我是最幼子（名糜），先公死时，我才三岁零七个月，已随先母回到家乡了。（台北胡适纪念馆藏档，档号：HS-NK01-001-010）

6月21日　访客有刘钟鼎、任先民、叶希圣、刘甫琴。又为郭寄峤母亲90岁生日题写"一国的老寿星"。为周维亮题"莫信弭兵为上策，中原无霸更堪忧"。又为章宝森、张豁然、陈雯华、程元藩写条幅。为章锡珍题"工人调角，水人调船，巧匠调木，智者调身"。（《胡适之先生年谱长编初稿〔补编〕》，275页）

6月22日　访客有刘大中、刘登胜、沈文荟、杜光埙。（《胡适之先生年谱长编初稿〔补编〕》，276页）

同日　胡适复函李书华，详谈梅贻琦病。（《李润章先生藏近代明贤手迹》，114～115页）

同日　胡适复函陈受颐，谈赴美开会行程，谈及可能出席完西雅图的会议后即须因"国家长期发展科学委员会"的事务返回台北，8月在美开"中基会"年会时再飞去。（《胡适中文书信集》第5册，286～287页）

6月23日　钟伯毅来访。（《胡适之先生年谱长编初稿》第九册，3301页）

同日　郭廷以日记有记：公权来信，谓滓廉事不必勉强。即告胡适之先生，并复公权。（《郭量宇先生日记残稿》，192页）

同日　下午3时，胡适到"教育部"出席留学考试委员会会议。（《胡适之先生年谱长编初稿〔补编〕》，276页）

同日　胡适致函胡崇贤，谢寄自己与艾森豪威尔总统谈话的照片，又希望借用底片两三天或请代印两三张等。（台北胡适纪念馆藏档，档号：HS-NK05-052-011）

6月24日　访客有萧学梅、高天成、王德昭、林致平、江良任、吴志和、李先闻、芮逸夫、全汉昇。晚，胡适约 J. C. A 及科学会的几位委员在钱思亮家晚饭，商科学会事。（《胡适之先生年谱长编初稿〔补编〕》，276 页）

同日　胡适为刘登胜、任先民、刘钟鼎、叶希贤写了英文保证书。（《胡适之先生年谱长编初稿〔补编〕》，276 页）为王德昭之子办"签证"事写了推荐信。（台北胡适纪念馆藏档，档号：HS-NK05-144-010）

6月25日　周法高、屈万里、黄彰健来看宋元版《五灯会元》。（《胡适之先生年谱长编初稿》第九册，3302 页）

同日　访客还有孙德中、Larry Henderson、程天放。（《胡适之先生年谱长编初稿〔补编〕》，276～277 页）

6月26日　访客有程其保、赵连芳、袁纯、张研田、罗泽清、尹树生等。（《胡适之先生年谱长编初稿〔补编〕》，277 页）

6月27日　下午，胡适主持召开"国家长期发展科学委员会"执行委员会第二十五次会议。（台北胡适纪念馆藏档，档号：HS-NK01-326-105）

同日　胡适与秘书谈起：演讲的时间越短，预备越困难。（《胡适之先生晚年谈话录》，79～80 页）

同日　胡适复函屈万里，云：

崇祯岂可有"十八年"！可见读书小心真不是容易的事！

我手边没有原碑拓本（"沦陷"在北平了），故不能定"十八年"是否碑阴的原文了。路大荒编的《聊斋全集》（世界书局本）载有《墓表》及《碑阴》，此一行也作"崇祯十八年"，可能是用我的《论学近著》里的过录本，而填补了我留着的阙字。故我们此时还不能确知原碑阴是作"崇祯十八年"，还是"十六年"。（台北胡适纪念馆藏档，档号：HS-NK01-058-022）

按，屈万里原函写于当日，胡适收到后即复函。屈函云：胡适的《跋张元的柳泉蒲先生墓表》判断精确。惟崇祯十八年的八字敬请胡适做进一步的审判。（台北胡适纪念馆藏档，档号：HS-NK01-058-021）

6月28日　访客有郭廷以、姚从吾等。晚，陈雪屏请胡适吃饭。（《胡适之先生年谱长编初稿〔补编〕》，277页）

同日　胡适写定《记"中央图书馆"藏的宋宝祐本〈五灯会元〉》。又分别于6月30日、7月4日写有后记一、后记二。（《胡适手稿》第8集卷2，301～330页）

6月29日　访客有张目寒、刘德铭、沈志明、白乐濬。（《胡适之先生年谱长编初稿〔补编〕》，278页）

同日　上午，胡适到台大医院检查身体。（《胡适之先生年谱长编初稿》第九册，3304页）

同日　晚，胡适参加台大文学院教授举办的欢送会，欢送出席西雅图会议的几位代表。（《胡适之先生年谱长编初稿〔补编〕》，278页）

同日　胡适复函罗鼎，谈为《台东县志》作序事：

> 前人作序往往是应酬而已，故不看见一部书的内容，就可以写一篇应酬的序。我向来不作应酬式的序，故想先看看《台东县志》的内容，然后敢作序。
>
> 旧式的方志也没有方志未修成而先请人作序的事。现在《台东志》既已"预定两年内完成"，则鄙意以为尊处不应于此时请人作序，更不必于此时先印行"卷首"。最好等待县志完成之后，然后请人作序，岂不更合理吗？
>
> 承示郑、吴两先生的序稿，他们都没有见县志全稿，故只能作应酬式的序。这种序文，我不能做。如诸公必欲在此时印行"卷首"，恕我不写序了。
>
> 我敬重诸公，故不能不说老实话……（台北胡适纪念馆藏档，档号：HS-NK01-093-020）

按，据台北胡适纪念馆藏档，胡适还函辞贺恒仁作序之请。是年，向胡适索序的还有萧作梁、黄拓荣、程德明、张元朗、陆幼刚、郑清茂、黄应良。

同日　黄杰日记有记：

"特检处"刘处长兆祥来见，据检报，本省分歧份子阴谋于九月底正式成立反对党，分歧份子全部加入，收容历届选举落选政客及民青两党部份人物，已邀请胡适为顾问，胡氏已为此一组织定名为"中国民主党"，胡氏认为下届美国政府民主党当政，殆成定局，故定名为"中国民主党"，有影响未来美政府之预谋，吾人对此一问题，绝不可等闲视之，如不早为之所，使其自然生长，来日必成为一棘手问题。兹已将检查所得情报编为"台湾之瘤"一册，油印若干份，嘱余分送各有关单位首长参考。(《雷震案史料汇编·黄杰"警总"日记选辑》，59页)

6月30日　韩国延世大学的赵义高来访。(据《日记》)

同日　雷震与夏涛声看望胡适，请求胡适支持他们的反对党。胡适表示："我不赞成你们拿我来作武器，我也不牵涉里面和人家斗争。如果你们将来组织成一个像样的反对党，我可以正式公开的赞成，但我决不参加你们的组织，更不给你们作领导。"(《胡适之先生年谱长编初稿》第九册，3305～3306页)

按，雷震当日日记有记：上午偕涛声至南港，说明选举改进座谈会召集人要请胡先生吃饭，决定7月2日下午7时返台北后即发通知给台中等，请其2日下午6时前到"自由中国"社等候。(《雷震全集》第40册，338页)

同日　访客还有潘仰山、颜泽滋。(《胡适之先生年谱长编初稿〔补编〕》，278页)

同日　晚，胡适约陈之藩和他的未婚夫人来吃饭。(《胡适之先生年谱

长编初稿》第九册，3306页）

7月

7月1日　胡适为周维亮题写《艖海述林》封面，又为赵颂南题字。中午，林致平来，并在此午饭。（台北胡适纪念馆藏档，档号：HS-NK01-003-021；《胡适之先生年谱长编初稿〔补编〕》，279页）

同日　晚，胡适参加 Harry C. Schmid 的酒会。12时，去机场迎接 Samuel S. Stratton。（《胡适之先生年谱长编初稿》第九册，3306页）

7月2日　蒋复璁送来三种版本的《五灯会元》。胡适曾为此书作一跋文，其中说道："中央图书馆"藏的这部《五灯会元》，原定为"明覆元至正本"，其实是元至正二十四年（1364年）的杭州原刻本，其印刷时期与史语所所藏至正二十四年本约略相同，当然都是明朝印的了。（台北胡适纪念馆藏档，档号：HS-NK05-184-017）

同日　上午，杨肇嘉来访。Dr. Samuel S. Stratton 由黄秉心、陈士贤陪同来访，留此中饭。（《胡适之先生年谱长编初稿〔补编〕》，280页）

同日　下午4时，"联合国中国同志会"、自然科学促进会等10个团体在台北宾馆举行茶会，欢送出席"中美学术合作会议"的20位代表，胡适出席并讲话。（次日之《公论报》《新生报》）

同日　晚，雷震、夏涛声和"选举改进座谈会"召集人为胡适饯行，谈起反对党，胡适再次表示，他个人赞成组织在野党，并且希望在野党强大，能够发展制衡作用，以和平的方法，争取选民的支持，使政治发生新陈代谢。胡适表示，自己老了，"朽木不可雕"，希望新党培养领导人物。（《胡适之先生年谱长编初稿》第九册，3309页）

雷震日记记胡适谈话内容：

希望新党要有容忍精神，他感到我们第一次声明书在骂人。美国人说我们消极，其实指我们骂人，因我们力量太小，不要多得罪人，

骂人做号召不是上策，要脚踏实地的自己工作下去，他一定支持。(《雷震全集》第 40 册，340 页）

7月3日　上午，"联合国中国同志会"举行迁台 10 周年纪念大会，胡适演讲"从二千五百年前的弭兵会议说起"。(《大陆杂志》第 21 卷第 3 期，1960 年 8 月 15 日）

同日　下午 5 时，陈诚设茶点招待参加"中美学术合作会议"的胡适等 22 人。（据台北"国史馆"藏陈诚"副总统"文物，档号：008-010402-00021-007-004）

同日　晚 7 时，胡适参加留美同学会的聚餐。(《胡适之先生年谱长编初稿〔补编〕》，280 页）

同日　本际和尚函寄捐册与胡适：为筹建海印寺，特寄上捐册，请倡首劝捐。同月 12 日有胡颂平代复函，谓胡适 7 月 9 日离开台湾，他是从未替人捐款过，故缘簿先寄还。（台北胡适纪念馆藏档，档号：HS-NK01-179-004）

7月4日　上午，陶天翼来见。中午，出席庄莱德为美国独立 184 周年举行的酒会，又到陈之藩家午饭。(《胡适之先生年谱长编初稿〔补编〕》，280 页）

同日　下午 4 时，胡适到"三军"俱乐部参加"北大同学会"举办的欢送会。谈起参加此次会议还有两个任务：一是与美国各大基金会洽谈资助台湾在科学文化方面的发展事宜，一是劝留学生返台服务。（次日台北各报）

同日　晚 6 时，胡适出席罗慕斯举行的菲律宾国庆酒会。(《胡适之先生年谱长编初稿〔补编〕》，280 页）

同日　胡适复函马廷英，云：实在没有时间替马向"教育部"询问款项事。（台北胡适纪念馆藏档，档号：HS-NK01-231-007）

按，同日，马廷英致函胡适，告以研究计划拟申请基金会补助费，请代为说项；另询"教育部"、"长期发展科学委员会"补助事。（台北胡适纪念馆藏档，档号：HS-NK01-231-006）

1960年　庚子　69岁

7月5日　访客有黄季陆、郭寄峤。周法高、黄彰健、屈万里来看三个版本的《五灯会元》。Severt 来访。李锦屏来见。余纪忠、张研田来访。哈佛大学教授泰勒来访。(《胡适之先生年谱长编初稿〔补编〕》，280页;《胡适之先生年谱长编初稿》第九册，3314页)

同日　胡适复函 Isabelle E. Williams，吊唁 Joseph E. Swan 之丧。请代向 Swan 太太及其孩子们表达哀悼之意，并将在"中基会"董事会上报告 Mr. Swan 最后的讯息。(台北胡适纪念馆藏档，档号：HS-NK05-172-033)

7月6日　访客有赵武（赵颂南之子）、徐芳、徐萱、虞舜、莫德惠。中午，赵连芳、全汉昇来此午饭。(《胡适之先生年谱长编初稿〔补编〕》，281页)

同日　下午，胡适主持召开"国家长期发展科学委员会"执行委员会第二十六次会议。(台北胡适纪念馆藏档，档号：HS-NK01-326-106、HS-NK05-249-022)

7月7日　上午，胡适主持召开"中研院"院务会议。(《胡适之先生年谱长编初稿〔补编〕》，281页)

同日　中午，蒋介石宴请出席"中美学术合作会议"的代表，胡适特别向其介绍陈奇禄、彭明敏。(《郭量宇先生日记残稿》，194页)

同日　下午，芮逸夫来谈。(《胡适之先生年谱长编初稿〔补编〕》，281页)

同日　胡适复函陈桐章，不能审查《易经与堪舆》一书，特奉还。(台北胡适纪念馆藏档，档号：HS-NK01-025-038)

同日　胡适复函胡亚杰，不能拜读《宇宙论》一书，特奉还。(台北胡适纪念馆藏档，档号：HS-NK05-052-005)

同日　黄杰日记记"保安处"报告：

> 胡适于本月二日对记者表示"他一向赞成有一个强有力的反对党，但本人不做领袖"一语后，法新社驻台记者孟仁认为胡某此一语无异是反对党的"催生针"。故预料"反对党"之成立将成一般人之预测提早成立等语。并已于二日拍发电稿。(《雷震案史料汇编·黄杰"警总"

日记选辑》，62 页）

同日　杨树人致函胡适，告列席昨天人文委员会临时会议，会中有一两个共同意见，王世杰要他转呈，并报告研究设备计划及美国人送来前次晚饭会谈记录事。另请胡适留心物色人才，接替己职。（台北胡适纪念馆藏档，档号：HS-NK05-108-044）

7月8日　晚，韩咏华、查良钊、舒子宽来访。（《胡适之先生年谱长编初稿〔补编〕》，281 页）

同日　胡适和秘书谈道：凡是文化的接触，都是各取其长的。（《胡适之先生晚年谈话录》，80 页）

7月9日　12时，胡适从台北起飞，经东京、阿拉斯加，当天抵西雅图。

同日　韦莲司小姐致函胡适，告知将卖掉绮色佳的房子并到巴贝多岛试住一个月等打算。（台北胡适纪念馆藏档，档号：HS-CW01-009-035）

7月10日　下午2时，"中美学术合作会议"在西雅图华盛顿大学开幕。首由华盛顿大学校长Odegaard致辞，次由胡适演讲"The Chinese Tradition and the Future"，大意谓：

> ……不要把中国传统当作一个一成不变的东西看，要把这个传统当作一长串重大的历史变动进化的最高结果看……
>
> 中国的文化传统……是历史进化的几个大阶段的最后产物：
>
> （一）上古的"中国教时代"……在商朝已经发展出来一个高度进步的文明……到了伟大的周朝，文明的种种方面又都再向前发展。……
>
> （二）中国固有哲学思想的"经典时代"，也就是老子、孔子、墨子和他们的弟子们的时代。……
>
> 中国的古文明在这个思想的"经典时代"的几百年（公元前600至前220年）里经过了一个基本的变化，这是无可疑的。中国文化传统的基本特色，多少都是这个"经典时代"的几大派哲学塑造磨琢出来的……
>
> （三）第三段历史的大进化是公元前221年军国主义的秦国统一了

战国，接着有公元前206年第二个帝国，汉帝国的建立，以后就是两千多年里中国人在一个大统一帝国之下的生活、经验——这两千多年里没有一个邻国的文明可以与中国文明比。这样一个孤立的帝国生活里的很长很特殊的政治经验，完全失去了列国之间那种有生气的对抗竞争，也就是造成中国思想的"经典时代"的那种列国的对抗竞争——是构成中国传统的特性的又一个重要因素。

....

（四）第四段历史的大进化，实在等于一场革命，就是中国人大量改信了外来的佛教。……

....

（五）再下一段历史的大进化可以叫做中国对佛教的一串反抗。反抗的一种形式就是中古道教的开创和推广。本土的种种信仰和制度统一起来，加上一点新的民族愿望的刺激，想模仿那个外来的佛教的每一个特点而把佛教压倒、消灭，这就是道教。……

（六）中国传统的再下一段大进化可以叫做"中国的文艺复兴时代"或"中国的几种文艺复兴时代"。……

....

西方与中国和中国文明的第一次接触是16世纪的事。但是真正对照和冲突的时代到19世纪才开始。这一个半世纪来，中国传统才真正经过了一次力量的测验，这是中国文化史上一次最严重的力量的测验，生存能力的测验。

....

中国与西方的强烈对照和冲突是大约150年前开始的。……我用不着重说中国因为无知、自大、自满，遭了怎样可悲的屈辱。我也用不着提中国在民族生活各方面的改革工作因为不得其法，又总是做得太晚，遭了怎样数不清的失败。我更用不着说中国在晚近，尤其是民国以来，怎样认真努力对自己的文明重新估价，又在文化传统的几个更基本的方面，如文字方面、文学方面、思想方面、教育方面，怎样

认真努力发动改革。……

……我们应当先大致估量一下：中国传统在与西方有了这样的接触之后，有多少成分确是被破坏或被丢弃了？西方文化又有多少成分确是被中国接受了？最后，中国传统还有多少成分保存下来？中国传统有多少成分可算禁得住这个对照还能存在？

……中国是欧洲以外第一个废除君主世袭的民族。中国的帝制存在了不止五千年之久，单单"皇帝也要走开"这一件事对广大国民心理的影响就够大了。

…………

那个曾尽大力量反抗中古中国那些大宗教，而且把那些宗教终于推倒的大胆怀疑、独立思想、独立表示异议的精神，即使在最不可忍的极权控制压迫之下，也会永久存在，继续传布。总而言之，我深信，那个"人本主义与理智主义的中国"的传统没有毁灭，而且无论如何没有人能毁灭。（《大陆杂志》第28卷第6期，1964年3月31日）

7月11日　"中研院"历史语言研究所发出聘书，聘胡适为通信研究员。（台北胡适纪念馆藏档，档号：HS-NK01-210-007）

7月14日　郭廷以日记有记：上午举行分组会议，关于研究中心问题，李济、胡适之与古理雅颇有争论。（《郭量宇先生日记残稿》，196页）

7月19日　胡适致电全汉昇，告亚洲协会给"中研院"奖助金事。（台北胡适纪念馆藏档，档号：HS-NK01-058-006）

同日　房兆楹、杜联喆将邓之诚著《桑园读书记》（北京三联书店，1955年）赠送胡适，题签云："敬赠适之先生，时先生经金山往纽约。"（《胡适藏书目录》第2册，861页）

按，7月21日，全汉昇复函胡适云：接到7月19日的电报，知已安抵旧金山，转往纽约，并知亚洲协会已给予"中研院"数理教授的3年用费和给科学委员会15个研究讲座名额。已将电报副本给杨树人。吴大猷何时可返台？如有决定请示知。又告："总统"官邸来电询问参

1960年　庚子　69岁

加"中美学术合作会议"代表们最早何时返台。(台北胡适纪念馆藏档,档号:HS-NK05-017-005)

7月22日　Gregory Henderson 致函胡适,云:

Late last year at the meeting of American Cultural Affairs Officers in Taipei, we had the great pleasure of hearing a memorable speech which you gave us on an early December evening.

During that speech you recalled the founding of the international exchange program resulting from the Boxer indemnities and the work and words of Hamilton Mabie who was instrumental in implementing that great idea: "Neither to weep nor to laugh but only to understand."

After your talk was ended, I went to you and asked for the Chinese words thinking to put them over the door of my office in Seoul from which, in an ancient outpost of Chinese culture, the modern Fulbright program is now about to find implementation. Somehow I have never quite carried out my resolve and it recently occurred to me that the reason lay in my not having found the right artist; the reason why I have not found the right artist, I came to realize, was because the right artist is you.

I wonder whether I might be so presumptuous as to ask you to write in horizontal style the Chinese characters for Mr. Mabie's sentiment in honor of the implementation here, after ten years of difficulties, of the Fulbright Agreement. I would like very much to put it over the door to my office and I would have it mounted here in Seoul if you would be kind enough to send it to me. I know that if you have any difficulty in sending it our Cultural Affairs Officer in Taipei would be very glad to help you.

John and Wilma Fairbank were just through here last week for a very successful visit and spoke warmly of you. Your face in this week's *Time Magazine* brings back added pleasant memories of a Taipei visit. I do hope that you will not mind my asking you this very great favor.（台北胡适纪念馆藏档，档号：HS-NK05-152-014）

7月30日 胡适致函吴大猷，云：

我十七日到金山，十八、十九两日与 Asia Foundation 的主持人谈话，十九日我正式签了接受他们的两个 grants 的文件：

① 给"National Council on Science Development" U. S. $45,000，分三年用，每年$15,000，为十五个"研究教授"之用。（"China Foundation"已担负了三十个"研究教授"。）

② 给"Academia Sinica" U. S. $30,000，分三年用，每年$10,000 为"A. S."设立"A Visiting Professorship in one of the basic physical sciences."（我原信请求的是七千五百元，由"A. S."自备旅费。Asia Found 改为一万元，甚可感也。）

这两项的原申请书，你已见过，其"A. S."的 Visiting Professorship 原是为你设的，故我的原函说是"An Asia Foundation Visiting Professorship in Mathematics and Theoretical Physics"。七月十八日，我见着 Asia Foundation 的人，把你和我在 Seattle 的谈话都向他们说了。我们商量之后，把范围说的大一点，改成"in one of the basic physical sciences"，但你知道我的衷心诚意还是希望你能回去；第一年为试探筹备的时期；若你觉得此事有前途，或可作久远的计划。

我把我签的一份 letter of agreement 复印本寄给你看看，特别请你看 #④ &# ⑦。你能够再考虑一次吗？

我盼望你能考虑这几点：

① 请考虑你今年是否能放弃瑞士之行，而考虑接受 Asia Foundation 的"Academia Sinica" Visiting Professorship？我昨天听朱汝瑾兄说大嫂可能到 Brooklyn 去读完 Ph. D. 学位。大嫂的志愿使我感觉十分钦佩，但我因此想到大嫂似不打算同你去欧洲。因此，我想请你再考虑回到台北去住一年或八九个月。Asia Foundation 的 U. S. $10,000 包括旅费，而

南港有新建的"学人住宅"可住，故不须另谋住房的费用。（你可以在我家中吃饭）你若单身来台，不愁有余款可以供给大嫂与孩子在"国外"求学之用。

②万一你今年不能来，则请慎重考虑一九六一年及以后的计划。并请将"National Research Council"的 President 的姓名及 title 赐告。我是否应该今年就写信给他？

③我总觉得我们实在需要你回来领导；我总觉得"中研"、台大、"清华"，都实在需要你来给我们做点切实计划（工作的计划与找人的计划）。我回去了近两年，深觉得我太外行了，挑不起"长期发展科学"的担子。现在梅先生病废了，我更觉得我不中用。今年虽然有林致平、李先闻二兄回南港来做专任的研究员，确然为"中研"增加不少生气！（可怜这几年来，数学研究所的最高专任人员是一个"助理研究员"刘世超君！）但我们实在还有绝大的一块园地需要你来领导培植。所以我的痴心总盼望你能回来住七八个月，或八九个月，看看这个地方是否值得你打算久居，是否值得你花费几年工夫去培养出一班青年工作者出来——是否值得你出点力去改造成一块可以留得住青年人努力工作的科学园地。

…………

七月廿八日我去作一次身体检查，成绩还好。八月十六日还得作第二次检查。（台北胡适纪念馆藏档，档号：HS-NK05-034-017）

8月

8月1日　胡适复电梅贻琦：赵元任已经决定不赴莫斯科参加东方学者会议。（台北"国史馆"藏"外交部"档案，典藏号：020-080105-0014-0073）

按，本年7月感日，梅贻琦致电胡适，请胡促请赵元任出席。（台

北"国史馆"藏"外交部"档案，典藏号：020-080105-0014-0065）

同日 今天出版的"China News"的一篇社论说："我们已经知道胡适先生的态度了。他不会出来领导反对党，也不会做反对党的顾问。""China Post"也有一篇社论说胡适不会出来做领袖。(《胡适之先生年谱长编初稿》第九册，3332页）

8月3日 下午，郭廷以来访，报告与韦慕庭商谈哥伦比亚大学与近代史所合作口述史计划。(《郭量宇先生日记残稿》，201页）

8月4日 胡适复函雷震，云：

你写此信时，还颇乐观，如说"某君转告，国民党当局已告诉美国人，他们对新党不取缔，任其组织"。又如说国民党"中央党部放出空气，说十一月地方选举，将准候选人公推监票员"。

你此时一定已见到"中央日报"七月廿九日的社论了。

我在五、六月之间，就曾指出有人说你们拟的《宣言》"太消极""太否定""too negative"，我的意思是说"太骂人""太攻击人"。你们的党还没有组成，先就痛骂人，先就说要打倒国民党，先就"对国民党深恶痛绝"。国民党当然不会"承认"你们的党了。

我的行期，一时难定。

我盼望你们千万不要"盼候先生到台后再宣布"《组党宣言》。这一点同我六月中劝你们不要在艾森豪总统到台北之前几天发表你们的《宣言》，是一样的意思。你们当时不听我的劝告。现在我很郑重的劝你们千万不要等候我"到台后再宣布"。

你们要组党，本来同美国人无干，更同艾［森豪威尔］总统的来台绝无关，所以我劝你们不要赶在艾克到台之前几天发表。把两件不相干的事，故意连系起来，叫人看上去好像有点相干——那是不诚实。你说是不是？但六月初你完全不懂得我的话。那天晚上，我看见《宣言》已排印好了，所以我也不多说话了。

我举此例子，表示你们的想法、看法、做法，我往往不能了解。

我的想法、看法、做法，你（单指老兄）也往往不能了解（别人更不用说了）。

所以我此时不能悬想你们的《组党宣言》发布时，我能取什么态度。

所以我劝你们千万不要等候我。（《万山不许一溪奔——胡适雷震来往书信选集》，235～236页）

8月10日　罗家伦来晚餐。（《罗家伦先生文存补遗》第三部《日记补遗》，655页）

8月11日　胡适出席台湾"清华大学"同学会餐会，并有讲演。（《罗家伦先生文存补遗》第三部《日记补遗》，655页）

同日　赵元任致函胡适，告已辞掉史语所二组主任职。（台北胡适纪念馆藏档，档号：HS-NK05-117-019）

8月12日　黄杰日记有记："特检处"处长刘兆祥向其报告，"雷震正式证实张君劢、左舜生、李璜及胡适四人确为该党之顾问"。（《雷震案史料汇编·黄杰"警总"日记选辑》，83页）

8月15日　王际真致函胡适，云：

I enclose reprint of Ho Ping-ti's translation which I told you about the other day. I hope the marginal notes I made at the time when I read it do not misinterpret Mao more than he did. In any case I think there is a great deal of unnecessary "mystification" on the part of Ho. The poems may be difficult to render into English but they all sound pretty familiar and there is nothing so extraordinary about them.

It was a great pleasure to have had the long visit with you and I enjoyed your excellent cocktails.（台北胡适纪念馆藏档，档号：HS-NK05-007-029）

8月22日　雷震看了傅正起草的《政纲宣言》的一部分后，认为文字

太刺激，一定通不过，"并指出胡适先生最近托钱思亮校长带来给他的信中还说：上次在阳明山高先生那里参加我们的会议，在商讨《选举改进座谈会的声明》时认为太消极，实在是比较客气的说法，真正的意思是说太带有批评性，太刺激了一点"。（《傅正"自由中国"时期日记选编》，330 页）

8 月 25 日　蒋复璁致函胡适，告："中央图书馆"拟创设音乐、美术、舆图三室，欲购买唱机、图书及舆图等，请求"中基会"补助 3000 美元。又以同样的信致胡适、蒋梦麟二人。（台北胡适纪念馆藏档，档号：HS-NK05-123-005、HS-NK05-123-006）

8 月 29 日　胡适有《王荆公的有为主义》笔记一篇。（《胡适手稿》第 9 集卷 3，347～350 页）

8 月 31 日　蒋介石思考抓捕雷震后的各种预案，第一条是针对胡适的：雷逆逮捕后，胡适如出而干涉，或其在公开反对"政府"，实应有所准备：甲、置之不理；乙、间接警告其不宜返台。（蒋介石《日记》）

同日　胡适在 Truth and Opinion: Historical Essays（C. V. Wedgwood. 纽约，1960）注记："Hu Shih August 31, 1960 New York, N. Y."（《胡适藏书目录》第 4 册，2921 页）

同日　胡颂平致函胡适，报告：1. 为请将前寄目录早予核定，并告姚从吾、杨亮功、蒋复璁、孙德中诸先生都希望此部《文存》能在今年 12 月 15 日以前出版。2. 影印《续藏经》的事，艺文印书馆正与佛教会台湾印经处作了初步的商议。艺文已筹备开始预约工作。想请求胡适写预约的英文介绍文字。3. 一则是曼涛《台北佛教界围攻胡适》(《自由报》，1960 年 8 月 13 日），乃针对胡适的"中国的传统与将来"演讲内容而发的；另二则是陈伯庄、徐学慧针对此文而发的。4. 许淑真来信说，东京大学几位教授都希望先生回台经过东京时能够多停几天。（台北胡适纪念馆藏档，档号：HS-NK05-051-016）

9月

9月2日　胡适在华盛顿主持召开"中基会"第三十一次年会。出席董事有蒋梦麟、赫金逊、顾维钧等。应台大校长钱思亮之请,议决拨付对台大教员之紧急补助和医药援助。(台北胡适纪念馆藏档,档号:HS-NK05-263-013;《"中基会"对科学的赞助》,250页)

同日　蒋介石召见黄杰并指示:1.本案不必由"行政院"负责。2.本案行动以后,可由唐纵告知李万居、高玉树等人,此次行动,是处理"自由中国"半月刊旧案,与反对党毫无关联,同时请陈诚电告胡适,加以说明。(《雷震案史料汇编·黄杰"警总"日记选辑》,98页)

同日　黄杰记"保安处"对他报告:高玉树8月31日对记者谈话称:他们拟成立的反对党领导人人选问题,以胡适为最理想,但并未作肯定之答复。又说胡适曾两度参加该党的会议,在会中他既没有被要求,也没有自愿地积极参加本党。(《雷震案史料汇编·黄杰"警总"日记选辑》,97页)

9月3日　黄杰日记有记:

"保安处"报告:

雷震、李万居、余阳等讨论"反对党"在海外发展及与胡适连络情形:

……

三、综合研析:

……

(二)雷震与胡适之政治勾结已至为明显。

(三)胡适虽身在美国,其对反对党之活动仍甚关切。

(四)雷震搜集海外有利于反对党活动之报刊寄与胡适,以增强胡之信心。

(五)雷震仍殷望胡适对反对党作有力之支持。(《雷震案史料汇

编·黄杰"警总"日记选辑》，100～102页）

9月4日　台湾"警备总司令部"逮捕雷震、傅正、刘子英、马之骕。事发后，陈诚致电胡适通报：

"自由中国"杂志最近言论公然否认"政府"，煽动变乱，经"警备总司令部"依据惩治叛乱条例将雷震等予以传讯，自当遵循法律途径，妥慎处理……（《胡适之先生年谱长编初稿》第九册，3334页）

胡适复电陈诚：

……鄙意"政府"此举甚不明智，其不良影响，可预言者一则"国内外"舆论必认为雷等被捕表示"政府"畏惧并摧残反对党运动。二则此次雷等四人被捕，"自由中国"杂志当然停刊，"政府"必将蒙摧残言论自由之恶名。三则在西方人士心目中，批评"政府"与谋成立反对党皆与叛乱罪名绝对无关。……今日唯一挽救方式似只有尊电所谓"遵循法律途径"，即将此案交司法审判，一切侦审及审判皆公开，乞公垂意。（台北胡适纪念馆藏档，档号：HS-NK05-091-006）

9月5日　黄杰日记有记：《时代》杂志记者报道高玉树的话说，胡适曾两度参加该党的会议，在会中他既没有被要求亦没有自愿地积极参加本党。（《雷震案史料汇编·黄杰"警总"日记选辑》，109页）

9月6日　凌晨，胡适致函韦莲司小姐，请其于早上9点来共进早餐，并告蒋梦麟和其他少数几个朋友会一块儿吃早饭。（《不思量自难忘：胡适给韦莲司的信》，278页）

同日　下午4时30分，张群指示"警备总司令"黄杰：刘子英案之资料，应速送陈诚，以便据以函复胡适。（《雷震案史料汇编·黄杰"警总"日记选辑》，113页）

同日　陈诚致电胡适：

……（一）惩治叛乱条例乃"行宪"时修正有效之法律，依据条例第十六条所规定具有"叛乱"罪嫌者在戒严区归军法审判系属合法。（二）本案复杂，原有确实线索，现被拘执之四人中，已有一人承认受指使来台活动，雷至少有知情包庇之嫌。自当依法迅予处理。（《胡适之先生年谱长编初稿》第九册，3335页）

同日　胡适复电陈诚：

……近年"政府"正要世人相信台湾是安定中求进步之乐土，似不可因雷案而昭告世人全岛今日仍是戒严区，而影响观光与投资。（二）果如尊电所云，拘捕四人中已有一人自认为谍，则此案更应立即移交司法审判。否则，世人绝不相信，徒然使"政府"蒙滥用红帽子陷人之嫌而已。（三）儆寰办此杂志十一年，定有许多不谨慎的言语足够成罪嫌。万望我公戒军法机关不得用刑审，不得妄造更大罪名，以毁坏"政府"的名誉。（四）毛子水先生忠厚长者，从不妄语，可请雪屏邀子水与公一谈"自由中国"社史事，当有补益。（《胡适之先生年谱长编初稿》第九册，3335～3336页）

按，据黄杰是日日记，陈诚接见国民党秘书长唐纵时曾云：胡适已有电来，以"逮捕雷震，压迫新政党之组成行动，是'违宪'的"等语，已决定请王副院长云五函复胡氏，告以刘子英案发，雷震涉嫌知情不检举，于法难恕。（《雷震案史料汇编·黄杰"警总"日记选辑》，114页）

9月7日　胡适接受美联社记者采访时说："关于雷震被捕与新党运动的关系，我不能评论，因为我离开已经两个月。"他认为这是一件"最不寻常的事"。10年来，"自由中国"杂志一直是"台湾新闻自由的象征"，"我对这件事的发生很感遗憾"。（《胡适之先生年谱长编初稿》第九册，3336页）

同日　王世杰日记有记：雷案曾由岳军等请辞修电告胡适之（在华盛顿）。适之来电谓此举为不明智，且谓雷为爱国之人，主张改交普通司法机关审判并公开审判。（《王世杰日记》下册，951页）

9月8日　12时，宋英给胡适打电话，请胡适帮忙救雷震，说雷震已

绝食三天，又说雷因刘子英案而牵连，简直是陷害。胡适答以知道了，并告宋：与其女雷德荃已在华盛顿见面谈过，一定想办法帮忙。(《雷震案史料汇编·黄杰"警总"日记选辑》，117 页)

同日　蒋介石日记有记："胡适对雷案（在美）发表其应交司法机关审判。此种真正的胡说本不足道，但有此胡说对'政府'民主体制亦有其补益，否则不能表明其政治为民主矣，故乃予以容忍。但此人徒有个人而无'国家'，徒恃外势而无'国法'，只有自私而无道义，其人格等于野犬之狂吠，余昔认为可友者，今后对察人择交，更不知其将如何审慎矣。"

9 月 11 日　唐纵向黄杰报告：昨日大专学校教授举行座谈会。经过情形咸认"政府"对"自由中国"半月刊之乖谬言论，早应采取措施，予以制裁，现在处置已觉过迟。同时若干教授对胡适在美之言论深表反感。"总统"指示：本案应以雷震为主，不再牵涉其他人，并从速处理。(《雷震案史料汇编·黄杰"警总"日记选辑》，125 页)

9 月 16 日　胡适复函韦莲司小姐，谈雷震案："9 月 4 日在台北发生的事让我非常不愉快。……这种种都说明我个人关心这个案子，我必须尽一切可能来帮助那 4 个被捕的人。目前我一筹莫展。……过去 13 天来，我的思绪有些不宁。"(《不思量自难忘：胡适给韦莲司的信》，280 页)

9 月 17 日　胡适访王世杰，王氏日记有记："彼对雷震案之愤激，超出余预计之外。言外之意似有改变其二十余年来支持'政府'之一贯态度。余劝其可向'政府'作不公开之争议，但仍以避免公开批评为宜。彼似不甚以余意为然。"(《王世杰日记》下册，952～953 页)

同日　胡适复函袁同礼，谈《水经注》。(《胡适全集》第 26 卷，499～500 页)

9 月 21 日　胡适再次接见记者李曼诺说："雷震为争取言论自由而付出的牺牲精神，实在可佩可嘉"；"为了维持'自由中国'半月刊的精神，他不但呕尽心血，还曾不惜当卖过私人的财物，目的不过是要争取言论自由"。对于外界批评"自由中国""言论过激一点"，胡适表示"各人的观点是不同的"，美国总统竞选中，两党互相批评的言辞不知激烈多少倍。"我个人

也没有觉得它有什么激烈的地方"。(《胡适之先生年谱长编初稿》第九册，3337页）

9月23日　胡适致函胡颂平、王志维，云：

> 颂平拟的我的近年发表的文字目录，我匆匆看了。我想，今年不必赶印此一集。(一）其中神会两篇，我要收入《神会和尚全集》。(二）有些文字不值得收集。(三）我今年决不做七十生日，因为我到十二月还只有六十九岁。(四）这个年头，那有过生日的兴趣？

> 我的心脏专家 Dr. Robert L. Levy 已检查了三次，每天服药，现在脉已正常，我很高兴。牙齿是我近年耽误了，今年在南港曾有两次想找牙医，志维想能记得。此次我的牙医是华西出身的胡永承，在美已十三年，信誉甚好。他的方法与设备都是最新的。所以我九月十九日去作第一次诊断，今天（廿三）作第一次治疗。他坚持非再留三个星期不可。所以我此次不能回来过"双十节"了。(《胡适之先生年谱长编初稿》第九册，3339页）

同日　胡适复函李济，谈返台行程：

> 今晨去牙医处，费了整整两点钟，只镶补了三处。他指透视牙照片给我看，说，尚有两处需要大费气力，须将二十多年前镶的"金冠"两处除去，然后疗治内里的蚀伤，然后重换新"冠"。冠即 crown……我还有三星期的勾留，到台北可能在十月十五日（Sat.）。一切情形，俟机位定妥后，当另电告。……（台北胡适纪念馆藏档，档号：HS-NK01-073-003）

9月24日　胡适复函朱文长，云："雷案使我这半月心神甚不安。我本想早日回去，但被牙医留住，约需20日后始回台北。"无法写朱经农回忆录，主要原因是他们二人留学回国后很少机会常见面。散在两地太久了，追忆起来的印象是很不成片段的。又说，《胡适留学日记》中"我们预备要中国人十年后有什么思想？"此话最关重要。他一生注意教育事业（包括商务

印书馆），可以说是根据这一个意思的一贯倾向。(《传记文学》第 43 卷第 5 期，95 页）

按，朱文长原函现存台北胡适纪念馆，档号：HS-NK05-013-001。

9 月 26 日　黄杰出席蒋介石召集的会议，黄氏日记记蒋介石讲话："处理本案，余之根本原则绝不变更，即必须交由军法审判，盖如交司法审理，不但刑法上无可资引用之适当条文，而引起之反应，与军法并无二致。"(《雷震案史料汇编·黄杰"警总"日记选辑》，170 页）

同日　黄杰日记有记："台北市警察局局长潘敦义报告：高玉树、李万居等昨日集会，决议事项，据内线报道，有四项，其第一项为新党暂时不组织，俟胡适回台再说。如果胡适暂时不回来，再召集会议组织成立。"(《雷震案史料汇编·黄杰"警总"日记选辑》，170 页）

9 月 30 日　蒋介石之本月反省录有记：本月工作以雷震案为重点……除"国内外"少数反动言论外，一般反响并不如所预想之激烈，惟一《纽约时代》杂志乃受胡适之影响，亦作不良之评论，殊出意外。

10 月

10 月 3 日　台湾当局判处雷震有期徒刑 10 年。

10 月 6 日　雷案卧底人员洪国式向"保安处"报告：雷震自我判断，挽回本案可能性有三，其一为胡适回台向"总统"说项。就雷经验，凡是政敌只要向老先生低头，老先生是可以赦免的。……雷震反对党系得胡适之支持，胡适认为民主运动中成立政党是应该的，该党党章曾由胡适修改。(《雷震案史料汇编·黄杰"警总"日记选辑》，205～206 页）

10 月 9 日　胡适复函沈亦云：

我要首先向您道贺，贺《回忆》的写成，贺您这一件心事的完成。我在这三四十年里，到处劝朋友写自传，人人都愿意，但很少人有这闲暇，有这文学修养，更少人能保存这许多难得的"第一手"史料，所以很少人能够写出像您这样有历史价值的回忆录。所以您的稿本的写成是真值得庆贺的！

自序写的很好，我读了很感动。第一段叙述乱离时保存材料的困难，使我想起李清照的《金石录后序》。您说："我岂可以此不急之物分人逃生之地？"这是很感人的一句话。

《自序》写"属稿时"的心理与方法，也说的很动人。您批评中国新史家好像有心"回避"现代史的题目，并且指出"教科书中所见……对国难尤多责人之言。……我们自己岂无一点责任？"正因为有许多人至今还不肯负"一点"国难的责任，所以现代史的材料至今多没有出现，所以现代史至今还是被"回避"的题目。我盼望您的《回忆》的出世可以引起别人的仿效，把他们长久收藏的史料发表出来，把他们的追忆或回忆也写出来。

史料的保存与发表都是第一重要事。我看了您的几卷稿本之后，我的感想是：亦云夫人这部《回忆》的第一贡献在于显示保存史料的重要，第二贡献在于建立一种有勇气发表真实的现代史料的精神。保存了真实史料而没有机会发表，或没有勇气发表，那岂不是孤负了史料？岂不是埋没了原来保存史料的一番苦心？

日本军人在沈阳发难，到今天已是二十九年了。"七七"与"八一三"到今天已是二十三年了。我们到今天还没有一部中国史家著作的中日八年战史，也没有一部中国史家著作的抗战前的六年中日关系史。这都是很可耻的事。为什么我们的史家到今天还没有写出中日战史（从1931年到1945年，实在是"十四年中日战争"）这一类的著作呢？一个原因是这些年来国家继续在空前的大患难之中，史料不容易保存，不容易得人整理。还有一个更大的原因就是您说过的，"史家似在回避此一题目"。这就是说：社会里还有太多的忌讳，史家就没有勇气去整理发表那些随时随地可以得罪人或触犯忌讳的资料了！

……我很热诚的欢迎您"交卷"，很热诚的佩服您发表这许多现代

史料的勇气。这样的"交卷"才是"拥护研究现代史的风气"。这就是替中国现代史树立一个很好的榜样了。

　　傅沅叔先生遗札影本四件奉还。……

　　……沅叔先生在学术上的成就，原来都建筑在"勤劳"的人生观之上。……（沈亦云：《亦云回忆》，台湾传记文学出版社，1971年，1～10页）

同日　黄杰日记记电监处报告:《纽约时报》及《时代周刊》等美联社记者蒙沙报道称:"高玉树表示，新党成立日期，将等胡适返台后再作决定。"（《雷震案史料汇编·黄杰"警总"日记选辑》，207页）

10月10日　韦莲司小姐致函胡适，感谢胡适前来送行，又为胡适的健康担忧。又谈及自己在岛上的生活。（台北胡适纪念馆藏档，档号：HS-CW01-009-044）

10月11日　胡适复函袁同礼，谈及自己的名誉学位问题，又谈到他在哥伦比亚大学毕业文凭事：

　　又我的Ph. D.，论文考试是1917年完毕的，故我列在1917；但当时规矩需要一百本印本论文，故我在1917年回国时没有拿Ph. D文凭。我的论文是1922年在上海印行的，我没有工夫送一百本给哥大，直到五年后，一九二七年我在哥大讲学，他们催我补缴论文印本百册，我才电告亚东图书馆寄百册去。我的文凭是1927年发的。（《胡适全集》第26卷，507页）

同日　胡适在 My Life in China, 1926—1941（by Hallett Abend. 纽约，1943）扉页题记:"Many untruths are contained in this volume. For instance, Abend's story of me on p. 141-145 is full of untruths. I was never 'arrested', never 'secretly condemned to death', etc.（all on p. 145）. Hu Shih Oct.11, 1960."（《胡适藏书目录》第4册，2841页）

同日　蒋硕杰致函胡适，云：昨日晤刘大中谈及在西雅图开会时得晤先生，藉悉先生返美后精神颇佳。另及近阅报载雷震竟被军事庭宣判10年徒刑，闻之至为震惊。请询胡适对此问题作何看法，并盼有所指示以解惶惑，留美学人应作何集体表示，亦乞指示。（台北胡适纪念馆藏档，档号：HS-NK05-124-006）

10月13日　蒋介石日记有记：

闻胡适定于十六日回来，是其想在雷案未覆判以前要求减刑或释放之用意甚明。此人实为一个最无品格之文化买办，无以名之，只可名曰"狐仙"，乃为害"国家"，为害民族文化之蟊贼，彼尚不知其已为他人所鄙弃，而仍以民主自由来号召反对革命……

同日　王世杰日记有记：

适之对于彼自纽约返台后所应取之态度，颇有犹豫不决之状。余劝其今后注意其提倡科学教育工作，不可轻易放弃其最近两年来在此一方面努力之成果；至于政治问题，尽可继续为"政府"之诤友，不可改变其二十年之一贯态度。（《王世杰日记》下册，954页）

10月14日　蒋经国约谈黄杰：胡适博士已订本月16日返台，新党分子可能利用此一机会制造越轨行动，导致社会不安，应妥予防范。（《雷震案史料汇编·黄杰"警总"日记选辑》，213页）

同日　台北"宪兵司令"报告黄杰：胡适16日返台，届时将增派"宪兵"部队至机场维持秩序。（《雷震案史料汇编·黄杰"警总"日记选辑》，213页）

同日　黄杰主持行政治安高阶座谈会，决定胡适博士16日返抵松山机场时维持秩序之办法。（《雷震案史料汇编·黄杰"警总"日记选辑》，213页）

同日　罗家伦、陈雪屏致电张厉生：请转知胡适先生，于抵台时勿当场发表雷案意见。（台北胡适纪念馆藏档，档号：HS-NK03-002-014）

10月15日　黄杰报告蒋介石："胡适博士订十六日返台，为恐参加反对党分子利用胡院长归台机会在机场作种种越轨行动，已饬各有关单位加意防范。"（《雷震案史料汇编·黄杰"警总"日记选辑》，214页）

同日　陈诚日记有记：

雪屏函告：

一、适之"回国"，恐记者与雷震家眷到机场纠缠，迫胡发言，曾商岳军同意，由志希与雪屏联名电托驻日"大使馆"转适之，告以雷案在法律阶段，请其不必当场有任何具体之表示。

二、高玉树等拟发动民众届时至机场欢迎，包围适之。

三、李济与钱思亮就适之个性及健康言，此时"返国"，卷入漩涡，对于个人与"国家"均属不利，拟致函适之，请其稍缓"回国"。

四、雪屏拟商"梅部长"，派适之参加联合国文教组织之"我国"代表团团长；又朱骝先托人表示，颇有于此，梅拟提程天放任团长。（《陈诚先生日记〔二〕》，1270～1271页）

同日　Eugene L. Delafield 将 The Night-Watchman and Other Longshoremen（by W. W. Jacobs，伦敦，1932）题赠胡适："For Dr. Hu Shih from I think now one of his old friends. Eugene L. Delafield Oct. 15, 1960."（《胡适藏书目录》第 4 册，2848 页）

10 月 16 日　胡适复函朱文长，将一张有严恩樭合影的照片寄朱。因严做留学生监督时，朱经农是他的秘书。（台北《传记文学》第 43 卷第 5 期，1983 年 11 月 1 日）

同日　陈诚日记有记：

早，约雪屏，谈适之"回国"问题，嘱听其自然，不必勉强，以免引起无谓之误会。吾信适之对于"国家"之利害及朋友之感情，当有判别。（《陈诚先生日记〔二〕》，1271 页）

10 月 17 日　胡适自纽约搭飞机返台。

同日　陈诚日记有记：

雪屏函告：反动分子确拟有所策动，包围适之，为使适之能了解此间实况，以免下机即受包围，为先入之见所影响，拟请毛子水赴日一行，预作翔实之说明，岳军先生极以为然。(《陈诚先生日记〔二〕》，1271页)

10月18日　蒋介石日记有记：

闻胡适已于昨由美起飞"回国"，其存心捣乱为难可知，而且若辈所谓自由主义之文化买办们从中纵容无疑，应加防范，但以忍耐为重。

同日　郭廷以日记有记：闻上周蒋介石在国民党中央党部会议席上对胡适之先生有严厉批评，并涉及陈诚。又记道："今日毛子水秘密飞东京，据云系受陈诚、陈雪屏之命，对胡先生有所劝告，以胡先生将于明日自美到日，准备返台北。"(《郭量宇先生日记残稿》，219页)

10月19日　上午11时15分，胡适飞抵东京。张伯谨、王信忠、毛子水前来接机，并共进午餐。

同日　下午，胡适与专门来东京迎候的毛子水长谈。

同日　晚，"驻日大使"张厉生宴请胡适，张伯谨、毛子水等作陪。饭间，胡适与陈雪屏通电话，并当即采纳陈雪屏的建议，延缓返台日期。(据胡适《日记》；黄杰1960年10月20日《日记》)

按，关于胡适与陈雪屏通电话情形，事后，陈雪屏拜访黄杰通报。黄杰10月20日《日记》记李立柏向其报告内容："本日晨八时……陈雪屏约谈。昨（十九日）晚曾接'中央研究院长'胡适先生由东京来电话探询情形，当经陈秘书长劝告胡氏，目前时期不宜'返国'，以免受人包围，影响其超然立场，胡氏当即接受其劝告，决定延缓其本月二十一日'返国'之行，并表示今后'返国'行期，将不通知台北诸友人，以密行踪。陈秘书长又面交本省投邮寄胡适先生匿名函一件，对胡氏大肆攻击，此函系由'中央研究院'秘书转交陈秘书长者。本部特检单位未将此函检扣，不无过失，当饬该处加以检讨。"(《雷震案史料汇编·黄杰"警总"日记选辑》，218～219页)

10月20日　上午，胡适与王信忠、毛子水同去逛汤岛圣堂内书籍文物流通处，购买大量图书。(据《日记》)

同日　胡适为《中国菜》题字。(据《日记》)

同日　下午，王信忠陪同胡适看 Vaudeville show。(据《日记》)

同日　晚，王信忠邀请胡适等在东京大饭店吃饭。张伯谨告知返台飞机票已改好。(据《日记》)

同日　蒋介石日记有记：

> 近旬体力认为最佳之阶段，虽有雷案受内外无聊文人之攻讦与非难，尤其胡适卑鄙之言行皆视为常事，不感痛愤，此或不愧不怍、不忧不惧之箴言自修之效乎。

同日　陈诚日记有记：

> 适之昨日抵东京，原拟明（二十一）日回台，昨晚在"大使馆"与雪屏通电话，告以抵台时，有许多人到机场包围纠缠，不如在东京多留二三日。适之谓与子水详谈（毛子水即为此事至东京），了解较多，决将行期改变。岳军先生将通话情形报告，"总统"表示愉快，并谓他回来便好。(《陈诚先生日记〔二〕》，1272页)

10月21日　上午，马延禧来访。崔万秋来访。又与崔等同去书店。在山本书店购书甚多。万秋邀去大黑屋吃鳗鱼，游"新宿御苑"。(据《日记》)

> 按，胡适这两日所购图书，包括杨仁恺著《聊斋志异原稿研究》(辽宁人民出版社，1958年)。(《胡适藏书目录》第2册，786页)

同日　晚，张伯谨于兰苑大饭店宴请胡适。(据《日记》)

10月22日　晚9时55分，胡适抵达台北松山机场。来接机的有朱家骅、罗家伦、杨亮功、陈雪屏、唐纵、李济、姚从吾、钱思亮、樊际昌、查良钊、周法高、董同龢、王淦等人。胡适与诸人拉手后即回南港。罗家伦、杨亮功、陈雪屏、李济、姚从吾、钱思亮、樊际昌、查良钊、全汉昇、王淦等同来南港。各报记者亦蜂拥而至。胡适回答记者要点如下：胡适在美时对雷案的态度主要是程序方面的，认为不应由军法审判，应由法院审理。"我和雷先生相识多年，我自信至少够资格作这个证人。"胡适表示愿意为雷震出庭作证。胡适说，香港曾有两批人要以"自由中国"的名义出版杂志，但只有"自由中国"的发行人和编辑委员会才有权决定。如果决定不出，一个杂志为了争取言论自由而停刊，也不失为光荣的下场；如果决定继续出，则应该仍然在台北。关于反对党，胡适表示不做领袖，要再看看。关于雷震被判10年徒刑的感想，胡适表示："我不愿对这件事作正式评论。但个人的看法，则认为十年的刑期未免太重。"（《胡适之先生年谱长编初稿〔补编〕》，283～284页；台北胡适纪念馆藏档，档号：HS-NK05-322-015）

同日　大华致函胡适，为雷震案、反对党等事批评胡适。（台北胡适纪念馆藏档，档号：HS-NK05-143-006）

按，针对胡适对雷案的一系列谈话，有不少来函（有的具名，有的不具名）不满于胡适支持雷震的立场，警告胡适慎言，有的甚至质问、詈骂胡适。胡适纪念馆收藏的这类函件，具名的有李清国、雷公权、陈正义、董济民、李文、王永、李希天、正义、马光先、李继光、重明、杨道任。不具名的档号为：HS-NK01-324-010、HS-NK05-143-007、HS-NK01-324-013、HS-NK01-324-015、HS-NK01-324-017、HS-NK01-324-021、HS-NK01-324-022、HS-NK01-324-025、HS-NK01-325-011。

10月23日　上午11时，李万居、高玉树、郭雨新、王地、黄玉娇五人来南港拜访胡适，12时30分辞出。李、高等先向胡适报告雷案审判情形及其筹组"中国民主党"目前概况。胡适对李万居等表示：

（一）雷案审判太不公平，全世界都不相信，我（胡自称）也不相信。

（二）目前你们（指李万居等）不要叫我来号召新党，我对组党无

经验。我要组党,也不至于到七十岁才开始。但是我对健全的、合理的、合法的新党,我是赞成的。如果是不健全的新党,我非但不赞成,而且要给以公开的批评。

(三)"自由中国"半月刊复刊问题,应由该刊编辑委员会决定。我希望该刊在台湾复刊,香港也有人筹办"自由中国"半月刊,筹办者其中有一人系我学生,我已致函劝止。

(四)雷震个性太强,艾森豪总统"访华"前,本年〔1960年〕六月十六日出版之"自由中国"半月刊登载《欢迎艾森豪威尔总统"访华"》之社论,我曾一再劝雷震不要登载,但结果仍刊出。

…………

(一)高玉树表示:目前风大,我们最好缓一缓,不要去撞风头。

(二)李万居表示:我们前曾说过,新党俟胡适"返国"后成立,目前胡适已"返国",新党须要早日成立,最近期间应再开会讨论(何日开会尚未决定)。(《雷震案史料汇编·黄杰"警总"日记选辑》,226～227页)

同日　上午,访客有程积宽、郑南渭、夏涛声、张庆桢、陈槃、李光涛、黄彰健、蒋复璁、高去寻、胡锺吾、王九逵、刘世超、王大空、潘启元、张婉度、钱纯、江小波等。下午,罗敦伟、虞舜、齐世英来访。(《胡适之先生年谱长编初稿〔补编〕》,284～285页)

同日　晚6时30分,胡适去台大医院探视梅贻琦,随后到陈雪屏家晚饭。(《胡适之先生年谱长编初稿〔补编〕》,285页)

同日　夜,胡适回答于衡的提问时说:我不是帮雷震的忙,而是帮"国家"的忙,因为雷震已使"国家"的声望受到损失。(次日之《联合报》)

10月24日　上午,访客有李济、延国符、屈万里、劳榦、蓝乾章、徐高阮、全汉昇。杨树人来谈科学会事。下午,沈亦珍,Girffin来访,张仪尊来。(《胡适之先生年谱长编初稿〔补编〕》,285页)

同日　晚6时,胡适参加联合国15周年纪念日酒会。遇张群,向张提

出见蒋介石的请求。(《胡适之先生年谱长编初稿〔补编〕》,285页)

同日 晚7时,胡适到成舍我家吃饭。(《胡适之先生年谱长编初稿〔补编〕》,285页)

同日 陈诚接见回台述职的张厉生。陈诚日记记张氏所述胡适对雷案的态度:适之过日,对雷案表面虽顾大体,但内心极愤慨,应多予抚慰。(《陈诚先生日记〔二〕》,1273页)

同日 Chauncey S. Goodrich致函胡适,云:

> The records of Professor E. H. Schafer, who formerly was in charge of East Asian contributions to the Journal of the American Oriental Society, indicate that you are writing a review of Joseph Needham's Science and Civilization in China, v. II for the Journal. I have succeeded Prof. Schafer in this role and am myself about to move abroad. Hence I am writing contributors to send their articles and reviews to me directly, thus avoiding extra forwarding of mail.
>
> If you mail your review after November 15 please send it to me at the following address:
>
> Institute of Oriental Studies.(台北胡适纪念馆藏档,档号:HS-NK05-150-013)

10月25日 访客有杨亮功、王德芳、刘驭万等。(《胡适之先生年谱长编初稿〔补编〕》,286页)

同日 黄伯度来,告:胡适昨晚与张群的谈话,已照实报告蒋介石,并且声明不谈雷案。蒋介石说:明天能否抽得出时间?明天没有空,要过几天(等蒋避寿回来之后)再定。(《胡适之先生年谱长编初稿〔补编〕》,286页)

同日 女记者宣中文来采访,胡适劝其养成不发表的涵养和气度。胡适说:争取言论自由应以负责任的态度去争取。负责任的态度,别人可以少忌讳。又说:"如果我有一点长处,那就是我只说我所知道的话。"(《胡适之先生年谱长编初稿》第九册,3345页)

同日　下午4时，郭廷以来访，郭氏日记有记：

　　……〔郭〕说明近史所与哥伦比亚大学东亚研究所合作情形，并将合约呈阅，又报告与福特基金会接洽经过，计划书正在准备。胡先生均表赞同。继说明余之处境，及吴相湘君之指责，力请辞职。胡先生恳切劝慰，嘱将吴函抄送，由其处理。余仍再三请去，俾于晚年完成几种书述。余建议行政职务应轮流任之，胡先生认为事实上有困难。胡先生云渠亦有意于明年满七十将退休。又谈及雷震案，纽约方面之反台湾者，均劝其勿返台北，胡先生为顾全"国家"地位，未予理会。胡先生之为雷震讲话，正所以表示台湾尚有言论自由。对于反对党，希望其暂缓成立，双方勿意气用事。胡先生确颇顾大体，处处诉诸理智。谈至五时半，告别。(《郭量宇先生日记残稿》，220～221页)

同日　蒋介石主持情报会谈讨论的三个问题之一是"十月廿三日高玉树、李万居访晤胡适情形"。(蒋介石是日《日记》；《雷震案史料汇编·黄杰"警总"日记选辑》，224～225页)

10月26日　上午9时，胡适前去吊贾景德之丧。(《胡适之先生年谱长编初稿〔补编〕》，286页)

同日　上午10时，胡适拜访陈诚。陈诚日记有记：谈及反对党问题，渠认为：一、组新党必须得"政府"谅解，不必急急成立。二、"政府"有鼓励渠组党之雅量，鼓励他人组党。三、渠不愿完全由台湾人组党，"又对雷案认为太操失，缺乏证据，即对刘子英之证据，亦不足取信于世人"。(《陈诚先生日记〔二〕》，1274页)

　　按，是日胡、陈之谈话内容，又可参本谱11月8日所引胡适当日日记。

同日　访客有赵连芳、居浩然、张维翰、张志广、邓华卿、凌孝芬、林致平。晚5时至6时，胡适参加台湾"中国工程师学会"等5个团体欢迎布伦姆博士的酒会，又参加越南国庆日酒会。(《胡适之先生年谱长编初

稿〔补编〕》，286页）

同日　晚，高玉树在阳明山青山路一二八号寓所邀宴胡适等人。"警备总司令"黄杰次日听取"保安处"报告如次：

据报：分歧份子高玉树于本（十）月二十六日晚在阳明山青山路一二八号寓所邀宴胡适，有关情形如次：

一、参加宴会人员：胡适、宋英、蒋匀田、成舍我、夏道平、夏涛声、朱文伯、齐世英、郭雨新、殷海光、高玉树、李万居、许世贤、王地、李秋远等十五人。

二、宴会于十九时卅分开始至廿三时许胡适离开宴会结束。

三、宴会时谈话摘要：

（一）高玉树首先致辞要点为：

1. 新党成立时机应以何时为宜，请胡适发表意见。

2. 新党筹组成立后，应如何作法为恰当，请胡适指教。

（二）胡适针对高玉树致辞，谈话要点为：

1. 目前雷案尚在审判中，此时新党成立应加考虑。

2. 目前新党与执政党之间气氛不正常，新党成立似应考虑稍缓为宜。

3. 我（胡自称）昨（廿五）日曾建议陈"副总统"，对筹组新党问题，"政府"要有容忍雅量。

4. 新党组成后，不要学土耳其之民主党，变成专政独裁政党。未来的新党，应采取温和的方法，获得执政党的谅解后，再来组成为宜。

（三）蒋匀田在胡适谈话后，发表意见如下：

1. 胡先生意见甚好，我们愿意接受胡先生劝告。

2. 请胡先生将对"副总统"之建议，再向"总统府"张秘书长谈谈，请张秘书长从旁代向"总统"建议。

（四）胡适在蒋匀田谈话后，又发言如下：

1. 对陈"副总统"之建议，我（胡自称）已向张秘书长谈过。

2. 我（胡自称）曾向张秘书长表示愿见"总统"，但在见"总统"时绝不谈雷案。

（五）李万居谈话要点：

1. 请胡适今后对新党多加照应。

2. 新党人士今后愿意以和平合法的方法，配合"国策"去作。

…………

四、在宴会时，曾发现便衣人员数人进入高玉树住宅，并有人走进厨房，胡适对此甚表不满。（《雷震案史料汇编·黄杰"警总"日记选辑》，228～230页）

同日　夜，汐止警察局长宣善屿来谈至深夜。（《胡适之先生年谱长编初稿〔补编〕》，286页）

同日　黄杰日记记"保安处"报告，雷震语宋英，希望胡适出面"活动改换环境（意即在家坐牢）……"又希望从美国方面活动：美国《生活》及《时代》杂志发行人鲁斯的话，蒋介石极为信任，鲁斯是由胡适、王世杰两人介绍给蒋介石的，现王世杰在美不会返台，请胡适、王世杰……转托鲁斯向蒋介石进言。（《雷震案史料汇编·黄杰"警总"日记选辑》，227～228页）

10月27日　上午，董作宾来谈。（《胡适之先生年谱长编初稿〔补编〕》，287页）

同日　中午，胡适宴请亚洲协会总会会长 Robert Blum 及该会驻台北办事处负责人 Pike。应邀作陪的有李济、钱思亮、张仪尊、林致平、凌纯声、郭廷以、全汉昇。饭后，郭廷以将吴相湘函面交胡适，并再度请辞近代史所职务，胡适剀切慰留。（《胡适之先生年谱长编初稿〔补编〕》，287页；《郭量宇先生日记残稿》，221～222页）

同日　下午2时，胡适主持"中研院"学人宿舍（即蔡元培馆）落成典礼。出席典礼的有张群、朱家骅、庄莱德、凌鸿勋、浦薛凤、钱思亮、李宗侗、刘崇鋐、姚从吾、李济、劳榦、高平子、黄伯度、高天成、沈亦珍、何联奎、许明德等。胡适用英文致辞后，即请庄莱德致辞。（次日之"中央

日报"、《征信新闻报》;《胡适之先生年谱长编初稿〔补编〕》,287页)

同日　晚,李青来采访胡适对筹组新党的态度。胡适说,前天曾应李万居、高玉树之请,请他们不要走极端,希望他们和和平平地筹组新党,并取得当局的谅解。胡适劝他们不必存任何敌对心理,在称呼方面最好用在野党,不要用反对党。胡适又说,他前几天见到陈诚,希望当局对于新党能予谅解。在10年之前,蒋介石曾对他说过,如果他出来组党,"政府"不但不反对,反而要支持他。希望蒋介石今天也有雅量对待这些筹组新党的人。(《胡适之先生年谱长编初稿》第九册,3346页;《胡适之先生年谱长编初稿〔补编〕》,287页)胡适抄写白居易的两首《桂花曲》交李转交胡健中(康华)。这两首诗是:

其一

遥知天上桂华孤,为问嫦娥更要无。月宫幸有闲田地,何不中央种两株?

其二

桂华词意苦丁宁,唱到嫦娥醉便醒。此是世间肠断曲,莫教不得意人听。(台北胡适纪念馆藏档,档号:HS-NK01-176-023;又参考:"中央日报",1960年10月28日)

10月28日　访客有金承艺、孙德中、甘立德、邓汝言、鲍克兰。周德伟来访,胡适说:"雷震一天工夫成了世界出名的人物,这是'政府'把他造成的。"周问及减刑事,胡适说:"我从来没有说'减刑'两字,都是报纸上的瞎说。"(《胡适之先生年谱长编初稿〔补编〕》,287页;《胡适之先生年谱长编初稿》第九册,3347～3348页)

同日　黄杰日记记"立法委员"徐中齐来访谈话:听说胡适返台,颇支持反"政府"分子之种种活动,认为是民主政治下应有之现象。可能他不知道我们现在身居何处,以为还在南京上海……(《雷震案史料汇编·黄杰"警总"日记选辑》,230～231页)

10 月 29 日　上午，访客有李济、王淦。(《胡适之先生年谱长编初稿〔补编〕》，288 页）

同日　下午 3 时，胡适主持召开科学会执行委员会会议。(台北胡适纪念馆藏档，档号：HS-NK01-326-111）

同日　胡适函谢张庆恩赠送花瓶两个。(台北胡适纪念馆藏档，档号：HS-NK01-034-024）

同日　"中央日报"发表了胡健中回赠胡适的两首诗（和白居易原韵）：

其一

休言天上桂华孤，树色遥看浑似无。月宫田地耕耘遍，何止中央种两株？

其二

桂华诗意自叮咛，不辞嫦娥夜独醒。此曲只应天上有，莫轻唱与世间听！

同日　蒋介石日记有记：昨日上午见岳军与覆判局长（汪道渊），指示对雷案速判的要旨……为胡适无赖卑鄙之言行考虑，痛苦不置。其实对此等宵小，不值较量，更不宜痛苦，惟有我行我事，置之一笑，则彼自无奈我何矣。

10 月 30 日　访客有田炯锦、孙洞侯。晚 6 时，胡适应伍家宥、郭登敖的饭局，又赴"中日韩三国学者会议"全体委员的宴会。(《胡适之先生年谱长编初稿〔补编〕》，288 页）

同日　蒋介石之上星期反省录有记：雷（震）案申请覆判，理由书延未递置，而胡适无耻言行与美国左派与糊涂友人仍为雷震张目说情，并加胁制的情形，更令人痛心。但此案完全操在我，而且法理皆在我方，并不如对美国大选忧困耳。

10 月 31 日　上午 9 时，胡适应邀在台大森林馆开幕的"中日韩三国学者会议"上致开幕辞。胡适先以英语演讲，讲了一段，另以中文说明。胡适说，日、韩学者聚在一起开会，是有史以来的第一次。又从自己研究神会和尚的经历讲到中日学者合作的研究。又强调中国佛教史及中、日、韩的佛教史，是需要三方来合作研究的。（台北胡适纪念馆藏档，档号：HS-NK05-206-018）

同日　上午，胡适在台大致辞毕，即到台大医院探视梅贻琦。（《胡适之先生年谱长编初稿〔补编〕》，289页）

同日　晚，胡适出席"三国学人会议"茶会后，又应韩国人李丙熹、金载元的宴会。（《胡适之先生年谱长编初稿〔补编〕》，289页）

同日　蒋介石在其本月反省录中有记：胡适为雷震张目，"回国"后似并未变更，故其对"国内外"反动之鼓励不少也。

同日　吴大猷致函胡适，报告抵日内瓦讲学事。今年不克返台讲学，深感不安。（台北胡适纪念馆藏档，档号：HS-NK03-002-020）

11月

11月1日　访客有沈云龙、张其钧、齐世英、梁肃戎。（《胡适之先生年谱长编初稿》第九册，3353页；《胡适之先生年谱长编初稿〔补编〕》，290页）

同日　晚，胡适与钱思亮、孔德成具名宴请"中日韩三国学人"在"学人宿舍"会议的全体人员。（《胡适之先生年谱长编初稿》第九册，3353页）

11月2日　孙德中、陈宝麟来，谈及孙编蔡元培文选事。陈启天、王师曾、沈云龙来，并在此午饭。下午5时，胡适访朱家骅。7时，出席"美国在华教育基金会"负责人司马笑的邀宴。（《胡适之先生晚年谈话录》，81～82页；《胡适之先生年谱长编初稿〔补编〕》，290～291页）

同日　胡适致函闵泳珪：

> Please forgive this much belated but very sincere note of warmest thanks for the complete microfilm copy of the *Tsu-t'ang-chi*（《祖堂集》）which

you asked Professor Wu Hsiang-hsiang to bring back to me last July.

I did not return to Taipei until October 22. Last Sunday, Oct. 30, I had the great pleasure to run the entire microfilm through a microfilm-reader and take notes as I read on.

You were quite correct that the compilation was completed in 952 A.D.（保大十年壬子）. That year was frequently referred to throughout the book. I am grateful to you for the information that the *Tsu-t'ang-chi* was carved on block in 1245 A.D..

I deeply appreciate this very valuable gift from you and the Yonsei University. Kindly accept my sincere thanks and convey my grateful appreciation to your colleagues at the University.

I now realize that the *Tsu-t'ang-chi* not only was one of the important source-materials of the《景德传灯录》, but probably was the immediate prototype or predecessor of that work of Tao-yuan（道原）. Tao-yuan's book was the final compilation which incorporated all the earlier and cruder attempts such as the following:

1)《宝林传》by 智炬, about 800 A.D.（贞元中？）

2)《圣胄集》by 玄伟, about 900（光化中？）

3)《续宝林传》by 惟劲, about 910（开平中？）

4)《祖堂集》by two monks - "静筠二禅德" mentioned in the preface, -of the Chao-ch'ing（招庆）Monastery of Ch'uan-chou; but probably the real author was "Ching-hsiu Ch'an-shih"（净修禅师）who not only wrote the preface but also wrote many rhymed "eulogies"（赞）on the Patriarchs. I wonder if this monk's full name is "招庆省僜净修禅师" — mentioned in the《传灯传》Bk. 22, p.382 A of the Taisho Tripitaka.

We are having a very fine meeting of the Korean, Japanese and Chinese Sinologues here. Your colleague Professor Koh is still here with us. I wish you could have been here too.

With hearty thanks and warm greetings.（台北胡适纪念馆藏档，档号：HS-NK04-005-015）

同日　胡适致函雷震夫人宋英，云：

前天你在电话上对我说的话，我也曾想过。不幸这几天实在忙乱，我没有法子邀集各位编辑委员来谈谈。所以我写此信，请你先和就近可以商量的各位谈谈，最要紧的是先问问子水与道平的意思。我还没有机会同子水谈话，但我想他未必肯担任这件事。

照现在的情形，我只有本星期五（十一月四夜）的晚上可以在家。如果你能邀他们在八点半以后到南港谈谈，我可以在家等候。（台北胡适纪念馆藏档，档号：HS-LC01-005-039）

同日　黄杰日记记"保安处"报告：高玉树等在10月30日开会，讨论新党成立问题："高玉树在会上批评胡适为一老奸巨猾之人物。"（《雷震案史料汇编·黄杰"警总"日记选辑》，231页）

11月3日　上午，郭廷以来谈福特基金会计划书事。郭又向胡适提出辞职，胡未允。（《郭量宇先生日记残稿》，223页）

同日　访客还有章君谷、李济。下午6时，胡适访朱家骅。晚7时30分，胡适出席Mcarthy的宴会。后访陈雪屏，久谈。（《胡适之先生年谱长编初稿〔补编〕》，291页）

同日　黄杰日记记"军法处"报告雷震见宋英，询宋最近是否看见胡适，宋答以未见。（《雷震案史料汇编·黄杰"警总"日记选辑》，234页）

同日　张沅长将 Once in a Lifetime: A Comedy in Three Acts（by George S. Kaufman and Moss Hart; edited with an introduction and notes by Y. Z. Chang, 台北，1959）一书题赠胡适。（《胡适藏书目录》第4册，2854～2855页）

11月4日　梁嘉彬来访。"中广公司"王大空、蔡屏等来请胡适谈美国大选的往事。（《胡适之先生年谱长编初稿》第九册，3354～3356页）

同日　夏威夷大学伊吉汤姆斯博士、戈培夫妇由吴文藻、秦凯、沈亦珍、

刘昌绪等陪同来访。下午 3 时 30 分，胡适出席"北大同学会"的茶会，胡适谈了"中美学术合作会议"的经过等。下午 6 时，胡适到唐嗣尧之子的婚礼致贺后，去参加教廷"公使"的酒会。(《胡适之先生年谱长编初稿〔补编〕》，292 页)

同日　晚，"自由中国"半月刊全体编辑委员来商谈继续出版与否问题，并未作出最后决定。(《胡适之先生年谱长编初稿》第九册，3356 页)

同日　蒋经国访陈诚。陈谈起与胡适谈话情形，蒋经国认为胡适与李、高交往，实自降本分，太不值得。(《陈诚先生日记〔二〕》，1278 页)

同日　黄杰日记有记：

> 胡适返台以后，态度很谨慎，新党的情形，不会比民、青两党强。无非想在议坛上求发展。(《雷震案史料汇编·黄杰"警总"日记选辑》，236 页)

11 月 5 日　上午，郭廷以来谈福特基金会计划书事。(《郭量宇先生日记残稿》，224 页)

同日　访客还有张贵永同坂野正高。王世中、Kahm、李先闻来，并在此午饭。下午，全汉昇来。晚，胡适出席庄莱德的宴会，饭后有音乐会。(《胡适之先生年谱长编初稿〔补编〕》，292 页)

11 月 6 日　访客有雷震之女、夏道平、刘真、沈宗瀚。(《胡适之先生年谱长编初稿〔补编〕》，293 页)

同日　晚，胡适出席 Robert Allan Phillips 的邀宴。(《胡适之先生年谱长编初稿〔补编〕》，293 页；台北胡适纪念馆藏档，档号：HS-NK05-340-206)

11 月 7 日　吴主惠在胡心照等陪同下来访。(《胡适之先生年谱长编初稿》第九册，3357 页)

同日　"中研院"在哈佛大学住过的同人公宴赖世和，邀胡适作陪。(《胡适之先生年谱长编初稿〔补编〕》，293 页)

同日　胡适在周亮工著的《书影》(上海：古典文学出版社，1957 年)上题记：此书明明是 10 卷，此本仅排印了前 5 卷，而无一字说明缺后 5 卷

的理由！（《胡适藏书目录》第2册，879页）

同日　胡适复函台东县县长黄拓荣：11日"全省文献工作研讨会议"在台东举行，承邀作录音讲话，因没时间准备不敢答应。谢好意，敬祝会议大成功。（台北胡适纪念馆藏档，档号：HS-NK05-100-015）

11月8日　道安和尚由徐高阮陪同来访。胡适向他道谢：因他帮忙才得到《续藏经》。又表示将为此书写一序言和影印缘起等。（《胡适之先生年谱长编初稿》第九册，3357页）

同日　访客还有沈云龙、谢文孙、萧作梁、陶振誉等。（《胡适之先生年谱长编初稿〔补编〕》，294页）

同日　郭廷以日记有记：胡适之先生对近史所致福特基金会计划书有所修正，不以扩大讨论会为然。此事余亦深感不易处理，当再一商。（《郭量宇先生日记残稿》，224～225页）

同日　韦慕庭函托胡适协助来台研究的哥伦比亚大学中国史博士Allen Linden。（台北胡适纪念馆藏档，档号：HS-NK05-171-009）

11月9日　访客有杨景鹮、王成椿。（《胡适之先生年谱长编初稿〔补编〕》，295～296页）

同日　下午，于衡来采访。胡适回答了关于美国大选的提问，也谈到雷震案："别的话可以不登，但我不是营救雷震，我营救的乃是'国家'，这句话是不能不登的。"（《胡适之先生年谱长编初稿》第九册，3359～3360页）

同日　韦慕庭致函胡适，云：

This letter is to introduce Mr. Allen Linden who has completed his course work and examinations for the Ph.D. in Chinese History at Columbia. Mr. Linden will be in Taiwan for about a year improving his language competency and doing research under a fellowship from Columbia University. The general topic of his investigation is one which I feel sure will interest you and on which I hope you will have time to give him some guidance. Mr. Linden is studying the development of higher education and the growth of empirical research in the social sciences during the period from 1927 to 1937, as an aspect of China's intellectual revolution and social history. This is indeed a large and somewhat difficult subject and the disruptive events of the war years and the subsequent civil war on the mainland obscure the promising situation that was developing up to 1937.

Professor Carrington Goodrich, Franklin Ho and I will all appreciate any assistance you can give to Mr. Linden through introductions or through calling to his attention source materials that he may study.（台北胡适纪念馆藏档，档号：HS-NK05-171-009）

11月10日　胡适与郭廷以商谈福特基金会计划书，胡适认为讨论会所列补助费既不妥，邀请所外人参加亦多困难。郭决定转商张贵永、胡秋原二君，决遵照胡适意见改正。(《郭量宇先生日记残稿》，225页)

同日　访客还有吴文津、美国安全分署教育组柏克莱（由李熙谋、严庆润陪同前来，谈科学会事）、李济、Ralph L. Harwood、吴相湘。晚，钱思亮宴请纽西兰大学校长史密斯和胡适。(《胡适之先生年谱长编初稿〔补编〕》，297页)

同日　胡适复函魏喦寿："所赠啤酒四打收到，定请朋友们来分享先生的好意。"（台北胡适纪念馆藏档，档号：HS-NK01-146-012、HS-NK05-136-005）

同日　胡适复函冈田谦、谷神庆治：感谢寄赠《日本农业机械化の分析》。（台北胡适纪念馆藏档，档号：HS-NK04-011-014）

同日　费正清致函胡适，云：

I enclose a copy of my letter to the *New York Times* printed November 7th on the Lei Chen case together with reprints of editorials from the *Harvard Crimson* on October 4, *The Christian Science Monitor* on October 12, *The Washington Post* on October 19, and *The New Republic* on October 31. These are merely comments that have come to my attention here, and I

1960年　庚子　69岁

believe there has been continuing comment in other parts of the country too, presumably stemming from the publicity given the case in the *New York Times* earlier and also in *Time* on October 3 and again on October 17, which of course reached millions of people.

From people in the Kennedy organization here I also learn that the case is being watched with considerable interest, and since Kennedy has proved to be a genuine liberal concerned about civil liberties and freedom of the press, it seems likely that his newly elected administration will continue to take an interest in this kind of affair.

...

While I think that we can fully maintain our alliance and support programs, I foresee that the American action is likely to be more rather than less vigorous in this effort and related to politics as well as military and economic matters.

In view of your own position in the American scene as a widely known and respected figure, perhaps it would be helpful if sometime you could publish in some national journal a statement about this case—this would be especially desirable if it now has a happy outcome. Means might thus be taken to counteract some of the damage which has been done to the standing of the "Nationalist government".

Wilma and I are resettled in academic life and very busy keeping up with it as usual. Our stay in Taiwan last spring remains a very happy memory. Our academic relations will now continue to develop and I hope we may see you one place or another soon again.（台北胡适纪念馆藏档，档号：HS-NK05-149-006）

11月11日　访客有夏道平、Althur E. Luih、James B. Porsom。(《胡适之先生年谱长编初稿〔补编〕》，297页）

11月12日　下午，客人有杨道淮、张存武、王企祥、高向荣、丁耀中、余凤文、何宇澄、周幼康等。(《胡适之先生年谱长编初稿〔补编〕》，297页)

同日　胡适接受英文"中国邮报"记者周杰的采访。胡适预测了美国大选后的"对华政策"，他暗示台湾应该有两个大政党而不是一个。他说，他回台之初曾将雷震案引起的负面反应报告陈诚，但最近未就此事与陈沟通，因担心陈之处境艰难。他表示希望到看守所探视雷震，但时间未定。(次日之"中国邮报")

同日　胡适复函阎振兴，告：胡成章出台北的旅费，自己不便代向"中基会"申请，因为"以自购外汇资格赴美讲学进修"的人数不少，"中基会"无法担负，故从来没有这种补助。请阎、胡谅解。(台北胡适纪念馆藏档，档号：HS-NK01-160-013)

同日　蒋介石约见于斌，日记有记：彼"对外宣传"工作，颇于"国家"有助，乃是其他政客自私如胡适等，不能比也。

11月13日　胡适就美国"对华政策"回答了英文"中国日报"记者的提问。(《胡适之先生年谱长编初稿》第九册，3361～3362页)

同日　胡适致函姜贵，请他提供出生年月日、籍贯、真实姓名、学历、经历等资料（以便填具文艺奖金推荐表格）；又感谢赠送《怀袖书》；又谈到6月18日台南一见，至今怀念。(台北胡适纪念馆藏档，档号：HS-NK01-143-018)

按，11月15日，姜贵将简历寄送胡适。(台北胡适纪念馆藏档，档号：HS-NK03-002-024)

11月14日　劳榦来访，告因到菲律宾不能出席评议会等。中午，韩国人李崇宁、李元植来访，并留此午饭。下午，杨树人来谈其辞职问题，杨表示暂时不提出。(《胡适之先生年谱长编初稿〔补编〕》，298～299页)

11月15日　法国驻台机构代办 E. Decurton 来访。(《胡适之先生年谱长编初稿〔补编〕》，299页)

同日　美国驻台机构负责人庄莱德宴请胡适。这次宴请，受到台湾警方的关注。胡颂平是日日记有记：

"警务处"打电话给汐止分居的宣局长，来打听今晚吃饭的地点和别的什么人，志维说：他只请先生一个人，而且吃中饭，就在庄"大使"家里的。"警务处"注意这事，不晓得什么缘故？是不是今晚庄莱德另有宴请大批民主人士的局面？

同日　下午，胡适到台大医院探视梅贻琦、李济。胡适不认同李济将史语所分成历史、语言两所的想法。

按，台北胡适纪念馆藏有一通胡适致李济的信，专门谈此事，未注明写信日期，当作于此时。胡函云：

我很诚恳地劝你不要提出第二案。我总觉得：(1)孟真先拟办"语言历史所"，后来始迁就改为"历史语言所"，他的见解是正确的、远识的。三十年来史语所的大成就正是证明这个见解的正确性，我们此时还不可忘却这个基本见解。(2)史语所的成绩最好，国际地位最高，这个 tradition 是值得骄傲的，更值得保存的。故今日只可加强，不可拆散。

此时你只宜休息，不要去想这一案！（台北胡适纪念馆藏档，档号：HS-NK05-025-025）

同日　胡适对胡颂平谈话云：

雷震和反对党的人士，世界上谁都不知道，雷震被捕了，这个案子震动了全世界，于是雷震一夜之间变成了全世界知名的人物，连高玉树、李万居等也成了国际知名的人物，这些都是"政府"把他们促成的，没有这些事，谁还知道这些人的名字？（《胡颂平日记》，未刊稿）

同日　胡颂平编《胡适之先生晚年谈话录》又记：

对于雷案，先生希望军方再请几位真正懂法律的人来审慎处理；

如果他们真能请到真懂法律的人来处理，可能雷案不会成立了。(《胡适之先生晚年谈话录》，85页）

同日 胡适复函蒋一安云，因自己对音韵学是外行，但可代约史语所音韵学专家如董同龢、周法高与蒋一谈，并请蒋约定时间。另，希望蒋能允许将傅斯年讨论《唐写本唐韵》的几十封信札由史语所影钞。(台北胡适纪念馆藏档，档号：HS-NK01-040-002、HS-NK05-126-002)

按，11月10日，蒋一安致函胡适，拟请校定所著《唐韵残卷考》并赐题序，并希面聆教益。(台北胡适纪念馆藏档，档号：HS-NK01-040-001) 18日，蒋复胡适称：订于11月21日上午晋谒。(台北胡适纪念馆藏档，档号：HS-NK01-040-003）

11月16日 上午，访客有许孝炎、端木恺、王世杰、莫德惠等。(《胡适之先生年谱长编初稿〔补编〕》，299页）

同日 晚，夏涛声等在《时与潮》社宴请胡适，同席有陈启天、端木恺、李万居、殷海光等。胡适有讲话。(《胡适之先生晚年谈话录》，86~87页）

11月17日 中午，胡适请康奈尔大学的中文教授谢迪克（Harold Shadick）午饭，请郭廷以、胡秋原作陪。(《胡适之先生晚年谈话录》，87页；《郭量宇先生日记残稿》，226页）

同日 胡适复函周世文，云：

"美国领事馆"不给你"签证"，乃是受他们国家的法令办理的。"中央研究院"历史语言研究所有一位杨女士……也因为"没有家庭在此"的理由，不能"出国"。我们至今无法帮助她。

恕我不能给你帮忙。

我盼望你能提早结婚，有个家庭在此，就可以解除这种困难了。

(台北胡适纪念馆藏档，档号：HS-NK01-004-002)

同日 晚，张庆恩宴请胡适，同席有毛子水、姚从吾、钱思亮、胡颂平等。

(《胡适之先生晚年谈话录》，88页）

同日　傍晚，"总统府"交际科通知胡适办公室：次日中午蒋介石延见胡适。胡颂平次日日记有记：

> 今早到院之后，志维告诉我，昨晚我们动身之后，大概六点多钟，"总统府"的电话来了，问"胡院长在吗？"志维说：不在。他就说，那就请王先生听吧！志维说：我就是王志维。于是"总统府"交际科的人就说：明天上午十一时半，"总统"延见胡院长，地点在"总统府"。他特别强调是延见，不是召见……

11月18日　晨，胡适与胡颂平、王志维谈见蒋介石事：

> 志维说："前天于衡说的'总统'和先生两个人的和好乃是'国家'之福这句话是很对的，我盼望明天先生和'总统'见面的愉快。"先生说："我会知道的，决不会出乱子，你放心好了。"我觉得志维这句提醒的话说的很好，于是把前天夜里和亮功见面的经过告诉他知道。
>
> 先生说："我想了一想，给'总统'说些什么话呢？首先还是说'中美学术合作会议'得了他的帮助，特别谢谢他，几个月没有看见'总统'了，应该表示一点致敬，同时扼要的说明'中美学术会'的经过，我再问他'总统'有什么问题给我谈吗？"
>
> 我在旁说，这次"总统"和先生见面是多少人关切的问题，我和昨夜志维说的话一样，总盼望先生和他的和好，真是"国家"之福。可否谈些肯尼迪当选以前对我们的影响？先生说："想来他会提起的，请他提出后再谈，我是事前说明不谈雷案的，所以由他提什么问题再说好了。"（《胡颂平日记》，未刊稿）

同日　吴望伋来请胡适出席民意测验的会员大会，胡适婉辞。（《胡适之先生年谱长编初稿〔补编〕》，303页）

同日　中午，蒋介石延见胡适。胡适日记有记：

早十一点出门，十一点半之前几分到"总统府"。今天有两位"大使"递"国书"，第二位（希腊）"大使"还没有出来，门内外有特别荣誉卫队，故我入门就往左侧转，从左边楼梯上去，在接待室小待。

约十一点半，秘书长换了衣服来陪我坐了一两分钟，就同进去见"总统"了。今天除岳军之外，有一个秘书，一个副官，手里没有纸笔，任务当然是用心听话作记录的。

我带了"中美学术合作会议"的最后一天的三组科学的分组委员会的报告的中文摘要一份。我首先对"总统"表示他支持这个会议的好意：他批准了我们廿一个出席学人都可以用官员"护照""出国"，他又请了我们全体午餐。

我摘出三个报告中几点说说。说完了，我说，我此次在美国留了三个月，今天上午"总统"太忙了，现在时间也快到午饭时间了，我不知道"总统"有什么问题要问我。

他说，请你谈谈政治形势罢。

我问，"国内"的，还是世界的？

他说，整个世界的。

…………

说完了——我忍不住说：我本来对岳军先生说过，我见"总统"，不谈雷案。但现在谈到国际形势，我不能不指出这三个月来"政府"在这件事上的措施实在在"国外"发生了很不好的反响。

…………

"总统"忽然讲一件旧事。他说，去年□□回来，我对他谈起，"胡先生同我向来是感情很好的。但是这一两年来，胡先生好像只相信雷儆寰，不相信我们'政府'"。□□对你说过没有？

我说，□□从来没有对我说过这句话。现在"总统"说了，这话太重了，我当不起。我是常常劝告雷儆寰的。……

…………

说到这里，我知道时间已不早了。我打定主意，要加入一段话。

我说，我回到台北的第二天，所谓"反对党"的发言人——李万居、高玉树、郭雨新、王地、黄玉娇——来看我。我屋中客多，我答应了那个礼拜三（十月廿六日）晚上同他们吃饭面谈。礼拜三（廿六日）的上午，我去看"副总统"，我把我要向他们说的话先报告"副总统"。我说，李万居一班人既然说，他们要等我"回国"，向我请教，我有责任对他们说几句很诚恳的话。我要劝告他们两点：（一）在时间上要暂缓他们成立新党的时期：他们应该看看雷案的发展，应该看看世界形势，如美国大选一类的事件，不可急于要组党。（二）我要劝他〔们〕根本改变态度：第一，要采取和平态度，不可对"政府党"取敌对的态度。你要推翻"政府党"，"政府党"当然先要打倒你了。第二，切不可使你们的党变成台湾人的党，必须要和民、青两党合作，和无党派的大陆同胞合作。第三，最好是要能够争取"政府"的谅解——同情的谅解。——以上是我对"副总统"说我预备那晚上对他们几位说的话。同时我还表示一个希望。十年前"总统"曾对我说，如果我组织一个政党，他不反对，并且可以支持我。"总统"大概知道我不会组党的，但他的雅量，我至今不忘记。我今天盼望的是："总统"和国民党的其他领袖能不能把那十年前对我的雅量分一点来对待今日要组织一个新党的人？

时间已很晚了，我站起来告辞。"总统"很客气的说，将来从南边回来，还要约我再谈谈。他送我到接待室门口，岳军先生送我到楼梯边。我下楼时看表，已是十二点十七八分了。

按，胡适这里所记用□□表示的人名，据陈诚12月9日日记，知系蒋廷黻。（《陈诚先生日记〔二〕》，1292页）

又按，蒋介石日记亦记这次会面：召见胡适，约谈三刻时，彼最后提到雷震案与美国对雷案舆论，余简答其雷关间谍案……最后略提过去个人与胡之情感关键，彼或有所感也。

再按，蒋介石在其对本星期之反省录记道：胡适之胡说，凡其自

夸与妄语皆置之不理，只明答其雷为间谍案，应依法律自治，不能例外示之，使之无话可说。既认其为卑劣之政客，何必多予辩论矣。

同日　胡适招待日本植物学家酒井宽一博士午饭（陪同酒井前来的有胡兆华、张文财、谢顺景、张德慈）。（据《日记》；《胡适之先生年谱长编初稿〔补编〕》，304页）

同日　下午，胡适收到费正清的来信及有关雷案的文件。（据《日记》）

同日　下午，胡适致函梁实秋，请梁推荐姜贵的《旋风》申请文艺奖金，因自己不符合文艺奖金产生办法的第五条规定，无法推荐。并将《旋风》《怀袖书》及推荐表格寄梁。胡函又说，姜贵并不知道胡适要推荐这本书。（《胡适中文书信集》第5册，312～313页）

同日　晚，陈诚宴请胡适，同席有王世杰、蒋梦麟、张群、黄伯度等。他们都说上午胡适与蒋介石的谈话很好。胡适将费正清来信和附件（台北胡适纪念馆藏档，档号：HS-NK05-149-006）拍照带来面交张群。（《陈诚先生日记〔二〕》，1284页；《胡适之先生年谱长编初稿〔补编〕》，304页；胡适是日《日记》）

11月19日　林致平陪同郦堃厚来访。胡适将祁宗禹翻译的《相对论》译稿交林致平审查。王嗣佑来见。李青来采访胡适见蒋介石的情形。（《胡适之先生年谱长编初稿〔补编〕》，304页）

同日　晚，谢迪克宴请胡适，同席有郭廷以、罗家伦以及来台美国留学生多人。（《郭量宇先生日记残稿》，237页）

同日　胡适写就《詹天佑年谱》的序言，赞佩该书搜集材料的勤谨、记载的细密、评论的正确。胡适说，在容闳领到美国留学的120个幼童之中，詹天佑是回国后能够有机会充分运用所学的专门学术而建立伟大成绩的唯一的一个人。胡适还举例说明，凌鸿勋是一生留意中国交通史的，因为他有中国铁路史的兴趣，又因为他在历史上是詹天佑的铁路建设事业的继承人，所以他最有资格叙述詹之功绩，也最有资格论断詹之工作。（凌鸿勋：《詹天佑年谱》，台湾"中国工程师学会"出版，1961年）

同日 胡适将《旋风》《怀袖书》等寄送毛子水、姚从吾，希望他们能在一天或两天里看完这本书，如果觉得此书值得推荐为今年文艺奖金的待选图书，很希望能给以推荐，"但你们如果不愿意推荐，我完全谅解，决不怪你们"。(台北胡适纪念馆藏档，档号：HS-NK01-159-007)

按，11月22日，姚从吾复函胡适，认为《旋风》写得真好，但不忍卒读。提名《旋风》为"教育部"文艺奖事，改在明年好一点。(台北胡适纪念馆藏档，档号：HS-NK03-002-027)

同日 夜，胡适复函高阳，探讨高著《曹雪芹的年龄和生父新考》的第一个观点(曹雪芹生于康熙五十四年，实际年龄47岁半，是曹頫的遗腹子)。胡适列举了李宗侗、吴恩裕、周汝昌、俞平伯等人对此问题的研究以及相关关键史料后说：

> ……最可惜的是缺乏最后的证据可以指出那一个结论是最可以信赖的。第一，我们不知曹頫的妻子马氏生的遗腹孩子是男是女。第二，我们不知那个遗腹孩子长大了没有。第三，我们不知那个孩子——如果是男孩，如果长大了——是不是名霑，号雪芹。因为没法子得着最后的证实或否证，所以你的第（一）点至多只是一个假设。

胡适还高度评价了周汝昌及其《红楼梦新证》：

> 他是我在大陆上最后收到的一个"徒弟"——他的书决不是"清算胡适思想的工具"。他在形式上不能不写几句骂我的话，但他在他的《新证》里有许多向我道谢的话，别人看不出，我看了当然明白的。你试看他的《新证》页三〇——三七，便知我的《甲戌本脂砚斋重评石头记》，我的敦诚《四松堂集稿本》，都到了他的手里。他虽不明说向我道谢，我看了自然明白。《甲戌本脂砚斋本》是我借给他，由他兄弟两人分工影钞了一本。天地间止存我的原本和他们兄弟的影钞本，这个影钞本，他在书里从不敢提起，大概没有别人见过或用过。……《四

松堂集稿本》是我临行时故意留给他用的,此时大概还在他手里。看他对此稿本的记载(页三四),我当然明白他的意思了。……

汝昌的书有许多可批评的地方,但他的功力真可佩服,可以算是我的一个好"徒弟"。(台北胡适纪念馆藏档,档号:HS-NK05-072-001)

11月20日　上午,台肥六厂员工60人来见。中午,钱思亮夫妇、张祖诒夫妇、程维贤夫妇等来访,并在此午饭。(《胡适之先生年谱长编初稿〔补编〕》,305页)

同日　晚,莫德惠宴请胡适、王世杰。次日,胡适对胡颂平谈起这次饭局:

昨夜莫德惠请大家吃饭,没有一句谈到大团结的事。他请的是两位从远道回来的朋友,一位是雪艇,一位是我,此外请了陈启天、孙亚夫、张岳军、陈雪屏几个人,都是陪客。大家谈的怕老婆的笑话。吃了饭之后,我怕他们或有什么话说,特地等待他们的谈话,但结果什么都没有说。我因路远,有资格告辞了,随着大家都散了。但今天"中国邮报"的登载这消息就占三格之多,说这个饭局关于大团结的问题,是一个不平常的聚会,不知他们怎样推想的?(《胡适之先生晚年谈话录》,89页)

同日　夜,胡适复函苏雪林,谈曹雪芹与《红楼梦》:

我写了几万字考证《红楼梦》,差不多没有说一句赞颂《红楼梦》的文学价值的话。……我只说了一句"《红楼梦》只是老老实实的描写这一个'坐吃山空''树倒猢狲散'的自然趋势,因为如此,所以《红楼梦》是一部自然主义的杰作"。

其实这一句话已是过分赞美《红楼梦》了。

…………

我曾见到曹雪芹同时的一些朋友——如宗室敦诚、敦敏等人——

的诗文；我也曾仔细评量《红楼梦》的文字以及其中的诗、词、曲子等。我平心静气的看法是：在那些满洲新旧王孙与汉军纨袴子弟的文人之中，曹雪芹要算是天才最高的了，可惜他虽有天才，而他的家庭环境、社会环境，以及当时整个的中国文学背景，都没有可以让他发展思想与修养文学的机会。在那个浅陋而人人自命风流才士的背景里，《红楼梦》的见解与文学技术当然都不会高明到那儿去。他描写人物，确有相当的细腻、深刻，那只是因为他的天才高，又有"半世亲见亲闻"的经验作底子。可惜他的贫与病不许他从容写作，从容改削。他的《红楼梦》，依据我们现在发见的可靠资料看来，是随写随抄去换钱买粮过活的，不但全书没有写完成，前八十回还有几回是显然"未成而芹逝矣"（脂批本二十二回畸笏记）。我当然同意你说的"原本《红楼梦》也只是一件未成熟的文艺作品"。

…………

我向来感觉，在见解上，《红楼梦》比不上《儒林外史》；在文学技术上，《红楼梦》比不上《海上花列传》，也比不上《老残游记》。（台北胡适纪念馆藏档，档号：HS-NK01-258-013）

同日　黄杰日记记"保安处"报告雷震在牢房中与同屋犯人谈话内容：

雷与胡适之美国朋友，以民主党为多，胡适于肯奈第当选后发表谈话（雷妻宋英所告），表面说，民主党"对华政策"不变，但是过去胡曾与雷谈及民主党当选，"对华政策"一定要变，且谓人生几何，暗示雷要干就快干。（《雷震案史料汇编·黄杰"警总"日记选辑》，247页）

11月21日　下午，吴铸人来访。张贵永来访。彭明敏来访。下午5时多，齐世英、夏涛声、成舍我、蒋匀田、宋英来访。（《胡适之先生年谱长编初稿〔补编〕》，306页）

同日　胡适致函东京大学大学院国际关系论的诸位先生，专门为许淑真"写几句推荐的话"。（台北胡适纪念馆藏档，档号：HS-NK01-263-016）

同日　黄杰日记有记：

　　十五时驻日"大使馆"经济参事蔡孟坚兄过访，据谈，本月十九日晨，高玉树曾至其寓所访晤，有陈清汾君在座。高氏曾谈及下列各点，特提供参考：

　　一、前日夏涛声、朱文伯，为胡适之洗尘设宴二席，客人中有胡适之、蒋匀田、陈启天、高玉树、李万居、郭雨新、齐世英及胡秋原等，席间胡、蒋发言，倡导海内外团结，对"政府"主采温和态度。而陈启天说话则更多，倾向"政府"，不主再组新党。但李万居因近日有意气，说话则稍偏激。高自称，亦曾作简单发言，高非常赞成胡之说话，可能从此产生一统一解决办法。

　　…………（《雷震案史料汇编·黄杰"警总"日记选辑》，248页）

11月22日　上午，刘永济来访。中午，Schmid夫人等三人来访，并留此午饭。（《胡适之先生年谱长编初稿〔补编〕》，307页）

　　同日　下午，王信忠陪同吉田正直、黄添印来参观"中研院"，郭廷以陪他们一起拜访胡适，谈一小时余。（《郭量宇先生日记残稿》，227页；《胡适之先生年谱长编初稿〔补编〕》，307页）

　　同日　晚，胡适完成《所谓"曹雪芹小象"的谜》。文章指出，近年大陆出版的一些有关《红楼梦》的书里提到的一幅所谓"曹雪芹小照"，是一件很有问题的文学史料。相信这个"小照"的周汝昌、吴恩裕、俞平伯、张国淦等人都是受欺的一群人。关于这幅"小照"，胡适提出三条：（一）这幅画上画的人，别号"雪芹"，又称"雪琴"，但别无证件可以证明他姓曹；（二）收藏此画的人是宁波李祖韩，他买得此画在30多年前；（三）在30年前，我见此画时，那个很长的手卷上还保存着许多乾隆时代的名人的题咏。胡适又追记30年前看了"小照"并题咏后，曾对李祖韩、叶恭绰说："画中的人号雪芹，但不是曹雪芹。"胡文最后说："祖韩至今不肯发表那些题咏的墨迹与内容，这就等于埋没可供考证的资料，这就等于有心作伪了。所以我希望在不远的将来，祖韩能把那个手卷上许多乾隆名士的题咏全部影印出来，让大家有个机会可以平心评判他们题咏的对象是不是《红楼梦》的作者曹雪芹。"(《胡适手稿》第9集卷2，139～161页)

11月23日　上午，日本医学博士熊谷岱藏来访。下午，Robert A. Ackerman 和 Roger W. Severt 来久谈。叶曾生、张敬来访。(《胡适之先生年谱长编初稿〔补编〕》，307～308页)

同日　中午，胡适与胡颂平谈道：

> ……预备招待各报连同"中广公司"的记者，发表今年六十九岁不做生日，到了明年满七十岁时再做。到了七十岁，我有资格退休了，我想自造一座学人住宅，那时搬出去住。这里客人多，有些外国朋友，不能不接见。退休之后，每天上下午有三四个小时，就可以坐下来写东西了。不当院长，有些客人可以不见了。像考证一类的文章，找材料的时间不算，我一小时可写八百多字。一天有五六点钟来写东西，一年可写不少的东西了。(《胡适之先生晚年谈话录》，90～91页)

同日　晚饭时，宋英电话报告：军事法庭重审已宣判，雷震一案维持原判。随后，《征信新闻》、美联社、《联合报》、《公论报》、英文"中国邮报"，都有电话访问胡适，胡适只以一句话作答："大失望，大失望！"(据《日记》)

> 按，11月24日，胡颂平日记有记：今天《联合报》上于衡的报道，说先生独自在玩骨牌，突然接到宋英的电话，这些报道是错的。先生因为知道雷震复判之后，心里很沉闷，什么事也不能做了，在万不得已的时候才拿出骨牌在餐桌上来过五关，不是在玩骨牌的时候才接到雷震复判的消息。

同日　胡适复函姚从吾，赞成姚与毛子水的意见。谈到《旋风》的长处正在能够太残忍的描写，又谈道："我在二十多年前就向孟真建议：应该大动员编一部《全宋辽金元文》，先编目录，打破'文'与'诗'的界限，包括一切文献。这个意思，你看如何？"(台北胡适纪念馆藏档，档号：HS-NK01-159-008)

同日　胡适复函姜贵，谈到《旋风》今年不能推荐等事，再度评价其好处正在"太残忍一点"，又谈到向沈志明介绍重印《旋风》事：

> 我不合格推荐文艺奖金的资格（办法第五条），所以曾向几位合资格的友人商量过，他们感觉今年太晚了，明年当早日开始筹备。他们读了我送他们的《旋风》，都很受感动。有一位朋友写信来说：
>
> 这部书写的真好。……比《红楼梦》《儒林外史》泼辣、深刻的多了。只是太残忍一点。……使人感到可怕、可厌、气闷、失望，妨害了目前工作的情绪。只有暂时放下，缓一口气，过一半天再读了。
>
> 我今天回信说：
>
> 这书的好处正在"太残忍一点"，正在作者有力量能够"忍心害理"的描写，能够"太残忍"的描写。……
>
> 你说我的话不太错吗？
>
> 关于重印《旋风》的事，我已把来信交启明书局的沈志明先生看了。他会直接同你接洽。（台北胡适纪念馆藏档，档号：HS-NK01-143-019）

同日　胡适复函王纪五（11月15日来函，谈《海外论坛》编辑方针及与《时与潮》交换等事），又将《所谓"曹雪芹小象"的谜》一文寄王送《海外论坛》发表。（台北胡适纪念馆藏档，档号：HS-NK01-142-022）

　　按，11月28日，王纪五收到信、文后，复函胡适说，这两天重读胡适的《留学日记》，实在觉得这是鼓励青年人上进自强最好的一部书。又谈到江冬秀身体、精神皆健，请释念。（台北胡适纪念馆藏档，档号：HS-NK05-007-021）

11月24日　胡适日记有记：昨夜吃晚饭的时候，就知道雷震案复判的结果了。昨晚各报访员问我，我只说"大失望，大失望！"今天看了判决书的日子——11月17日，我忍不住要叹气了。

同日　上午，胡适复函高阳，谈到《红楼梦》的文学价值不高（内容同11月20日复苏雪林函），又谈到"三十年来……'红学'的内容一直是史学的重于文学的"。又云：我并不想引起争论，我只想指出你也还没有走上"文学的"批评的"红学"。你11月15日的信，更是回到考证的路上去了。（台北胡适纪念馆藏档，档号：HS-NK05-072-002）

按，11月15日，高阳来函云：自己对《红楼梦》研究的兴趣，实由胡适的启示。对胡适所说"我做的是排除障碍的工作"等颇多领悟。自己主张以文学的观点来评定《红楼梦》的价值，但愈深入，愈感到"排除障碍"的必要；也愈感到有些考据确是"做不得的"，因为治丝愈棼，与其"排除障碍"的目标背道而驰。今年发表《曹雪芹对〈红楼梦〉的最后构想》一文，现正拟写《曹雪芹的年龄和生父新考》。照胡适的指示"有一分证据说一分话"，共分三个段落：第一个段落，证明周汝昌"四十"之说不可信；第二段落，证明曹雪芹幼年"身经极繁华绮丽的生活"，在南非北。第三段落，证明曹雪芹是曹颙的遗腹子，生在康熙五十四年。又详谈第三段落的四个证据。自己所能找到的证据和想到的理由，都证明周汝昌是穿凿附会，而胡适的"四十年华"的"四十"不可死看的说法，实具卓见。自己不过跟在胡适的大纛后面，先做一份清道夫的工作。认为《红楼》不是忏情之作，它有三个主题。自己觉得自己最堪欣悦的是学会了使用胡适教给大家的方法。但是，自己的发现和探索，在整个红学的范畴中，将会得到何等样的评价，殊觉茫然，希望能得到胡适的指示。同时，亦希望胡适指教如何搜集材料，向何处搜求。（台北胡适纪念馆藏档，档号：HS-NK01-226-020）

同日 中午，胡适邀姚从吾来午饭。下午，林致平来谈。夏涛声、齐世英来谈。（《胡适之先生年谱长编初稿〔补编〕》，309页）

同日 "中广公司"的记者询问是不是去看雷震，胡适答："我就不去了。我相信他会知道我在想念他。"这一天，胡适感叹说："这对'国家'的损失很大。"（次日之《大华晚报》）

同日 雷震、刘子英迁入监狱服刑，蒋介石认为这是"台湾基地反动分子之变乱与安定之唯一关键"。又记道："胡适投机政客，卖空与胁制'政府'，未能达其目的，只可以'很失望'三字了之。"（据蒋介石是日《日记》）

11月25日　美国国防部研究发展室负责人 W. H. Godel 和 James E. Henderson、Peter Chyger 在周良翰、周其棠、林致平等陪同下来访，并在此午饭。（《胡适之先生年谱长编初稿》第九册，3387页）

同日　下午，胡适到台大医院探视梅贻琦、李济。（《胡适之先生年谱长编初稿〔补编〕》，309页）

同日　胡适复函屠广钧，辞谢12月20日基隆市扶轮社的聚餐和演讲。（台北胡适纪念馆藏档，档号：HS-NK05-085-001）

11月26日　上午，王云五来，久谈。（《胡适之先生年谱长编初稿》第九册，3387页）

同日　中午，胡适在饭桌上与王志维谈雷案的复判：

中午，志维陪先生午餐，先生谈起雷案的覆判是十七日已经决定了的，十八日夜里先生把费正清的信托张岳军转去之后，他们可能考虑了两三天，结果仍照原判发表了，在现在情形看起来，再也没有人敢和"总统"说话了，先生那天说的"也许我的道义不值一文"那么沉痛的话——仍是忠言逆耳，再也不能接受诤言了，先生对于这件事是很沉痛的。（《胡颂平日记》，未刊稿）

同日　下午，高天成陪同日本医学教授竹林松、久留胜来访。（《胡适之先生年谱长编初稿》第九册，3387页）

同日　下午，胡适主持召开"中研院"第四届评议会第一次会议。讨论事项：选举本届评议会秘书案；组织1960年及1961年度院士选举委员会案；推举一个全院法规审查修订委员会；数学所提请将助理研究员许光耀升为副研究员，经1960年7月7日院务会议决议通过，俟评议会开会提请追认；拟加强本院院士与本院之联系请讨论案；明年1月11日蔡先生生日应推定专家担任学术讲演案。（台北胡适纪念馆藏档，档号：HS-NK05-226-016）

11月27日　胡适在南港主持召开"国家长期发展科学委员会"第四次

全体会议。主要议案为：一、修正本会章程第七条"每年二月及八月各开会一次"条文案。二、本会执行委员会，依照章程规定任期二年，明年一月底即将任满，应如何预为筹划改选案。三、"行政院"令"教育部"……迅速拟定本会组织条例，完成"立法"程序，应如何处理案。四、临时动议案件。（台北胡适纪念馆藏档，档号：HS-NK05-247-002）

11月28日　鉴于寻求济助的人甚多，胡适和胡颂平说起要辞谢的事。又谈到美国的不允许乞讨。（《胡适之先生晚年谈话录》，93页）

11月29日　访客有宋英、董作宾、郭廷以、汪翰、余坚夫妇等。晚，李先闻来，住胡适客房。

同日　下午，胡适主持召开"国家长期发展科学委员会"执行委员会第三十三次会议。（台北胡适纪念馆藏档，档号：HS-NK01-326-113）

11月30日　上午，严一萍来访，告艺文书局遇到的困难，胡适建议他做广告，将书售卖出去。（《胡适之先生晚年谈话录》，94页）

同日　访客还有吴达雄、法国人达祥西、胡宏述。中午，胡适到台大医院检查身体，一切都很好。顺便探视梅贻琦、李济。晚，吴铸人请胡适吃饭。

11月　Percival Goodman 将其所著 *Communitas: Ways of Livelihood and Means of Life* 题赠胡适。（《胡适藏书目录》第4册，2734～2735页）

12月

12月1日　访客有马逢瑞、沈志明、左潞生。晚，胡适应邀出席陈诚招待菲律宾副总统的宴会，又去参加高去寻宴请 Donald Shively 的宴会。（《胡适之先生年谱长编初稿〔补编〕》，312页）

同日　中午，胡适宴请来访的哈佛大学教授 Donald Shively 夫妇，并请芮逸夫、高去寻、董同龢三人作陪。（《胡适之先生年谱长编初稿》第九册，3388页）

12月2日　访客有鲍良传夫妇、H. L. Moore、J. Dempsey、齐世英。（《胡适之先生年谱长编初稿〔补编〕》，312～313页）

同日　李政道函谢胡适为其题字，并赠其"Elementary Particles"一文。（台北胡适纪念馆藏档，档号：HS-NK05-031-030）

12月3日　上午9时，胡适到国际学社吊唁关颂声。回来时，便车接Mrs. Ecke 来"中研院"参观，并在此午饭。下午，蒋复璁、李贵良、赵雅博陪同 Marcelius Qudieusy 以及 Fensel Lusett、John W. Chifford 来访，谈一小时。（《胡适之先生年谱长编初稿〔补编〕》，313页）

同日　胡适为陈光甫题写"远路不须愁日暮，老年终自望河清"，贺其八十大寿。（《胡适之先生晚年谈话录》，94页）

同日　刘大中致函胡适，云：同事高绪侃教授有意回台教书一年，是否能在长期发展学术计划之下回台工作一年，请赐示。（台北胡适纪念馆藏档，档号：HS-NK01-081-005）

同日　夏晋麟致函胡适，贺七十大寿，并寄上寿金50美元。（台北胡适纪念馆藏档，档号：HS-NK05-064-005）

按，自此至是年底，给胡适发来祝寿贺函、贺电以及发表祝寿文章的还有冯拙人、朱文华夫妇、陈光甫、陈嘉尚、章君谷、唐纵、魏嵒寿、沈怡、李敖、程沧波、李士珍、王松明、姜良仁、刘行之、王立文、庄静、赵少铁、阎振兴、吴申叔、陶振誉、陈建中、刘启元、曾幼荷、徐鸣亚、王地、周简文、罗佩光、周至柔、倪超、刘显琳、李万居、阎秉勋、王同荣、姜明堂、丁明达、陈恒寿、宣中文、黄顺华、彭麒、王益德、杨逸农、胡庆吉。（据台北胡适纪念馆藏档不完全统计）

12月4日　胡适写成《〈续传灯录〉的作者居顶和尚》。（《胡适手稿》第8集卷2，239、246页）

12月5日　上午，夏涛声、宋英、蒋匀田来访，他们在策动特赦雷震的运动。他们告辞时，胡适表示：就不去看雷震了，请你们谅解。Edgar N. Pike 来访，并在此午饭。晚，胡适出席泰国"大使馆"为国王生日举行的酒会。（《胡适之先生年谱长编初稿〔补编〕》，314页）

同日　胡适函慰即将辞去"中研院"代理总务主任的汪和宗。（台北胡

适纪念馆藏档，档号：HS-NK01-145-001）

同日　朱文长致函胡适，陈述己之家庭情形，并祝圣诞节及新年快乐。（台北胡适纪念馆藏档，档号：HS-NK05-013-002）

按，自此至是年底，给胡适发来圣诞卡、贺卡的还有叶良才、谢寿康、袁荣福、史次耘、俞大维、张融武、张凝文、张蓉卿、C. Clarence Chu、凌鸿勋、翁燕娟、张宪秋、倪文亚、张佛泉、张紫常、关耀海、尧乐、傅秉常、钟皎光夫妇、蓝荫鼎夫妇、吕行、Floreace、金容九夫妇、黄国书、任嗣达夫妇、市古尚三、狄天青、浦家麟、台湾省盲人福利协进会。（以上文件均保存于台北胡适纪念馆）

12月6日　访客有张贵永（来谈到菲律宾出席"东南亚史学会议"事）、彭楚珩、丁履延、冯雪陵。下午，胡适到"行政院"出席"古物运美展览委员会"会议。会毕，去台大医院探视李济。（《胡适之先生年谱长编初稿〔补编〕》，315页）

12月7日　访客有张沅长、冯雪陵。晚，毛子水、沈刚伯、台静农来晚饭。（《胡适之先生年谱长编初稿〔补编〕》，315页）

同日　胡适致函蒋复璁，向蒋借阅"中央图书馆"收藏的《恭仁山庄善本书影》《晦庵先生语录类要》《朱子语略》等书。（台北胡适纪念馆藏档，档号：HS-NK01-043-009）

同日　胡适致函李石曾，云：近史所将请李做口述历史，劝其试试。（台北胡适纪念馆藏档，档号：HS-NK01-071-005）

同日　胡适与胡颂平谈起，一个主管的调动，往往有许多人同进退。自己到任何机关从不带人。（《胡适之先生晚年谈话录》，95页）

12月8日　访客有美国国防部助理部长Burke等5人、Marquard、杜光埙。中午，Haraldson请胡适吃饭。（《胡适之先生年谱长编初稿〔补编〕》，316页）

同日　胡适致函黄彰健，谈《五灯会元》等。（周法高编：《近代学人手迹》初集，文星书店，1962年，135～138页）

12月9日　访客有 Robert L. Juink 和 Lebrons Mo 等。胡适到国际学社和"出国"人员谈话。(《胡适之先生年谱长编初稿〔补编〕》，317页)

同日　蒋介石从张群处悉胡适、成舍我等发起特赦雷震运动，记道："此与美国共产党同路人内外相应之行。"(据蒋介石是日《日记》)

12月10日　访客有钟伯毅、陈志皋、李青来、宁振一、高鹏飞等。林致平、郭廷以、梁序穆、凌纯声、魏嵒寿、芮逸夫等代表各所来谈为胡适举办院内祝寿酒会事，胡适答允。(《胡适之先生年谱长编初稿〔补编〕》，317页)

12月11日　访客有杨亮功、查良钊、汪荷之、蒋复璁、黄彰健等。(《胡适之先生年谱长编初稿〔补编〕》，317页)

同日　胡适有《记宋宝祐刻本〈五灯会元〉的刻工》一文。(《胡适手稿》第8集卷2，349、357页)

同日　胡适复函张佛泉，谈起1935年的"一二·九"学潮。又谈到16、17两日，此间朋友一二人约他开车到附近山上去休息，所以决定不去台中了。感谢张和吴校长的好意。又谈道：

> 老兄不免太顾虑 Health，此所谓 "health consciousness"，也可以说是一种病态的心理。曾国藩说，"精神愈用则愈出"，虽有语病，还值得我们想想，因为那句话里含有很健全的真实性。……
>
> 老兄若去哈佛，最好还是单身去，到康桥可住一个旅馆里的一个小 apartment。一面可以恢复自己照管自己的美国生活，一面可以给嫂夫人一年的休息。我常笑一班朋友往往被太贤慧的太太"惯坏了"(spoiled)，在二三十年结婚生活里完全把留学时代的"自助"习惯销磨的干干净净，变成丝毫不能照管自己的"老太爷"了。……
>
> 生日快到了，回想四五十年的工作，好像被无数管制不住的势力打销了，毁灭了。……(台北胡适纪念馆藏档，档号：HS-NK03-002-029)

12月12日　访客有朱彬、初毓梅等。朱家骅来访，并在此午饭。(《胡适之先生年谱长编初稿〔补编〕》，317页)

1960年　庚子　69岁

同日　胡适复函陈世仁，云：

承问"陈姓同派究系陈胡姚田？抑为陈胡庄袁田陆孙？"我很惭愧，竟不能答复此问题。我只知道敝族出于安徽徽州一带的"考水胡"，又称"明经胡氏"，又称"李改胡"。相传始祖原姓李，出于唐代宗室，避朱温之难改姓，故历代不与李姓通婚。故敝族向不敢自称出于胡公满之后。

先生所问都是谱牒学上的问题。可检查商务印书馆出版的《中国人名大辞典》附录的"姓氏考略"。陈田古同音，故陈成子又作田成子。此外，姚、袁、胡、陆诸姓则是谱牒学家造出来"出于舜"的关系。但庄孙二姓似向来不在此列。（台北胡适纪念馆藏档，档号：HS-NK01-025-032）

按，陈之原函现存于台北胡适纪念馆，档号：HS-NK01-025-004。

同日　胡适复函严一萍，谈艺文书局面临的困难问题，几种办法自己都无从帮忙。（台北胡适纪念馆藏档，档号：HS-NK01-166-007）

12月13日　访客有Louker、潘家寅等。晚，钱思亮宴请胡适、Louker。（《胡适之先生年谱长编初稿〔补编〕》，318页）

同日　下午，胡适招待李青来、宣中文等各报记者多人，谈及明年希望退休等。（次日之"中央日报"、《联合报》等各报）

12月14日　赵武夫妇来访，并带来其父赵颂南（系铁花公好友张经甫的学生）送给胡适的照片。（据《日记》）

同日　访客还有庄申、卢业竑、徐芳、徐萱、胡锺吾、李先闻、梁序穆等。旧庄小学教师代表送来"寿"字镜框。中午，查良钊、查良鉴、刘崇鋐、姚从吾、毛子水、杨亮功、樊际昌、罗家伦、钱思亮、李济、浦薛凤等宴请胡适。（《胡适之先生年谱长编初稿〔补编〕》，318页）

同日　胡适在 The Complete Works of O. Henry（by O. Henry: with a foreword by Harry Hansen. —Garden City，New York，1953）一书题记：69岁生

日前三天，此书寄到，是我给自己的生日纪念物。（《胡适藏书目录》第 4 册，2735～2736 页）

同日　雷震致函胡适，祝贺胡适 70 岁（虚岁）生日，又呈送《〈胡适文存〉校误表》。（《万山不许一溪奔——胡适雷震来往书信选集》，237～241 页）

12 月 15 日　上午，黄伯度送来蒋介石题的"寿"字镜框与张群送的酒等。（《胡适之先生年谱长编初稿》第九册，3407 页）

同日　郭廷以来谈口述历史的名单。宋英、齐世英、夏涛声、夏道平、胡锺吾、胡文郁、唐子宗、俞昌之来祝寿。中午，庄莱德宴请胡适。晚，法国"领事"宴请胡适。晚间，全汉昇夫人来访。（《胡适之先生年谱长编初稿〔补编〕》，319 页）

同日　下午 3 时"中研院"与绩溪同乡会在学人馆联合为胡适举办祝寿酒会，胡适有答谢辞。（次日之"中央日报"）

郭廷以是日日记：

十七日为胡适之先生七十初度，"中央研究院"同人为举行庆祝酒会。胡先生致辞，引顾炎武"远路不须愁日暮，老年终自望河清"诗以自勉慰。（《郭量宇先生日记残稿》，233 页）

同日　张其昀赠其所著《文物精华》与胡适祝寿。（《胡适藏书目录》第 2 册，937～938 页）

12 月 16 日　胡适在钱思亮夫妇、樊际昌夫妇、陈雪屏夫妇、毛子水、杨亮功、查良钊等陪同下到石门水库避寿，晚间蒋梦麟宴请。当晚宿石门水库。（《胡适之先生年谱长编初稿〔补编〕》，320 页）

同日　是日来祝寿的有 Harry C. Schmid、James Berkebile、陶一珊、许自诚、詹觉悟等。胡适有给周至柔贺寿电。（《胡适之先生年谱长编初稿〔补编〕》，320 页）

12 月 17 日　胡适生日。上午，蒋梦麟与胡适、杨亮功、毛子水等同游

1960年　庚子　69岁

角板山。(《胡适之先生年谱长编初稿〔补编〕》，321页)

同日　下午4时30分，"北大同学会"举行校庆纪念会，同时为胡适祝寿，出席校友有朱家骅、罗家伦、蒋复璁、李大超、陶希圣、狄膺等200多人。(次日之"中央日报")

同日　晚，钱思亮夫妇、张祖诒夫妇、鲍良传夫妇、程维贤夫妇、钱纯等在钱思亮寓设寿堂，为胡适祝寿。又邀胡颂平夫妇、王志维夫妇作陪。寿宴上，胡适提出希望"中央印铸局"能影印他的甲戌本《石头记》，该局的秘书张祖诒当即面允。(《胡适之先生晚年谈话录》，97～98页)

同日　来签名祝寿的有200多人。名单见《胡适之先生年谱长编初稿〔补编〕》，320～321页。

同日　王云五有《寿胡适之七十》："屈指论交半纪前，几人健在乐余年。喜君盛誉传寰宇，愧我劳生负仔肩。同学同工亦同志，爱书爱酒不爱钱。人生七十方开始，稳步期颐即是仙。"(《王云五先生年谱初稿》第3册，1132页)

12月18日　访客有李济、周杰人、张群、胡锺吾、屈万里、胡健中。(《胡适之先生年谱长编初稿〔补编〕》，322～323页)

同日　胡适复函王松明，感谢其赠送水果等。(台北胡适纪念馆藏档，档号：HS-NK01-142-010)

12月19日　胡适致函蒋介石，云：

十五日晨，黄伯度先生来南港，带来"总统"亲笔写的大"寿"字赐贺我的七十生日。伯度并说，这幅字装了框，"总统"看了不很满意，还指示重装新框。"总统"的厚意真使我十分感谢！

回忆卅七年十二月十四夜，北平已在围城中。十五日蒙"总统"派飞机到北平接内人和我同几家学人眷属南下……次日就蒙"总统"邀内人和我到官邸晚餐，给我们做生日。十二年过去了，"总统"的厚谊，至今不能忘记。

今天本想到府致谢，因张岳军先生面告今天"总统"有会议，故写

329

短信敬致最诚恳的谢意……（台北胡适纪念馆藏档，档号：HS-NK01-041-004）

同日　下午，勃朗小姐来访。崔书琴夫人偕女儿来祝寿并辞行。下午5时，胡适参观庄莱德夫人的画展。为某个刊物题写刊名。（《胡适之先生年谱长编初稿〔补编〕》，323页）

同日　胡适致函陈诚，感谢赠送"宝砚陈墨"，并对陈亲自前来祝寿不能在家恭候感到不安。（台北胡适纪念馆藏档，档号：HS-NK01-030-003）

同日　胡适有谢祝寿函：

前天小生日，承各位老朋友的好意，或远来南港赐贺，或赐赠生日记念礼物，或赠诗赠画，或远道拍电报祝贺。各位朋友的厚意使我十分感谢。请您接受我最诚恳的谢意。敬祝您新年平安如意。（台北胡适纪念馆藏档，档号：HS-NK01-210-004、HS-NK04-013-015）

同日　胡适作有《南宋以后的五山十刹与日本的五山十刹》一文。（《胡适手稿》第8集卷2，247～260页）

12月20日　胡适祭扫傅斯年墓（本日乃傅斯年逝世10周年纪念日）。请鲁道夫夫妇午餐，请高去寻作陪。（《胡适之先生年谱长编初稿〔补编〕》，323页）

同日　下午4时，《征信新闻》记者彭麒来访，问胡适关于小学教育和体罚的问题。（次日之该报）

同日　麻省理工学院校长J. A. Stratton致函胡适，告在明年春天M.I.T.百年纪念的时候，将在4月3日当周举办"International Conference on Scientific and Engineering Education"，拟延请约100位学人参加，特邀请胡适出席第三场"Interactions of Science, Engin. & Society"的会议。（台北胡适纪念馆藏档，档号：HS-NK05-167-061）

12月21日　中午，蒋介石夫妇在官邸宴请胡适，为胡适祝寿，共16人。同席还有陈诚、张群、谢冠生、王云五、王世杰、蒋梦麟、沈刚伯、钱思亮、

毛子水、陈雪屏、罗家伦、唐乃建、黄伯度。(《陈诚先生日记〔二〕》，1296页)

同日　上午，全汉昇来访，请胡适物色继他担任总干事的人选。陆幼刚携其画来访。(《胡适之先生年谱长编初稿〔补编〕》，324页)

同日　下午，李宗侗来访。(《胡适之先生晚年谈话录》，98～99页)

同日　晚，胡适与郭廷以宴请但植之（焘）、邓孟硕（家彦）、李石曾、张群、张蓬生、王东成（懋功）诸先生，为口述历史事。(《郭量宇先生日记残稿》，234页)

同日　胡适复函谷正纲，为12月25日的"宪政研讨委员会"全体会议不克出席告假。(台北胡适纪念馆藏档，档号：HS-NK01-316-006)

12月22日　研究佛经，信仰佛教的钟伯毅、蔡运良、陈志皋3人来访。(《胡适之先生年谱长编初稿》第九册，3420～3421页)

同日　晚，唐纵宴请胡适，为胡适祝寿。(《胡适之先生年谱长编初稿〔补编〕》，325页)

12月23日　晚，台静农、张贵永、劳榦、屈万里、蒋复璁等21人为胡适祝寿，在"中央图书馆"吃饭。(《胡适之先生年谱长编初稿〔补编〕》，326页)

12月24日　胡适在"光复会"午餐会上主张这次会中对"三军"致敬电用白话文来写。(次日之《联合报》)

同日　晚，宋英为胡适祝寿。(《胡适之先生年谱长编初稿〔补编〕》，326页)

12月25日　上午，臧启芳来访。(《胡适之先生年谱长编初稿〔补编〕》，326页)

同日　胡适函寄新台币4000元赠送《公论报》社。(台北胡适纪念馆藏档，档号：HS-NK01-070-003)

>按，同日《公论报》社给胡适出具的感谢状，现存于台北胡适纪念馆，档号为：HS-NK03-002-033。

同日　胡适复函吴相湘，主要谈京师大学堂的开办日期：

房兆楹的《孙家鼐传》(Hummel: Vol. II, p. 674)，已说，京师大学堂 was founded on August 9〔1898〕, and Sun Chia-nai was named the first president, Dr. W. A. P. Martin being made head of the faculty. 八月九日 1898 即戊戌六月廿二日甲辰（昨函误作廿一日）。你查得是日谕内阁，孙家鼐奏筹办大学堂大概情形一折，所拟章程八条（？八十条？）……尚属妥协……即着孙家鼐按照所拟各节认真办理，以专责成。其学堂房舍，业经准令暂拨公所应用，交内务府量为修葺。着内务府克日修理，交管理大学堂大臣，以便及时开办，毋稍推迟。……

故 Aug. 9 是批准大学堂章程之日。

你考定戊戌六月初二日甲申（即一八九八年七月二十日——昨函误作二十一日。）乃是准"奕劻，许应骙奏请将地安门内马神庙地方空闲府第作为大学堂暂时开办之所，……着总管内务府大臣量为修葺拨用"的日子。

更前几天——戊戌五月十五日（即一八九八年七月三日）有旨命孙家鼐管理大学事务，即是"第一任校长"。

更前几天——五月八日庚申（即一八九八年六月廿六日），军机大臣总理衙门奏拟京师大学堂章程。（据你十二月廿日函引"七十年来教育记事"）此是第一次拟的章程，即六月廿二日甲辰谕内所谓"前拟定办法"。六月廿二日批准的孙家鼐奏上的章程，乃是梁任公代拟的，见《戊戌政变记》，引见《任公年谱》上，页 60。

故这四个日子：

戊戌五月八日（1898 年六月廿六日）批准初拟的大学堂章程。

戊戌五月十五日（1898 年七月三日）任命孙家鼐为管理大学堂事务大臣。

戊戌六月初二日（1898 年七月二十日）批准马神庙校址。

戊戌六月廿二日（1898 年八月九日）批准重拟的大学堂章程。

这四个日子都可以说是大学堂创立的日子。

《教育记事》载"六月二十二日，孙家鼐奏筹办〔大学堂〕〔大概〕

情形，旋派余诚格为总办，丁韪良为总教习，置仕学馆，即以景山下四公主府为基址"。这个"旋"字似不正确。看《实录》六月廿二日上谕甚长，其中已提到"至派充西学总教习丁韪良，据孙家鼐面奏，请予鼓励，着赏给二品顶戴，以示殊荣"，可见丁韪良（与余诚格）之委派，及仕学馆的设立，皆在五月十五日孙家鼐任管理大学堂大臣之后，六月廿二日奏报"筹办大概情形"之前，皆是"筹办情形"的一部分。故大学堂的成立日子似应以五月十五日（1898年7月3日）为最妥帖。你看如何？

房兆楹兄文中还提到丙申年（1896）李端棻之奏折，此公是任公先生的妻兄，其奏折似也是任公起草的。《政变记》所谓"即此一事（大学堂）……凡历三年，犹烦圣主屡次敦迫，仅乃有成，其难如此！"故李折也是大学堂史料之一。

你的十二月二十日信中"〔戊戌年〕似大学堂曾开学"，此点似不必疑。房君留下的"清末民初洋学学生题名录初辑"原件之中，有光绪丙午（一九〇六）"京师大学堂同学录"，有长沙曹广权（代理总监督）序文，中说，"戊庚之间同学名册散佚，不可求矣"。可见戊戌大学堂已开办，已有学生。此是一证。戊戌已有管理大学堂大臣为孙，总办为余诚格，西学总教习为丁韪良，是二证。夏孙桐"书孙文正公事"（《碑传集补》一，17—18）说："孝钦训政，罢新法，悉复旧制，独留京师大学堂一事，以公为管学大臣，公举黄学士绍箕为总办，事多依之。所用多翰林旧人。时朝廷方戒更张，姑以兴学餍时望，而枢臣刚毅，大学士徐桐等犹嫉视，时相龃龉。赖荣文忠调护，未罢。"此段不但说明大学堂何以独得留存，并且记黄绍箕（仲弢，瑞安人）为新法既倒后的"总办"。（Hummel 书一，343《黄少箕传》，则似误把他认作大学堂初创时期的"Chancellor"，似不确。）此是三证。你看还有别的证件吗？

十二月十七日的校庆，确是大乱后壬寅年（1902）十一月十八日大学堂重开学的日子。大学堂原有仕学馆及预备科，师范馆是张百熙

管大学堂时的新设置。师范馆又有旧班与新班之别，旧班当是壬寅新招的，新班当更在后了。邹树文君（在大学堂名应蒇，属于"师范馆第三类分科，习英文"。）是师范旧班，丁未年（一九〇七）毕业。他在北大五十周年纪念论文集里，曾指出"十二月十七日"似是壬寅复校开学的日子，他说他记的初入学时，每天点蜡烛吃早饭，开学后不久就放年假了。你查得的数据可说是证实了他的记忆及假设了。

寄上我写的房兆楹《洋学学生题名录初辑》的序文……

谢谢你为此一题搜得这许多材料。你的两函都有小误，上文已指出一二处。十二月廿日函中，记戊戌阳历皆误作1900，皆是1898之误。昨函中戊戌六月癸未朔，你原注七月十九日，不误；改作二十日，与援庵《朔闰表》不合。又六月庚寅，你注"初七"，当作"初八"；原注七月26日，则不误。又六月癸巳，注"初十"，当作"十一"；又六月戊戌，注"十五，3日"，当作"十六，Aug. 3日"。（《胡适研究通讯》2018年第3期，11～12页）

12月26日　胡适作有《京师大学堂开办的日期》一文，指出：12月17日是壬寅年复校的纪念日，而不是戊戌年京师大学堂创立的日子。（《民主潮》第1卷第1期，1961年1月1日）

同日　上午，《公论报》记者宣中文来访。（《胡适之先生晚年谈话录》，100～101页）

同日　上午11时，张庆凯陪日本学者木下彪来访，胡适请其在此午餐。下午，梁序穆来访。（《胡适之先生年谱长编初稿〔补编〕》，327页）

12月27日　上午，劳榦来，胡适请其帮忙校阅《京师大学堂开办的日期》一文。（《胡适之先生年谱长编初稿〔补编〕》，328页）

同日　"中广公司"王大空电邀胡适在电台作10分钟的广播讲话，谈1960年的过去并展望未来，胡适辞之。（《胡适之先生晚年谈话录》，101页）

同日　胡适复函屈万里，云：

陈簠斋编的拓片廿八册，及目录一册，我想等济之兄健好回院后，先与他一谈，再作决定。此时似不必烦他。乞便中转告慰堂，请他稍假我时日，不必急于解决。

....

〔史惟则写的〕宋鼎做的《六祖能禅师碑》，我想，必曾收在《宝林传》的第十卷里。可惜此传的九、十二卷至今未出现。

"六祖坠腰不题字"乃是伪古董，我倒想看看。便中乞借出一看。（台北胡适纪念馆藏档，档号：HS-NK01-058-023）

按，屈万里原函见台北胡适纪念馆藏档，档号：HS-NK03-006-003、HS-NK03-006-004。

12月28日　胡适将写成于1946年10月6日的《考据学的责任与方法》一文所引汪辉祖举的"据供定罪，尚恐未真"实例抄写完全，作为该文的一条小注。又云：

现在我觉得这位刑名大家的"据供定罪，尚恐未真"一条大原则真是中国证据法一个重要理论，而这个大原则是需要举例说明的，所以我全钞汪先生举的一件案子的文字，作为一条小注。……

按，加此注后的《考据学的责任与方法》一文，刊发于《民主潮》第11卷第6期，1961年3月16日。

同日　晚，胡适先应刘文胜的邀宴，又到朱家骅处吃饭，饭后为梅贻琦祝贺生日。（《胡适之先生年谱长编初稿〔补编〕》，329页）

同日　江冬秀致电胡适：祝福我们的周年纪念日，祖望、淑昭和胡复向您致意。（台北胡适纪念馆藏档，档号：HS-NK05-048-046）

12月29日　胡适与郭廷以商谈福特基金会来函。（《郭量宇先生日记残稿》，235页）

同日　黄士仁来见，胡适赠其《中国古代思想史》《白话文学史》《胡适文选》《中国新文化运动小史》。沈亦珍夫妇陪同Padover来访。（《胡适之

先生年谱长编初稿〔补编〕》，329～330 页）

　　同日　下午，胡适主持召开"国家长期发展科学委员会"执行委员会第三十四次会议。（台北胡适纪念馆藏档，档号：HS-NK05-249-027）

　　同日　胡适向胡颂平提到应该编选《胡适文选》第二集，像《考据学的责任与方法》，应该收入第二集。（《胡适之先生晚年谈话录》，105 页）

　　同日　晚，胡适出席梅贻琦的寿宴。（《胡适之先生年谱长编初稿〔补编〕》，331 页）

　　同日　晚 7 时 30 分，陈诚宴请胡适，为胡适补祝七十寿。同席有张群、王云五、蒋梦麟等。（《陈诚先生日记〔二〕》，1300 页）

12 月 30 日　张祖诒送来"中央印铸局"影印的谭延闿《慈卫室诗草》，胡适认为该书印制高明，即把甲戌本《石头记》交张影印。李先闻赠送胡适柏树盆景，以祝贺胡适结婚 40 周年。（《胡适之先生年谱长编初稿》第九册，3424 页）

　　同日　胡适致电任嗣达夫妇：为我们相同的周年纪念日祝贺，并希望新的一年身体更健康。（台北胡适纪念馆藏档，档号：HS-NK05-016-006）

　　同日　胡适致电胡祖望：代向妈妈祝贺周年纪念日，并祝新年快乐。（台北胡适纪念馆藏档，档号：HS-NK05-048-047）

　　同日　晚，黄杰宴请胡适，为胡适补祝寿，同席有蒋梦麟、陈雪屏等。（《胡适之先生年谱长编初稿〔补编〕》，331 页）

　　同日　王松明送一小篓西瓜。（台北胡适纪念馆藏档，档号：HS-NK01-142-011）

12 月 31 日　为考证京师大学堂的开办日期，胡适向郭廷以索其《近代中国史事日志》参考，彼此材料大体一致，胡适又为其改正月日错误。（《郭量宇先生日记残稿》，235～236 页）

　　同日　下午，彭楚珩来访。（《胡适之先生年谱长编初稿〔补编〕》，332 页）

　　同日　胡适为王禹廷、阮毅成写了条幅。（《胡适之先生年谱长编初稿〔补编〕》，332 页）

同日　黄杰日记有记："李'副总司令'来谈，建议邀请胡适、蒋梦麟、杨亮功、查良钊、陈雪屏等餐叙，便中一谈雷震案始末，以增加教育界人士之了解。"（《雷震案史料汇编·黄杰"警总"日记选辑》，264页）

同日　《新闻天地》总672期刊出《胡适七十依然卖药》一文，大要是：

"算起来已经是四十五年前的事了，当时我在美国留学，确实是以医生自比，怀着万丈雄心，希望学成归国之后，能为中国文化、教育思想打下一个新基础。但由于四十五年来，尽管我做医生的具有'割股之心'，而且也自信葫芦里的灵药能除百疾，但由于国人对于'医'的信念不够，不愿服我这剂药，或者又吃了别的药来抵消，所以我的药也就不大灵了。"……胡先生又说："做医生的只能挂牌给人看病，却不能勉强别人非来看病不可；纵然有人来看病了，为他对证下药，开了丹方给他，但也不能强迫他非吃这副药不可。因此，效果并不理想。"他沉默半晌，又轻轻自信的说："虽然这样，我的药不会不灵，我认为我的药是灵的。"

……胡先生说："这都是古时人走错了路，并且一错就是错了好几千年，本来很简单的中国文字，硬要把它弄成骈文、律诗、赋、八股；说话不好好的说，一定要成对子，自以为很美，事实上好像一个裹了小脚的女人，一点也不美，真是活受罪，开倒车，该打屁股。可惜这种话只有我胡适敢说，但不管怎样，我认为我是对的，如果说我胡适对国家有甚么贡献，我的答复就是我敢于指出这些死文字是荒谬错误的。"

…………

胡博士说："现代文明国家都定有退休制度，有的是六十五岁退休，有的是六十八岁强迫退休，有的则规定七十岁必须退休。……我很想明年能获得'政府'给我勒令退休的命令……明年，离现在还有一年的时间，在这一年之内，我希望'中央研究院'评议委员，能考虑院长人选，照规定物色三位适当的候选人，准备明年给'总统'圈定一位来接替我的职务。那时我就可以搬出这所院长官邸，住到那边学人宿舍里去，安安静静的研究一点东西出来，给大家一个满意的'答复'"。

…………

……"我们北大同学，经过这么多的患难，今天仍然在此时此地举行校友纪念会，真不是一件容易的事。"他说："现在有许多大学在台湾复校，可是北大的同学却不考虑这件事，我也很表赞同。因为要办一个第一流的大学真不是一件容易的事。"胡博士又说："一个学校是与人一样的，一个人虽然做了许多事，最后还是免不了要死，但他的精神却是值得纪念的。所以我们要纪念北大就应该从精神上去纪念它，从历史上去纪念它，从我们的努力和奋斗中去发扬北大的学术精神。"

1961年　辛丑　70岁

> 是年，胡适仍任"中研院"院长、"国家长期发展科学委员会"主席。
>
> 2月25日，胡适突发心脏病，被紧急送医，4月22日出院。
>
> 5月，胡适收藏的《乾隆甲戌脂砚斋重评石头记》影印出版。
>
> 是年，胡适为物色"长科会"执行秘书和"中研院"总干事人选，大费心力。
>
> 11月6日，胡适在"亚东区科学教育会议"上发表题为"科学发展所需要的社会改革"的演讲。

1月

1月1日　胡适到"总统府"参加新年团拜。（据《日记》）

按，本谱引用胡适1961年日记，均据《胡适的日记》手稿本第18册，以下不再特别注明。

同日　胡适与来访的李济夫妇共进午餐。下午访客有刘真夫妇、沈怡夫妇。当日来拜年的还有唐纵、杨亮功、温妙容、宣祖强、屈万里、魏火曜、叶曙、顾文霞、余道真、虞舜夫妇、石裕清等。（据《日记》；《胡适之先生年谱长编初稿〔补编〕》，333页）

同日　胡适托来拜年的雷美琳、雷美莉带一张相片给她们的父亲雷震，并代向雷震拜年，又说自己之所以不去看雷震，雷震"心里一定知道的"。（《雷震全集》第36册，5页）

同日　晚10点，汐止警察分局长宣善屿偕其妻女来拜年。胡适日记有记：

　　自从我十月廿二日回来之后，宣君差不多每夜必到南港"中研院"巡视，说是奉命注意我的"安全"。他是安徽人，人很爽快。有时我晚上知道他在这儿，就叫人邀他来谈谈。

同日　胡适为林澄波题写：无众寡，无大小，无敢慢。(《胡适之先生年谱长编初稿〔补编〕》，333页)

同日　王诚致函胡适，请胡适对其《六十年来中国诗坛的回顾与前瞻》"赐示谠言伟论"。(台北胡适纪念馆藏档，档号：HS-NK05-007-002)

　　按，是年给胡适寄来诗、文、著作请求指教的还有黄润岳、汪亚汀、张亚逸、侯立朝、周之鸣、孙方铎、赵天池、王进瑞、李干、舒曼霞、金问泗、谭玉伶、张汉贤、程大城、林金标、李继统、泰国中华会馆、李国栋、何蟠飞、达鉴三、叶少初、殷海光、周增祥、林则伸、向生、徐刚、吴觉致、萧作梁、陈铁凡、江元方、陈志正、方毅、邝植民、张善仿、木下彪、吴望伋、孙洵侯、池立杰、金振庭、尤光先、李树桐等。(据台北胡适纪念馆藏档不完全统计)

同日　哈特曼夫人复函胡适，告收到圣诞贺信的喜悦，曾打电话给游建文得知胡适一切都好。又谈及自己复健状况，以及得知梅贻琦于生日当天坐在轮椅上接受客人的祝贺，很令人振奋。(台北胡适纪念馆藏档，档号：HS-NK05-151-012)

1月2日　陈宗靖、陈宗复来访，拜托胡适为其父陈伯庄写墓碣。同日来拜年的还有王德芳、周之鸣、夏道平、孙胡宗、王霭芳、成舍我、蒋复璁、杨树人等。(据《日记》；《胡适之先生年谱长编初稿〔补编〕》，333～334页)

同日　美国Smithsonian Institution的Mr. Eugene Knez来"中研院"参观，在胡适处午饭，同来的有李熙谋、陈奇禄、Mrs. Russell Sun。(据《日记》)

1月3日　孙洵侯、夏涛声、李万居来拜年。(据《日记》)

1961年　辛丑　70岁

同日　鲍良传夫妇邀胡适午饭，为胡适庆贺阴历生日。饭后到钱思亮家久谈，赞佩钱整顿台大的计划。下午，吴相湘来谈。(据《日记》)

同日　胡适复函张其昀，感谢寄赠《清史》第一册及《中华五千年史自序》；《清史》全部加句读印行，功德无量！很盼望全书能有新式索引，又指出其"偶有失校之处"。(台北胡适纪念馆藏档，档号：HS-NK01-035-013)

1月4日　上午，凌纯声来谈。(《胡适之先生年谱长编初稿〔补编〕》，334页)

同日　李先闻请胡适午饭，同席有Knez、Professor Shreve夫妇、齐如山。(据《日记》)

同日　"中央研究院"举行新年茶话会。胡适日记有记：

> 下午"中研院"同人团拜，我说了几十分钟的话，又提到"远路不须愁日暮"的一句诗，反复申说。事后才想起，我对同人曾引过这句诗(我生日前)，真有老耄之态了！

1月5日　胡适与郭廷以商复福特基金会函事。(《郭量宇先生日记残稿》，237页)

同日　Professor Shreve夫妇来访。林致平来谈。(据《日记》；《胡适之先生年谱长编初稿〔补编〕》，335页)

同日　下午，胡适到齐如山寓所，看其收藏的京戏图谱展览。(据《日记》)

同日　胡适复函巩耀华：多数委员认为你既已出台湾，不必再由本会资助了；后曾"请秘书处代我提出复议，但结果还是未能通过"，"这一点还得请你多多原谅"。(胡颂平：《胡适先生年谱长编初稿》第28册，油印稿，13～14页)

同日　胡适复函入矢义高，感谢寄赠《〈太公家教〉校释》，又指出该书的可能错误之处。(《胡适手稿》第8集卷3，514～516页)

同日　李士君致函胡适，请为所设养老院题字。(台北胡适纪念馆藏档，

341

档号：HS-NK01-062-001）

按，是年向胡适求墨宝的还有田忠信、金承艺（代友人）、蓝妮、阎振兴（代林九畴）、张伯骏、郭汝为、牛善九、王润清、何锜章、云林斗南学校、鲍雨林、汪德培、谢冰莹、Florence Drumright、杨繁昌、张幼愚、吴竹、陈荆园、骆神助、邓美珊、梁展鹏、简又文、杨力行、周仲敏、金振庭、王俊卿、隐叟、冯景泰、丘斌存、张昌华、张自英、洪名侠、林培燊、吕伯璘、万国道德总会、毛文昌（代云林县记者公会）、王朝荣、董作宾（代高美）、沈怡（代沈亦云）。（据台北胡适纪念馆藏档不完全统计）

1月6日　上午，胡适到台大医院检查眼睛。（《胡适之先生年谱长编初稿〔补编〕》，335页）

同日　胡适有《〈金石录〉里的禅宗传法史料》一文。（《胡适手稿》第7集卷2，419～425页）

1月7日　胡适修改去年11月在"东亚学术会议"上的演说辞。读《文苑英华》的佛教碑版各卷。（据《日记》）

同日　胡适复函喻天育，感谢留心《禅宗史的一个新看法》的剪报，并寄赠《胡适文存》四集一部及《新校定的〈神会遗著〉两种》一文。（台北胡适纪念馆藏档，档号：HS-NK01-170-007）

同日　胡适复函李永旺：同情你的困难，但无法安排工作。（台北胡适纪念馆藏档，档号：HS-NK01-062-040）

按，是年请求胡适代为谋职的还有俞汝达、鲁志、胡庆五、蔡作孚、姜贵、叶宗敩、范俊、刘光茜、李完白、王志健、聂其纯、程靖宇、罗锦堂、古静英、方德鸾。（据台北胡适纪念馆藏档不完全统计）

同日　胡适复函韩立煌，寄还元旦寄来的180元台币，另寄赠《胡适文存》一、二、三、四集以及《中国古代哲学史》《胡适留学日记》《四十自述》《新文学运动小史》《丁文江的传记》等书，"你还要什么书，可以写信向我

要"。（台北胡适纪念馆藏档，档号：HS-NK01-206-005）

按，1月1日，韩立煌致函胡适，略述经历，并告阅胡适著作情形；另寄书费请酌情代购胡适著作。（台北胡适纪念馆藏档，档号：HS-NK01-206-004）1月11日，韩氏收到胡适赠书后，复函致谢。（台北胡适纪念馆藏档，档号：HS-NK01-206-006）

1月8日　宋英来访。王世杰来长谈。李青来来长谈。重读《曹溪大师别传》。（据《日记》）

1月9日　李光宇来谈。（《胡适之先生年谱长编初稿〔补编〕》，337页）

同日　晚，戴宝鎏在圆山饭店宴请胡适。（据《日记》）

1月10日　胡适应Moore夫人的邀请，到中山北路美军军官眷属俱乐部作20分钟的英文演说，题为"四十年来的文学革命"。胡适说：

> 早在印度、米苏波达米亚、地中海地区与东亚"人类智慧与文化成熟"的辉煌时代，中国人民已有很高的文化发展，其程度足与当时世界任何地区的任何文化相媲美。
>
> 但是古代中国文化并非没有严重的缺点。缺点之一是缺少一种字母来写出日用的语言。
>
> 这一差强人意的特征是中国文化极端的单纯与规律——这可能是古代人民能够仅有一种书用文字，没有受益于字母的便利，而能相处自得的主要原因……
>
> 在孔孟时代……中国文学上诗与散文的发展盛极一时，这种文学的形式，无可怀疑的，根据当时所用的语言写成。孔子的《论语》，以及老子与孟子的著作与古代所遗留下来的哲学与文学作品，也多多少少代表了当时所用的语言。
>
> 可是这种古代的文字在廿二世纪以前，中国变成一个统一的帝国的时候，却成了一个死的，至少是半死的文字。
>
> 这一地区辽阔的统一的帝国，在遍及境内纵横的官方通讯交通中，

需要一个共同的（古文作）媒介。

在公元前一二四年，汉朝开始制定对古文的知识是任官的先决条件。这是以古文为基础的中国文官考试制度的开始。

二十二个世纪的统一帝国与二十个世纪的文官考试共同维持了一个死去的文字，使它成为一个教育的工具，合法与官用的交通、与文学上——散文与诗——颇为尊重的媒介。

可是许多世纪以来，普通的人民——街市与乡村的男人和妇女——他们所用仅有的一种语言，也就是他们本乡本土的语言，创造了一种活的文学，有各色各样的形式——表达爱情与忧愁的民谣、古老的传说、街头流传的歌颂爱情、英雄事迹、社会不平、揭发罪恶等等的故事。

…………

简而言之，中国文学有史以来有两个阶层：（1）皇室、考场、宫闱中没有生命的模仿的上层文字；（2）民间的通俗文字，特别是民谣、通俗的短篇故事与伟大的小说。

这些写下的伟大的短篇故事与小说印成巨册——其中有一些在近数百年以来一直是销路最佳的作品。

这些伟大的故事与小说成了学习标准日用语言（白话）的教师。

可是其中缺少一个重要的因素——对于这种语言质美单纯，达意的"自觉的承认"与"有意的"的主张白话作为教育与文学必要而且有效的工具的努力。

我与我的朋友在四十年以前所作的只是弥补这一缺陷。

我们公开承认白话是文学上一个美丽的媒介，在过去一千年中，特别是近五百年中它已产生了一种活的文学，并且是创造与产生现代中国文学的一个有效的工具。

这一运动——一般称为文学革命，但是我个人愿意将它叫做"中国的文艺复兴"——是我与我的朋友在 1915、1916 与 1917 年在美国的大学的宿舍中所发起的。直到 1917 年，这一运动才在中国发展。

1961年　辛丑　70岁

经过几年的艰苦奋斗与急烈的争辩以后，这一运动最后受到全国的承认与接受。(《胡适之先生年谱长编初稿》第十册，3432～3434页)

同日　下午4点半至6点，美国驻台机构负责人庄莱德暨夫人在其官邸举行茶会，庆祝中国现代诗人余光中等所作新诗集的英译本的出版。参加茶会的除新诗集里涉及的诗人20余人外，还邀请胡适、罗家伦夫妇、梁寒操及台大西方文学系系主任Ignatius Ying等。胡适应邀讲话。(据《日记》；次日台北各报)

按，胡适藏书中，有New Chinese Poetry (edited and translated by 余光中，台北，1960)。扉页有该书的几位作者题赠："适之先生赐正：余光中、纪弦、钟鼎文、覃子豪、周梦蝶、夏菁、叶珊。"扉页的另一面有Dave Phillips的签名。(《胡适藏书目录》第4册，2845页)

同日　J. R. Jones致函胡适，云：

You may have forgotten my existence, but in the 1930's I had the pleasure of knowing you and seeing you occasionally in Shanghai when I used to be Secretary General of the old Municipal Council and when F.T. Cheng, John Wu and others were amongst my circle of valued friends.

I understand from the University authorities here that you have been invited as one of the eminent persons to grace the Jubilee Celebrations in September next. I am therefore writing to you on behalf of the Hong Kong Branch of the Royal Asiatic Society to ask you if you would be good enough to honour the Society with an address on any subject connected with Chinese culture, history, literature or kindred subjects. Hong Kong with its highly organised University Department of Chinese, its Centre of Oriental Studies under Professor Drake... has become probably the greatest centre of Chinese study in the world today. The Hong Kong Branch of the Royal Asiatic Society was revived a year ago after a lapse of a century, and the great support which it has enjoyed during the year testifies to the re-awakening of interest in Chinese cultural studies on the part of the community in general. It would be a splendid stimulus to the Society if you, as the traditional embodiment of the "Chinese renaissance", would consent to give an address during your stay in Hong Kong.

I shall be grateful if you will let me know as soon as you find it convenient and I can assure you that your affirmative reply to the Society's request will be awaited with the greatest interest.（台北胡适纪念馆藏档，档号：HS-NK05-154-013）

1月11日　上午10时，"中央研究院"与"北大同学会"在台湾师大大礼堂举行蔡元培先生生日纪念会。胡适主持并致开会辞，介绍沈刚伯讲演"方正学的政治思想"。胡适说，明朝有两个专制魔王，一是明太祖朱洪武，一是明成祖朱棣。又说："有人常说中国很少殉道的人，或说为了信仰杀身殉道的人很少；但仔细想想，这是不确的。……在中国历史上有独立的思想，独立的人格而殉道的人不少。方孝孺就是为主张，为信仰，为他的思想而杀身成仁的一个人……方孝孺当时提倡无为的英国式的君主宪政没有成功，言论自由没有成功而被杀；但明太祖删灭《孟子》失败，明成祖要毁灭方孝孺的政治思想也失败了。……"胡适又说，今天在纪念蔡元培先生的生日会由沈刚伯讲演"方正学的政治思想"，是很有意义的。（次日台北各大报）

1月12日　访客有郭廷以（来与胡适商谈复福特基金会函事）、董作宾、阮维周（胡适赠其《丁文江的传记》一册）、苏珊珊（偕其女林秋美）。（《郭量宇先生日记残稿》，238页；《胡适之先生晚年谈话录》，111页；《胡适之先生年谱长编初稿〔补编〕》，339页；《胡适之先生年谱长编初稿》第十册，3437页）

同日　晚，宋英偕金承艺来，并在此晚饭。胡适云：金承艺可在"中研院"工作。胡适又送雷震《丁文江的传记》和《京师大学堂开办的日期》。（《雷震全集》第36册，15页）

按，"自由中国"被迫停刊后，其编辑人员均须另谋职业。北大出身的金承艺希望到台大文学院谋职，但未成功。胡适便想请金来"中研院"协助胡颂平，专司胡适著作的管理工作，以便早些出版。胡适决定每月自付台币1000元与金，而不从公费里开支。(《胡适之先生晚年谈话录》，111～112页）因为金系被特务监视之人，胡适刻意将其招来，实有"保护"之意。

1月13日　胡适致函梁肃戎、富伯平、李公权，佩服三人为某血案中穆万森义务辩护，使穆君获得"原判决撤销，穆万森无罪"的判决结果，赞此三人是在躬行明朝哲人吕坤的名言："为人辩冤白谤，是第一天理。"（台北胡适纪念馆藏档，档号：HS-NK04-013-002）

同日　下午，许怀均、孟宪琳来访。（《胡适之先生年谱长编初稿〔补编〕》，341页）

1月14日　胡适到台大医院请李培飞检查眼睛。顺便探视李济，长谈。（据《日记》）

同日　胡适针对《考据学的责任与方法》的录稿，对胡颂平说：

钞写不算什么，最要紧是不错。一定要费更多的时间来校对，这是需要训练的。金承艺来了之后，也要训练的。如这篇录稿里的"史事"写作"史实"、"考据"写作"考证"，这是通人的错误，最难避免的。有些因为两个字相同跳过一行了，这是最普遍的错误。所以钞了之后，一定要花更多时间来校对。

……校勘是很难的事。汪辉祖是刑名师爷、法律家，他们用的字，有些你们不懂。譬如一个"凡"字，是对普通人讲的。像你跟你的兄弟吵架，你们是兄弟，不能叫做"凡"；如你和志维吵架，那是普通的人，那就叫"凡"了。这一类的字面很多，你们不懂的。(《胡适之先生晚年谈话录》，113页）

同日　石璋如寄赠桥本凝胤著的《南都佛教》（东京：岩波书店，1934

年）一本与胡适。（《胡适藏书目录》第 3 册，2108 页）

1 月 15 日　高天成陪日本整形外科医学博士水野祥太郎来访。（据《日记》）

同日　陈汉廷来访。胡适在樊际昌家晚饭。（《胡适之先生年谱长编初稿〔补编〕》，342 页）

同日　张婉度、陈雪屏夫人约胡适到张仪尊太太家打牌，以不令胡适工作。（据《日记》）

同日　胡适写完给柳田圣山的长信，讨论禅宗诸问题。又云：柳田似是一位佛教徒，似是一位禅宗信徒，而自己是一个中国思想史的"学徒"，不信仰任何宗教。所以彼此的根本见解有些地方不能完全一致。（《胡适手稿》第 7 集卷 1，29～71 页）

同日　胡适致函沈亦云，感谢其赠送傅沅叔的遗札影片，并已复制送给"中央研究院"的史语所与近代史所。今抄傅沅叔编印的《宋代蜀文辑存》中蒲芝《白云先生张少愚诔》寄上，作为新年贺礼。（台北胡适纪念馆藏档，档号：HS-NK05-020-002）

按，2 月 5 日，沈亦云复函胡适道谢。（台北胡适纪念馆藏档，档号：HS-NK03-002-041）

同日　胡适致函钱泰，将购藏之筓石、几山的两笺照相寄赠。（台北胡适纪念馆藏档，档号：HS-NK01-054-014）

按，1 月 29 日，钱泰复函致谢，又谈及"纽约亲友如常"等。（台北胡适纪念馆藏档，档号：HS-NK01-054-015）

同日　清心致函胡适，告以窘况，请赐援助。（台北胡适纪念馆藏档，档号：HS-NK01-226-016）

按，是年向胡适请求济助的还有燕萍、葛树君、胡汝章、谢仲禧、顾子仁等。（据台北胡适纪念馆藏档不完全统计）

1961年　辛丑　70岁

1月16日　下午，胡适应邀到南港台湾肥料公司第六厂的动员月会作演讲，并参观此厂。（据《日记》）

同日　访客有陈逸绥、黄崑耀、浦薛凤。（《胡适之先生年谱长编初稿〔补编〕》，342～343页）

同日　胡适复函严奉琰：你申请出台湾进修事不能入选，是因为名额有限，不是主持此事的人"有任何偏私之见"。请不要太早对科学委员会"研究补助费"的选择方法做太严刻的批评。在这个"财力物力困难"的时候，只能希望做到提倡"大家能在某一点上做点研究工夫"，只能希望稍微提高一点点的生活条件而办到"专任"（full-time）的情形。这是我们试办的时候，我们并不敢存太高的理想水准。你说的"科学的发展应该有计划，有系统，有目标"，那是我们很盼望我们各方面的科学家能努力做到的境界。我盼望你先从你的本行开始想想——这是很有益的"白日梦想"……大家来想出一个"有计划，有系统，有目标"的发展蓝图。（台北胡适纪念馆藏档，档号：HS-NK01-165-002）

同日　胡适复函雷震，谈最近身体状况，"很高兴你能够安心写回忆的文字"，"也很赞成你尽量写得'白'"，"凡写土话，只须求正确的表音，不必问有何古字可作依据。……你用土话，必须用正确的国语字表音，遇必要时，可加注解"。（《万山不许一溪奔——胡适雷震来往书信选集》，242～243页）

1月17日　上午，王淦陪同木下彪来辞行。（《胡适之先生年谱长编初稿〔补编〕》，343页）

同日　I. C. A.的Mr. Byerly（Paul R.）来，请胡适谈发展科学的计划，并在此午饭。（据《日记》）

同日　下午4时，冯炳奎、杨一峰来请教"仁"字问题。（《胡适之先生晚年谈话录》，114页）

同日　晚，端木恺、程沧波约胡适晚饭，同席有朱家骅夫妇、徐培根夫妇、邵幼轩以及蓝妮。（据《日记》）

同日　胡适致函苏雪林、高阳，反复申明曹雪芹是一位最不幸的作家；

《红楼梦》没有经过长时期的修改，也没有得到天才文人的仔细修改，是《红楼梦》的最大不幸。

  曹雪芹有种种大不幸，他有天才而没有受到相当好的文学训练……他的文学环境与背景都不大高明……他的贫与病使他不能从容写作，使他不能从容细细改削他的稿本，使他不得不把未完成的稿本钞去换银钱来买面买药……他的小说的结构太大了，他病中的精力已不够写完成了……

  ……《红楼梦》的最大不幸是这部残稿既没有经过作者自己的最后仔细修改，又没有经过长时间的流传，就被高鹗、程伟元续补成百二十回，就被他们赶忙用活字排印流传出来了……

  ……《水浒传》经过了长时期的大改造与仔细修改，是《水浒传》的最大幸运。《红楼梦》没有经过长时期的修改，也没有得到天才文人的仔细修改，是《红楼梦》的最大不幸。（台北胡适纪念馆藏档，档号：HS-NK01-258-015）

1月18日　上午，林致平来谈。美国驻台机构负责人庄莱德宴请胡适。下午，林中行、邵幼轩夫妇来访。（《胡适之先生年谱长编初稿〔补编〕》，344页）

同日　晚，胡适去台北主持召开"长科会"执行委员会第三十五次会议。（台北胡适纪念馆藏档，档号：HS-NK01-326-115）

同日　胡适复函夏晋麟夫妇，感谢寄赠寿金，未征得同意就将此寿金捐赠给民营的《公论报》（因此报诉讼败诉，急需台币200万元作保证金）。（台北胡适纪念馆藏档，档号：HS-NK05-064-006）

  按，夏氏2月15日复函，云：捐款《公论报》事，悉听尊便。（台北胡适纪念馆藏档，档号：HS-NK03-002-044）

1月19日　上午，Frank Owen 来访。（《胡适之先生年谱长编初稿〔补编〕》，344页）

同日　毛子水来访。(《胡适之先生晚年谈话录》,115 页)

同日　何应钦、朱家骅夫妇、陈继承夫妇来访,并留此午饭。(《胡适之先生年谱长编初稿〔补编〕》,345 页)

同日　下午,金承艺来访,胡适交代请其处理佛教经典方面的文字,以编《神会遗集》。(《胡适之先生晚年谈话录》,115 页)

同日　晚,胡适出席樊际昌、查良钊主持召开的华美协进会的会议。(《胡适之先生年谱长编初稿〔补编〕》,345 页)

同日　雷震致函胡适,赞佩《丁文江的传记》写得好,感叹丁文江这样有学问有才干的人死得早,又指出该书中的三点小误。(《万山不许一溪奔——胡适雷震来往书信选集》,244～245 页)

1月20日　上午,萧作梁来访。下午,张承楯、张道济等来访。张祖诒携来"中央印铸局"套印的《脂砚斋重评石头记》样张,谈印刷成本及预约办法等。(《胡适之先生年谱长编初稿〔补编〕》,345 页)

同日　胡适致函台湾省环境卫生协会害虫防治服务部,感谢他们去年6月4日来此清除蟑螂,之后再未发现蟑螂。(台北胡适纪念馆藏档,档号:HS-NK01-317-005)

1月21日　上午,胡适到台大医院检查眼睛。(《胡适之先生年谱长编初稿》第十册,3458～3459 页)

同日　晚,潘贯宴请胡适。(《胡适之先生年谱长编初稿〔补编〕》,346 页)

同日　胡适谈到诸桥辙次编的《大汉和辞典》时说:一个人只能做一个人能力范围以内的事。我们要替别人做传记,一定要先把这个人的事迹查得清楚之后,才可着笔。(《胡适之先生年谱长编初稿》第十册,3461 页)

同日　胡适致函陶一册,主要谈刘铨福及其父刘位坦。(台北胡适纪念馆藏档,档号:HS-NK01-113-002)

1月22日　上午,杨锡仁来访。成舍我、夏涛声、宋英等来访,并留此午饭。(《胡适之先生年谱长编初稿〔补编〕》,346 页)

同日　胡适致函"美国在'中华民国'教育基金会挑选委员会":

Professor Arthur E. Link, now currently attached as a research scholar in Chinese Buddhist history to "Academia Sinica", has brought to my attention the fact that he is requesting consideration of a renewal of his research grant for next year, 1961–62, by your board.

Professor Link informs me that he has found the grant of one year too short a time to complete his research project of an integral translation of the Tao-seng chuan, as well as his associated study in the earliest extant bibliography of the Chinese Buddhist □□□ Seng-yu's Ch'u san-tsang chi-chi. He has completed a translation of three chapters out of the fourteen of the Koo-peng chuan, and he feels that with an additional year's □□□ he will be able to complete the entire translation. He has □□ press a hundred page article on the Ch'u san-tsang chi-chi. This is a continuation of his article on this subject, which appears in the latest issue of the Journal of the American Oriental Society.

In view of the unique opportunities for research afforded Professor Link by the "Academia Sinica", as well as his achievements already in the research project, I hope that favorable consideration may be given to his request for a renewal of the research grant.（台北胡适纪念馆藏档，档号：HS-NK05-169-003）

1月23日　上午，胡适约全汉昇、万绍章来谈院士谈话会的事。Link 来访。下午，胡适到台大医院探视梅贻琦、李济、钱思亮等，商谈太平洋科学会议的事。（《胡适之先生年谱长编初稿〔补编〕》，346页）

同日　胡适复电 Jerome B. Wiesner：迟疑许久后，决定接受 J. A. Stratton 校长的邀请，参加 "International Conference on Scientific and Engineering Education" 的论题 C，请邮寄与会人员名单。（台北胡适纪念馆藏档，档号：HS-NK05-172-021）

按，J. A. Stratton 校长的邀请函可参考本书 1960 年 12 月 20 日条。

又按，1月24日，胡适致函麻省理工学院校长 J. A. Stratton，告知已于昨日发电给 Jerome B. Wiesner 教授接受邀约。但今晚看到 *Time* 杂志报道 Wiesner 教授被派为肯尼迪总统的科技特别助理，可能已往华盛顿，未能接到电报，故写信请代转达给新的大会主席。（台北胡适纪念馆藏档，档号：HS-NK05-167-062）

再按，1月26日，Jerome B. Wiesner 复电胡适：欢迎参加4月的讨论会，细节及参加者名单随后奉上。（台北胡适纪念馆藏档，档号：HS-NK03-002-038）1月27日，Arthur L. Singer, Jr. 致函胡适，寄奉会议文件、表格。（台北胡适纪念馆藏档，档号：HS-NK05-167-036）

同日　胡适复函 Edgar N. Pike，云：

I am writing to present a request that the Aisa Foundation may be kind enough to consider giving aid to some members of the "Chinese Delegation" to the Tenth Pacific Science Congress to be held at the University of Honolulu from August 21 to September 6, 1961.

A "Chinese delegation" of ten, headed by Dr. Li Chi, attended the Eighth Pacific Science Congress held at Manila in 1953; and a "Chinese delegation" of fifteen, headed by Dr. Hsien-wen LI attended the Ninth Congress held at Bangkok in 1957. This year, we have been urged by Dr. Harold Coolidge, the General Secretary of the Congress, to sent to the Tenth Congress a larger delegation at least "double" the size of our previous ones.

Because of the long distance between Honolulu and Taiwan, we are rather worried about the great expenses involved in sending a large delegation. Some of the Chinese scientists who are invited to address meetings or preside at sections will have their expenses paid by the Congress. (For instance, I am invited to address a General Session of "Scientific Information". If I accept the invitation, my expenses will be paid by the Congress.) And I have heard the good news that the NAMRU 2 may sent a delegation of 12 of its American and Chinese Scientists at its own expenses. So if we could secure the assurance of financial support for about 12 or 13 delegates, we might then be safe to count on a fairly large and representative delegation of about 30 from Taiwan, including the NAMRU 2 scientists.

I have made an official request to our "Government" to finance seven delegates. I think the "National Council on Science Development" may be able to finance two delegates.

If the Asia Foundation could undertake to finance three delegates, that would be most helpful.

In my request to the "Government", I have calculated the expenses of one delegate on the following basis:

1）Travel（round trip, tourist）N.T. $31, 775.80

2）Per diem U.S. $317.00

For three delegates, the sum will be:

N.T. $95, 267.40

US $951.00

Will you kindly consider this request and let me know your reaction to it?（台北胡适纪念馆藏档，档号：HS-NK05-163-004）

1月24日　上午，朱兆兰来访。(《胡适之先生年谱长编初稿〔补编〕》，347页）

同日　洛克菲勒基金会的 Mr. Boyd Compton 来做客。(据《日记》)

同日　下午，胡适、郭廷以与 Compton 会谈3小时，Compton 对口述史及西方认识两计划仍感兴趣。胡适希望洛克菲勒基金会支持史语所，而由福特基金会协助近代史所。其后，李济亦来参加会谈。(《郭量宇先生日记残稿》，240页）

同日　胡适致函胡天猎，谈旧小说影印问题，其中谈及"程乙本"的印行情况：自从民十六亚东排印壬子"程乙本"行世以来，此本就成了《红楼梦》的标准本。近年台北远东图书公司新排的《红楼梦》，香港友联出版社新排的《红楼梦》，都是根据此本。大陆上所出各种排印本，也都是"程乙本"。（台北胡适纪念馆藏档，档号：HS-NK01-196-006）

1月25日　下午，杨树人来谈科学会的议程。晚，胡适出席陈诚欢迎玻利维亚副总统的宴会。（《胡适之先生年谱长编初稿〔补编〕》，348页）

同日　晚10时，胡适到张祖诒家，商谈影印《脂砚斋重评石头记》之事，决定交启明书局、台北商务印书馆两家经售，胡适自己做发行人。毛子水也来参加谈话。胡适本来还准备叫"华国出版社"也当经售处之一，先印500本。张祖诒说：一切不劳胡适费心，具体事务由张等办好就是了，只劳胡适预备写一短序，连同样张作为预约的广告。胡适谈起这部《石头记》已是誊录本，它把草书"得成"二字误认作"何本"，就不通了，这些都要在短序里说的。（《胡颂平日记》，未刊稿）

同日　胡适复函费正清，为迟复1960年11月10日信致歉，并述回台湾后与蒋介石会面之经过；另及后来收悉来函及剪报且已复印，以及将之交给张群，请其摘要报蒋。（台北胡适纪念馆藏档，档号：HS-NK05-149-007）

同日　叶公超致电胡适，告此间流传先生在台北陈述反对"故宫博物院"艺术品展览事，此间关心此事的博物馆馆长希望得到确认，请尽快电复。（台北胡适纪念馆藏档，档号：HS-NK05-113-005）胡适当日电复：流传之事皆误，自己从未在台北或任何地方陈述过反对艺术品展览事；另及去年已曾告知支持展览事，以及Pope与Lippe亦知已支持展览，且对"中研院"安阳古物因损伤情形而不参与展览感到很失望。（台北胡适纪念馆藏档，档号：HS-NK05-113-006）

1月26日　上午，董作宾来访。沈亦珍陪同Dr. F. Houny来访，胡适与他们谈甲骨文字。下午，周友端来访。夏涛声、宋英来访，他们带来请求蒋介石特赦雷震的信，请胡适签名。（《胡适之先生年谱长编初稿〔补编〕》，348～349页）

同日　晚，胡适赴台湾银行参加中公校友会为其补办的祝寿会。在车上胡适与胡颂平谈话：

我的方面是多，但都是开山的工作，不能更进一步的研究。收徒弟，也是一件不容易的事：年纪太轻了，什么都没有基础是不行的；太大了，记性也差了。像哲学史部门比较普通一点的，也不易训练。

……凡是有大成功的人，都是有绝顶聪明而肯作笨工夫的人，才有大成就。不但中国如此，西方也是如此。像孔子，他说"吾尝终日不食，终夜不寝，以思，无益，不如学也"，这是孔子作学问的功夫。孟子就差了。汉代的郑康成的大成就，完全是做的笨功夫。宋朝的朱夫子他是一个绝顶聪明的人，他十五六岁时就研究禅学，中年以后才改邪归正。他说的"宁详毋略，宁近毋远，宁下毋高，宁拙毋巧"十六个字，我时常写给人家的。……如陆象山、王阳明，也是第一等聪明的人。像顾亭林，少年时才气磅礴，中年时才做实学，做笨的工夫，你看他的成就！像王念孙、王引之、戴东原、钱大昕，都是绝顶聪明作笨的工作才能成功的。（《胡适之先生晚年谈话录》，117～118页）

同日　晚，胡适出席中公校友会为其补办的祝寿会，出席者还有于右任、王云五、谢冠生、杨亮功、李一飞、周友端、黄秉心、阮毅成等40人。此次餐会，除为胡适祝寿，也商谈中国公学复校事。胡适首先感谢大家给他祝寿的好意，继则表明他不是热心复校的。胡适说："办一个学校是不容易的，如东海大学，是从前在大陆上十一个教会学校、校董会联合起来办的，开办费三百万美金。学校开成了，但聘请教授就很难了。他的待遇比别的大学高一倍，而有些教授认为不是研究学术的环境，结果教了一年就离开了。最近辅仁大学也是三百万美金开办费。现在想为中公筹一百万台币的基金，用每年二十万元台币的利息来办研究所，实在是不容易的。又如'中大'复校了，要在中坜办一个地球物理研究所，但在我的熟人中就没有一个研究地球物理的人。叫他在中坜，没有研究学术的环境。我不知道他们是怎样办的。"（《胡适之先生年谱长编初稿》第十册，3464～3465页）

同日　胡适复函石璋如（共两信），谈请其帮助购书等事。（台北胡适

纪念馆藏档，档号：HS-NK01-256-004、HS-NK01-256-005）

按，关于此事，可参考石璋如1月7、14、30日致胡适各函。（台北胡适纪念馆藏档，档号：HS-NK01-256-002、HS-NK01-256-003、HS-NK01-256-007）

1月27日　上午，胡适到台大医院看眼睛。（《胡适之先生年谱长编初稿〔补编〕》，350页）

同日　下午4点到8点30分，胡适主持召开"国家长期发展科学委员会"执行委员会第三十六次全体会议。（台北胡适纪念馆藏档，档号：HS-NK01-326-116）

1月28日　梁序穆来谈动物所事。李先闻来，在此午饭。（《胡适之先生年谱长编初稿〔补编〕》，351页）

同日　胡适与梅贻琦联名发表《"国家长期发展科学委员会"两年来的工作报告》。（台北胡适纪念馆藏档，档号：HS-NK01-326-033）

同日　胡适与胡颂平谈起："一个小单位的主管不正，他的部下一定跟着不正的。这个叫作黑吃黑，是会传染的。"又谈起自己的积蓄，只有七八千美金交给高宗武经营，从来没有结账过；还有"中基会"每年致赠1000美金。（《胡适之先生年谱长编初稿》第十册，3467～3468页）

同日　夜，胡适题写了"陈伯庄先生之墓"7个大字。又为白健民、郑骞、王光明等写了条幅。（《胡适之先生年谱长编初稿〔补编〕》，351页）

1月29日　上午，周杰人来访。（《胡适之先生年谱长编初稿〔补编〕》，351页）

同日　下午3时30分，胡适在南港主持召开"国家长期发展科学委员会"第五次全会。会后聚餐，胡适有演说。（据《日记》；台北胡适纪念馆藏档，档号：HS-NK01-326-026）

1月30日　朱孔嘉、黄秉心陪同美国A.I.U.保险公司的C. V. Starr来访。（《胡适之先生年谱长编初稿〔补编〕》，351页）

同日　胡适主持召开"中研院"院务会议，准全汉昇辞代理总干事，

并通过植物、动物、数学三研究所新聘人员。留郭廷以午饭。(《郭量宇先生日记残稿》,241 页)

同日　胡适复电 Detlev W. Bronk: Selection committee for visiting research scientists program requests you □ me age limit for candidates holding doctorate degrees and for others. Hu Shih President "Academia Sinica".(台北胡适纪念馆藏档,档号:HS-NK05-145-013)

同日　晚,查良钊宴请胡适。(《胡适之先生年谱长编初稿〔补编〕》,352 页)

1 月 31 日　上午,阮维周来访。(《胡适之先生年谱长编初稿〔补编〕》,352 页)

同日　台湾新闻主管部门介绍澳洲议员 D. Darby 来访,并在此午饭。当天,胡适给李济写信说,这次拜访"糟蹋了我整整三个多钟头"。(台北胡适纪念馆藏档,档号:HS-NK01-073-004;《胡适之先生年谱长编初稿〔补编〕》,352 页)

同日　胡适致函李济,贺其出院,并将在参观完古物离开台湾的"预展的预展"后来探望。(台北胡适纪念馆藏档,档号:HS-NK01-073-004)

同日　下午,胡适到"故宫博物院"参观古物离开台湾的"预展的预展"。(台北胡适纪念馆藏档,档号:HS-NK01-073-004)

同日　胡适复函 A. Doak Barnett:

Kindly forgive me for this much delayed reply to your letter of Dec. 20, 1960.

The "Academia Sinica" was established by the Chinese Government in May, 1927, as a non-profit research institution.

The "National Central Research Institution", known abroad by its Latin name "Academia Sinica", was established by a special act of the National Government in May, 1927, as a non-profit research institution to be supported by budgeted appropriations of the government. Preparatory work of organization and recruiting of personnel took nearly a full year. Its actual founding took place on June 9, 1928.

The Organic Law of "Academia Sinica", first promulgated on November 9, 1928, says in Article 2:

"The function of 'Academia Sinica' shall be:

（1）to prosecute scientific research, and

（2）to direct, coordinate and promote scientific research."

In the early years, when the "Academia Sinica" did not function as a "National Academy of Sciences" with and Chinese scientists at its own expenses. So if we could secure the assurance of financial support for about 12 or 15 delegates, we might then be safe to count on a fairly large and representative delegation of about 30 from Taiwan, including the NAMRU 2 scientists.

If C.U.S.A. could ask the I.C.A. to finance five delegates, that would be most helpful. I understand that Dr. Hsien-wen LI（李先闻）, Member of the Council of Pacific Scientific Congress, has already talked with Mr. Schmid, Mr. Berkebile and Mr. Byerly about this matter.

I have requested our "Government" to finance seven delegates. In my request to the "Government", I have calculated the expenses of one delegate on the following basis:

1）Travel（round trip, tourist）N. T. $31, 757.80

2）Per diem U.S. $317.00

With high regards.（台北胡适纪念馆藏档，档号：HS-NK05-145-013）

同日　胡适复函 Walter F. Willcox：将参加您百岁生日庆祝会，请为我在4月15日 Cosmos Club 晚宴预定一个座位；另，将参加4月3日开始由麻省理工学院举办的"科学和工程教育会议"。（台北胡适纪念馆藏档，档号：HS-NK05-172-025）

按，1月23日，Walter F. Willcox 致函胡适，邀请胡参加其百岁生日庆祝会。（台北胡适纪念馆藏档，档号：HS-NK05-172-024）

同日　J. R. Jones 致函胡适，云：

I am encouraged by your kind letter of January 23 to write to you again.

I believe that an invitation will be coming to you, probably at the same time as this letter, to ask you to take part in the Jubilee Celebrations of the University of Hong Kong in September next. I had this assurance this morning from Professor Drake, who is the Head of the Department of Chinese Studies. I know that the University will feel greatly honoured if you accept their invitation which would not, in the present atmosphere of Hong Kong, involve any political complication in as much as the invitation was intended in the light of your accepted position as probably the most eminent Chinese scholar and representative of Chinese culture in the world today.

For the same reason the Royal Asiatic Society will be equally honoured if you consented to address them on the subject of your choice. The Society is above all politics. The membership of the Council and of the Society generally is international and the Society itself, both in London and in Hong Kong, has the reputation of being, as it should be, entirely above any question of politics and my colleagues on the Council are quite confident, as I am, that an address to the Society would not be construed to involve any political significance and that it should not cause any embarrassment to anyone.

I realise from your letter that your movements are somewhat involved in September but at the same time I hope that it may be possible for you to visit Hong Kong again, especially as the Jubilee of the University will be a worthy occasion for you...（台北胡适纪念馆藏档，档号：HS-NK05-154-015）

2月

2月1日 下午，亚洲基金会的香港代表Mallory Browne由章雅安陪同来访。(《胡适之先生年谱长编初稿〔补编〕》，352页)

同日 胡适复函沈裕民，感谢抄赠《努力》上全部胡适的文章，赠字2幅，又赠《胡适文存四集》及《四十自述》1册，以表感激。(台北胡适纪念馆藏档，档号：HS-NK01-010-004)

> 按，1月28日，沈裕民致函胡适，告代抄《努力》上的旧文并将抄本寄赠(抄本现存于胡适纪念馆，档号为HS-NK05-188-001)，向胡适求书法一幅(台北胡适纪念馆藏档，档号：HS-NK01-010-003)。沈氏得胡适书法及赠书后，2月10日复函致谢。(台北胡适纪念馆藏档，档号：HS-NK01-010-005)

2月2日 上午，杨彦歧来求字。董作宾来。台北的美国学校总校长Joseph C. Rennard夫妇、马熙程夫妇、John J. Brooks夫妇来访，并在此午饭。下午，魏嵒寿来谈。晚，陶一珊、许自诚、丁念先3人请胡适吃饭，他们邀请的一些藏书家带了名人笔墨请胡适鉴赏。(《胡适之先生年谱长编初稿〔补编〕》，352页)

2月3日 四健会举行成立会，胡适应蒋梦麟之邀出席并演讲，指出"行中求知""从工作中学习"是四健会的教育哲学。又说：活的教育，有用的教育，真实的教育可以从生活里得来，可以从工作中得来。又以颜元的例子详加说明。(次日台北各报)

同日 胡适探视生病的周象贤。(《胡适之先生年谱长编初稿》第十册，3481页)

同日 中午，庄莱德宴请胡适。下午，谢冰莹来访，并求字。(《胡适之先生年谱长编初稿》第十册，3481页)

同日 胡适复函劳榦，谈论学问、信仰、道德等事，又谈及为其子写推荐信事。胡函云：

> 我常觉得学问是一件事，信仰又是一件［事］，道德又是一件事。科学的方法严密，设备日益完备，故虽中材也可望有成绩。信仰则往往受传统的宗教影响太久、太深，虽有科学天才，个人未必能自拔于庸俗之上。道德的标准也有时代的不同，个人的行为又往往受其特殊环境之支配……道学风气已成之后，人情更冷酷了，责人更严厉了。然而八百年的道学，竟无人觉得妇人裹脚是不人道，是不道德。八百年后，几个外国传教士就会指出裹脚之野蛮了，两千年的圣贤也无人指斥法庭上用刑讯问口供是野蛮的事，此与殷商时代大规模的"殉葬"与用人祭，而周人指斥殷人酗酒等等罪过，独不提及此种最野蛮的 human sacrifice，到了六七百年后乃有"始作俑者其无后乎？为其象人而用之也"的进步的人道主义：此等例子最可以觇时世之变迁与道德观念之变迁。（台北胡适纪念馆藏档，档号：HS-NK01-110-005）

按，1月30日，劳榦致函胡适，谈及道德、科学等问题。（台北胡适纪念馆藏档，档号：HS-NK01-110-004）

2月4日　上午，胡适到台大医院检查眼睛。日本教育书道代表团团长高濑庄太郎等12人来访，不遇。梁序穆来，并在此午饭。（《胡适之先生年谱长编初稿〔补编〕》，353页）

同日　下午，查良钊陪同毛彦文以及罗家伦夫人、梅贻琦夫人来访。（《胡适之先生晚年谈话录》，118页）

同日　胡适作有《追记太戈尔在中国》一文。（《胡适手稿》第9集卷3，481～488页）

同日　胡适为《豆棚闲话》作一序言。（台北胡适纪念馆藏档，档号：HS-NK05-185-008）

同日　雷震日记有记：晨起写信给适之，请他给我材料，我想做一本胡适传记，对他幼年生活、上海读书和《竞业旬报》一段，北大教授几年，中国公学校长几年，做大使有何文章，请他弄一本简单年谱，我如花一年功夫，可以写一本胡先生传记。因为他的书，我已读了不少。此次在狱中，大部分是读他的著作。(《雷震全集》第36册，39页)

2月5日　胡适作有《〈佛法金汤编〉记朱熹与开善道谦的关系》一文。(《胡适手稿》第7集卷3，581～591页)

同日　张祖诒来催甲戌本《石头记》的序文，又商谈各书局经售《石头记》影印本的委托书问题。(《胡适之先生年谱长编初稿〔补编〕》，353页)

同日　胡适在给日本书道代表团的题名簿上题词：

  山风吹乱了窗纸上的松痕，

  吹不散我心头的人影。(《胡适之先生年谱长编初稿〔补编〕》，353～354页)

2月6日　朱家骅、程天放来访，并在此午饭。(《胡适之先生年谱长编初稿〔补编〕》，354页)

同日　胡适致函赵元任夫妇，抄寄《豆棚闲话》的笔记一篇，又云：自己接受了M. I. T.百岁庆典的请帖，同时准备顺道为康奈尔大学的Prof. Walter F. Willcox庆祝100岁生日，故打算在3月30日飞纽约，4月20日左右回来时，定到湾区看望赵氏夫妇等。(《近代学人手迹》三集，127～135页)

同日　马义、居白易为胡适寄来贺年卡。(台北胡适纪念馆藏档，档号：HS-NK01-231-031)

  按，2月间寄来贺卡的还有汪荷之、葛思廷、萧辉楷、汤志先、A. W. Descure等。

2月7日　胡适与胡颂平谈起作文要标注年月日等。(《胡适之先生晚年谈话录》，121～122页)

2月9日　胡适题写《乾隆甲戌脂砚斋重评石头记》封面，并写曹雪芹的自题诗：

字字看来皆是血，

十年辛苦不寻常。(《胡适之先生年谱长编初稿》第十册，3492 页）

同日　上午，劳榦来访。康奈尔时期同学 Weinberger 来访，并在此午饭。下午访客有 Schmid、Brokbire、严庆龄、Smith、Mewerk。(《胡适之先生年谱长编初稿〔补编〕》，360 页）

2月10日　胡适到"教育部"主试罗锦堂的博士评试会。所问问题包括什么叫"本事"，如何作"本事"，如何考"本事"，等等。结果，罗氏考试通过。胡适对记者发表谈话云：论文题目不宜过大，过大则难望有精彩的研究成果，要"小题大做"。(次日之"中央日报")

同日　晚，胡适出席井口贞夫的酒会。(《胡适之先生年谱长编初稿〔补编〕》，361 页）

同日　胡适委托台北商务印书馆、启明书局代售《乾隆甲戌脂砚斋重评石头记》的契约签字。(《胡适之先生年谱长编初稿〔补编〕》，361 页）

2月11日　张景樵来访，胡适送其《聊斋全集》《志异》等书。徐芳、徐萱等3人请胡适午饭。(《胡适之先生年谱长编初稿〔补编〕》，361 页）

同日　罗锦堂、赵清茂来访。胡适对罗之论文又有指点，并将考题等材料送其留念。(《胡适之先生晚年谈话录》，125 页）

同日　胡适指示胡颂平：甲戌本《石头记》前胡适的短序不影印，书后，俞平伯的跋语不影印。(《胡颂平日记》，未刊稿）

同日　胡适复函水泽柯，谈道："我四十多年不写荐人的信给任何朋友，这是一种'自律'，我的意思只是要替朋友减轻一点麻烦，不让他们感觉到连胡适之也不能体谅他们的困难，也要向他们推荐人。……我总觉得这是一个新时代应该有的风气，值得我自己维持到底的。"又请水泽柯直接向刘真陈说自己的成绩等。(台北胡适纪念馆藏档，档号：HS-NK01-279-009）

按，1月6日，水泽柯致函胡颂平，云省中校长出缺，请转陈胡适向教育厅长刘真推荐自己（台北胡适纪念馆藏档，档号：HS-NK01-279-005），后胡颂平复函水，说胡适不荐人之习惯。30日，水泽

柯再函胡颂平，恳请胡适推荐。（台北胡适纪念馆藏档，档号：HS-NK01-279-008）

2月12日　上午，吴俊升夫妇来访。胡天猎来访。夏涛声、宋英、蒋匀田、成舍我来访，并在此午饭。美军顾问团的马里兰州大学校友30多人来访，胡适和他们讲"杜威在中国"事。（《胡适之先生年谱长编初稿〔补编〕》，362页）

同日　胡适写成《胡天猎先生影印乾隆壬子年木活字本百廿回〈红楼梦〉序》，大要是：胡天猎影印的这部《红楼梦》确是"程乙本"；1927年，亚东图书馆用"程乙本"做底本，出了一部《红楼梦》的重排印本，这是"程乙本"第一次的重排本。1959年台北远东图书公司、1960年香港友联出版社、1953年及1957年上海作家出版社出版的《红楼梦》排印本，都是用"程乙本"做底本。（《胡适手稿》第9集卷2，163～167页）

同日　胡适写成《影印乾隆甲戌脂砚斋重评〈石头记〉的缘起》，记述自己收藏、研究"甲戌本"的经过，又说自从《考证〈红楼梦〉的新材料》发表之后，研究《红楼梦》的人才知道搜求《红楼梦》旧抄本的重要。又列述1927年以来发现的5种《红楼梦》旧抄本：甲戌本、己卯本、庚辰本、戚本、甲辰菊月梦觉主人序本，甲戌本是世间最古又最可宝贵的《红楼梦》写本。蒙"中央印制厂"热心赞助，这个写本试验影印很成功，故决定影印500部，以作为曹雪芹逝世200年纪念的一件献礼。（台北胡适纪念馆藏档，档号：HS-NK01-083-017、HS-NK05-185-010、HS-NK05-185-011）

同日　胡适复函江冬秀，谈近况、杂事，又谈到决定3月31日飞往美国出席麻省理工学院百年纪念，然后到华盛顿出席老师威尔客克司先生的100岁宴会。（台北胡适纪念馆藏档，档号：HS-NK05-048-049）

同日　胡适复函赵聪，告：《绿烟琐窗集》以及敦诚、敦敏、周春诸人的书，都有了；乞代买一粟编《红楼梦书录》一部；此间有位韩先生将其收藏的"程乙本"《红楼梦》照相影印150部，已印至80回，此本印成时，要送你一部；"甲戌本"两色套印试验很成功，近年倾向于曹雪芹第一次成

稿只有 16 回的看法；如果友联的朋友们感到兴趣，可把《缘起》样张、预约办法等件寄上，请你们考虑香港预约的事。（台北胡适纪念馆藏档，档号：HS-NK01-051-002）

2月13日　上午10时，胡适到"行政院"出席"古物赴美展览会"第五次会议。会毕，胡适接 Helen Ferguson Beawncut 与 Mary E. Ferguson 来"中研院"参观并留此午饭。（《胡适之先生年谱长编初稿》第十册，3503 页）

同日　上午，访客有凌纯声、卫惠林。下午，访客有查良钊、Timmermann。（《胡适之先生年谱长编初稿〔补编〕》，362 页）

同日　胡适复函何纵炎，感谢寄赠古物邮票 3 种，又将讨论其中一枚图案为"鬃卣"的往来信件抄寄何。（台北胡适纪念馆藏档，档号：HS-NK05-038-015）

2月14日　郭廷以来访，"说明近史所出版计划，决先印专刊"。（《郭量宇先生日记残稿》，244 页）

同日　上午，访客有汪厥明父子、屈万里、何亨基等。合众社记者 Albert Axebank 来访（萧树伦陪同），并在此午饭。下午，邵幼轩夫妇来访。晚，胡适到钱思亮家吃年夜饭。（《胡适之先生年谱长编初稿〔补编〕》，363 页）

同日　胡适致 Philip G. Hodge 一卡片，谢捎来圣诞节及新年的问候，并致问候。（台北胡适纪念馆藏档，档号：HS-NK05-152-025）

2月15日　胡适写成《跋〈红楼梦书录〉》一文，谈及：去年曾疑心"一粟"可能是周汝昌或是他的哥哥绂堂，但今天重翻此录，才知此录不是周家兄弟编的；1948 年 2 月 14 日上海《申报文史》第十期署名"适之"的《曹雪芹家的籍贯》一文，"这不是我的文字，不知是谁"。敦敏"河干集饮题壁，兼吊雪芹"与"小诗代简"诗之间，"有诗五十八首，未必都是一年内之作，也未必是依年月编次的"。故现在的看法是敦敏的"代简"诗即使是"癸未"二月作的，也未必即能证实雪芹之死不在"壬午除夕"。（《胡适手稿》第 9 集卷 2，173～179 页）

同日　胡适复函杨亮功，寄还《中公周刊》半张，盼杨早日写成中公的校史，又寄送《四十自述》一册。（台北胡适纪念馆藏档，档号：HS-

NK01-154-002）

　　同日　来拜年的人甚多，名单不录。(《胡适之先生年谱长编初稿〔补编〕》，363页）

　　2月16日　来拜年的客人甚多，名单不录。(据《日记》；《胡适之先生年谱长编初稿〔补编〕》，364页）

　　同日　下午，胡适先后给田耕莘、蔡培火拜年。(据《日记》）

　　同日　晚，胡适在陈雪屏家玩牌。夜读寿鹏飞《〈红楼梦〉本事辨证》。(据《日记》）

　　2月17日　晚，白礼约、白恩琪请胡适吃晚饭。(《胡适之先生年谱长编初稿〔补编〕》，364页）

　　同日　胡适读"愿为明镜室主人"的《读〈红楼梦〉杂记》。该书说："盖《红楼梦》所纪之事皆作者自道之生平，非有所指……数十年之阅历，悔过不暇，自怨自艾，自忏自悔，而暇及人乎哉？……"胡适认为："这也是很彻底的自叙说。"(据《胡适日记全集》第9册，732页）

　　同日　胡适复函胡天猎，谈及两种藤花榭刻本，那个小字刻本似无可疑。但那个半页10行，每行22字的大字刻本，"颇疑不是藤花榭刻本"。(台北胡适纪念馆藏档，档号：HS-NK01-196-014）

　　同日　来拜年的人甚多，名单不录。(《胡适之先生年谱长编初稿〔补编〕》，364页）

　　同日　Boyd Compton 致函胡适，云：

> I remember your warm hospitality at Nan Kang with pleasure. I thank you for making my short visit to the "Academia Sinica" so pleasant and fruitful. Will you please convey my thanks and greetings also to Dr. Li Chi, Dr. Kuo Ting-yee and Dr. Chuan Han-sheng.
>
> As you probably gathered from my recent cable, I have had a chance to consider my visit to Nan Kang and discuss it with Mr. Fahs. As I understand the position you took last month, the "Academia Sinica" is prepared to make

an official request for an additional two years of support for research at the Institute of History and Philology, with the understanding that the funds are needed to bring to completion various research projects begun during the period of our current grant. If I did not misunderstand you then, I would hope that the official request from the "Academia Sinica" for this purpose be sent as soon as possible, so that it can be considered at the next meeting of our Trustees. This timing will be difficult unless we have the request here during the first week of March. My understanding is that this is the only request which the Academia wishes to make at the present time. I shall of course be happy to talk with Dr. Kuo Ting-yee about the work at the Institute of Modern History after he knows for certain about the chances for research support from other sources.

I was much impressed by the physical growth of the scholarly community at Nan Kang. The new buildings are certainly handsome.

We look forward to your visit in New York. I am not yet sure who our visitors will be at the Villa Serbelloni in April. If your return schedule to Taiwan permits, I still think you might enjoy a brief stopover on Lake Como, either for some quiet rest or a visit with scholars who might be stopping there. We might discuss this when you are in New York.

Mr. Fahs joins me in sending best wishes.（台北胡适纪念馆藏档，档号：HS-NK05-146-031）

2月18日　胡适对胡颂平说："当年蔡先生的《〈红楼梦〉索隐》，我曾说了许多批评的话。那时蔡先生当校长，我当教授，但他并不生气，他有这种雅量。他对《红楼梦》的成见很深，像寿鹏飞的《〈红楼梦〉本事辨证》，说是影射清世宗与诸兄弟争立的故事，我早已答覆他提出的问题。到了十五年（1926年），蔡先生还怂恿他出这本书，还给他作序。可见一个人的成见之不易打破。"(《胡适之先生年谱长编初稿》第十册，3509～3510页）

1961年　辛丑　70岁

同日　来拜年的有高玉树、张庆桢、胡文郁、李超英。(《胡适之先生晚年谈话录》,126页;《胡适之先生年谱长编初稿〔补编〕》,364页)

2月19日　上午,访客有郭德权、沈宗瀚夫妇。中午,胡适约陈槃、黄彰健、徐高阮来午饭。下午,孙洵侯来访。晚,张紫常来,留此晚饭。(《胡适之先生年谱长编初稿〔补编〕》,364~365页)

2月20日　访客有王松明夫妇、林致平、魏嵒寿、胡世泽、胡世熙等。(《胡适之先生年谱长编初稿〔补编〕》,365页)

同日　胡适有《元僧熙仲的〈历代释氏资鉴〉十二卷》笔记。(《胡适手稿》第7集卷3,595~598页)

同日　胡适复函沈嘉济,谈古物邮票"鬃卣"的读音问题。(台北胡适纪念馆藏档,档号:HS-NK01-010-013)

2月21日　是日来拜年的客人有董作宾、劳榦、郭廷以、罗云平、邱仕荣、宋瑞楼。(《胡适之先生年谱长编初稿〔补编〕》,365页)

同日　胡适致函张群,为赴麻省理工学院100年庆典,并顺便参加Walter F. Willcox 100岁祝寿会,拟请假三星期;请假期间"中研院"院务请李济代理。(《胡适之先生年谱长编初稿》第十册,3512~3513页)

同日　胡颂平代胡适复函陈剑村:胡适从未患过糖尿病,所谓治愈药方都是妄传。(台北胡适纪念馆藏档,档号:HS-NK01-025-039)

> 按,2月12日,陈剑村致函胡适,请教治疗糖尿病方法。(台北胡适纪念馆藏档,档号:HS-NK01-025-026)

2月22日　下午,King和Smith来访。(《胡适之先生年谱长编初稿〔补编〕》,366页)

同日　胡适致函胡天猎,预约其《红楼梦》程乙本10部。(台北胡适纪念馆藏档,档号:HS-NK01-196-016)

2月23日　郭廷以来谈复福特基金会函事。(《郭量宇先生日记残稿》,245页)

同日　姚从吾来谈。夏涛声、蒋匀田、宋英等来拜年。杨树人来谈科

学会事，在此晚饭。胡适夜访陈雪屏夫妇，谈至深夜。(《胡适之先生年谱长编初稿〔补编〕》，366页）

2月24日　李腾岳、黄及时、林崇志来访，送胡适一本《修志方法论集》。(《胡适之先生年谱长编初稿〔补编〕》，366页）

同日　胡适复函赵聪，感谢寄赠《红楼梦书录》《春柳堂诗稿》；感谢香港友联社愿意担任《红楼梦》甲戌本香港代售预约事宜，又寄上《影印缘起》及样张等。再谈最近越来越倾向乾隆甲戌年时曹雪芹只写成了16回。(台北胡适纪念馆藏档，档号：HS-NK01-051-004)

同日　胡适致函林中行、邵幼轩夫妇，因不懂画，实在无法为其画展题字。(台北胡适纪念馆藏档，档号：HS-NK01-271-002)

2月25日　宋瑞楼偕一位张姓医师来为胡适诊视。记者李强光和曲克宽来访。海军学校的 Robert G. Snider 在沈毓凤、朱祖佐、阮维周、魏喦寿陪同下来访，并留此午饭。(《胡适之先生年谱长编初稿〔补编〕》，367页）

同日　董作宾带沈刚伯文章来访，征求胡适意见。胡适复沈刚伯一函，略指出沈文中几处小错误，又希望沈多多动笔，不要搁笔。最好是多作笔记，稍加整理，就可成一篇文字。(《胡适之先生年谱长编初稿〔补编〕》，367页；台北胡适纪念馆藏档，档号：HS-NK01-014-003)

同日　晚，胡适赴钱思亮招待密歇根大学校长的晚宴，突发心脏病，被紧急送入台大医院急救。当日日记有记：

> 今天上午及中午见客谈话颇有吃力的感觉。
>
> 晚上七点出门赴思亮夫妇的宴会（为与 Michigan State Univ. 合作的事），上汽车时已觉得呼吸很吃力，初想不去了，因车已开出，就决定到那边，万一不舒服，我可以向主人说明，不入座，就到台大医院去。
>
> 七点半到宴会地点，脱下帽子已觉得帽檐都是汗。我稍坐了一会，客人来的多了，我很感觉呼吸吃力，头上出汗（是日很冷）。我站起来，走向客厅门口，对台大教务长张仪尊先生说，"我有点不舒服，想找个地方休息一会，等我的车回来了，我要到台大医院去"。仪尊引我带到

一间小房子坐下。思亮、婉度也出来了,思亮打电话请台大宋瑞楼教授来送我去医院。

宋先生来得很快,他把我的脉(后来才知道脉搏每分钟136),就叫人来抬我上汽车,他亲见[自]送我到医院急诊处,打了一针,就送我到特一号病房,又让我得养气助呼吸。

后来我还有两三个钟头不舒服,以后就好转了。

后来宋瑞楼教授与蔡锡琴主任说,我那夜的病不轻,是一种"heart failure" and a new infarction(recurrent?)。

同日 "中央日报"刊出影印《乾隆甲戌脂砚斋重评石头记》的广告。

2月26日 晨,胡适的脉搏逐渐恢复正常。全天用氧气辅助呼吸,做了心电图,照了X光。经会诊,胡适的病有两种:一为老的冠状动脉栓塞症,一为狭心症。(《胡适之先生年谱长编初稿》第十册,3518页)

同日 来医院探视者络绎不绝,仅王世杰、朱家骅、杨亮功、蒋梦麟、陈诚进入病房。来签名问疾之人颇多,不录。(《胡适之先生年谱长编初稿〔补编〕》,368～369页)

2月27日 朱家骅、王世杰、蒋经国、张群、田耕莘等来探视并特准进入病房。(《胡适之先生年谱长编初稿》第十册,3518～3519页)

同日 江冬秀致电胡适,希望早日完全康复。(台北胡适纪念馆藏档,档号:HS-NK05-048-050)

按,自是日至4月下旬胡适出院,给胡适发来问候病情的函、电、卡甚多,据不完全统计,计有下列友人:张伯谨、Claude B. Hutchison、Georges Yacovlievitch、孙方铎、Harry Goldberg、陈集人、钱蘴莆、童世纲、吴元清、杨日旭、Jessie Lee、沈昌焕、胡天猎、陆幼刚、郭安夫、李新民(S. M. Lee)、李鸿一、尤亚伟、C. Martin Wilbur、K. S. Wang、徐玉里、徐复观、王绍垓(S. K. Wang)、陶小芳、李霖灿、郑炳钧、Clarence Burton Day、Jas. A. Mackay、陈之藩、Pugh Moore、Robert Blum、Charles A. Moore、Robert G. Snider、闵泳珪、Harold Riegelman、徐大春、

Grayson Kirk、Mrs. Eugene Delafield、谢冰莹、黄少谷、吴健雄与袁家骝、Walter F. Willcox、赵元任夫妇、Stanley K. Hornbeck、高宗武与沈惟瑜、Max Faerber、John J. Brooks、Kai、Donnie E. MacDonnell、Alped Shriver、Robert B. Sheeks、Bruce Pierce。（据台北胡适纪念馆藏档不完全统计）

2月28日　来医院探视胡适的仅王世杰、杨亮功进入病房。

　　按，胡适此次住院后，每日有大量友人来签名问疾，《胡适之先生年谱长编初稿〔补编〕》对此名单记录颇详。本谱为节省篇幅，不再抄录。

3月

3月1日　胡适取消使用氧气管。（《胡适之先生晚年谈话录》，129页）

同日　全汉昇派人送来史语所回复洛克菲勒基金会的英文信，请胡适签名，钱思亮对此大为不满。（《胡适之先生年谱长编初稿》第十册，3521～3522页）

同日　Marvin Liebman致函胡适，附寄新创刊的有关中国与亚洲的刊物，并告知此刊物关注的焦点，请给予批评与建议。（台北胡适纪念馆藏档，档号：HS-NK05-157-019）

同日　杨日旭致函胡适云，阅报悉胡适病况，极为怀念，请胡适静养，并祝早日康复。（台北胡适纪念馆藏档，档号：HS-NK05-109-004）

同日　William W. Lockwood致函胡适：关心胡适病情；另告知普林斯顿的"远东研究"持续扩充，葛思德图书馆成为此活动的中心，并认为此得力于胡适在葛思德的贡献。（台北胡适纪念馆藏档，档号：HS-NK05-157-024）

同日　William Benton致函胡适：希望病情不致影响访美行程而能与之

见面。（台北胡适纪念馆藏档，档号：HS-NK05-145-029）

同日　Charles W. Kegley 致函胡适，邀请参与 The Library of Living Theology 书册，即 The Zen Buddhism of D. T. Suzuki 的创作，并说明详细事宜。（台北胡适纪念馆藏档，档号：HS-NK05-155-008）

同日　Rolf Eliassen 致函胡适，告：因在麻省理工学院百年庆祝会文宣中见到您要出席的讯息，特写信来请求帮忙评估该系（Department of Civil and Sanitary Engineering）目前考虑的一个海外学习计划（overseas study plan），以便在4月您访美时和您讨论。在此计划，我们的学生和系上领导者将会拜访数月和你们的学生合作进行相关的工程计划。然而这样的计划的发起和执行存在着困难，我们希望您能对这个计划的 proposal 提出评论，提供我们有价值的帮助。感激您的协助并期待和您讨论。（台北胡适纪念馆藏档，档号：HS-NK05-148-005）

3月2日　全汉昇代胡适复 Boyd Compton 函：向 The Rockefeller Foundation 提出正式请求继续资助计划，并叙述资助款项将用以完成的工作；另及胡适2月25日心脏病发入院治疗事。（台北胡适纪念馆藏档，档号：HS-NK05-146-034）

同日　胡祖望致函胡适，为告得知其心脏病发，并请郑重考虑退休事；另提及在美诸友人的关心。（台北胡适纪念馆藏档，档号：HS-NK05-048-051）

3月3日　高天成、宋瑞楼、蔡锡琴等5位医生给胡适会诊的结果是两种病症：一是心脏急性衰弱症，二是冠状动脉栓塞症。（《胡适之先生年谱长编初稿》第十册，3524页）

同日　胡适请劳榦代复杨联陞一函，告最近得病情形，又谈及对编选英文论文集一事甚感兴趣，一切请杨斟酌去办，并谢谢杨之帮忙。（台北胡适纪念馆藏档，档号：HS-LS01-008-015）

> 按，2月11日杨联陞曾致函胡适，谈胡适的英文文献的整理和出版等事宜。4月21日，杨联陞致函胡适，Beacon Press 的编辑 Karl

Hill 的意思，希望范围再放大些，页数也可多到 300 页左右。如果稿子 1 月交，1962 年内可以出版。不知胡适的意思如何。另外他们非常希望胡适能为这个选集写一篇导言，长短随意。杨认为，胡适的那篇"Natural Law in the Chinese Tradition"应该收入。（台北胡适纪念馆藏档，档号：HS-LS01-008-014，HS-LS01-008-016）

同日　Pardee Lowe 致函胡适，附寄来自 Rudolf Serkin 问候的电报，并告近忙于准备和处理 U. S. Educational Foundations of Thailand and China 联席会议事。另及知医生不允许有访客故未去探视；如需帮助，请毋庸客气。（台北胡适纪念馆藏档，档号：HS-NK05-156-009）

3 月 4 日　胡适致韦莲司小姐一张明信片：I am making satisfactory progress. Don't worry.（《胡适与韦莲司：深情五十年》，187 页）

同日　江冬秀致函胡适：从严文郁夫人处得知胡适心脏病发，并说明要不要回台照顾胡适起居的考虑。（台北胡适纪念馆藏档，档号：HS-NK05-048-052）

3 月 5 日　黄季陆进了胡适的病房，谈科学会事。（《胡适之先生年谱长编初稿〔补编〕》，372 页）

同日　赵元任夫妇致函胡适，劝其多多静养，并建议取消 M. I. T. 之行。（台北胡适纪念馆藏档，档号：HS-NK05-117-021）

3 月 6 日　蒋梦麟进病房探视胡适。（《胡适之先生年谱长编初稿〔补编〕》，373 页）

3 月 8 日　进胡适病房探视的有朱家骅、王云五、杨亮功。（《胡适之先生年谱长编初稿〔补编〕》，374～375 页）

同日　杨树人致函 Walter F. Willcox，告胡适心脏病发住院事，并代胡适转达不能参加百岁生日庆祝会之遗憾。（台北胡适纪念馆藏档，档号：HS-NK05-172-026）

同日　叶良才函告胡适：李国钦昨天下午在办公室过世。（台北胡适纪念馆藏档，档号：HS-NK05-112-008）

3月9日　胡适电唁李国钦。(《胡适之先生年谱长编初稿》第十册，3526页）

3月10日　胡适对来探视的杨亮功表示，希望借这次住院机会，摆脱院务。(《胡适之先生年谱长编初稿》第十册，3529页）

同日　钱思亮致J. A. Stratton函，告胡适因心脏病而住院事，故无法代表台大参加M. I. T.的百年庆祝会；另告知将由曹文彦代表参加。(台北胡适纪念馆藏档，档号：HS-NK05-167-063）

同日　Nelson Lees致电胡适：关于M. I. T.百年庆祝会，在波士顿的教育电视台正计划做一小时的教育节目，讨论中国大陆技术发展的进步及其努力等议题。我们很荣幸邀您参与这个讨论。Toronto大学的J. Tuzo Wilson教授已同意出席，此外也邀请了John Hersey及Ryburn Ross等人。希望您能来参加。(台北胡适纪念馆藏档，档号：HS-NK05-157-011）

同日　V. D. Hartman复函胡适："3月4日信及大而重的附件已收到。所幸高医生发现你需要长时间的休息，希望他能看到你做到。我希望你已取消你4月的计划；我3月17日回纽约时可自游建文（K.W.）处得到消息，所以你不用忙着写信给我。另外，我今年不会到Florida。好好照顾自己，像一个成年人应该做的。"(台北胡适纪念馆藏档，档号：HS-NK05-151-016）

3月11日　下午，王世杰陪同Rochester, V. Y.来访。(《胡适之先生晚年谈话录》，134页）

同日　胡适对来探视的姚从吾、蒋复璁谈起，今年预备要出《坛经》、神会和尚的全集、《历代法宝记》这三种书。(《胡适之先生晚年谈话录》，134页）

同日　徐复观致函胡适，除祝早日康复外，又谈及《有关老子其人其书的再考察》已回到胡适看法上来。(台北胡适纪念馆藏档，档号：HS-NK01-021-003）

按，3月15日，胡颂平代胡适复函徐致谢。(台北胡适纪念馆藏档，档号：HS-NK01-021-004）

3月12日　胡适对胡颂平说自己不喜欢黄山谷的诗等。又请王志维帮忙录音，说了几句话给对面住院的梅贻琦。（《胡适之先生晚年谈话录》，135～136页）

同日　江冬秀致胡适函，告得知胡适能看报，可吃流质的东西，甚快慰；另再说明暂不回台的理由。（台北胡适纪念馆藏档，档号：HS-NK05-048-053）

3月13日　进胡适病房探视的有鲍克兰、袁贻瑾、蒋梦麟。（《胡适之先生年谱长编初稿〔补编〕》，380页）

3月14日　李干进胡适病房探视。（《胡适之先生年谱长编初稿〔补编〕》，381页）

3月16日　雷震日记有记：报载"自由中国"社登记证今日注销。因为6个月未出版，去年9月4日我被捕，社中文件、稿件被"警总"搜出了，无法出版，去年12月不得已停刊退款，今日为满了6个月。（《雷震全集》第36册，75页）

3月17日　杨锡仁、朱家骅、叶曙等进胡适病房探视。胡适对杨亮功、蒋复璁说："书，是要人看的，宁可让人把书看烂了，总比搁置书库里烂了好些。"（《胡适之先生年谱长编初稿〔补编〕》，382～383页；《胡适之先生晚年谈话录》，138页）

3月18日　顾文霞来探视。胡适因和胡颂平说起素斐夭折后一度想抱养一个女孩，但未成事实。（《胡适之先生晚年谈话录》，139页）

3月19日　进胡适病房探视的有杨亮功、张婉度、罗家伦等。（《胡适之先生年谱长编初稿〔补编〕》，384页）

同日　胡适对胡颂平谈杨诚斋的诗：我对杨诚斋的诗，总觉得太小，到底是江西人。他的五古、七古、绝句还有些道理，律诗就不行。他每一集都有一篇序，都说这一集的诗变了，有进步了，大都是指律诗而言的。王安石的诗，也是江西派的诗。宋代的文章，欧阳修最好。（《胡适之先生晚年谈话录》，140页）

3月20日　进胡适病房探视的有高惜冰、江小波、赵连芳、梁序穆、

李毓澍、毛振翔。(《胡适之先生年谱长编初稿〔补编〕》，385～386页)

同日 费正清复函胡适，关心病情；另及美国在肯尼迪总统领导下的情势，以及雷震案有太多象征性的重要性，相信不会被忘记的。(台北胡适纪念馆藏档，档号：HS-NK05-149-008)

3月21日 进胡适病房探视的有查良钊、陈槃、严耕望、高去寻。(《胡适之先生年谱长编初稿〔补编〕》，387页)

同日 胡适阅示郭廷以送来的复福特基金会函，标注需要修改的地方后，交钱思亮进一步修改。(《胡适之先生晚年谈话录》，141～142页)

3月22日 张婉度进胡适病房探视。(《胡适之先生年谱长编初稿〔补编〕》，388页)

同日 胡适重看近代史所复福特基金会的函，认为这是小孩子写的英文，不能用，待自己体力恢复后重写。又说丁文江、叶公超、温源宁和自己都是很年轻就出国的，丁、叶、温的英文非常好。(《胡适之先生晚年谈话录》，143页)

3月23日 施建生、李青来进胡适病房探视。(《胡适之先生年谱长编初稿〔补编〕》，389页)

3月24日 庄莱德夫人、毛子水、杨亮功进胡适病房探视。(《胡适之先生年谱长编初稿〔补编〕》，389页)

同日 雷震日记有记："亚英交来胡先生的'逆来顺受，可以养生'八个字，我心中就平静得多。"(《雷震全集》第36册，81页)

3月25日 李宗侗进胡适病房探视。(《胡适之先生晚年谈话录》，145页)

同日 江冬秀致函胡适：得知病情进步很快，甚高兴；另提及李书华夫妇向胡适及梅贻琦致问候意。(台北胡适纪念馆藏档，档号：HS-NK05-048-054)

3月26日 进胡适病房探视的有俞大绹、钱思亮夫妇、姚从吾、朱家骅夫人、陈雪屏、王世杰、芮逸夫。(《胡适之先生年谱长编初稿〔补编〕》，390～391页)

同日　胡适与胡颂平谈起校勘工作的不容易。(《胡适之先生晚年谈话录》，145～146页)

3月27日　叶公超进胡适病房探视。(《胡适之先生年谱长编初稿〔补编〕》，391页)

3月28日　阮维周来告，台大行政会议决定：胡适出院后，请其住台大在福州街的学人宿舍。胡适仍决定住南港，经胡颂平、王志维等苦劝后，不再固执。(《胡适之先生年谱长编初稿》第十册，3532～3533页)

同日　张岫岚、刘恺锺代表于右任来探视胡适。高鹏飞来辞行。杨树人来报告科学会的事。(《胡适之先生年谱长编初稿〔补编〕》，392页)

3月29日　钱思亮来，申说请胡适住福州街台大学人宿舍事，胡适答应了。同日，记者被允许进入胡适病房拍照。(《胡适之先生晚年谈话录》，146～147页)

3月30日　胡适对近代史所的王萍(受郭廷以之命来)谈复福特基金会函事，表示：一二天后重写此信。进胡适病房探视的有秦大钧夫妇、梅贻宝夫妇、杨肇嘉、程天放。(《胡适之先生年谱长编初稿〔补编〕》，393页)

同日　胡适对胡颂平说，西北在古代是文化很高的地方，现在文化落后了，可能是没有雨水的关系。如能把西北开发起来，那倒是好事。(《胡适之先生晚年谈话录》，148页)

同日　胡适在 The New English Bible: New Testament (Cambridge: Oxford University Press, 1961) 一书封面注记：Hu Shih March 30, 1961, at The "NTU Hospital"。(《胡适藏书目录》第4册，2846页)

3月31日　屈万里来探视，谢胡适给他带来及时手术的机会。(《胡适之先生晚年谈话录》，148页)

4月

4月1日　进胡适病房探视的有杨亮功、孙洵侯。叶公超来辞行，与胡适合影一张。(《胡适之先生年谱长编初稿〔补编〕》，395页)

1961年　辛丑　70岁

4月2日　胡适函请马熙程向来台演出的 Mr. Raphael Hillyer（胡适康奈尔大学时的同学 Dr. Silverman 之子）致意，又以住院不能亲自招呼他表示歉意。Dr. Silverman 早前曾有信与胡适，请胡照料其子。（《胡适之先生年谱长编初稿》第十册，3535页）

同日　胡适致函郭廷以，谈福特基金会资助事：

有几个问题使我迟疑，想知道你的意见。

（一）"专任"（fulltime）的问题。受补助者不得兼任有给之事。

（二）"研究员"的研究成绩（过去已发表的论文的审查，以及将来研究问题与计画如何审查决定，研究成绩如何审查及由谁审查）的问题。

（三）Ford Foundation 的助款是以人为根据？还是以"研究计划"（research projects）为根据？

"国家长期发展科学计划"下的最高待遇——研究讲座教授——不过每月台币三千元，而其专任限制特别严。

送上科学会章程三种合一册，请先看第三种"专款用途办法"的"研究讲座教授"及"研究补助费"两项的规定，兄就可以懂得我为什么提出此三大问题的迟疑心理了。（《胡适之先生年谱长编初稿》第十册，3535～3536页）

4月3日　自是日始，胡适可以下床走动。（《胡适之先生年谱长编初稿》第十册，3537页）

同日　Willard Hanise M.D. 来探视胡适。（《胡适之先生年谱长编初稿〔补编〕》，396页）

同日　王萍、李毓澍来谈近代史所复福特基金会函事，谈了50分钟。胡适主张接受这个资助的机会，扩充近代史所，加强阵容，多延请一些有研究成绩的学人。胡适不主张立即复函，要从长计议。（《胡适之先生年谱长编初稿》第十册，3537页）

郭廷以是日日记：

> 昨日胡适之先生来信，对于福特基金会合作事有疑义，今日请王萍、李毓澍二君前往说明，始知其不满于胡秋原、杨绍震、陶振誉、张贵永等，甚至认为渠等不宜参加。事至今日，提出此一棘手问题，殊令人莫测。胡先生嘱余再考虑，拟一可行办法。（《郭量宇先生日记残稿》，246～247页）

按，关于此事，郭廷以4月11日日记又记："王萍、李毓澍应胡院长约，将去医院再商前事。余告以能对所内同人及福特基金会有交代，一切请胡先生决定。午间王萍、毓澍再来，谓胡先生对余颇表歉意，日内即致函福特基金会，照原议办理，惟研究人员应以专任为原则。此事至此总算告一段落。"（《郭量宇先生日记残稿》，247页）

4月4日　胡适到对面病房探视梅贻琦。（《胡适之先生晚年谈话录》，149页）

同日　杨亮功、刘英士来谈。（《胡适之先生年谱长编初稿》第十册，3538页）

同日　王世杰来谈。（《胡适之先生年谱长编初稿〔补编〕》，397页）

4月5日　马熙程陪同 Mr. Raphael Hillyer 来探视胡适。（《胡适之先生年谱长编初稿》第十册，3539页）

同日　蒋复璁来探视胡适。（《胡适之先生年谱长编初稿〔补编〕》，398页）

4月6日　来病房探视胡适的有张忠建、王熙、陈雪屏夫妇。（《胡适之先生年谱长编初稿》第十册，3539页；《胡适之先生晚年谈话录》，150页；《胡适之先生年谱长编初稿〔补编〕》，398页）

4月7日　来病房探视胡适的有杨亮功夫妇、李济、阎振兴、蒋梦麟父女、顾文霞母女。（《胡适之先生年谱长编初稿》第十册，3540页；《胡适之先生年谱长编初稿〔补编〕》，399页）

同日　胡适与胡颂平谈话时高度评价了俞平伯的《〈红楼梦〉八十回校本》，又说："《红楼梦》是经过不少人的修改而成的，最后四十回如果没有高鹗的续成，不晓得给别人会写成什么样子？当初有了刻本之后，大家都不注意抄本了；到了大家研究怎样修改的经过，于是才来注意抄本了。我的《甲戌本脂砚斋重评石头记》的可贵，就在于此。当时许多的批注，或写一点有关《红楼梦》的文章，大都是南方的文人当作宝贝来写的，他们不懂考证，又不懂校勘，像你昨天看的那本《〈红楼梦〉题记》，甚至收些女人的东西，见解很陋，毫无价值。"（《胡适之先生年谱长编初稿》第十册，3540页）

4月8日　黄烨夫妇来探病。（《胡适之先生年谱长编初稿〔补编〕》，399页）

同日　胡颂平代胡适复函宁恩承：胡适先生以为袁府的墨迹最好由袁世凯的子孙购买保存。（台北胡适纪念馆藏档，档号：HS-NK01-234-002）

按，4月5日，宁恩承致函胡适，谈及袁世凯之媳有袁世凯家书29页、袁寒云手书日记20页，拟求售。（台北胡适纪念馆藏档，档号：HS-NK01-234-001）

4月9日　进胡适病房探视的有查良钊、唐子宗、陈雪屏、李济夫妇、梅贻宝、程天放、孙德中、钱思亮、潘贯、毛子水。（《胡适之先生年谱长编初稿〔补编〕》，401页）

同日　江冬秀致函胡适，得知胡适快出医院，嘱请个护士照顾；另提及几位朋友都建议胡适到美国休养。（台北胡适纪念馆藏档，档号：HS-NK05-048-055）

4月10日　进胡适病房探视的有王宠惠夫人朱学勤、王世杰夫人、水泽柯、杨树人、全汉昇等。（《胡适之先生年谱长编初稿》第十册，3542页；《胡适之先生年谱长编初稿〔补编〕》，402页）

同日　《乾隆甲戌脂砚斋重评石头记》预约已达900多部，决定加印至1500部。（《胡适之先生年谱长编初稿》第十册，3542页）

同日　雷震致函胡适，希望胡不要提前出院，以后要早睡早起，"您是 epoch-making 人物，不应糟蹋身体"。又说：

您今后最要的工作，是完成《中国哲学史》中、下册和《白话文学史》，《水经注》停了吧！传记材料，务请着人准备，最好有个年谱，我想还有人要写的，我自信有个角度，"自由中国"刊物，才是真正承续您的思想的！（《万山不许一溪奔——胡适雷震来往书信选集》，246 页）

4 月 11 日　进胡适病房探视的有钱用和、李毓澍、王萍、凌鸿勋、李熙谋、包德明、郭兆麟、金承艺、胡汉文、李干、杨亮功。（《胡适之先生年谱长编初稿〔补编〕》，402 页；《胡适之先生晚年谈话录》，152 页）

4 月 12 日　进胡适病房探视的有鲍良传夫妇、马逢瑞、夏涛声、袁贻瑾、雷通明、陈雪屏夫人、钱思亮夫人、沈刚伯、杨文达、查良钊、张紫常、陈可忠、舒子宽、王述言、张祖诒夫妇等。晚，李青来来访胡适对苏联发射太空飞船的意见，胡适表示：这是美、苏对送人类上太空的先后之争，对世界局势没有影响。（《胡适之先生年谱长编初稿〔补编〕》，403～404 页；《胡适之先生晚年谈话录》，153～154 页）

4 月 13 日　进胡适病房探视的有叶楚生、李青来、魏火曜、钱思亮、刘廷蔚、包德明、张昌华、章君谷、许希哲、李伯严、胡秀美。（《胡适之先生年谱长编初稿〔补编〕》，406 页）

同日　晚 8 时，台湾"清华"核子反应器首次达到临界状态，胡适到对面梅贻琦病房表示祝贺。（《胡适之先生年谱长编初稿》第十册，3545 页）

4 月 14 日　蔡锡琴、陈正茂诊察后表示：胡适在 4 月 20 日到 25 日之间可出院。（《胡适之先生年谱长编初稿》第十册，3545 页）

同日　进胡适病房探视的有余坚、韦从序、李济、高阳、张祖诒、全汉昇夫妇等。（《胡适之先生年谱长编初稿〔补编〕》，406～407 页）

同日　胡适致电 Willcox，为因病而无法参加明天的庆祝餐会深感遗憾，并向与会的所有朋友致意。（台北胡适纪念馆藏档，档号：HS-NK05-

172-029）

4月15日　进胡适病房探视的有张婉度、张起钧、蒋匀田、张庆桢等。（《胡适之先生年谱长编初稿〔补编〕》，407页）

同日　胡适致函江冬秀，略述心脏病发及治疗的经过，并谓4月20日前后可出院，出院后，将暂时住在福州街钱家东边的房子里。（台北胡适纪念馆藏档，档号：HS-NK05-048-056）

4月16日　进胡适病房探视的有田炯锦、周昌夫妇、王企祥、梁嘉彬、孙德中、何康洁、蔡锡尧、李彦慧等。（《胡适之先生年谱长编初稿〔补编〕》，408页）

同日　胡适致函齐如山，求《四进士》戏本的全文，胡函云：

> 这两天看了报纸上发表的贪污案，尤其是吕太太自杀的遗书，我常想到旧戏里的《四进士》。我早年看《四进士》，就觉得那本戏是一位懂得刑名法律的有心人编的，那是一本社会问题戏，其中提出一个很深刻的见解，就是个人犯罪，往往非出于本心，往往是受了某种外力的逼迫。这个犯罪的社会（家庭）责任问题，中国人往往不注意。《四进士》一戏之可贵正在此。老大哥以为然否？
>
> 我曾想访求《四进士》的全本戏文，但因循至今，未能访得。今天偶因吕志超太太遗书的刺激……不知老大哥有没有法子让我得读《四进士》的全本戏文吗？（台北胡适纪念馆藏档，档号：HS-NK01-057-010）

> 按，4月28日，齐如山复函胡适，云已托数人代觅《四进士》剧本，大致总可觅到。（台北胡适纪念馆藏档，档号：HS-NK05-116-003）

4月17日　科学会派赴各国的技术人员共20人分两批进入胡适病房，各谈四五分钟。（《胡适之先生年谱长编初稿〔补编〕》，410页）

同日　郭廷以日记有记：

> 福特基金会鲍大可先生复函，等候胡适之先生去信，即可将正式

建议提出该会董事长。吴文津先生亦自纽约来信，谓鲍大可先生将应哥伦比亚大学之聘，艾维顿先生将出任美国驻缅甸大使，盼胡先生即去信，俾近史所计划早日决定。适毓澍来，谓胡先生函稿在草拟中，日内应可发出。余即将鲍、吴二函交毓澍，相机转达先生。（《郭量宇先生日记残稿》，248 页）

4月18日　进胡适病房探视的有何联奎、吴祥麟、梅贻琦夫人、王世杰、程天放、许明德、李青来、章君谷等。（《胡适之先生年谱长编初稿〔补编〕》，411 页；《胡适之先生晚年谈话录》，159 页）

4月19日　进胡适病房探视的有朱家骅、张婉度、李献章、陈雪屏夫人、查良鉴夫人、梅贻宝夫妇等。（《胡适之先生年谱长编初稿〔补编〕》，411～412 页）

同日　胡适寄还丁星《庄子玄学》一书，并为此书在此搁置两年而抱歉。（台北胡适纪念馆藏档，档号：HS-NK05-001-002）

4月20日　阮维周来探视胡适。（《胡适之先生晚年谈话录》，160 页）

同日　夏涛声来，告：蒋介石批示，不予特赦雷震。（《胡适之先生年谱长编初稿〔补编〕》，412 页）

同日　进胡适病房探视的有顾文霞、梅贻宝夫妇等。（《胡适之先生年谱长编初稿〔补编〕》，413 页）

同日　胡适为谢冰莹题词：从前种种，都成今我，莫更思量莫更哀。从今后，要怎么收获，先那么栽。（《胡适之先生年谱长编初稿〔补编〕》，412 页）

4月21日　蔡锡琴医师来为胡适诊察后，决定明日出院。（《胡适之先生年谱长编初稿》第十册，3547 页）

同日　进胡适病房探视的有余坚、戴君仁、吴宣辰、张研田、胡光麃、李青来、刘其英、梅贻琦、毛子水、姚从吾等。（《胡适之先生年谱长编初稿〔补编〕》，414～415 页）

同日　胡适致函李祖法，将《所谓"曹雪芹小象"的谜》一文的剪报寄李，请其转交李祖韩，并希望看到画上原有的乾隆年间名士的题咏。（台北胡适纪念馆藏档，档号：HS-NK01-068-006）

同日　Joseph C. Rennard 致函胡适，云：

May I add my bravos for your splendid recovery to the many, many thousands already received by you. All of us at the Taipei American School are thrilled by your tremendous progress and wish you Godspeed for the future.

I suppose it is far too early to discuss your Taipei American School Commencement plans at this date. However, I hope only for the best and accordingly am looking forward to and counting on your being with us the evening of June Second.

Some months ago you jocosely suggested that I recommend a possible topic as a theme thread for your commencement address. To even entertain such an idea seems the heighth of folly, but knowing full well that "fools rush in where angels fear to tread", I submit the following generality:

The contribution (role, position) of the Individual in the pattern of our contemporary world.

I do wish you well and shall continue to keep posted regarding developments through our friend James.（台北胡适纪念馆藏档，档号：HS-NK05-166-010）

4月22日　胡适出院，为治疗方便计，暂住福州街26号台大学人住宅。台大医院仍派徐秋皎小姐担任夜班护士。胡颂平、王志维、张祖诒商定，3人轮流值夜班。（据《日记》;《胡适之先生晚年谈话录》，162页）

同日　下午，来访的客人有梁序穆、全汉昇、陈雪屏夫妇、杨树人、毛子水、张仪尊、江小波等。（《胡适之先生年谱长编初稿〔补编〕》，416页）

同日　胡适分别致电袁家骝夫妇和叶良才，告知今天出院，感觉很好。（台北胡适纪念馆藏档，档号：HS-NK05-063-004、HS-NK05-112-011）

同日　江冬秀致函胡适，告自叶良才处得知胡适已出院，另叮咛病愈

疗养诸事。（台北胡适纪念馆藏档，档号：HS-NK05-048-060）

同日　李乾、王天从分别致函胡适，祝贺出院。（台北胡适纪念馆藏档，档号：HS-NK01-061-019、HS-NK01-210-012）

同日　郭廷以通过胡颂平向胡适致意，并表示拟辞去近代史所职务。（《郭量宇先生日记残稿》，249页）

4月23日　胡适分别致电胡祖望、叶良才，告知昨日出院，请通知驻美"大使"和其他友人。（台北胡适纪念馆藏档，档号：HS-NK05-048-061、HS-NK05-112-012）

同日　来访的客人有杜光埙、延国符夫妇、程维贤、金承艺、高天成等。（《胡适之先生年谱长编初稿〔补编〕》，416～417页）

同日　胡适拟一"启事"（次日之"中央日报"、《联合报》）：

> 我从二月廿五夜因病进台大医院，到四月廿二日出院。在这五十多天里，多蒙台大医院高天成院长、蔡锡琴主任、宋瑞楼教授和他们的青年医护同人热诚照料，又蒙台北、南港和各地的许多朋友关切慰问，使我很轻松的度过这八星期的医院生活，我真十分感激！我盼望这回病好之后还可以有气力做几年有用的工作来报答各位朋友的好意。

（台北胡适纪念馆藏档，档号：HS-NK01-210-012）

4月24日　张婉度、宋英、沈怡、高天成等来谈。蔡锡琴来检查身体。（《胡适之先生年谱长编初稿〔补编〕》，417页）

4月25日　孙德中、朱家骅、蒋复璁、李青来、张紫常、高天成来看望胡适。（《胡适之先生年谱长编初稿〔补编〕》，418～419页）

同日　胡适对胡颂平谈起：那时蒋先生要我去做求和的工作。蒋先生知道我们的军队只能支持3个月，是希望罗斯福总统出来主持和平的。蒋先生知道我的"和比战难"4个字的意义："和"，非有大仁大智的人是不能谈和的。当时罗斯福只希望我们能够维持到圣诞节以后，要和，要有一个负责任的主持的人，和既不可能，只有希望美国也卷入战争，引起战争复杂的关系，才能有救。（《胡适之先生年谱长编初稿〔补编〕》，418页）

同日　胡适又对胡颂平谈起：我的父亲5个兄弟是5房，加上伯父的2房，共有7房人住在一块。在太平天国之后，徽州又不是产米的地方，一大锅饭让男人吃了之后，再加水煮成稀饭给女人吃。(《胡适之先生晚年谈话录》，164页）

4月26日　张研田夫妇、张婉度、居载春、张仪尊夫人等来探视。(《胡适之先生年谱长编初稿〔补编〕》，420～421页）

同日　胡适开始起草致福特基金会函。(《胡适之先生晚年谈话录》，167页）

同日　胡适打电话与郭廷以，约次日来谈给福特基金会复函事。是日郭廷以日记有记：

> 胡适之先生来电话，谓拟于致福特基金会函内建议另拨专款，资助近史所以外之从事近代史工作之学者，约明日面商。实则福特基金会原有此议，且于来函中一再提出，胡先生认为不妥，予以谢绝。今忽改变主张，想系为应付环境。余个人并不反对，则实施上不无困难。即约王萍女士将去年十一月余第一次致福特会计划检出，以备参考，以该计划曾涉及邀请所外学者建议，因胡先生不赞同而取消者。(《郭量宇先生日记残稿》，250页）

4月27日　李宗侗来看望胡适。(《胡适之先生年谱长编初稿〔补编〕》，423页）

同日　下午，胡适与郭廷以商谈给福特基金会复函事。郭是日日记：

> 午后三时半应胡适之先生邀，承以其致福特基金会函稿内容见告。全函颇长，与余过去与该会所商办者，虽略有变动，但出入尚不太大，其注重点为每一研究人员所得补助费数目应参酌"长期发展科学会"标准，其次为"出国"人员必要时可于近史所以外遣派。余当就过去双方商谈经过再作说明。胡先生谓将于此函结束时另加一句，即，如福特会赞同余之原方案，胡先生亦可同意。彼此谈约二小时，余颇感

疲惫，胡先生精神依然如常。渠病情较余为重，而近况之佳则非余所及，休养之功也。此函已延误月余，今日总算告一段落，胡先生嘱约王萍君代为打字清缮。胡先生以无为相号召，就此事看来，亦未尽然。(《郭量宇先生日记残稿》，250～251页)

4月28日　上午，王世杰来谈。下午，李济、许明德、勃雷德等来谈。晚，钱思亮夫妇、刘真等来谈。(《胡适之先生年谱长编初稿〔补编〕》，423页)

4月29日　上午10时30分至下午2时30分，胡适与近史所王萍商复福特基金会函，旋由王持此函交郭廷以阅。郭氏日记有记：

其与余原计划之不同者，即将研究员及助理研究员、助理员之补助费数目减低，而以助理研究员一组所减尤多。次为酌量延揽所外学者，予以补助，"出国"人员必要时亦可与其他方面物色。胡先生原云于函末附加一句，如福特基金会赞同余之方案，渠亦同意，今则取消。又胡先生于函内特别指出福特基金会来书扩大补助范围，及于所以外之学者一点，极有意义，而为余所忽略。实则此一点原为胡先生所坚决反对，余曾与之辩论而未获其许可者。总之胡先生此函所改变之几点，均为两个月前渠所不曾提及，而余确曾一再考虑者。今胡先生既有最后及明白主张，如福特基金会无异议时，将来余执行时亦可减少许多麻烦。余阅毕即由文孙交付打字，至晚始毕，共六页，明日送胡先生签发。(《郭量宇先生日记残稿》，251页)

按，据郭廷以5月15日日记，福特基金会复函，对胡适复函表示接受，俟该会董事会今秋开会，即可作最后决定。次日，胡适打电话与郭，对福特基金会复函表示满意。(《郭量宇先生日记残稿》，254页)

同日　下午，毛子水、沈刚伯来谈。杨树人来谈科学会的事。(《胡适之先生年谱长编初稿〔补编〕》，424页)

同日　胡适复函胡祖望夫妇，谈得病、治疗经过，又说现在"确实很好了"。又给胡复写一短函。(台北胡适纪念馆藏档，档号：HS-

NK05-048-062）

按，4月18日，曾淑昭、胡复分别致函胡适，问候病情。（台北胡适纪念馆藏档，档号：HS-NK05-048-058、HS-NK05-048-059）

4月30日 上午，毛子水来。下午，林致平、张乃维、芮逸夫、许东明、潘贯、金承艺来。晚，与钱思亮夫妇等谈天，谈及翁文灏、李四光、陈寅恪、冯友兰等人，又谈到胡思杜在1958年上半年之后没有信来，恐怕是不免了。（《胡适之先生年谱长编初稿〔补编〕》，425页；《胡适之先生年谱长编初稿》第十册，3556页）

同日 胡适复函江冬秀，告知出院后住福州街，受到友人、秘书照料情形等。（台北胡适纪念馆藏档，档号：HS-NK05-048-064）

同日 胡适致函许世英，谈其《回忆录》中两个问题。（台北胡适纪念馆藏档，档号：HS-NK01-264-001）

按，5月7日，许世英复函胡适，告《回忆》有关"薛允升"与"惇王"误记事；另致谢及问候。（台北胡适纪念馆藏档，档号：HS-NK01-264-002）

又按，5月11日，金承艺致函胡适，报告阅许世英《回忆录》特提出数点补充，有关官阶、"老恂王"、满籍汉籍尚书、刑部侍郎、薛叔耘等事。（台北胡适纪念馆藏档，档号：HS-NK01-264-003）

5月

5月1日 上午，访客有查良钊、贺光中。下午，王萍来。晚，高天成来。（《胡适之先生年谱长编初稿〔补编〕》，425～426页）

5月2日 晚，章元义、张婉度等来。（《胡适之先生年谱长编初稿〔补编〕》，427页）

同日 胡适函贺于右任生日。（台北胡适纪念馆藏档，档号：HS-

NK01-171-003）

5月3日　上午，胡适到台大医院照 X 光，顺便探视梅贻琦。今日来访的客人有查良钊、刘驭万、胡汉文、杨树人、李干等。(《胡适之先生年谱长编初稿〔补编〕》，427 页）

同日　胡适令秘书电询蒋复璁：故宫懋勤殿收藏的曹寅父子、叔侄的密折是否运到台湾来？吴相湘得悉此事后，就把自己收藏的《文献丛编》（收入这些奏折）送来供胡适参考。(《胡适之先生年谱长编初稿》第十册，3559 页）

5月4日　来访的客人有夏涛声、全汉昇、杜光埙、Adolph Moses、杨树人、劳榦等。晚，"北大同学会"五四纪念会推定狄膺、杨亮功、延国符、李大超、富伯平、田培林、俞汝良、孙德中等来看望胡适。(《胡适之先生年谱长编初稿〔补编〕》，427〜428 页）

5月5日　Marius B. Janson 来访。(《胡适之先生年谱长编初稿〔补编〕》，428 页）

同日　钱思亮陪蒋廷黻来访。蒋氏日记有记：他看起来心情很好，比我想象中的好。他说去年 11 月他见蒋介石的时候，蒋介石说尽管其要我告诉胡适要提防雷震，胡适还是继续站在雷震那一边，而不是站在"政府"这边。胡适解释了他与雷震的不同，而且重复说了他 1949 年抵达美国时候所发表的谈话。我不记得蒋要我传什么特别的话给胡适的事。然而，我当然知道蒋不喜欢雷震，也告诉了胡适，并恳求他不要和雷震来往。(转引自《舍我其谁：胡适》第四部，804〜805 页）

5月6日　胡适有《跋子水藏的有正书局石印的戚蓼生序本红楼梦的小字本》一文，指出戚本有大字本与小字本的分别，两本的同异有：

（1）大字本每半叶九行，行二十字，小字本每半叶十五行，行三十字。

（2）小字本是用大字本剪黏石印的，故文字完全相同，断句的圈子也完全相同。只有一叶例外，就是六十八回凤姐初见尤二姐的谈话……

（3）大字本原分前后两集出版，前集四十回上方往往有狄平子的批评，往往指出此本与流行本文字上的不同。后集四十回则无一条评语。……

…………

（4）大陆上新出的《红楼梦书录》，其"版本"部分著录此本的大字本，说是民国元年（一九一二）石印的。这似是错的……

《书录》说小字本"系据大字本重新誊录上石"，也是错的……（《胡适手稿》第9集卷2，169～170页）

同日　胡适对胡颂平谈及过去亚东图书馆的印书不计成本，为了"程乙本"，就全部另外排过，标点符号都要注意，校对又精。又云：

……我是用乾、嘉以来一班学者治经的考证训诂的方法来考证最普遍的小说，叫人知道治学的方法。当年我做《红楼梦》考证，有顾颉刚、俞平伯两人在着一同做，是很有趣的。开始作《水浒传》考证时，只有我一个人。（《胡适之先生年谱长编初稿》第十册，3560～3561页）

同日　胡适复函Dr. Richard E. Fuller:

Many thanks for your letter of April 19, 1961, concerning the loan of the An-yang elephant to the Century 21 Exposition. I am happy to inform you that this proposal has my approval and that I have instructed our Institute of History and Philology to go ahead with all necessary arrangements.

You will understand that our "Government" has enacted special regulations governing the removal out of the country of antiquarian objects which are "national treasures". Applications and other official procedures will have to be undertaken by the "Academia Sinica" before the actual loan can be affected. They will take some time, although I expect no serious difficulty from them.

Then there is the matter of delivery. I appreciate your generous gesture in offering to pay for the transportation and to cover any insurance value we may choose to stipulate. As this jade elephant is an invaluable treasure the loss of which no amount of money can compensate for, I would suggest that the "Museum" authorities and experts agree on an insurance value on the basis of your experiences and the established precedents of museums, and then inform us of it.

Thank you for your kind inquires about my recent illness, from which I have almost completely recovered.

Wishing you every success in your preparations for the Exposition.（台北胡适纪念馆藏档，档号：HS-NK05-149-027）

同日　来访的客人有宋英、朱家骅、何世礼、林致平、潘贯、张紫常等。（《胡适之先生年谱长编初稿〔补编〕》，428页）

5月7日　来访的客人有王世杰夫妇、夏涛声、钱思亮夫妇、陈雪屏、刘真、林致平、夏道平、金承艺、江小波等。（《胡适之先生年谱长编初稿〔补编〕》，429页）

同日　蒋复璁来告：已经得到庄申的函复，胡适前询之曹寅父子等的奏折，并没有运到台湾。（《胡适之先生年谱长编初稿》第十册，3563页）

同日　胡适致函周至柔，云林致平转托胡适再三向周致意：自己不愿出任中兴大学校长。（台北胡适纪念馆藏档，档号：HS-NK01-077-008）

按，19日周至柔自美国来电云：林致平出长中兴大学，为目前最理想的适当人选，请促其接受。（台北胡适纪念馆藏档，档号：HS-NK01-077-009）21日，胡适又复电周云：林致平兄决心退役专力数学研究，此是近年学术界一件大事，兄与我皆有维护他的责任，切不可强他出任学校行政，而又毁了一个好科学家。（台北胡适纪念馆藏档，档号：HS-NK01-077-010）

5月8日　来访的客人有杨树人、刘真夫人。（《胡适之先生年谱长编初

稿〔补编〕》，429 页）

同日　胡适对胡颂平说：我当初看惯了 120 回的《红楼梦》，不知道原稿就是有批的，到现在明白了，原稿才是有批的。这个甲戌本是最早的钞本，那部脂砚斋批的 80 回本，已比我的晚了一些时了。到了后来江南一般有批的，那是迂腐的文人或是女子批的，跟原批是不相干的。（《胡适之先生年谱长编初稿》第十册，3564 页）

5 月 9 日　黄季陆来谈中兴大学的校长人选问题，他也不主张林致平前去任校长。（《胡适之先生晚年谈话录》，172 页）

同日　徐柏园来谈。（《胡适之先生年谱长编初稿〔补编〕》，430 页）

同日　胡适对胡颂平说：刘铨福在 100 多年前就知道了这个抄本（按，指《红楼梦》"甲戌本"）的可贵，实在是不容易的。应给他提一提。（《胡适之先生年谱长编初稿》第十册，3565 页）

5 月 10 日　来访的客人有宋英、齐世英、程天放、全汉昇、潘贯等。（《胡适之先生年谱长编初稿〔补编〕》，430～432 页）

同日　胡适与胡颂平谈起总干事人选之难。（《胡适之先生晚年谈话录》，173 页）

5 月 11 日　来访的客人有朱家骅、高天成。（《胡适之先生年谱长编初稿〔补编〕》，432 页）

同日　胡适与李青来谈即将抵达台湾的美国副总统詹森。（次日之"中央日报"）

同日　胡适对胡颂平说："影印《乾隆甲戌脂砚斋重评石头记》，我想只写一个跋，就是把我病前写给赵聪的信的看法写出来。这本十六回，就是曹雪芹最初的写本，其中并不是有残缺，初稿原来如此的。我要证明中央几回的空间，都是后来改写补上的。这样的写法，就简单了。我把刘铨福的事作为附录。这样，一二天就可写好了。"（《胡适之先生晚年谈话录》，174 页）

5 月 12 日　来访的客人有严耕望、潘贯、林致平。（《胡适之先生年谱长编初稿〔补编〕》，432～433 页）

同日　雷震日记有记：亚英说，胡先生说他很好，要我好好保重身体。（《雷震全集》第 36 册，121 页）

5 月 13 日　来访的客人有李济、项定荣、吴望伋。（《胡适之先生年谱长编初稿〔补编〕》，433 页）

同日　胡适与来访的李宗侗谈及回忆录之不可靠（由许世英的回忆录谈起）。（《胡适之先生晚年谈话录》，174～175 页）

5 月 14 日　来访的客人有王世杰、霍宝树、钱纯。（《胡适之先生年谱长编初稿〔补编〕》，435 页）

同日　胡适与即将应聘华盛顿大学的劳榦说：

你已是一个中国学者的身分了，到美国后，切莫省钱，有损中国学者的体面。你到了之后，一定要把英文弄好。宣读论文时要叫人家听得懂，不仅能写，还要能说，还要能听得懂人家的话，不要给外人看做"他是中国人"的英文，给人家一个特别体谅的印象。（《胡适之先生晚年谈话录》，176 页）

同日　胡适函辞蒋介石宴请詹森作陪的邀请。（《胡适之先生年谱长编初稿〔补编〕》，436 页）

5 月 15 日　上午，胡适由徐秋皎陪同到朱光润诊所看牙齿。（《胡适之先生年谱长编初稿》第十册，3568 页）

同日　下午，姚从吾、杨树人来看望胡适。（《胡适之先生年谱长编初稿〔补编〕》，437 页）

5 月 16 日　胡适致函马熙程夫妇，祝贺其女儿当选"中国小姐"。（台北胡适纪念馆藏档，档号：HS-NK01-231-041）

同日　李卓皓致函胡适，建议生物组院士候选人。（台北胡适纪念馆藏档，档号：HS-NK05-031-026）

5 月 17 日　高天成来谈为胡适补牙事，胡适随即到台大医院检查身体。检查结果，心电图不及出院前好，蔡锡琴劝胡适要特别小心。又顺便探视梅贻琦。（《胡适之先生年谱长编初稿〔补编〕》，440 页）

同日　来看望胡适的有李干、全汉昇、董同龢、查良钊、魏火曜、易希陶、易赵铨、毛子水、李宗侗等。(《胡适之先生年谱长编初稿〔补编〕》，440页)

同日　李宗侗致函胡适，告以《回忆录》与金承艺函皆收到，并再补充数点有关薛、沈两尚书事与汪精卫案。(台北胡适纪念馆藏档，档号：HS-NK01-264-004)

同日　Harry C. Schmid致函胡适，云：

It is with deep regret that I must write this letter to indicate that ICA/W has turned down our proposal for invitational travel for the five gentlemen to participate in the 10th Pacific Science Congress. During my consultations in Washington in November several conferences were held with Dr. Harold J. Coolidge, Executive Director of the Pacific Science Board, concerning this matter and it was my understanding that a proposal for sending participants would be acted on favorably by ICA/W.

In recent correspondence from ICA/W it is pointed out that the Secretary General of the Congress has been able to get support for one of the suggested participants, Professor Ruey, outside of ICA.

We hope you will find some other way to send these science scholars. (台北胡适纪念馆藏档，档号：HS-NK05-167-014)

5月18日　来看望胡适的有张婉度、劳榦。(《胡适之先生年谱长编初稿〔补编〕》，441页)

同日　胡适写成《跋〈乾隆甲戌脂砚斋重评石头记〉影印本》一文，谈三个问题：指出甲戌本在40年来《红楼梦》的版本研究上曾有过划时代的贡献；指出曹雪芹在乾隆甲戌年写定的《石头记》初稿本只有这16回；介绍原藏书人刘铨福，附带介绍孙桐生。文章说：

我们现在回头检看这四十年来我们用新眼光、新方法，搜集史料来做"《红楼梦》的新研究"的总成绩，我不能不承认这个脂砚斋甲戌

本《石头记》是近四十年内"新红学"的一件划时代的新发现。

这个脂砚斋甲戌本的重要性就是：在此本发见之前，我们还不知道《红楼梦》的"原本"是个什么样子；自从此本发见之后，我们方才有一个认识《红楼梦》"原本"的标准，方才知道怎样访寻那种本子。

……………

……这部"脂砚斋甲戌钞阅再评"的《石头记》的发见，可以说是给《红楼梦》研究划了一个新的阶段，因为从此我们有了一部"《石头记》真本"（这五个字是原藏书人刘铨福的话）做样子，有了认识《红楼梦》"原本"的标准，从此我们方才走上了搜集研究《红楼梦》的"原本""底本"的新时代了。

胡适列述甲戌本发现以来陆续被发现的《红楼梦》"古本"：乾隆十九年甲戌脂砚斋抄阅再评本；乾隆二十四年己卯冬月脂砚斋四阅评本；乾隆二十五年庚辰秋月定本；"戚本"；乾隆四十九年甲辰梦觉主人序的80回本；乾隆五十六年辛亥北京萃文书屋木活字排印的《新镌全部绣像红楼梦》；乾隆五十七年北京萃文书屋木活字排印的《新镌全部绣像红楼梦》。文章又说：

这一张《红楼梦》古本表可以使我们明白：从乾隆十九年（一七五四）曹雪芹还活着的时期，到乾隆五十七年（一七九二）——就是曹雪芹死后的第三十年，在这三十八九年之中，《红楼梦》的本子经过了好几次重大的变化：

第一，乾隆甲戌（一七五四）本：止写定了十六回……

第二，乾隆己卯（二十四年，一七五九），庚辰（二十五年，一七六〇）之间，前八十回大致写成了，故有"庚辰秋月定本"的检订。现存的"庚辰本"最可以代表雪芹死之前的前八十回稿本没有经过别人整理添补的状态。庚辰本仍旧有"披阅十载，增删五次"的话，但八十回还没有完全，还有几些残缺情形……

第三，曹雪芹死在乾隆二十七年壬午除夕。……

第四，从庚辰秋月到壬午除夕，止有两年半的光阴……雪芹（可能是因为儿子的病，可能是因为他的心思正用在试写八十回以后的书）好像没有在那大致写成的前八十回的稿本上用多大功夫，所以他死时，前八十回的稿本还是像现存的庚辰本的残缺状态。……

第五，在雪芹死后的二十几年之中——大约从乾隆三十二年丁亥（一七六七）以后，到五十六年辛亥（一七九一）——有两种大同而有小异的《红楼梦》八十回稿本在北京少数人的手里流传钞写：一种稿本流传在雪芹的亲属朋友之间，大致保存雪芹死时的残缺情形——没有人敢作修补的工作，此种稿本最近于现存的庚辰本。另一种稿本流传到书坊庙市去了——"好事者每传钞一部，置庙市中，昂其值，（可）得数十金"——就有人感觉到有修残补缺的需要了，于是先修补那些修补的部分……其次补作那比较容易补的第六十四回。……当时庙市流传的本子，有不补六十七回的，也有试补此回而文字不相同的。戚本的六十七回就和高鹗的本子大不相同，而高本远胜于戚本。

…………

……如果没有三十多年甲戌本的出现，如果我们没有认识《红楼梦》原本或最早写本的标准，如果没有这三十多年陆续发现的各种"脂砚斋重评本"，我们也许不会知道《红楼梦》本子演变的真相这样清楚吧？

其次，胡适论述甲戌年的稿本只有16回：

……我仔细研究了那个"庚辰秋月定本"的残缺状态——如六十四、六十七回的全缺，如第二十二回的未写完——我更相信那所谓"八十回本"不是从头一气写下去的，实在是分几个段落，断断续续写成的；到了壬午除夕雪芹死时，八十回以后止有一些无从整理的零碎残稿，就是那比较成个片段的前八十回也还没有完全写定。

最近半年里，因为我计画要影印这个甲戌本，我时常想到这个很工整的清钞本为什么止有十六回，为什么这十六回不是连续的……

……曹雪芹在乾隆十九年甲戌写成的《红楼梦》初稿止有这十六

回。……

　　…………

　　我可以先证明第十七回到第二十四回是甲戌本没有的，是后来补写的。……

　　其次，我要指出甲戌本原缺的第九到第十二回也是后来补写的，写的都很潦草，又有和甲戌本显然冲突的地方。……

胡适在文章第三部分说：

　　我在民国十六年夏天得到这部世间最古的《红楼梦》写本的时候，我就注意到首叶前三行的下面撕去了一块纸：这是有意隐没这部钞本从谁家出来的踪迹，所以毁去了最后收藏人的印章。我当时太疏忽，没有记下卖书人的姓名住址，没有和他通信，所以我完全不知道这部书在那最近几十年里的历史。

　　我只知道这部十六回的写本《石头记》在九十多年前是北京藏书世家刘铨福的藏书。……

　　…………

　　刘铨福字子重，号白云吟客，曾做到刑部主事。他大概生在嘉庆晚年，死在光绪初年（约当一八一八——一八八〇）。在咸丰初年，他曾随他父亲到湖南辰州府任上。我在台北得看见陶一珊先生家藏的刘子重短简墨迹两大册，其中就有他在辰州写的书札。一珊在一九五四影印"明清名贤百家书札真迹"两大册……其中（四四八页）收了刘铨福的短简一叶，是咸丰六年（一八五六）年底写的，也是辰州时期的书简。这些书简真迹的字都和他的《石头记》四条跋语的字相同，都是秀挺可喜的。……

　　…………

　　刘铨福收得这部乾隆甲戌本《石头记》是在同治二年癸亥（一八六三），他有癸亥春日的一条跋……

　　…………

这两条跋最可以表示刘铨福能够认识这本子有两种特点：第一，"此本是石头记真本"。"原文与刊本有不同处，尚留真面"。第二，"批者事皆目击，故得其详"。"脂砚与雪芹同时人，目击种种事，故批笔不从臆度"。这两点都是很正确的认识。一百年前的学人能够有这样透明的见解，的确是十分难得的。

他所以能够这样认识这个十六回写本《红楼梦》，是因为他是一个不平凡的收藏家，收书的眼光放大了，他不但收藏了各种本子的《红楼梦》，并且能欣赏《红楼梦》的文学价值。……

……………

孙桐生，字小峰，四川绵州人，咸丰二年（一八五二）三甲一百十八名进士，翰林散馆后出知鄢县，后来做到湖南永州府知府。他辑有《国朝全蜀诗钞》。（据胡适影印《乾隆甲戌脂砚斋重评石头记》，台北"中央印制厂"印刷，1961 年）

同日 胡适函谢贾同豫寄赠新药"维他爱克斯锭"，并告已开始试服。（台北胡适纪念馆藏档，档号：HS-NK05-107-004）

按，23 日，贾同豫有复函，见台北胡适纪念馆藏档，档号：HS-NK01-224-005。

5 月 19 日　胡适对胡颂平谈及对《跋〈乾隆甲戌脂砚斋重评石头记〉影印本》一文不满意，"总觉得太赶了"。（《胡适之先生年谱长编初稿〔补编〕》，441 页）

同日 陈受荣由张紫常陪同来访。马熙程父女来访。《征信新闻》记者来采访。（《胡适之先生年谱长编初稿〔补编〕》，442 页）

同日 胡适复函杨白衣，云：

……我是不能了解印度思想的一个人；总觉得我所以不能欣思〔赏〕印度思想，怕是由于"先天的"的因素，略如美国哲人 William James 说的人有心硬与心软的不同。我大概是心硬的人，所以别人吃得

下的东西，我往往吃不下。只因为我研究中国思想史，我不能不研究中国佛教思想史，不料我发掘出来的资料往往引起中国佛教界的抨击。我是受惯了四方八面抨击的人，所以我从不反驳，更不反驳那些太脆弱的抨击者。

但像你这样一位学佛的人而肯写这样坦白的信给我，我真感觉兴奋。我谢谢你给我的鼓励。这种鼓励在今日是最不可多得的。

另包寄上有关《神会遗集》的两个抽印本，乞赐存。（台北胡适纪念馆藏档，档号：HS-NK01-151-013）

按，杨白衣原函及复函现存于台北胡适纪念馆，档号分别是：HS-NK01-151-012、HS-NK01-151-036。

5月20日　道安和尚偕胡松泉来谈影印《续藏经》之事。胡适建议用东海大学收藏的初印本作底本，并表示可为此书先作一序言，以为宣传。（《胡适之先生年谱长编初稿》第十册，3591页）

同日　访客有胡锺吾、蒋匀田、成舍我、李济、张贵永。（《胡适之先生年谱长编初稿〔补编〕》，442～443页）

5月21日　上午，毛子水、姚从吾来谈。（《胡适之先生年谱长编初稿〔补编〕》，446页）

同日　胡适复电周至柔：林致平决心退役专力数学研究……切不可强他出任学校行政。（台北胡适纪念馆藏档，档号：HS-NK01-077-010）

同日　胡适函谢秘鲁总统Prado。（《胡适之先生年谱长编初稿〔补编〕》，446页）

同日　胡适作有《康熙朝的杭州织造》一篇笔记。23日又有后记。（《胡适手稿》第9集卷2，205～216页）

5月22日　郭廷以来访，胡适与其谈福特基金会等事：

访适之先生，据告即将函复福特基金会，询其会计年度何时开始，近史所计划何时实施。又云哥大教授韦伯来台住所可由研究院设法。

张凤举先生有意参加近史所工作，但须先知其近年著述。适之先生谈及治学，于沈刚伯颇有微词。又谈及口述史事，谓必须审慎，最近许世英发表其回忆录，错误不少。(《郭量宇先生日记残稿》，255 页)

按，据胡颂平记载，郭廷以出来后曾对胡颂平说：只有胡适顾到整体，希望胡适再给福特基金会一函，得到复信后，这边就须准备一切工作了。(《胡适之先生年谱长编初稿》第十册，3598 页)

同日 阮维周来访。杨锡仁来访。(《胡适之先生年谱长编初稿〔补编〕》，447 页)

同日 胡适复函李祖法，告知李孤帆给友人信中提供的信息：

年前承适之先生询族人祖韩兄的曹雪芹画像事。兹据其弟祖莱来告：此画在函询前已不能自保，被劫时亦未摄影留存，故有负适之先生之嘱，亦希转陈为感。(台北胡适纪念馆藏档，档号：HS-NK05-028-002)

同日 胡适复函许世英，云：

札中说的"'珣王'乃'惇王'之误，惇王载濂在光绪中叶亦属一时显贵"，此节仍似有误，故曾将大札及《回忆录》五期交青年朋友金承艺君(清宗室，北大毕业)代为一查史籍。……

....

《回忆录》第五期，我最近始得读。其中汪精卫案，两次提到慈禧，有她在供词上批的话。玄伯已指出其时慈禧早已死了。又其中赛金花一案，前面泛叙赛金花在"八国联军打进北京以后"一大段，全是无根据的野史。《孽海花》小说造谣于前，以后越传越野……

....

你的《回忆录》，将来定有人视为史实，故我的朋友们都愿意替您做点检书的工作，想能蒙原谅宽恕吧？(台北胡适纪念馆藏档，档号：

HS—NK01-264-005）

5月23日 朱家骅来久谈。凌纯声、董作宾来。林致平来谈，周至柔仍希望他出任大学校长。杨树人来谈，仍希望摆脱科学会秘书职务。访客还有吴德耀、李先闻、张婉度、江小波。（《胡适之先生年谱长编初稿〔补编〕》，447页）

5月24日 胡适作有《〈四进士〉戏本》一文。（《胡适手稿》第9集卷3，387～392页）

同日 胡适复函齐如山，云：

> 我在五十五年前，就喜欢看《四进士》，好像那时我第一次看的是小子和串万氏，小连生串宋士杰。当时我就觉得那出戏编的很好，其中主要情节都用"复述"法，使台下听众人人懂得清楚。今在五十多年后得读戏文，我仍觉得这本戏的文字是旧戏中很不可多得的。如末尾毛按院唱："宋士杰说话真直性，说得本院如哑人。……你可算说不倒的一个老先生！"这是很好的白话句子。（台北胡适纪念馆藏档，档号：HS—NK01-057-011）

按，5月30日，齐如山复函胡适云：《四进士》全本未能找到，胡所论《四进士》中词句实为中肯等。（台北胡适纪念馆藏档，档号：HS—NK01-057-012）

同日 胡适致函Ronald E. Scantlebury：

> Through the correspondence recently exchanged between you and Dr. H. Y. Wei, Dean of the Taiwan University College of Medicine, I have the pleasure to learn that Taiwan had been invited to participate in a Post-doctoral Research Fellowship program financed by National Institutes of Health of the US Public Health Service and also that I had been asked to establish a research fellowship nominating committee within the "Academia Sinica". It is most

regrettable that your letter of Aug. 20, 1959 extending this invitation failed to reach me, or this would have been started two years ago. I only recently left the hospital and is now recuperating at home.

I really consider it a great honor to have been asked for assuming the chairmanship of this research fellowship nominating committee, and to have been authorized for establishing this nominating committee in Taiwan. I have the pleasure to inform you now that a five-member nominating committee has been established within the "Academia Sinica", and the names are:

Shih Hu, Ph. D., Chairman

Huoyao Wei, M.D., Dean, Taiwan University College of Medicine

Shu Yeh, M.D., Professor of Pathology, Taiwan University College of Medicine

Chih-teh Loo, M.D., Dean, "National Defense Medical College"

Tsungming Tu, M.D., Dean, Private Kaohsiung Medical College

In the meantime, we shall be very appreciative, if you will kindly furnish us with 4 application forms, as well as pertinent informations concerning this program.

I hope I may be able to have the pleasure of hearing again from you very soon.（台北胡适纪念馆藏档，档号：HS-NK05-167-008）

同日　梅贻琦夫人、全汉昇、魏火曜来访。毛子水来。樊际昌来。（《胡适之先生年谱长编初稿〔补编〕》，448～449页；《胡适之先生晚年谈话录》，184页）

同日　胡适致函李孤帆，说《所谓"曹雪芹小象"的谜》颇有责问祖韩的话：

祖莱的话使我很感兴趣。难道我疑心的一些作伪痕迹——如"旅云王冈写"的题款，王南石的二印章，如"壬午春三月"的题字——都是在此画"被劫"之后才加上去的吗？祖韩受的冤枉真不小了。（台

北胡适纪念馆藏档，档号：HS-NK05-027-001）

5月25日　访客有张昌华、毛子水、钱思亮夫妇。（《胡适之先生年谱长编初稿〔补编〕》，450页）

同日　林可胜致函胡适，告已寄刘占鳌的院士提名表及已得汪敬熙的联署，并请帮忙找其他联署人；另及9月将参加香港大学的 Golden Jubilee Symposia，趁便可能会在9月21—24日访问台北。（台北胡适纪念馆藏档，档号：HS-NK05-040-006）

5月26日　林致平、刘真来谈。（《胡适之先生年谱长编初稿》第十册，3611页）

同日　胡适复函杨树人，云：

我前几个月曾对你说过，"这个机构可以说是你和我两个人搞起来的，现在还得你和我勉力撑持下去"。虽然几个月过去了，这两句话还没有完全失去作用。我这三个月的病发——明天整三个月了——更使我不能不修正这两句话，更使我明白，这个机构可以没有胡适之，但不可以没有杨树人。

我早就对你说过，我没有勉强挽留你的权利。但你得准备你可以放手的条件：为这个机构求得一个可以代替杨树人的人，训练他一个时期，观察他一个时期，你觉得可以放心了，才可以放手。

以上说的，都只是无从答话的答话！

请你把这封五月廿四日的信暂且看作没有写也没有发出。请你把我这封五月廿六的信，也看作没有收到也没有看见。（台北胡适纪念馆藏档，档号：HS-NK01-155-010）

5月27日　访客有马寿华、胡锺吾、徐淑希、杨亮功。（《胡适之先生年谱长编初稿〔补编〕》，451页；《胡适之先生年谱长编初稿》第十册，3611～3613页）

5月28日　访客有罗家伦夫妇、鲍良传夫妇、叶曙、凌鸿勋、陈雪屏夫妇、

李宗侗。宣中文来采访。(《胡适之先生年谱长编初稿〔补编〕》,451页)

同日 胡适听了胡颂平述说从重庆撤往成都的艰险经历后,劝其写下来,又说:"真正的历史都是靠私人记载下来的。"(《胡适之先生晚年谈话录》,187页)

同日 杨树人来谈1小时50分钟,主要谈设法在下次执委会中完成执行秘书的薪俸、住宅提案。(《胡适之先生年谱长编初稿》第十册,3615页)胡适又将写给杨的一函面交杨,此函云:

> 我并没有说,"为这个机构求得一个可以代替杨树人的人"是你一个人的责任。这句话的意思只是说"可以代替杨树人的人"真不容易得。……在我抬进医院之前不到四十八点钟,你和我在南港谈了两三个钟头,其中一部分正是要"求得一个可以代替杨树人的人"的问题。
>
> 我最感觉不安,最关心的,是你的健康。每次看见你脸色憔悴,我总焦虑;偶然看见你气色好看一点,我总替你高兴。
>
> 所以你的信上有一句话是我无法答复的——"我现在迫切需要一个时期的彻底休息,再开始偿还另一个文债"——下半句话,我的看法当然不能像你那样严重,(因为我欠"文债"太多了!)但上半句话我绝对不能否认——实在也是我时时想劝告你实行的。
>
> 我现在要请你想想两个问题,给我一点指示:
>
> ①五月卅日的执委会,能不能提出一个"本会执行秘书薪俸"的问题?这不是为你设想的,所以我要请你想想。鄙意待遇应比得上台大Senior教授的俸给,并应顾到住宅等必要的项目。
>
> ②我在医院时,好像曾听你说起和浦逖生谈过一次话。我现在记不清了。我想再同你谈谈此公的问题。(台北胡适纪念馆藏档,档号:HS-NK05-108-053)

同日 胡适函寄《所谓"曹雪芹小象"的谜》与李孤帆,又函示《有关曹雪芹八种》涉及"曹雪芹小象"的页数,并进一步追索"劫"此画的人是谁。(台北胡适纪念馆藏档,档号:HS-NK05-027-002)

同日　刘大中致函胡适云：本届院士候选人提名，已与赵元任、蒋廷黻、萧公权、李方桂、杨联陞、蒋硕杰诸先生通信，前五位都没有提出候选人，自己与蒋硕杰提出何廉、李卓敏、顾应昌、吴元黎四君，由蒋廷黻、萧公权、李方桂、蒋硕杰四先生及后学联署，现在连同提名单及著作目录附上。（台北胡适纪念馆藏档，档号：HS-NK05-128-010）

5月29日　访客有陈槃、徐高阮、毛子水、宋英、许明德、李先闻、查良钊、柏日礼、全汉昇、李宗侗等。（《胡适之先生年谱长编初稿〔补编〕》，453页）

同日　胡适致函张敬原，谈祖国大陆公布的人口数字问题。（台北胡适纪念馆藏档，档号：HS-NK04-008-014）

按，胡适除致函张敬原，还将张文剪寄刘大中、蒋廷黻、汪厥明、李卓敏、J. Lossing Buck、何炳棣，要他们谈谈对张文的看法。汪、李、何、张、J. Lossing Buck 均有复函。（台北胡适纪念馆藏档，档号：HS-NK05-018-003、HS-NK05-031-019、HS-NK05-038-007、HS-NK05-083-001、HS-NK05-145-062）

同日　杨树人致函钱思亮云：日前胡先生曾在电话中指示，嘱代考虑何人可继任。鄙见以为李先闻、林致平或王九逵似均甚相宜。是否有当，陈候察酌。如先生能代胡先生筹划，有妥人可以推荐，更佳。（台北胡适纪念馆藏档，档号：HS-NK05-108-054）

5月30日　汪厥明来谈。李先闻来谈太平洋科学会议事，并留此午饭。万绍章来报告院士候选人提名期限已到，胡适指示再延长一个月。黄季陆来谈。钱思亮来谈。（《胡适之先生年谱长编初稿〔补编〕》，454页；《胡适之先生年谱长编初稿》第十册，3617～3618页；《胡适之先生晚年谈话录》，188页）

同日　杨树人在"科学会执委会"上提出辞职，声明维持到6月10日止。（《胡适之先生年谱长编初稿》第十册，3617页）

同日　Dolly Wang 函谢胡适吊唁其夫之丧。（台北胡适纪念馆藏档，档

号：HS-NK05-172-004）

5月31日　上午，胡适到台大医院检查身体，状况较两星期前好转。（《胡适之先生年谱长编初稿》第十册，3618页）

同日　访客有詹洁悟、张佛泉、孙德中、王世杰等。（《胡适之先生年谱长编初稿〔补编〕》，455页）

同日　胡适再为"曹雪芹小象"问题致函李祖法：

祖莱已见过否？"劫"此画者是谁？何年"被劫"？

至今此画的新主人还不曾出面，故此画的"照片"流传在大陆上还传说是"李祖涵旧藏"，还说"此画已运香港"，或说"此画仍在收藏者之手，惟不肯示人耳"！……

祖韩所以不覆信，原因大致如你信上所说，及孤帆转述祖莱所说。祖莱说的是：祖韩"被劫时亦未摄影留存"（此画及画上的题咏）。

…………

我疑心那"劫"画的人就是造作那三件伪证的人，①"旅云王冈写"一行字，②"南石""冈"两小印，③"壬午春三月"一行字。此三项，我在三十年前见祖韩此幅时，就没有看见。（我绝不记得曾见此三事。）叶誉虎写信给我，也没有提及此三事。可能还有第④项伪证物，就是"幽篁图"或"独坐幽篁图"的标题。

我今夏去纽约，要把旧日记几十册带回来，我一定要翻出我旧日记的话及叶玉〔誉〕虎的原信。

总而言之，原有的乾隆大名公八九人的题咏是永远要被埋葬或毁灭的了，画上现在添出了这三四件有意作伪的题记及印章。而隐藏原题咏，与造作新题记及印章的责任，至今还由"上海李祖涵氏"负责！这是劫画的人所以至今还不出面的原因。你想我的看法对不对？（台北胡适纪念馆藏档，档号：HS-NK01-068-007）

6月

6月1日　访客有查良钊、李济、Pike、张紫常、蒋复璁。(《胡适之先生年谱长编初稿〔补编〕》，455页；《胡适之先生年谱长编初稿》第十册，3621页）

同日　胡适与胡颂平谈起写自传之难。(《胡适之先生年谱长编初稿》第十册，3620页）

同日　胡适复函江冬秀，谈最近检查身体及影印甲戌本《石头记》事等。(台北胡适纪念馆藏档，档号：HS-NK05-048-066）

同日　高阳致函胡适云：很高兴读到《跋〈乾隆甲戌脂砚斋重评石头记〉影印本》。对第二部分"试论曹雪芹在乾隆甲戌年写定的稿本止有这十六回"提出质疑：曹雪芹这样跳着写，对于全书的结构，乃至于每一大段所占的篇幅，也必有周密的设计，否则"闭门造车"，以后就不一定能合辙。雪芹为什么这样跳着写？（台北胡适纪念馆藏档，档号：HS-NK05-072-005）

6月2日　访客有夏涛声、蒋梦麟。浦薛凤来商谈科学会执行秘书的继任人选问题，征求其同意。(《胡适之先生年谱长编初稿〔补编〕》，456页）

6月3日　访客有阎振兴、黄彰健、张敬原、吴相湘、札奇斯钦等。(《胡适之先生年谱长编初稿〔补编〕》，457～458页）

同日　胡适收到李孤帆来函（台北胡适纪念馆藏档，档号：HS-NK05-027-003），悉被称作"曹雪芹小象"的画仍存李祖韩手中，所谓藏画被劫事不确。乃慨叹"做考据的工作真不容易"。(《胡适之先生年谱长编初稿》第十册，3622～3623页）

同日　胡适寄赠张群一部甲戌本《石头记》。（台北胡适纪念馆藏档，档号：HS-NK01-036-016）

6月4日　访客有沈怡夫妇、钱思亮、李青来等。(《胡适之先生年谱长

编初稿〔补编〕》，458 页）

同日　胡适致函杨树人，详谈近日接洽浦薛凤请其出任"国科会"执行秘书事。（台北胡适纪念馆藏档，档号：HS-NK05-108-056）

> 按，次日杨树人复函胡适，告自己已访浦薛凤，他今晨将拜访胡适，将婉达辞谢之意。（台北胡适纪念馆藏档，档号：HS-NK01-155-011）

6月5日　林致平来。杨树人来访，谈及他与浦薛凤谈的结果，还不至于绝望。浦薛凤夫妇来，婉辞不就，胡适表示将"三顾"。高天成来。（《胡适之先生年谱长编初稿〔补编〕》，459页；《胡适之先生年谱长编初稿》第十册，3628 页）

同日　胡适复函龚天民，谈及：

> 你的《唐朝基督教之研究》，不但介绍了佐伯、羽田诸先生的研究成果，并且保存了现存的九件景教文献的原文，使我们读者得到不少的方便。可惜这些文献的文字颇不好懂，我将来一定会用你这本书作引子，试图了解这些景教文件。……
>
> 你这本书也不无小误。如"三教同源"一节（86～87）中引孙绰的话的"译文"，应改用原文。……
>
> 你的《佛教学研究》是一本很好的介绍日本佛教学者用新方法、新眼光研究佛教的成绩的书。你是基督教徒，所以能充分接受这种新研究的一些结论，如"大乘非佛说"之说。我是不属于任何宗教的任何派系的，我当然欢迎你这本书的主要立场："中国人如要研究印度佛教，最好以欧美及日本学者之间的学说为上，中国佛徒在这点上是赶不上别人的，到了今日还在用唐太宗时代的古老传说。"
>
> 但我们也不要忘了日本至今还是一个佛教国家，你看见的那些"佛教大学"（大谷、驹泽，等等）都还在佛教信徒的手里。他们用"现代科学方法"来研究佛教，当然是有限度的，是不完全彻底的。……

你这本《佛教学研究》，第八、第九两章写的最潦草，将来必须好好的修改。全书的校勘太坏，错字不计其数，所附梵文错排更多，最可惋惜！……（台北胡适纪念馆藏档，档号：HS-NK01-228-023）

同日　胡适复函李孤帆，要其转告李祖莱：

最要紧的是那些乾隆名人的题咏的全部，其次是"旅云王冈写"，王冈的两个印章，及"壬午春三月"，"独坐幽篁图"等四项是否原画上所有的题记。

又云：

……你的《红楼梦集评》计画，我觉得太广泛、太杂，不容易断制选择。你看见了我的《甲戌脂砚斋重评本》影印本及我的长跋没有？……你可以看看我的长跋，就可以知道这个问题的复杂性。你若没有预约，我当设法寄一部给你。

有许多文章是不值得收集的，如李辰冬、林语堂、赵冈、苏雪林……诸人的文字。……"集评"一名词不能包括这四十年中出来的原料，如故宫发现的曹寅父子三人一百多件密奏及朱批——曹寅之妻李氏是李煦之妹——如周汝昌用的《楝亭图》四大卷的资料，如近年出现的曹雪芹的朋友的诗文集，如敦诚、敦敏诸人的诗之类。"集评"一名也不能包括四十年来出现的《红楼梦》本子，如我的"甲戌本"之类。

这个问题，你没有好好的想过，此时谈论不能畅达，似宜暂时先着手收集资料，下次再谈如何整理。

你不妨重读我的《红楼梦考证》，看我如何处理这个纷乱的问题。我在那时（四十年前）指出"红楼梦的新研究"只有两个方面可以发展：一是作者问题，一是本子问题。四十年来的"新红学"的发展，还只是这两个问题的新资料的增加而已。（台北胡适纪念馆藏档，档号：HS-NK01-068-003）

6月6日　访客有Jean Gebser、Berne、Switzerland、全汉昇、王世杰夫妇、杨树人、钱思亮。(《胡适之先生年谱长编初稿》第十册，3629页;《胡适之先生年谱长编初稿〔补编〕》，460页)

同日　胡适函告赵聪:香港预约的甲戌本《石头记》500部将于6月15日运港，"曹雪芹小象"的真伪问题现在还在设法解决。(台北胡适纪念馆藏档，档号:HS-NK01-051-007)

6月7日　刘其英来访。(《胡适之先生晚年谈话录》，193页)

同日　李卓皓致函胡适:自己和赵元任、陈省身共同提名钱思亮为院士候选人，签名的文件应已于上星期抵达潘贯博士之手，如未收到，请告知。(台北胡适纪念馆藏档，档号:HS-NK05-031-027)

6月8日　上午，胡适到台大医院看牙。刘崇鋐来，胡适请其担任"国科会"秘书，刘辞不就。打电话与杨树人，请其一同劝驾。朱家骅来，胡适拜托朱让徐可熛来，朱允帮忙劝驾。(《胡适之先生年谱长编初稿》第十册，3631～3632页;《胡适之先生年谱长编初稿〔补编〕》，462页)

同日　胡适致函张群，谈及想送蒋介石夫妇一部甲戌本《石头记》，请代为转呈。(台北胡适纪念馆藏档，档号:HS-NK01-036-017)

同日　胡适复函沈志明，告:《国学书目》不适用了，千万不要重印。(台北胡适纪念馆藏档，档号:HS-NK01-011-021)

6月9日　李宗黄来看望胡适。赵连芳来。张婉度来。(《胡适之先生年谱长编初稿〔补编〕》，464～466页)

同日　胡适致函李济，谈院士提名情况:

文史各学科的提名实在太不成样子，你我均不能坐视，鄙意仍盼老兄领导，提出文史的候选人，范围不妨包括"中研院"、台大，及海外治文史者，用院士五人合提的方式。……

如需我召集本组之选举筹备会的委员(雪艇、汉昇、树人、从吾、你、吾)一谈，或本组的在台院士(你、我、雪、董、姚、劳、凌纯声七人)一谈，乞用电话示知。

……

科学会执行秘书，逖生不肯干。……我为此事已焦思了半个月了。（台北胡适纪念馆藏档，档号：HS-NK05-025-026）

6月10日　胡适为庄莱德夫人庄富兰芝题写："刚忘了昨儿的梦，又分明看见梦里的一笑。"（《胡适之先生年谱长编初稿》第十册，3633页）

同日　访客有樊际昌、李干。（《胡适之先生年谱长编初稿〔补编〕》，467页）

6月11日　朱家骅来访，胡适仍拜托朱劝徐可熛来担任"国科会"秘书。访客还有樊际昌、钱思亮夫妇、张昌华、杭立慈。（《胡适之先生年谱长编初稿》第十册，3634～3635页；《胡适之先生年谱长编初稿〔补编〕》，467页）

同日　胡适复函龚天民，欢迎龚造访"中研院"。（台北胡适纪念馆藏档，档号：HS-NK01-228-025）

6月12日　胡适致函朱家骅，再请代劝徐可熛（公起）担任"国家长期发展科学委员会"的执行秘书：徐可熛是继任杨树人执行秘书最适当的人。这样的人才，似不可让他到马来西亚或新加坡去教中文糊口。所以今天我写这封短信来申说我昨天恳求老兄的话，请代劝徐公起考虑"科学委员会"的迫切征调的诚意。（台北胡适纪念馆藏档，档号：HS-NK05-014-050）

同日　杨树人辞职签呈云：感谢核准辞执行委员及执行秘书。关于继任执行秘书之待遇，拟订实施办法三项，敬候核夺示遵。（台北胡适纪念馆藏档，档号：HS-NK01-155-012）

6月13日　胡适致函王世杰、李济、董作宾、劳榦、凌纯声、姚从吾，认为"人文组"的提名似乎有点不够分量，所以我想请"人文组"的在台各院士大家想想这个问题，并于6月15日下午5时到福州街26号来谈，也许可以在人文学科的广大领域里补提几位候选人。（台北胡适纪念馆藏档，档号：HS-NK05-223-007）

同日　胡适向售卖《唐宋八大家文钞》的周德君函询有关此书的更多

信息。（台北胡适纪念馆藏档，档号：HS-NK01-198-012）

同日 胡适致函杨树人，谈"国科会"执行秘书的待遇问题："交通费"可否改为"办公费"或他种合适名义？有关房租规定，应考虑台北市现行房租价。考虑徐可熛之前兼职的收入情况，"不可以不补偿他因加入本会所受的损失"。（台北胡适纪念馆藏档，档号：HS-NK01-155-013）

同日 胡适致函树人，慰谢其对"国科会"的贡献：

> 自从"国家长期发展科学委员会"成立以来，全赖吾兄劳心劳力，主持策画，以中古宗教"圣者"的无我精神，办理二十世纪下半期的科学事业。两年半之中，我们这个机构如果做到了一点成绩，都可以说是吾兄辛苦牺牲的结果。我们和您同事这么久，平时不曾向您道一句"谢谢您"，直到您要放下执行秘书的任务了，我们才真真感觉到您是替我们大家出了最大苦力，负了最大责任的最好伙伴——我们才真真感觉到您是我们这个机构里最不可缺少的大柱子！
>
> 我们都不肯放您走，这一点诚心是您充分知道的，我个人不肯放您走，也是您完全知道的。
>
> 我们现在十分勉强的让您辞去执行秘书的事，只是因为大家都关心您的健康，都盼望您可以得到一个时期的安心静养。我们大家都不好意思说什么道谢的话，因为我早已说过，感谢两个字是不够用的！
>
> 我最高兴的是我们居然能够找到一位最适当的人来做您的继任者！我差不多不相信这是可能的事。现在只好请您多费一点时间指导训练徐公起兄。我深信他将来一定可以继续您给我们建立起来的绝好榜样。
>
> 我还有一个梦想：我盼望您在休养了一个时期之后，健康完全恢复了，您还能够回到"中央研究院"来做一两年的总干事，替我整顿整顿这个朱骝公交给我的老大营（我不好意思用别的名词）。这不过是我的一个梦想，请您不要让他扰乱您早就应该得到的静养。（台北胡适纪念馆藏档，档号：HS-NK01-155-014）

同日　E. Howard Brooks 致函胡适，云：

While it was not our privilege to be able to meet with you during our recent visit to Taiwan, I wish to express, on behalf of the Stanford Committee, our very great appreciation for the courtesy, hospitality and cooperation which was afforded us by your colleagues of the "Academia Sinica". We understand that you were ill, but we greatly hope that your recovery is now complete.

If Stanford is to locate a Center for Chinese Studies in Taiwan, we can see very great possibilities for cooperation with the "Academia Sinica". This would certainly be one of the very real attractions, and we are emphasizing this fact accordingly.

I hope that I will have the pleasure of meeting you during a future visit. Please accept again our thanks, as well as our best wishes for your good health.

（台北胡适纪念馆藏档，档号：HS-NK05-145-054）

6月14日　上午，胡适到台大医院检查身体，顺便探视梅贻琦、蒋复璁、莫德惠。（《胡适之先生年谱长编初稿〔补编〕》，473页）

同日　杨树人偕徐可燸来，并在此午饭。胡适感谢徐答应担任"国科会"执行秘书。（《胡适之先生晚年谈话录》，200页）

6月15日　上午，胡适到台大医院看牙齿。（《胡适之先生年谱长编初稿〔补编〕》，476页）

同日　朱家骅来谈，并在此午饭。晚，沈志明来。（《胡适之先生年谱长编初稿〔补编〕》，476页）

同日　下午4时，王世杰、李济、董作宾、凌纯声、劳榦等来，谈人文组院士候选人问题。（《胡适之先生年谱长编初稿》第十册，3642页；《胡适之先生年谱长编初稿〔补编〕》，476页）

同日　苏雪林致函胡适，告已收到甲戌本《石头记》。今年"中央研究院"选举院士事，成功大学当局劝参加，故请胡适帮忙。（台北胡适纪念馆藏档，档号：HS-NK05-139-016）

6月16日　来访的客人有程敷锟、朱家骅夫人、梅贻琦夫人、蒋复璁、潘贯等。(《胡适之先生年谱长编初稿〔补编〕》，477页）

同日　胡适对胡颂平谈起总干事的人选，准备接受朱家骅的劝告，决定任命李先闻。(《胡适之先生晚年谈话录》，202页）

同日　胡适致函赵元任、李方桂，请他们二位商酌后推荐语言学院士候选人。(台北胡适纪念馆藏档，档号：HS-NK01-063-001）

同日　胡适致电蒋廷黻："院士候选人提名延至6月30日。在昨天的人文组在台院士谈话会中，王世杰建议我问问您对今年提名梁鋆立的意见。"如您支持他的提名，请在6月30日之前航寄他的履历和已出版的学术著作。(台北胡适纪念馆藏档，档号：HS-NK05-126-003）

同日　胡适复函周叔厚，赞成法院判决书使用语体文书写。(台北胡适纪念馆藏档，档号：HS-NK01-004-004）

6月17日　午饭时，胡适与胡颂平、王志维、金承艺谈起：希望明年今日，自己已是一个自由身，希望能多做一点工作，不像这4个月来一点事也没有做的。(《胡适之先生晚年谈话录》，202页）

同日　来访的客人有陈雪屏、何亨基等。晚间，到钱思亮家过端午节。(《胡适之先生年谱长编初稿〔补编〕》，477页）

同日　胡适与郭廷以谈福特基金会等事。郭氏日记有记：

> 与胡适之先生商福特基金会鲍大可先生来信，拟将该会准备汇予近史所之补助费重行分配，原定用于"出国"进修经费，酌量匀出若干，用于"国内"研究。(《郭量宇先生日记残稿》，259页）

6月18日　上午，来访的客人有陈雪屏夫妇、钱思亮夫妇、徐芳等。下午，杨树人、李干、邢慕寰来谈经济所事。(《胡适之先生年谱长编初稿〔补编〕》，478页）

同日　胡适致函蒋梦麟，劝其不要与徐贤乐结婚：

> 上次我们见面，得畅谈甚久，你说此后你准备为"国家"再做五

年的积极工作,然后以退休之身,备社会"国家"的咨询。我听了你那天的话,十分高兴,我佩服你的信心与勇气。我病后自觉老了,没有那么大的勇气了,故颇感觉惭愧。但我衷心相信,也渴望你的精力还能够"为'国家'再做五年的积极工作"。

…………

我万分诚恳的劝你爱惜你的余年,决心放弃续弦的事,放弃你已付出的大款,换取五年十年的精神上的安宁,留这余年"为'国家'再做五年的积极工作"。这是上策。

万万不得已,至少还有中策:展缓结婚日期,求得十天半个月的平心考虑的时间。然后在结婚之前,请律师给你办好遗嘱,将你的财产明白分配:留一股给燕华兄妹,留一股给曾谷的儿女,留一股为后妻之用——最后必须留一股作为"蒋梦麟信托金"(trust fund),在你生前归"信托金董事"执掌,专用其利息为你一人的生活补助之用,无论何人不得过问;你身后,信托金由信托金董事多数全权处分。

你若能如此处分财产,某小姐必定不肯嫁你了,故中策的效果也许可以同于上策。无论上策、中策,老兄似应与辞修、岳军两兄坦白一谈。老兄是一个"公家人"(a public man),是"国家"的大臣,身系"国家"大事,责任不轻。尤其是辞修先生对老兄付托之重,"全国"无比!故老兄不可不与他郑重一谈。(台北胡适纪念馆藏档,档号:HS-NK01-045-010)

按,此函系次日胡适请樊际昌面交蒋梦麟,但蒋梦麟拒绝看。后又表示,愿意如胡适在信中希望的和陈诚、张群谈谈此事。晚间,陈诚来电话,告蒋梦麟同意重新考虑此事。(《胡适之先生晚年谈话录》,202〜203页)

6月19日　上午,来访的客人有W. G. Goddard、沈宗瀚、钱思亮、全汉昇、李青来。晚,高天成、宋瑞楼、顾文霞来。宋瑞楼为胡适检查后,说胡适的心脏还不稳定,不宜近期搬回南港。(《胡适之先生年谱长编初稿〔补编〕》,

478 页;《胡适之先生年谱长编初稿》第十册,3649 页)

同日　蒋硕杰致函胡适,告自己与刘大中动议提出何淬廉、顾应昌、吴元黎、李卓敏4人,附寄吴元黎履历一份。(台北胡适纪念馆藏档,档号:HS-NK05-124-007)

6月20日　上午,王云五来谈陈诚阻止蒋梦麟婚事事,悉蒋准备悬崖勒马,胡适表示:他还有政治上的重大职务,所以我劝他去看张岳军和"副总统",他不能不接受他们的劝告。他当初不看我的信,乃是一时的反感,不能怪他的。我想这事的善后,还是由张岳军去办最相宜。(《胡适之先生晚年谈话录》,203 页)

同日　下午,《韩国日报》记者金永熙来访问胡适对韩国政变的态度。(《胡适之先生晚年谈话录》,203 页)

同日　访客还有凌纯声、齐世英、钱思亮、潘贯。(《胡适之先生年谱长编初稿〔补编〕》,479 页)

同日　胡适致函张敬原,谈其关于祖国大陆人口的文章引用材料时可能有误,又指出李卓敏昨日来函指出的张文的错误。(台北胡适纪念馆藏档,档号:HS-NK01-036-021)

6月21日　杨树人、徐可燡来谈科学会事。(《胡适之先生年谱长编初稿》第十册,3651 页)

同日　龚天民来谈,并留此午饭。(《胡适之先生年谱长编初稿〔补编〕》,480 页)

同日　下午,胡适与郭廷以谈福特基金会以及总干事人选等事:

> 与适之先生商福特基金会函,主将"出国"进修资助费之剩余部分移用于补助在台研究人员。适之先生又以研究院总干事人选问题相商,嘱为物色,适当者实不易得。适之先生对陶振誉、全汉昇均有批评。(《郭量宇先生日记残稿》,260 页)

按,6月24日,郭廷以日记又记:胡适之先生以复福特基金会函副本见示,完全照余所拟订之分配表处理,将原拟存美之款匀出12000

元，用于台湾。(《郭量宇先生日记残稿》，261页）

同日　胡适对胡颂平说：我对《红楼梦》最大的贡献，就是从前用校勘、训诂、考据来治经学史学的，也可以用在小说上。校勘必须要有本子；现在本子出来了，可以工作了。(《胡适之先生年谱长编初稿》第十册，3652页）

同日　蒋廷黻复电胡适：很高兴支持提名梁鋆立。他现正在日内瓦，他将会航寄他的履历与学术著作给您。（台北胡适纪念馆藏档，档号：HS-NK05-126-004）

6月22日　胡适对来访的庄申、台静农说，"故宫博物院"的文物如字、画、金石等保管起来是对的，但带出来的文献不能这样保管的。带出来的文献如档案等，应交"中研院"或台大来整理。(《胡适之先生年谱长编初稿》第十册，3653页）

同日　访客还有水泽柯、张婉度、王叔铭、高天成、樊际昌、蒋彦士。朱家骅来访时，胡适曾询其田培林（伯苍）是否会答应任"中研院"总干事，朱答曰田不会答应的。(《胡适之先生年谱长编初稿〔补编〕》，481页）

同日　杨树人致函朱家骅，说明因健康情况已难努力工作，故研究院行政工作，万不敢承当，似宜即日另觅妥人，免误时机，并请转达胡适。（台北胡适纪念馆藏档，档号：HS-NK05-108-057）

6月23日　上午，胡适到台大医院检查补牙，顺便看了梅贻琦。(《胡适之先生年谱长编初稿〔补编〕》，481页）

同日　访客有Emil Helrchi、王友燮、李先闻、赵传缨、劳榦、张婉度、钱思亮。(《胡适之先生年谱长编初稿〔补编〕》，482页）

同日　胡适致函李济，告前次会谈院士提名事，已有详函与赵元任、李方桂，告本年语言学应提1人或2人，请他们用电话会商人选并电复。今得复电，他们二人均提名周法高。（台北胡适纪念馆藏档，档号：HS-NK01-073-005、HS-NK05-031-008）

同日　胡适为梁鋆立院士提名事致函王世杰：

关于梁鋆立提名事，我有电与廷黻，已得到他的六月廿一日复电，今已代将廷黻名签入提名表,可算合法吗?

因知道梁君的人不多,故我也签了名。今特送请老兄签名。倘蒙老兄便中填写"被提名人资格之说明"诸项,十分感谢!(台北胡适纪念馆藏档,档号:HS-NK01-143-009)

同日　李辰冬函寄其《我在诗经研究中所用的方法》及《我怎样发现吉甫是诗经的作者》等文与胡适,并希望拜见。(台北胡适纪念馆藏档,档号:HS-NK01-062-016)

6月24日　徐可熛来谈科学会事,徐建议科学会制度化,应该扩大计划,胡适均答应了。(《胡适之先生年谱长编初稿》第十册,3653～3654页)

同日　访客还有杨树人、全汉昇、林致平、李先闻、沈刚伯夫妇、延国符、茅泽霖。(《胡适之先生年谱长编初稿》第十册,3654页;《胡适之先生年谱长编初稿〔补编〕》,483页)

同日　胡适复函李卓敏,云:"你的信最可以警告我们平常切不可轻谈自己本行以外的专门问题!"已摘录李函的主要观点函告张敬原。将致张函副本抄送李。又告张已复函等。(台北胡适纪念馆藏档,档号:HS-NK01-065-001)

6月25日　胡适自福州街迁回南港居住。(据《日记》;《胡适之先生晚年谈话录》,205页)

同日　胡适致电游建文,请其转告胡夫人及其他纽约友人,自己已迁回南港居住。(台北胡适纪念馆藏档,档号:HS-NK05-094-005)

同日　李先闻夫妇来谈。(《胡适之先生年谱长编初稿〔补编〕》,484页)

6月26日　来看望胡适的,有石璋如、李光宇、蓝乾章、李先闻、万绍章、吕仲明、陈槃、周法高、屈万里、李光涛、严耕望、魏喦寿、黄彰健。下午,胡适约陈槃来谈。晚,胡适约李先闻全家来吃饭。(《胡适之先生年谱长编初稿〔补编〕》,484页)

同日　胡适复函杨树人,感谢杨允协助徐可熛工作到下月10日左右。盼杨、徐请张昌华在本会装一台空调。(《胡适之先生年谱长编初稿》第十册,

419

3657 页）

　　　　按，当日杨树人致函胡适云：邢慕寰的院士提名资料，已办妥，请核阅。邢先生自己的意见，已在前次给先生的信中说明。尚须协助徐公起工作，要到下月 10 日左右再去阳明山小住两个月。（台北胡适纪念馆藏档，档号：HS-NK05-108-058）

6 月 27 日　关于今年"太平洋科学会议"的人选，胡适决定不去，由李先闻担任首席代表。（《胡适之先生年谱长编初稿》第十册，3658 页）

　　同日　李先闻、万绍章来。来看望胡适的有 Gregory Clark、郭廷以、梁序穆、王九逵、许光耀、游斐文、胡锺吾、李济、董作宾、芮逸夫、高天成、顾文霞。夜，王世杰夫妇来谈。宣善屿来。（《胡适之先生年谱长编初稿〔补编〕》，484 页）

6 月 28 日　林致平来谈中兴大学经费不够，请胡适帮忙。胡适表示，要等成绩出来才可请求。又表示有可帮忙的地方会帮忙。（《胡适之先生晚年谈话录》，205 页）

　　同日　李先闻、万绍章来商定"太平洋科学会议"的参与者名单。（《胡适之先生年谱长编初稿〔补编〕》，485 页）

　　同日　胡适致函胡天猎，询问《影印乾隆壬子年木活字本百廿回红楼梦》的印行情况，并提出预约该书。（台北胡适纪念馆藏档，档号：HS-NK05-049-001）

　　同日　赵元任致函胡适，告与李方桂打了一份电报，提名周法高为院士候选人，并说明理由；另请保重身体。（台北胡适纪念馆藏档，档号：HS-NK05-117-024）

6 月 29 日　胡适思考院士提名人选事。姚从吾为陈康的提名之事来访。（《胡适之先生晚年谈话录》，205 页）

　　同日　凌纯声、杨时逢来谈。晚，约杨树人来晚餐，樊际昌来，一同谈到 9 点。（《胡适之先生年谱长编初稿〔补编〕》，485～486 页）

　　同日　Isabelle E. Williams 致函胡适，云：

1961年　辛丑　70岁

We are delighted to learn from Mr. Yip that you are recovering well from your recent illness. We were all very concerned about you, and winged you our prayers and good wishes.

Mr. Yip seems to think that you are still planning to come to New York in September and we sincerely hope that you will give "The China Society" the honor and privilege of being our guest of honor and speaker. At your early convenience, will you be so good as to let us have your decision? There is no one we would rather have on this auspicious occasion than you. (台北胡适纪念馆藏档，档号：HS-NK05-172-035)

同日　韦慕庭致函胡适，云：

I have accepted the Fulbright Research Fellowship for Taiwan for next year for which the "Academia Sinica" and the Institute of Modern History are my sponsors. I look forward to spending some time each week at the Institute partly for my own study on China in the mid-twenties, and partly in order to become acquainted with its research program and the scholars on the staff.

Last fall I was invited by Dean Shen Kung-peh of Taita to use one of the University houses and accepted with pleasure. Therefore, I will not be able to live near the "Academia Sinica". I would very much appreciate having a small office where I might do research if that is possible. However, I do not want to displace any Chinese scholar from his office.

As you may know, I have been asked to chair a small committee of American scholars interested in modern China to serve on a liaison capacity between American universities and the Institute of Modern History. At this end the Liaison Committee may be associated with the Social Science Research Council. Our committee has no other functions than to be as useful as we can to the Institute of Modern History in connection with the projects for which it is presumed the Ford Foundation will be making a grant in the fall.

Members of this American committee were chosen to represent various fields of modern history. They are George Taylor, Yang Lien-sheng, Albert Feuerwerker, and Franz Schurman. Thus Columbia, University of Washington, Harvard, Michigan and California find representation, which covers most of the major American centers with a modern China interest.

I am looking forward very much to my period in Taiwan and will certainly need your advice on various matters.（台北胡适纪念馆藏档，档号：HS-NK05-171-014）

6月30日　王世中来谈。亚洲基金会的Pike来谈，并在此午饭。（《胡适之先生年谱长编初稿〔补编〕》，486页）

同日　胡适致电徐柏园，贺"中央银行"复业。（台北胡适纪念馆藏档，档号：HS-NK01-019-002）

同日　胡适复函徐高阮，云：

①善导寺的缺卷，当作一详目。

②似可先点查圆通寺所存《续藏》残卷。如有可补善导寺所缺诸卷，岂不更省事？

③向东海大学商借，似可留作最后一步。借时必须先有缺卷细目。又必须先问明东海借出大部书籍的管理规则。似可先托蓝乾章兄一问。……

④总之，道安和尚查清了善导寺的《续藏》册数，是一大进步。改计增加印书到二百部，也是一大进步。二百部似乎还太少罢？大和尚的善导功夫应该可以感动圆通寺的和尚们发心查点他们保存的《续藏》卷数。这原是我当日贡献给道安先生的一个意见。

⑤我正要重翻《续藏》目录，很想写一篇简短的缘起。但这几天实在还忙不过来。

⑥我对道安说过，史语所的借书规则是三十年前定的，我盼望他不要把这件事看作他受着的"挫折"。

⑦……已读到道安先生住持善导寺的消息，请代我补致贺意。（台北胡适纪念馆藏档，档号：HS-NK05-018-009）

同日　胡适复函何骧（祝封），为承印《乾隆甲戌脂砚斋重评石头记》印制精美事致谢。（台北胡适纪念馆藏档，档号：HS-NK01-203-024）

7月

7月1日　宋英来访，谈及雷震在狱中写自传，胡适说："去年他写《我的母亲》时，我叫他把他少年时代的乡土风俗习惯都写出来。他还能背得出乡土的歌谣很多。"（《胡适之先生晚年谈话录》，206～207页）

同日　下午，徐可熛来谈科学会公务。（《胡适之先生年谱长编初稿〔补编〕》，488页）

同日　胡适复函李干，感谢其对"中基会"改选的建议：今年改选时，先以叶良才递补，"嗣后任何时期，公有嘱咐，干定允重行加入。如此则许多问题均可迎刃而解"。胡适表示一定将这个建议带到年会里，"如果我们需要实行你的办法，在最近的将来我们一定要举你回来"。又谈到李国钦的任期明年届满，是否可以举 Stanley K. Hornbeck 试试看，又请李"想想还有什么较年轻的美国人可选"等。（台北胡适纪念馆藏档，档号：HS-NK01-072-003）

7月2日　访客有童烈、徐秋皎夫妇（偕两个小孩）、张婉度、张祖诒夫妇。（《胡适之先生年谱长编初稿〔补编〕》，489页）

7月3日　访客有周树声夫妇与杨世清、李光涛等。（《胡适之先生年谱长编初稿〔补编〕》，489页）

同日　胡适函请李先闻出任"中央研究院"总干事。（台北胡适纪念馆藏档，档号：HS-NK05-026-006、HS-NK01-064-008）

7月4日　游建文夫妇偕小孩来访。夜，李先闻来谈，表示接了胡适

请其任总干事的信之后，不得安睡，自己事情多、任务重、血压高，劝胡适继续物色其他人选。（《胡适之先生年谱长编初稿〔补编〕》，489 页；《胡适之先生年谱长编初稿》第十册，3666 页）

同日　胡适与郭廷以谈美国社会科学研究会来近史所研究事。（《郭量宇先生日记残稿》，262 页）

同日　胡适在费赖之（Aloys Pfister）撰，冯承钧译《入华耶稣会士列传》（台湾商务印书馆，1960）上题记：原书有传 467 篇，此册只有 50 篇。已嘱商务主持人去查余篇的下落了。（《胡适藏书目录》第 2 册，857 页）

同日　胡适致函雷震夫人，询及长兴一带的豫南移民有没有五句体的民歌等。（台北胡适纪念馆藏档，档号：HS-LC01-005-041）

同日　李敖致函胡适，告：胡适的几位老弟子拟在胡适 70 岁生日的时候为胡适编全集祝寿，姚从吾建议李敖将手里的材料贡献出来。李敖费了一阵工夫将目录整理了出来。自信自己的目录较徐高阮、袁同礼所编要详备得多。主张用编年的办法编辑，并提出 3 条理由。又提出编辑的 10 条想法。胡适在此函上略有批注。如李敖说，胡适的《词选》可全收，但胡适批注：《词选》不必收，但《词选》的一些词人的小传则可选收。关于演讲笔记，胡适批注：都不必收。（台北胡适纪念馆藏档，档号：HS-NK03-006-014）

7 月 5 日　上午，访客有卫惠林、李熙谋、梁序穆等。李济来谈，并在此午饭。下午，陈香梅来访，胡适已答应为其小说集作序，事实是因以后多病未写成。夜，李先闻、蒋彦士来谈。（《胡适之先生年谱长编初稿〔补编〕》，490 页；《胡适之先生晚年谈话录》，208 页）

按，胡适藏书中有一册陈香梅题赠的 Mothers and Daughters（by Evan Hunter，纽约，1961）。（《胡适藏书目录》第 4 册，2838 页）

7 月 6 日　胡适致函庄莱德，为今天下午不能送行致歉；另祝一路顺风，并尽快回来。（台北胡适纪念馆藏档，档号：HS-NK05-147-048）

同日　上午，访客有夏涛声、宋英。罗家伦来谈，并在此午饭。（《胡适之先生年谱长编初稿〔补编〕》，490 页）

7月7日　上午，访客有梁序穆、蒋彦士。游建文全家来，留此午饭。(《胡适之先生年谱长编初稿〔补编〕》，491页)

7月8日　胡适主持召开"中央研究院"院务会议。

郭廷以7月8日日记：

上午出席"中央研究院"院务会议，默察各所负责人态度，大都缺乏祥和之气，对人说话语多讽刺，目空一切，而以李济、李先闻为尤甚。读书人气量偏狭，自以为是，不留余地，殊非良好现象。

郭廷以7月11日日记：

胡适之先生病复发，昨夜颇严重。闻八日研究院会议，李济于院务抨击颇烈，与胡先生曾有争辩，午餐亦未与胡先生同席。事在余去会场之后。(《郭量宇先生日记残稿》，263页)

胡颂平有记：

在这次院务会议上，李济提出一年三节的统一借支问题。先生解释说："这是一个十多年来一直这样办的成例；我曾托杨树人向各机关调查过，各机关也是这样办的，而且借支的数目比院里大得多，这是十多年来各机关的成例，不是我们'中央研究院'如此。如果说有什么责任，我完全负责。"李济问："倘若统一借支要坐牢，将来由谁去坐牢？"先生说："由我胡适之去坐牢！"(《胡适之先生年谱长编初稿〔补编〕》，492页)

7月10日　雷震致函胡适，谈及坐牢10个月心身都受折磨，对于身体有病的人更是苦。(台北胡适纪念馆藏档，档号：HS-LC01-005-017)

7月11日　晨，胡适突患急性肠炎。

8月2日胡适复函赵元任：

我在7月11日的早晨两点忽然大泻不止，都是猛烈的水泻，加上

大吐。结果是水分干了（dehydration），有一次晕过去，幸的那天（10日）钱太太把护士小姐送回来了，她撑持住我，让我倒在床上。我醒来时，只记得要去厕所，一只右手已伸进"浴衣"的右袖子，以下就完全不知道了。醒来时已倒在床上，护士小姐拍着我喊"胡伯伯，不要怕，好了！"后来她就去喊起我的用人，叫他去宿舍叫我的秘书王君。最后一次上厕所，是三个人"前扶后拥"去的……医生来了，打了一针。到 A. M. 四点，台大的宋瑞楼大夫带了助手与药来了。我看他们每半点钟量我的血压，我猜必是血压太低。后来我才知道血压低到 74，六个钟头不上去。宋大夫不肯走开，打针打了 1000cc，才见好了；又打了 800cc，血压才正常了。

诊断是急性肠炎，验出没有痢疾的菌。……幸喜心脏已恢复正常了。……（台北胡适纪念馆藏档，档号：HS-NK01-047-013）

同日　蒋梦麟来问病。（《胡适之先生晚年谈话录》，210 页）

同日　来问病的还有李先闻、董作宾、陈雪屏、郭廷以、劳榦、高天成、姚从吾、樊际昌、张祖诒夫妇、李济、杨鼎勋、杨亮功、全汉昇、毛子水、阮维周、王世杰、严耕望等人。（《胡适之先生年谱长编初稿〔补编〕》，493 页）

同日　雷震致函胡适，告知前年起右臂不能弯曲需整治，以及被捕前友人介绍空军总医院骨科何亨基博士医治和目前在狱中治疗的情况，宋英提议要他要求出外医治。（台北胡适纪念馆藏档，档号：HS-LC01-005-018）

7 月 12 日　来问病的有杨文达、杨时逢、黄彰健、黄季陆、钱思亮夫妇、李济、陈槃、周法高、徐可熛、李先闻、严耕望、程维贤、张祖诒夫妇。（《胡适之先生年谱长编初稿〔补编〕》，493 页）

7 月 13 日　来问病的有屈万里、董作宾、郭廷以、全汉昇、王世流、凌纯声、魏嵒寿、蒋复璁、刘济民、姚从吾、胡锺吾。（《胡适之先生年谱长编初稿〔补编〕》，493 页）

同日　胡适致电叶良才：急性肠炎已愈。请邮寄写干事长报告的资料。可能到 8 月底才会离开台北。18 日，叶良才有复函，其中说道：关于

9月7日会议，已收到的回复是：11位董事要参加，梅贻琦、霍宝树2位董事不参加。还没听到钱思亮的消息。（台北胡适纪念馆藏档，档号：HS-NK05-112-028、HS-NK05-112-029）

同日　雷震致函胡适：阅报知先生得急性肠炎，幸急救适宜，现已脱离危险，至为欣喜。老年人易生病，请胡适注意珍摄。（台北胡适纪念馆藏档，档号：HS-LC01-005-019）

按，此次胡适住院，发来慰问函的还有龚天民、吕光、温天祥、何勇仁、李干、张孟儁（孟戈）、刘兼善、苏雪林、赵天池。（据台北胡适纪念馆藏档案统计）

同日　Eric S. Purdon致函胡适，云：

Mr. Tillman Durdin, a member of the editorial staff of the *New York Times*, is preparing a feature story on the U.S. Naval Medical Research Unit No. 2, for the *Saturday Evening Post*, a magazine published in the United States. Mr. Durdin has asked in a letter received today, if I would obtain some comments from various personages knowledgeable of the work the unit does, regarding its activities.

I would appreciate it very much if you would express your opinion of NAMRU2 as you have observed and known of its work. Mr. Durdin is most anxious to have your views as soon as possible; he would like to have them by July 20, so if you wish to telephone your comments to me, I can be reached on 44616, between 6 a.m. and 4:30 p.m..

With appreciation for your assistance.（台北胡适纪念馆藏档，档号：HS-NK05-164-032）

7月14日　来问病的有劳榦、程天放、游建文夫妇等。（《胡适之先生年谱长编初稿〔补编〕》，493页）

7月15日　梁序穆来谈。（《胡适之先生年谱长编初稿〔补编〕》，493页）

同日　郭廷以来探病，郭氏日记云："已大愈，精神甚好。胡先生提及金承艺君事，余表示欢迎其参加近史所工作。"(《郭量宇先生日记残稿》，264页）

7月16日　来看望胡适的有林致平、雷法章、郭寄峤、延国符、王世杰夫妇、张祖诒夫妇等。(《胡适之先生年谱长编初稿〔补编〕》，494页）

7月17日　杨树人、洪钰卿来看望胡适。(《胡适之先生年谱长编初稿〔补编〕》，494页）

同日　胡适致电蒋廷珪，吊刘夫人之丧。(台北胡适纪念馆藏档，档号：HS-NK05-114-002）

7月18日　来看望胡适的有 Pardee Lowe、Stephen C. Locknoad、Wasser Pullwan Miller、巫奋励、董作宾、郭廷以、徐可熛等。(《胡适之先生年谱长编初稿〔补编〕》，494页）

同日　胡适有《十殿阎王》笔记一则。(《胡适手稿》第8集卷1，13～24页）

同日　江冬秀致函胡适：获悉肠炎，十分焦急。身体不好，不必勉强来美，可自行返台。(台北胡适纪念馆藏档，档号：HS-NK03-003-007）

同日　阮次山致函胡适，告：自己为徐志摩的信徒，询是否存有徐志摩和陆小曼的照片，能否赐寄一张他们两人的照片。(台北胡适纪念馆藏档，档号：HS-NK05-033-003）

7月19日　黄季陆、钱思亮来看望胡适。(《胡适之先生年谱长编初稿〔补编〕》，494页）

同日　崔龙文、谭震欧致函胡适，告：留港北京大学校友，为纪念母校故校长蔡先生，在港开办一所大学级之专上书院，名为元培书院。董事会议决，聘请胡适为名誉董事长，并呈上聘书一纸，敬恳俯纳。(台北胡适纪念馆藏档，档号：HS-NK05-094-002）

7月20日　凌鸿勋、蒋彦士、沈宗瀚来看望胡适。(《胡适之先生年谱长编初稿〔补编〕》，495页）

7月21日　毛子水、姚从吾、徐柏园来看望胡适。(《胡适之先生年谱

长编初稿〔补编〕》，495页）

7月22日　游建文、李先闻、张庆桢、于衡等来看望胡适。（《胡适之先生年谱长编初稿〔补编〕》，495页）

同日　胡适与郭廷以商定聘金承艺为近史所助理研究员。（《郭量宇先生日记残稿》，265页）

同日　胡适复函赵连芳，请接受李先闻的解释，并转述李对其赞语。（台北胡适纪念馆藏档，档号：HS-NK03-006-015）

> 按，7月21日，赵连芳致函胡适，告受聘为兼任研究员，在院进行研究工作遭阻之事。（台北胡适纪念馆藏档，档号：HS-NK03-006-015）

7月23日　孙洵侯、陶振誉、黄榜铨、沈怡、樊际昌、李青来等来看望胡适。徐可熛、李先闻来，在此午饭。（《胡适之先生年谱长编初稿〔补编〕》，495页）

同日　何勇仁来长谈，谈及罗尔纲。（据《日记》）

7月24日　水泽柯来，李先闻来。（《胡适之先生年谱长编初稿〔补编〕》，495页）

同日　胡适复函苏雪林，云：

> 某君既是治音韵学的，你似可以劝他与"中研院"历史语言研究所专治语言学的董同龢、周法高两位先生通信请教，问问他们如何可以利用史语所的设备与环境，如何可以请求做所里的"助理研究员"，等等问题。
>
> 你也不可生气，作文写信都不可写生气的话。我们都不是年轻人了，应该约束自己，不可轻易发"正谊的火气"。
>
> 我曾观察王静安、孟心史两先生。他们治学方法何等谨严！但他们为了《水经注》的案子，都不免对戴东原动了"正谊的火气"，所以都不免陷入错误而不自觉。

何况此时此地写信发牢骚更是无益而有损的事？（台北胡适纪念馆藏档，档号：HS-NK01-258-018）

同日　胡适复函赵聪：从赵函和刘甫林函摘引了几句话——赞扬甲戌本《石头记》的印制精工的话去谢"中央印制厂"的主持人。又赞俞平伯的《红楼梦八十回校本》在今日还是第一善本。（台北胡适纪念馆藏档，档号：HS-NK05-051-009）

7月25日　顾文霞、连文彬、李先闻等来看望胡适。（《胡适之先生年谱长编初稿〔补编〕》，495页）

7月26日　来看望胡适的有苏青森、郑子政、曹谟、雷美琳、雷飞莉、江小波、李先闻。蒋梦麟来，谈及他的新婚，胡适劝蒋安慰其儿女。（《胡适之先生年谱长编初稿〔补编〕》，496页；《胡适之先生晚年谈话录》，211页）

同日　胡适给张群一份公函：拟请假一个月，于8月底飞往纽约。有三事要料理：参加9月7日在美京举行之"中基会"第三十二次年会；妻子江冬秀决定"回国"，"我须将纽约的寓所及书籍文件，料理结束，偕同'回国'"；请23年来一直诊治自己心脏病的利维博士（Dr. Robert L. 1evy）作一次详细检查。"请假期内院务，当由本院总干事代理。现因暂行兼代总干事职务之全汉昇先生即将应聘'出国'讲学九个月，新任总干事尚未聘定，容稍缓报告。如有必要，或将请一位所长暂代院务。"（台北胡适纪念馆藏档，档号：HS-NK01-036-019、HS-NK01-210-013）

同日　胡适致函东海大学校长吴德耀，受善导寺新住持道安法师的嘱托，为了影印《大日本续藏经》的工作，要向东海大学图书馆借印台北所缺少的《续藏经》原版42册。函中叙及影印此书的缘起：

《续藏经》共收书一千六百五十九种，其中一千四百五十二种是"支那撰述"。……近年台湾的佛教领袖诸先生提议要影印这部《大日本续藏经》，我和"中研院"历史语言研究所的朋友们都很赞成。我们原来曾想用"中研院"史语所的一部商务印书馆影印本作影印底本。后来因为这部影印本已经过一次缩影，字体不如原版清楚，"天地头"

及两傍篇幅也太窄狭,所以我建议用善导寺藏的京都原版作底本。现在他们(主持人道安法师和印刷者艺文印书馆)已接受了这个建议。(台北胡适纪念馆藏档,档号:HS-NK05-149-032)

7月27日 李先闻同一位美国海军军官来。访客又有张凤棲、魏如东、章玉麒、蔡仲卿、胡锺吾、吴必德。(《胡适之先生年谱长编初稿〔补编〕》,496～497页)

7月28日 王德芳来访。(《胡适之先生年谱长编初稿〔补编〕》,497页)
同日 胡适草拟一封致"中研院"同人的信,叙及自己在7月8日院务会议上曾报告:商请李先闻考虑兼任总干事之职,后又屡屡劝李,现在李先闻答应担任8个月的总干事。又云:

> 我们现在南港有七个研究所的新建筑与设备,有七十家的眷属住宅,有几十人的单人宿舍,有最新式的学人住宅与蔡元培馆——我们需要有一个集中的、现代化的、能够为全院服务的总务机构,来管理全院的工程、水供、电力、环境卫生、房屋的维持、全院人员及其眷属的福利,等等,不光是对外的文书和全院的预算而已。最近几年来,本院各所与总务处都集中南港一地,这是整顿全院事务的最好机会。我十分诚恳的感谢先闻先生肯接受这件大任务,我十分诚恳的盼望全院同人给他一切他需要的合作。(台北胡适纪念馆藏档,档号:HS-NK05-026-007)

> 按,胡适晨间将此函交李先闻阅看,请李不客气地改削文字与内容。(台北胡适纪念馆藏档,档号:HS-NK05-026-007)

同日 胡适寄还黄周德君《唐宋八大家文钞》一函4册,曾托"中研院"史语所的版本专家屈万里及图书馆主任蓝乾章两位代向公私藏书家问过,无人愿意收购此书,故寄还。(台北胡适纪念馆藏档,档号:HS-NK05-100-010)

7月29日 李先闻来辞总干事。访客还有董作宾、李济、杜光埙。(《胡

适之先生年谱长编初稿〔补编〕》，498 页）

同日 《征信新闻》报道胡适对记者谈话，祝陈诚离台顺风、平安、成功。

同日 杨联陞致函胡适，希望胡适保重。谢赠《乾隆甲戌本脂砚斋重评石头记》。Beacon Press 对胡适的英文论文集非常有兴趣，杨联陞很希望胡适写给自己一封英文信，授权他向各方请求关于版权方面的事情。（台北胡适纪念馆藏档，档号：HS-LS01-008-017）

7月30日 黄伯度来长谈。陶振誉来长谈。（《胡适之先生年谱长编初稿〔补编〕》，499 页）

7月31日 李先闻来谈半小时。刘崇鋐来谈。胡适进城理发，便道访钱思亮、朱家骅。（《胡适之先生年谱长编初稿〔补编〕》，499 页）

7月 雷震65岁生日时，胡适亲笔抄写杨万里的《桂源铺》送给雷："万山不许一溪奔，拦得溪声日夜喧。到得前头山脚尽，堂堂溪水出前村。"胡适特别说明，此诗"我最爱读"，"今写给儆寰老弟"。（马之骕：《雷震与蒋介石》，台湾自立晚报社文化出版部，1993年，421 页）

8月

8月1日 郭廷以来访，谈到请胡适早日物色近史所负责人以便辞职，胡适未允准。（《郭量宇先生日记残稿》，267 页）

同日 董作宾来，送胡适一本《中国年历简编》上册，从有熊氏黄帝元年丁亥编起。胡适说："这是属于古史传说时代的年代，其实都可以不要；就从殷盘庚十五年丁巳，西元前一三八四年起就行。"（《胡适之先生年谱长编初稿》第十册，3686 页）

同日 访客还有全汉昇、胡光麃、李先闻（偕赵传缨）。（《胡适之先生年谱长编初稿〔补编〕》，499～500 页）

8月2日 上午，访客有夏涛声、成舍我、蒋匀田、宋英。顾维钧夫妇、王世杰夫妇来参观考古馆，王世杰夫妇留此午饭。下午，李先闻来报告太平洋科学会议的情形。晚，李青来、陈香梅来访。（《胡适之先生年谱长编

初稿〔补编〕》，500页；《胡适之先生晚年谈话录》，214页）

8月3日　蔡锡琴偕两位医生来为胡适检查身体后表示最好明年离台。胡适不允，主要是要结束美国的房子，胡太太不懂英文，要自己接她回来。（《胡适之先生年谱长编初稿》第十册，3689页）

同日　访客有夏锺强、操宏华、姚从吾、梁容若、沈宝环。（《胡适之先生年谱长编初稿〔补编〕》，500～501页）

同日　胡适复函沈谦志，答复自己所知道的有关治疗慢性肾病的方法。（台北胡适纪念馆藏档，档号：HS-NK01-010-016）

> 按，沈氏原函藏于胡适纪念馆，档号：HS-NK01-010-015。

8月3日与次日　雷震各致胡适一函，主要谈入狱后家庭经济窘迫等情，又劝胡适保重身体。（《万山不许一溪奔——胡适雷震来往书信选集》，247～250页）

8月4日　上午9时至12时，胡适主持召开"中研院"1960年、1961年度院士选举会议。（台北胡适纪念馆藏档，档号：HS-NK05-223-014、HS-NK05-223-015）

同日　上午开会前，朱家骅、凌鸿勋、杨树人来谈。下午，李济来谈。（《胡适之先生年谱长编初稿〔补编〕》，501页）

同日　胡适致函李青来，因误说"中央日报"未曾刊登苏联《真理报》的报道而道歉。（台北胡适纪念馆藏档，档号：HS-NK01-062-022）

同日　胡适致函吴相湘，退还吴致全汉昇的信，劝吴"不要生正谊的火气了"：

> 在几年前，我给你题心史先生的遗墨，就指出一点：我劝告一切学人不可动火气，更不可动"正谊的火气"。一动了火气——尤其是自己认为"正谊的火气"——虽有方法最谨严的学人如心史先生，如王静庵先生，都会失掉平时的冷静客观，而陷入心理不正常的状态，即是一种很近于发狂的不正常心理状态。（台北胡适纪念馆藏档，档号：

HS-NK01-149-010）

8月5日　访客有叶祖灏、张佛泉、余坚、吴相湘、李干、赵书诚。罗福林（由张祖诒陪同）来谈影印甲戌本《脂砚斋重评石头记》的经过。（《胡适之先生年谱长编初稿〔补编〕》，502页）

同日　晚，胡适与王世杰联名宴请美援教育组的 Schmid、Byerly、Berkebile 与 Johnson Yen，受邀的陪客有钱思亮、杨树人（不能到）、林致平、徐可燫、李熙谋和李先闻。（台北胡适纪念馆藏档，档号：HS-NK01-064-009）

8月6日　上午，胡适主持召开院士候选人文史组的审查会。

同日　下午，蒋梦麟夫妇来谈。（《胡适之先生晚年谈话录》，214页）

同日　访客还有田炯锦、张紫常夫妇等。（《胡适之先生年谱长编初稿〔补编〕》，502页）

8月7日　胡适对记者谈起阳明山会谈，认为谈总比不谈好。又谈到希望今年能出版神会和尚的全集和《六祖坛经》等。（次日之《征信新闻》）

同日　下午，李先闻来谈。（《胡适之先生年谱长编初稿》第十册，3692页）

同日　胡适复函 F. S. Drake：因生病，迟复为歉。将写给 J. R. Jones 的信中所提三个理由再重述一次，以告知无法参加香港大学所办研讨会的原因。（台北胡适纪念馆藏档，档号：HS-NK05-147-038）

8月8日　胡适看了胡颂平收藏的胡适近三四年来的信札，表示："我看都不值得保存，如要收入文存，只有给入矢义高和柳田圣山的几封信。"又说，发信的目录是有用的，如果收入文存，这目录就没有用了，"有些信，不须记录收信人的姓名，只说给'某君'就行"。（《胡适之先生年谱长编初稿》第十册，3692页）

同日　凌纯声来谈民族所建筑经费事。袁贻瑾来谈，留此午饭。下午，李先闻、王世中来。（《胡适之先生年谱长编初稿〔补编〕》，503页）

同日　为"长期发展科学委员会"补助"国际海洋研究会中国委员会"

一事，阮维周函请胡适帮忙。（台北胡适纪念馆藏档，档号：HS-NK05-032-010）

8月9日　陈受颐致函胡适云：自舍弟陈受荣以及袁同礼、张紫常处获悉胡适近期的身体状况。已决意回台湾参加阳明山的会谈并将到南港看望胡适。（台北胡适纪念馆藏档，档号：HS-NK05-090-003）

8月10日　访客有凌纯声、宋英、殷海光、Charles Murphy（Fortune）和Loun W. Pesaler、徐可嫖、邹云。（《胡适之先生年谱长编初稿〔补编〕》，503页）

同日　胡适致函姜贵，告无法为其找工作等情：

> 我想了多时，竟想不出一个有效的法子来帮助你。因为我不是"一个有办法的人"。我在社会上四十多年，从来没有一纸介绍信到任何机关或个人。
>
> 如果你能向任何机关，如"农复会"之类，自行介绍，自行申请工作，你可以提出我的姓名作一个"参考人"（reference person）。这是现代式的寻找工作方法。如果某一机关有心调查你的经历，他们自会写信去问"参考人"。
>
> 我送上支票一千元，请你收作暂时救急的费用。千万不要推却。
>
> 我当然继续想着你的问题。不消说得，我十分关切你的困难。（台北胡适纪念馆藏档，档号：HS-NK01-143-021）

8月11日　胡适到台北主持科学会执行委员会会议。（台北胡适纪念馆藏档，档号：HS-NK05-250-003、HS-NK01-326-122）

同日　访客有董同龢、Berkebile、齐世英等。（《胡适之先生年谱长编初稿〔补编〕》，504～505页）

同日　夜，钱思亮来告：他与陈雪屏和杨树人谈过，请杨以评议会秘书兼代总干事，杨未坚决拒绝，表示可以帮忙三四个月，仍请胡适找年富力强的人任总干事。（《胡适之先生年谱长编初稿》第十册，3695页）

同日　胡适致电吴大猷：报纸报道你将回台，请电告抵达时间。我计

划 8 月 30 日前往纽约。(台北胡适纪念馆藏档,档号:HS-NK05-034-019)

8 月 12 日　访客有牛存善、全汉昇、万绍章、丁明达、吕光、王叔铭等。(《胡适之先生年谱长编初稿〔补编〕》,505 页)

8 月 13 日　胡适到台北主持科学会执行委员会第四十三次会议。(台北胡适纪念馆藏档,档号:HS-NK01-326-123)

同日　王世杰、李先闻来,在此午饭。(《胡适之先生年谱长编初稿〔补编〕》,505 页)

同日　胡适作有《慧忠与灵坦都是神会的弟子?》。(《胡适手稿》第 7 集卷 2,257~274 页)

8 月 14 日　访客有蒋彦士、杨亮功、林致平等。(《胡适之先生年谱长编初稿〔补编〕》,505 页)

同日　胡适复函黄东明,云:

> 你的信上说你从我的一些说理文章里,"感受到一种完全客观的求真精神",你自己觉得那种精神给你自己思想上起了很大的影响;你说你要感谢我给了你"对事物的许多正确信念以及思维的方法"。这些话都使一个老年人读了高兴,使他更相信他一生的努力并没有白费。我特别谢谢你。(台北胡适纪念馆藏档,档号:HS-NK05-100-006)

按,黄东明原函现存于台北胡适纪念馆,档号:HS-NK01-198-007。黄氏收到胡适来函后,于 8 月 16 日有复函,9 月 27 日黄氏又致函胡适。(台北胡适纪念馆藏档,档号:HS-NK05-100-007、HS-NK01-198-007)

同日　胡适复函张景樵,大体同意张对《聊斋志异》原稿考证的结论。(台北胡适纪念馆藏档,档号:HS-NK01-036-012、HS-NK05-082-002)

按,张氏原函现存于台北胡适纪念馆,档号:HS-NK01-036-011。

8 月 15 日　洪家骏来访。李先闻陪同 Henry B. Hansteen、John C. Weble

来访，并留此午饭。夜，李先闻来谈。(《胡适之先生年谱长编初稿〔补编〕》，506页)

同日　下午，胡适到台北主持科学会执委会会议。(台北胡适纪念馆藏档，档号：HS-NK01-326-124、HS-NK05-250-005)

同日　胡适为简又文题"太平天国全史"，为杨力行题"青春"。(《胡适之先生年谱长编初稿〔补编〕》，506页)

同日　胡适复函全汉昇，感谢其代理总干事达三年半之久，感谢其这三年半的辛勤、合作。(台北胡适纪念馆藏档，档号：HS-NK01-058-009)

> 按，全氏原函现存于台北胡适纪念馆，档号：HS-NK01-058-008。

8月16日　访客有周法高、魏如东、李先闻、李济、沈怡夫妇(由其带回为沈亦云所题"亦云回忆")。(《胡适之先生年谱长编初稿〔补编〕》，506页)

同日　胡适作有《跋裴休的〈唐故圭峰定慧禅师传法碑〉》，此稿于9月28日改定，认为裴休详记的圭峰禅师宗密的传法世系是大有问题的。后又将此稿改写，但未写完，即长逝矣。

同日　胡适致函何勇仁，谢上月23日远道来探望事，并及当天所谈贵县姓罗的学生大概是罗尔纲；另提及《胡适思想批判》第二辑，请便中饬人送至和平东路"中研院"总办事处。(台北胡适纪念馆藏档，档号：HS-NK05-038-012)

同日　胡适复函曾如柏，谢寄《太极拳全书》，并谢关心身体。(台北胡适纪念馆藏档，档号：HS-NK05-096-001)

> 按，曾如柏原函藏于台北胡适纪念馆，档号：HS-NK01-216-005。

8月17日　马逢瑞来访。徐可熛偕同赵文艺等来谈科学会的事务以及对台湾教育的意见，并留此午饭。(《胡适之先生年谱长编初稿〔补编〕》，506页)

同日　晚，陈雪屏请胡适吃饭，约王世杰、钱思亮、杨亮功、毛子

水等作陪，同席诸人都以胡适脉搏不稳劝胡适缓几个月再离台。胡适以结束纽约的房子为由执意如期离台。(《胡适之先生年谱长编初稿》第十册，3698～3699页;《胡适之先生年谱长编初稿〔补编〕》，506页)

同日　胡适致函江冬秀，告所定8月30日飞往纽约的计划不变等。(台北胡适纪念馆藏档，档号：HS-NK05-048-069)

同日　雷震日记有记：

> 胡先生给我六十五岁生日的字，用照片照好，今日送进来。亚英上周五上午十时拿来，今日下午三时十五分送到我的地方，其缓慢可知。诗为杨万里的诗："万山不许一溪奔，拦得溪声日夜喧。到得前头山脚尽，堂堂溪水出前村。"(《雷震全集》第36册，199页)

8月18日　胡适到台大医院看牙齿。

同日　访客有黄季陆夫妇（未遇）、李先闻夫妇（留午饭）、陈受颐（留午饭）、沈宗瀚等。(《胡适之先生年谱长编初稿〔补编〕》，507页)

同日　胡适致函钱益，感谢台北公路局开通台北市到"中研院"的班车。(台北胡适纪念馆藏档，档号：HS-NK01-054-013)

同日　雷震日记有记：

> 《野马传》系八月四日由亚英带来，此书系向胡适之先生借的，审查了两个礼拜，今日退回。此书不能给我看，其理由不详，我想友联出版社可能有关系。(《雷震全集》第36册，206页)

8月19日　胡适到台大医院检查身体，X光甚好，但心电图未有进步。(《胡适之先生年谱长编初稿》第十册，3700页)

同日　访客有凌纯声、程和铣、程其保、张乃维、居载春、李济等。(《胡适之先生年谱长编初稿〔补编〕》，508页)

同日　胡适致函林致平，解释因格于"国家长期发展科学委员会"的有关规定，撤回林研究讲座教授之提名。又对林因离台外出讲学而请人兼代中兴大学校长及数学研究所所长而感失望：

吾兄似乎不感觉一个新立的省立大学的校长的任务之重大，二因为吾兄似乎不明了我们在这二三年来可以设立"研究讲座"与甲乙种"研究补助费"的苦心止是为了要提倡"专任"（full time）的原则与精神。如果中兴大学的校长职务可以如此轻易委托他人，当日又何必"毁了一个好科学家"呢？如果数学所可以如此轻易交给一位今年刚得 Ph.D. 的兼任研究员，我们在两年前又何必费那么多心思去替吾兄办到退役的事呢？（台北胡适纪念馆藏档，档号：HS-NK01-077-002、HS-NK03-003-016）

同日　胡适复函郑西平，拟以其开价购下其《憨山梦游集》《正谊堂全集》两书。（台北胡适纪念馆藏档，档号：HS-NK05-120-005）

按，郑氏有关来函藏于胡适纪念馆，档号：HS-NK01-215-001、HS-NK01-215-002、HS-NK01-215-004。

同日　雷震日记有记：

今日函胡先生，并将打油诗寄去。因打油诗太长，又给监狱长作一报告。大约上午十一时，忽然将胡先生函退回，内有不妥当的句子。因《野马传》退回，我说："我看书范围之窄，当可想而知。"这本是事实，但不能告诉外人知道。还有我说，美国这些共和党把民主党之美蒙建交打垮了。我说："胡先生过去常常说，反对党在政治上是相辅相成，这里又可找一证据。"也要删去，只好重写。（《雷震全集》第36册，207页）

按，是日经狱方要求修改的雷震致胡适函，载《万山不许一溪奔——胡适雷震来往书信选集》，251页。

8月20日　上午，Walker来访。朱家骅来久谈。下午，访客有毛子水、吴大猷、王霭芳、徐芳。（《胡适之先生年谱长编初稿〔补编〕》，508页）

8月21日　蔡锡琴电话告知，胡适的心脏有新状态，须等23日再做一

次心电图，才可决定能否离开台湾。(《胡适之先生年谱长编初稿》第十册，3703 页）

同日　午前，陈诚来谈 25 分钟。(《胡适之先生年谱长编初稿》第十册，3703 页）

同日　访客还有劳榦、孙德中、雷美琳等。(《胡适之先生年谱长编初稿〔补编〕》，509 页）

同日　陈诚函邀胡适参加阳明山会谈。(台北胡适纪念馆藏档，档号：HS-NK01-030-004）

8 月 22 日　黄季陆来谈汉学会议事。(《胡适之先生年谱长编初稿》第十册，3704 页）

同日　吴大猷、钱思亮来访。(《胡适之先生年谱长编初稿〔补编〕》，509 页）

同日　郭廷以来访，胡适"美国之行，或将作罢"。(《郭量宇先生日记残稿》，270 页）

同日　胡颂平的次子胡宏造开始为胡适的藏书盖章。(《胡适之先生年谱长编初稿》第十册，3704 页）

同日　雷震日记有记：

> 昨日给适之先生函，今日下午三时半还未发出……说我好处，一定不得保留。(《雷震全集》第 36 册，211 页）

按，是日经狱方要求修改的 8 月 21 日雷震致胡适函，只谈雷在狱中的失眠苦状，又说："前昨又念佛来克制，并时时想到先生给我的 4 个字——逆来顺受。不说别的，这部'宪法'，我吃的苦、流的汗，总比别人多。只说开会，我总参加了一百数十次以上，而不应受此折磨吧！"(《万山不许一溪奔——胡适雷震来往书信选集》，254 页）

8 月 23 日　胡适到台大医院检查身体，医生仍说胡适不宜远行。(《胡适之先生年谱长编初稿》第十册，3706 页）

1961年　辛丑　70岁

同日　访客有梁序穆、韩伟、萧铮、徐贤修、陈雪屏。(《胡适之先生年谱长编初稿〔补编〕》，509～510页）

同日　为梁序穆向"中基会"申请旅费事，胡适复函梁，请梁出具一个详细的申请书。(台北胡适纪念馆藏档，档号：HS-NK01-090-003）

8月24日　陈源、陈洪兄弟来访，留此午饭。(《胡适之先生年谱长编初稿〔补编〕》，510页）

同日　傍晚，钱思亮、李干来，商谈"中基会"下半年的基金分配问题，商定今年不开年会，延到明年二三月再开。(《胡适之先生年谱长编初稿》第十册，3707页；又可参考台北胡适纪念馆藏档，档号：HS-NK05-112-033、HS-NK05-112-034）

同日　晚上9时半，戴葆鎏来看望胡适。(《胡适之先生年谱长编初稿〔补编〕》，511页）

8月25日　胡适出席阳明山谈话会。(《胡适之先生晚年谈话录》，216页）

同日　访客有余又荪（不遇）、林浩、傅恬修。(《胡适之先生年谱长编初稿〔补编〕》，511页）

同日　晚，于衡、李青来电话访问胡适对阳明山谈话会的感想，胡适表示有人谈谈，就是一件好事。(《胡适之先生年谱长编初稿》第十册，3708页）

同日　胡适致函徐秋皎，告知不去美国事，又感谢其5个月来的照顾。(台北胡适纪念馆藏档，档号：HS-NK01-018-004）

> 按，徐秋皎有关函件现存于台北胡适纪念馆，档号：HS-NK05-068-002、HS-NK05-068-003。

8月26日　胡适留胡颂平父子吃午饭。(《胡适之先生晚年谈话录》，217页。）

同日　胡适复函苏雪林，告决不会对老朋友生气。8月30日赴美的计划因医生和朋友劝阻临时打消了，但因此举更忙。成功大学5月31日送

441

来苏之院士提名表，填的仍是"中国文学"。欢迎苏来小住几天。又提及江冬秀约在9月底或10月初回台等。（台北胡适纪念馆藏档，档号：HS-NK05-139-017）

  按，8月间苏雪林自己为院士提名与选举事，多次致函与其私谊较好的胡适与王世杰。可参考台北胡适纪念馆藏档，档号：HS-NK01-258-022、HS-NK01-258-021、HS-NK01-258-020、HS-NK01-258-023、HS-NK01-258-025。

8月27日　上午，胡适主持召开"中研院"第四届评议会第二次会议，选出院士候选人13人。（台北胡适纪念馆藏档，档号：HS-NK05-226-017、HS-NK05-226-019）

同日　下午，胡适主持召开科学会执行委员会第四十五次会议。（台北胡适纪念馆藏档，档号：HS-NK05-250-007、HS-NK01-326-125）

同日　胡适致函苏雪林，告：此次院士提名，王世杰和自己无意给苏不少困扰，深感不安。此次人文组提名的共13人，投票结果得过半数的仅有4人。周法高缺少一票，不得列入。（台北胡适纪念馆藏档，档号：HS-NK01-258-024）

同日　曹聚仁致函胡适，北京图书馆收藏扩增，并及内含程甲本钞本《石头记》。附寄周汝昌一部《红楼梦》新钞本。（台北胡适纪念馆藏档，档号：HS-NK05-077-008）

同日　田培林、杨亮功致函胡适，请胡适为庆祝美国教育哲学家克伯屈（William H. Kilpatrick）博士90诞辰的专刊撰文。（台北胡适纪念馆藏档，档号：HS-NK05-012-001）

  按，是年向胡适约稿的还有吴重生、张自英、《东方文艺》、陈文亨、何景同、余纪忠、王光焘。（据台北胡适纪念馆藏档不完全统计）

8月28日　胡适约万绍章来谈院士候选人登报事宜。（《胡适之先生年谱长编初稿〔补编〕》，514页）

1961年　辛丑　70岁

同日　胡适致函李孤帆，对选印《独秀文存》并不热心。理由：第一，自己没有心力来写"介绍陈独秀的思想"的文字，因为那就需要重读他的全部文字，而现在绝对无法搜集他的全部文字。第二，陈是一个没有受过严格学术训练的老革命党，而不是一个能够思想的人。第三，李孤帆不是理想的"选家"，而这个时候也不是选印陈独秀文选的时候。又寄上批评李著《我的宗教生活》前函删除的一段。（台北胡适纪念馆藏档，档号：HS-NK01-068-005）

同日　胡适在一封为某教授离台外出进修事而请求"重予考虑"的信中批示徐可熛：

> 此信昨天我已请钱校长看过。他和我都觉得，此种事件既经专门委员会通过，我们绝不应干涉。更不能提请"重予考虑"。
>
> 最可注意的是此案兄尚未知，执行委员会尚未知，何以顾先生已知道"据闻未能通过"了？这种奔竞运动的风气似乎应该注意防止罢？

（《胡适之先生晚年谈话录》，218页）

同日　胡适致函周法高：昨天评议会投票时，周因缺少一票不得过半数，很感惋惜。又为在投票之前没有请各组评议员为次第优先的提名人一一说明其学术上的贡献，是一大疏忽，故诚恳地向周道歉。（台北胡适纪念馆藏档，档号：HS-NK01-007-004）

同日　陈受颐来谈。（《胡适之先生年谱长编初稿〔补编〕》，514页）

同日　胡适作有《〈朱子语类〉二十卷》笔记一篇。（《胡适手稿》第9集卷1，31~42页）

同日　李书华复函胡适，希望胡适善自珍摄。告因左臂骨折，无法参加阳明山会谈。时时挂念梅贻琦的病。（台北胡适纪念馆藏档，档号：HS-NK03-003-022）

8月29日　胡适写定《伦敦大英博物院藏的十一本〈阎罗王授记经〉〔下〕》。（《胡适手稿》第8集卷1，54~70页）

同日　胡适致函赵元任，告访美行程取消。对前天的会议深感失望。

（《近代学人手迹》三集，143 页）

同日　胡适致电许世英，贺寿。（台北胡适纪念馆藏档，档号：HS-NK01-264-007、HS-NK05-073-004）

8月30日　访客有石璋如、莫德惠。（《胡适之先生年谱长编初稿〔补编〕》，515 页）

同日　晚，胡适出席蒋介石夫妇招待阳明山座谈会与会人士的宴会。（《胡适之先生晚年谈话录》，219 页）

同日　胡适为研究补助费事，复函徐可熛。（《胡适之先生年谱长编初稿》第十册，3721 页）

同日　哈特曼夫人复函胡适：看到你延期来美的消息。你不应该为演讲承诺任何日期，也不用为"中基会"排定何时开年会，直到你休养数个月后再说。（台北胡适纪念馆藏档，档号：HS-NK05-151-021）

8月31日　胡适到圆山饭店回拜崔用德。（《胡适之先生年谱长编初稿〔补编〕》，515 页）

同日　中午，胡适应 Seligmen 的饭局。晚，陈诚与"四院院长"宴请胡适等于"三军"军官俱乐部。访客有刘钟鼎、Moyer。（《胡适之先生年谱长编初稿〔补编〕》，515～516 页）

9月

9月1日　公路局通车到"中研院"，胡适前往剪彩，并有短演说。（据《日记》；《胡适之先生晚年谈话录》，220 页）

同日　唐美君、庄申来辞行。马逢瑞、赵传缨来访。（《胡适之先生年谱长编初稿〔补编〕》，516 页）

同日　胡适致电李先闻：希望在檀香山会议（即第十届太平洋科学会议）后能够放松与休息，并能够继续到伦敦参加国际科学联合会总会（ICSU）大会；另提及陈源现在台北。（台北胡适纪念馆藏档，档号：HS-NK05-026-008）

按，9月3日，胡适将此电之意，写信与李。（台北胡适纪念馆藏档，档号：HS-NK05-026-009）

同日 胡适致函 George L. Coale, Jr.：

As I have told you on the telephone, Dr. Chuan-ying CHAO has been selected by the National Academy of Sciences in Washington D. C. to participate in the Visiting (post-doctorate) Research Scientists Program (World Wide Research Scientists Project). Under the Project, Dr. Chao is entitled to bring his wife and two daughters (aged 7 and 3) with him.

The "Academia Sinica" which has served as the organ for the selection and screening of the candidates in 1958-59 and again in 1960-61, confidently expects Dr. Chao to return with his wife and two daughters in 1963. Mrs. Chao's father and mother are living in Taipei and are well-known here.

The three scientists selected under the same program in 1958, namely,

LAI Tung-ming (with wife and 4 daughters)

SUNG Shan-ching (with wife and 2 sons and 1 daughter) and

LING Keh-chih (with wife, 1 son and 1 daughter)

have all returned with their whole families. (Professor Sung is now making a special study in Japan and will arrive in Taipei with his family this week.) As a matter of fact, your "National Academy of Science" and the "Academia Sinica" hold ourselves responsible for each of these scholars to "return to his country" as specified in article 3 of "Rules Governing Awardees".

Any kindness you may render to Dr. Chao in his application for "visa", will be gratefully appreciated.（台北胡适纪念馆藏档，档号：HS-NK05-146-023）

同日 Pardee Lowe 致函胡适：收到普林斯顿大学 Parvin Fellows 计划的主持人 R. W. van de Velde 之7月25日来信，请求为1962—1963学年的

Parvin Fellow 提出候选人。如您有认识符合申请条件者,请提名 2 名。附寄申请表 4 份。(台北胡适纪念馆藏档,档号: HS-NK05-156-016)

9月2日　胡适陪 Raymond Moyer 夫妇参观考古馆。(据《日记》)

同日　吴大猷、陈受颐、钱思亮、毛子水来谈,并在此吃夜饭。(据《日记》)

同日　上午,访客有余又荪、郭廷以、梁序穆。下午,访客有吴经熊、薛光前、毛子水。(《胡适之先生年谱长编初稿〔补编〕》,516 页)

同日　胡适复函徐可熛,谈科学会会务。(《胡适之先生年谱长编初稿》第十册,3723～3724 页)

9月3日　胡适致函江冬秀,谈及江冬秀回台后,请叶良才、游建文夫人、王纪五负责处置纽约居所物品办法:书籍全部运回台湾;文件暂存叶良才处,待胡适检视后,丢下无用的文件;江之衣服,用好衣箱带回;家中藏画的处置办法,多请王纪五决定;家具有不少是哈德门夫人的,请归还等。(台北胡适纪念馆藏档,档号: HS-NK05-048-072)

同日　李干来辞行。霍宝树来谈。(《胡适之先生年谱长编初稿〔补编〕》,516 页)

同日　晚,王世杰宴请陈源,请胡适、毛子水、雷啸岑、卜少夫等作陪。胡适日记有记:

> 饭后闲谈,雪艇谈起一九三七年七月的庐山会议,他说我到山上的那天……就和蒋介石先生谈了一点钟,我说的大旨是:华北的人民怨中央政府决心不要华北了,不然,何以大家眼看见整个华北就要丢了,竟没有中央军队北来援救!中央是否真决心不要华北的土地人民了!
>
> 雪艇说,我那天说的话颇有决定性的影响。那天下午,蒋先生见冯玉祥,冯也责备中央放弃华北。那天晚上,蒋先生在室中独自走路,走来走去,到九点钟,忽下命令,令孙连仲、庞炳勋的军队开进河北。战局就此决定了。

雪艇说，我从北方南下，住在教育部里，人请我写字，我写的是"遗民泪尽胡尘里，南望王师又一年"两句。

这些事，我都记不得了。

《胡适之先生晚年谈话录》220页有记：

晚上，王世杰请先生吃饭，同座的是香港来参加阳明山会谈的几个人士。饭后，王世杰对大家说："你们不要以为会谈是没有什么意义的。抗战前夕的'庐山谈话'，以后对抗战发生的影响很大。适之先生是不主张打仗的。他到庐山之后当天下午给蒋委员长谈话，对于以后的长期抗战的决策就有决定性的作用。"

同日　胡适复函李书华，为其不能回来感觉失望。又谈及李之伤、自己之病、梅贻琦住院15个月等。谢其赠《筹算与珠算》。(《李润章先生藏近代名贤手迹》，116页)

同日　胡适复函王镭，指出：王国维曾有研究题为李志常《长春真人西游记》《长春真人西游记注二卷》，收在《王忠悫公遗书》的第三集。小说《西游记》与邱长春毫无关系，从前一切道士妄说，都不足信。王屡次在信上说的关于小说《西游记》的尊见，胡适自己完全不相信，也完全不敢赞同。以后请不必再写关于这个问题的信了。(台北胡适纪念馆藏档，档号：HS-NK01-142-041)

按，王镭有关给胡适的信可参考台北胡适纪念馆藏档，档号：HS-NK01-142-040、HS-NK05-007-003。

9月4日　达鉴三来访（胡颂平代见）。劳榦来谈其离台问题。万绍章、李毓澍来谈近史所事。(《胡适之先生年谱长编初稿〔补编〕》，517页)

同日　中午，胡适留胡颂平父子午饭，饭桌上谈宗教、迷信诸问题：

先生说："全世界各民族中，只有我们的民族对于宗教的生活是最淡漠的。"胡颂平问："佛教未到中国以前怎样？"先生说："迷信也是

有的：秦始皇、汉武帝，不都是求神仙不死的药吗？我是一个无神论者。"……

"你看过我的《南游杂忆》吗？我在二十四年一月九日早晨，从香港坐船到了广州。罗文干那时在广州，他也是迷信的，私下给我做了一个卦，不很好。他立刻托人带一封信来，要我立时拆开看。我拆开看，里面有'兄此次到粤，诸须谨慎'。原来是陈济棠反对我到广州来。我的《杂忆》只写这几句，没有把罗文干做卦的事情写出来。"（《胡适之先生晚年谈话录》，221 页）

同日　陈之迈函介赴"中研院"做研究的 Professor Hans Bielenstein 与胡适。（台北胡适纪念馆藏档，档号：HS-NK01-022-003）

9 月 5 日　郭廷以来谈 8 月 31 日被捕的近史所同人王世流事。（《郭量宇先生日记残稿》，273 页）

同日　上午，访客还有郑骞、宋英、张豁然等。（《胡适之先生年谱长编初稿〔补编〕》，517 页）

同日　中午，胡适留来访的毛子水、吴大猷吃饭。胡颂平有记：

毛子水、吴大猷来，留此午饭。先生对吴大猷说，我想请你回来作院长。吴大猷说："我不行。我偶然回来一次，大家对我还客气；真的回来了，大家就会讨厌我，漫说'中央研究院'，就是'清华大学'里面的人，也会骂我的。"先生说："我已被人骂了四十多年。我觉得应该做的，只要百分之六十对'国家'有利，百分之四十被骂，我还是不怕被骂的。为什么胡适之在外国，别人对他多少尊敬，回来后会被人骂呢？因我认为应该说的，应该做的，我不怕人家的批评！譬如说，科学会今年补助的五百多人，这五百多家的生活解决了，这五百多人可以安心作研究工作了。科学会，也是有人在骂。我不怕人家骂我，我已补助了五百多人的生活了。"

先生又谈起"公立大学也该有个董事会的组织。像'清华'，是个大问题。如果有个董事会，遇到校长出缺，先由董事选举三个人，再由'政府'圈定一个人，也像'中央研究院'一样；这样，这个大学可以延续下去，自然越办越好的。像西汉的太学，最初只有五位先生，五十个学生。到了王莽时代，学生一万多，到了东汉，太学生多到五万人。五万个学生在京师，他们批评腐败的政治，发生了党锢之祸。为什么有这么久的历史而没有一个上百年的大学？就是没有连续的关系。我觉得公立大学应该有个校董会。在美国，校董会组织最健全充实的，他们的学校也办得最好"。(《胡适之先生晚年谈话录》，222～223页)

同日　下午，有位客人郑西平来向胡适兜售《大学衍义》、祝枝山的条幅、董其昌的册页等文物。胡适因说道，他欣赏祝枝山的字，不喜董其昌的字，最讨厌赵孟頫的字。(《胡适之先生晚年谈话录》，223页)

同日　胡适由李先闻女儿在美结婚一事，谈道：

连水也没有的地方，人民应该迁徙的；但是西北的人民安土重迁，这是表示这个民族太老了。像广东、福建的人，他们就到海外去发展了。他们到了美国后，成了中国种族的美国人，他们仍会帮助中国的，这是好的事。(《胡适之先生晚年谈话录》，224～225页)

9月6日　胡适作有《怀念曾慕韩先生》一文，赞颂曾"终身爱国"，"终身为国家为民族努力，是一位可爱的朋友"。文章说，30年前，胡适曾嫌曾琦过于颂扬中国传统文化，可能替反动思想助战。(《民主潮》第11卷第18期，1961年9月16日)

同日　上午，夏涛声、郑振文来访。下午3时，李济来谈。(《胡适之先生年谱长编初稿〔补编〕》，521～522页)

同日　中午，胡适留胡颂平、胡宏造父子午饭，鼓励胡宏造多读科学家的传记。下午，郑南渭来访，谈到新闻记者报道错误消息而不肯更正，胡适对此不以为然。(《胡适之先生晚年谈话录》，225～227页)

同日　胡适复函徐刚云，因自己不是学政治的，不配批评其著作，故

寄还。（台北胡适纪念馆藏档，档号：HS-NK01-018-006）

同日　胡适复函木下彪，谢赠《国宝事典》。（台北胡适纪念馆藏档，档号：HS-NK01-233-004）

9月上旬　胡适致函刘淦芝，请刘研究张作诚的两封信，并请其指示"应该如何处理此事"。（台北胡适纪念馆藏档，档号：HS-NK03-006-025）

9月7日　访客有陈奇禄、Morton H. Fried、王坤淦、蔡乐山、李青来。约屈万里来看祝枝山的字。（《胡适之先生年谱长编初稿〔补编〕》，524页）

同日　胡适复函劳榦，劝劳勿因"领事"留难事而得罪"领事馆"，而应询问问题的关键在哪里，又劝其不要生气，因生气毫无用处。（台北胡适纪念馆藏档，档号：HS-NK01-110-008）

同日　李方桂复函胡适，为周法高未列入院士候选人感到惋惜。请保重身体。为寄赠甲戌本《石头记》致谢。（台北胡适纪念馆藏档，档号：HS-NK05-031-009）

9月8日　访客有 Albert Axelbank、Koyoko Axelbank、潘仰山、李嗣贵、张超英（未晤）。石叔明来约稿。（《胡适之先生年谱长编初稿〔补编〕》，525页）

同日　下午，胡适到台北主持"科学会执行委员会"会议。（台北胡适纪念馆藏档，档号：HS-NK01-326-126）

9月9日　胡适日记有记：

　　五十一年前，我和同船的七十多人在旧金山上岸，也正是California 的人民庆祝第六十周年的 Admission Day。

　　见的客人之中，有孙观汉与 Harry Schmid 同来；有雪艇在此午饭；有彭明敏；有 Prof. Martin Wilbur 与 Mr. Linden 同来。

　　雪艇谈"外交"情形，他是公忠忧国的人，故很愁烦。我们相对愁叹！

同日　胡适复函赵世洵，询潘家洵的姑母林行规夫人之情形。（台北胡适纪念馆藏档，档号：HS-NK01-046-024）

同日　胡适复函周增祥，云：

> 你盼望我能够"登高一呼，振奋人心，来一次中国的'文艺复兴'"——那是很渺茫的一点梦想，我想你的失望是可以断言的了。……
> 你如果看了我的《论学近著》……如果看了我收在那书里的"信心与反省"论文多篇，你就可以明白我在差不多三十年前也曾想过这些问题——我在那时候就说我已经想了"二十年"了！（台北胡适纪念馆藏档，档号：HS-NK01-004-008）

9月10日　韦慕庭夫妇来访，并留此午饭。（《胡适之先生年谱长编初稿》第十册，3728页）

同日　徐秋皎来，胡适约王志维夫妇来陪同晚饭。（《胡适之先生晚年谈话录》，228页）

9月11日　胡宏述偕其三位同学来见。（《胡适之先生晚年谈话录》，228～229页）

9月12日　因台风袭击，胡适住屋漏水，终夜不得休息。（《胡适之先生晚年谈话录》，229～230页）

同日　晚，严耕望来谈。（《胡适之先生年谱长编初稿〔补编〕》，525页）

9月13日　访客有全汉昇、魏喦寿。陈源来，留此午饭。赵传缨夫妇来辞行。宋瑞楼来为胡适诊察。（《胡适之先生年谱长编初稿〔补编〕》，528页）

同日　胡适复函古静英，同情其困难，但他从来不会干预各地任何学校的任何事务，不但不会，实在是从来不敢。所以他从来没有做过这种事。（台北胡适纪念馆藏档，档号：HS-NK04-011-013）

同日　胡适复函池立杰，云：

> 火与烹饪都是偶然的，无主名的大发明。因为无主名，故中国神话说火是燧人氏发明的，故希腊神话说火是孛罗米帝斯（Prometheus）大神从天上偷下来送给人类的。

人类烹饪的祖师，谁都不知道，我们不敢瞎说……（台北胡适纪念馆藏档，档号：HS-NK01-056-012）

9月14日　下午，李先闻来谈。(《胡适之先生年谱长编初稿〔补编〕》，530页）

同日　胡适致电 Jean d'Ormesson：因心脏病，医生劝阻旅行，无法参加 The General Assembly of the International Council for Philosophy and Humanistic Studies；并请向会长 Odegaard 及与会者致歉。（台北胡适纪念馆藏档，档号：HS-NK05-147-032）

同日　Pardee Lowe 致函胡适，云：

It was very nice of you to invite Dr. and Mrs. Martin Wilbur, Anita and me to lunch on Sunday. We enjoyed being with you and learning at first hand that you are back to your usual healthy self. The Wilburs were most pleased with the archaelogical exhibition at your Academy and Dr. Wilbur particularly expressed great joy that his office was to be in your institution. I am sure that he will gain much from his study here and know part of it will be through your very generous assistance to him.

In regard to the micro-filming of the history of the Ryukyus, I had a chance to discuss this matter with Dr. Chien Shih-liang and he expressed a hope that the micro-filming cost could be handled entirely by the "Academia Sinica" because this was the original understanding. However, if the cost becomes too great for the "Academia Sinica" to bear, we might approach Edgar Pike of the Asia Foundation or other American private foundations to assist us in the project. This seems to me to be exactly the type of project in which any American organization would be interested.

Concerning the copy which Dr. Anderson requested of the history of the Ryukyus, I think it will be perfectly alright to request his institution to pay for the amount needed to reproduce the set, plus transportation cost to the States.

This practice is commonly followed by many of the research institutions and libraries in the States. I can see no justification for your Academy not to make a similar request for reimbursement. I assure you it is done in the best of intellectual circles since money is so hard to come by these days.

I have mentioned to Mr. Richard McCarthy your request for 100 copies of our pamphlet *Taiwan's "Academia Sinica"*. He was most gracious and agreed to send you 1,000 copies with the compliments of USIS-Taipei. The extra copies will shortly be received from Manila. Just as soon as they arrive, we will forward them to you.

I trust that all goes well with you. Anita joins me in sending you and Mrs. Hu our very warmest greetings.（台北胡适纪念馆藏档，档号：HS-NK05-156-017）

9月15日　胡适致函陈源，拜托陈代表"中央研究院"出席9月25日至28日举行的第九届General Assembly of the International Council of Scientific Unions。（台北胡适纪念馆藏档，档号：HS-NK05-086-003）

同日　下午，胡适用《四部丛刊》本《法苑珠林》十校勘《冥报记》中的《眭仁蒨》篇。（《胡适之先生晚年谈话录》，231页）

同日　胡适致函即将赴美的全汉昇：请将需要交代的事务都交给万绍章接管，请薛世平、王大文帮助他接收，将来请得新总干事，就可以请他们三位代全办理交代。（台北胡适纪念馆藏档，档号：HS-NK01-058-010）

同日　胡适函谢允将治疗心脏病的秘传特效药给自己试服的林锡珪。（台北胡适纪念馆藏档，档号：HS-NK05-040-019）

按，林氏原函藏于台北胡适纪念馆，档号：HS-NK05-040-018。

同日　胡适致函徐高阮，云：

顷因考"阎罗王"与民间佛教的"十王"与太山的关系，曾摘钞《洛阳伽蓝记》的"慧嶷死一七日复活"一条，曾用你的新本，甚觉方

便。偶记出两点，写出请你看看。（台北胡适纪念馆藏档，档号：HS-NK01-018-010）

9月16日　访客有凌纯声、周法高。（《胡适之先生年谱长编初稿〔补编〕》，531页）

同日　下午，胡适到台北主持科学会执行委员会会议。（台北胡适纪念馆藏档，档号：HS-NK05-250-010、HS-NK05-250-011、HS-NK01-326-127）

同日　徐高阮复函胡适：关于《洛阳伽蓝记》"慧嶷死一七日复活"一条所指告的两点皆同意。所告伽蓝记重刊本的文注分得不错的话，令自己备受鼓励。7月26日得胡适写给东海大学吴校长商量借42册《续藏》的信之后何以一直没有到东海去的原因，在于道安法师及严一萍对影印工作尚未有一个妥当的办法。（台北胡适纪念馆藏档，档号：HS-NK05-069-005）

9月17日　徐高阮陪同苏雪林、谢冰莹来访。（《胡适之先生年谱长编初稿〔补编〕》，532页）

9月18日　胡适致函李先闻，告张作诚又因补助费事来函，自己虽认为其态度不好（故一个半月不回他信），但张函云：杀草剂研究室乃其主持，计划乃其指定，发表资料系其执笔，协助张之人都已得到补助，而实际主持人却得不到。基于此，胡适认为有重审此案的必要。自己在9月初曾访刘淦芝而因刘外出却未果。如果此案是"忙中出错"，希望李和刘淦芝等先审查一次，提出小组复议。又特别嘱咐李不要为此事生气。（台北胡适纪念馆藏档，档号：HS-NK04-010-004）

同日　晚，李先闻来谈。（《胡适之先生年谱长编初稿〔补编〕》，533页）

9月19日　上午，李先闻来。陶鹏飞来。（《胡适之先生年谱长编初稿〔补编〕》，533页）

同日　下午，胡适到台大医院检查身体，本想顺便探视梅贻琦，但听说梅贻琦夫人正在病房带着一群女人为其祷告，乃止步。胡颂平有记：

先生四点半回来，很沉痛的大声说："这是愚蠢！我本来很想看看梅先生，他也渴望能够见见我。他还没有死，一屋子愚蠢的女人在着唱歌祈祷，希望升天堂。——这些愚蠢的女人！"

先生平时常说："任何事我都能容忍，只有愚蠢，我不能容忍。"(《胡适之先生晚年谈话录》，233页）

9月20日　访客有阙河枝、马袖宇、Barbara、潘君密等。Pike邀胡适晚饭。(《胡适之先生年谱长编初稿〔补编〕》，535页）

同日　胡适复函一位叫向生的读者，答其关于《丁文江的传记》的疑问。（台北胡适纪念馆藏档，档号：HS-NK01-277-003）

9月21日　泰国谭理亲王由泰国"大使"陪同及随员七八人来访。访客还有李先闻、郑西平、美国在台教育基金会的代表20余人、森户辰男、陈继昌、胡心照、林可胜夫妇、卢致德夫妇、芮逸夫等。(《胡适之先生年谱长编初稿〔补编〕》，535页）

同日　胡适复函王大任、赵文艺，云：

"国家长期发展科学计划委员会"，由于贵院的提示，"政府"于公营事业的净赢余之中，指拨成数为发展科学技术之用；其中一部分，现在用作"遴选科学技术研究人员'出国'进修"的费用，因为这笔经费出于公营事业的赢余，"出国"进修人员的遴选应该包括公营事业的科学技术人员在内。所以去今两年，本会办理"出国"进修事业，于公私立大专学校及公立研究机构之外，又加上了"各机关之现职科学技术人员"，但本会的通告只送给了"中央研究院""行政院"所属各部会、台湾省政府和公私立大专学校。尊函所提"扩大范围，准予'其他机关'申请"一节，本年因不及修改原办法，亦不及通告其他机关，故贵院专门委员涂先生申请的事本会未能列入考虑之内，深为抱歉。尚乞见谅。

又贵院之"专门委员"是否即是"'立法院'各委员会组织法"第十八条规定的"各委员会各置专门委员一人，简派，担任法案之研究及草拟事项；必要时得各增置一人"？不知贵院现有的专门委员共有多少人？是否全数可视为"科学技术人员"？如某一委员会之专门委员有机会"出国"进修一年，贵院是否能准其请假而保留其职位？以上各项，倘蒙便中开示一二，不胜感谢。（台北胡适纪念馆藏档，档号：HS-NK01-046-007）

9月22日　访客有胡虚一、高阳、俞大纲、俞大绥、张心漪、黄宗清、毛子水、台湾"清华大学"总务长郑振华、V. Kaunke、Hannover、Robert U. S. Lin、Tseugefuy Tsong Sun、Bonuis C. Loo、李先闻、宋英、苏雪林等。（《胡适之先生年谱长编初稿〔补编〕》，535～536页;《胡适之先生晚年谈话录》，234页）

9月23日　访客有蒋燕华、石益、李济、钱思亮夫妇、何亨基、宣善屿等。（《胡适之先生年谱长编初稿〔补编〕》，536～538页）

9月24日　方豪陪新任台南主教罗光来访，谈起"思高圣经学会"翻译的《圣经》全部，胡适表示很佩服这班学人的苦干精神。（据《日记》）

同日　访客还有杨亮功、俞汝良、王企祥、查良鉴、张祖诒夫妇等。晚上，胡适到王世杰家吃饭。（《胡适之先生年谱长编初稿〔补编〕》，538页）

同日　胡适致函江冬秀，谈及江冬秀的旅行证件事，一切托游建文协助办理，又请代向王纪五致谢装书事等。（台北胡适纪念馆藏档，档号：HS-NK05-048-073）

9月25日　邓文超夫妇陪同 W. Y. Mitchell 来访。W. Y. Mitchell 偕其祖上流传的签名簿（有很多重要历史人物如南北战争时南方总统的签名）请胡适签名，胡适用英文写道："我很感到荣幸能在这纪念册上题名，这是许多历史上人物题过名的值得纪念的一本纪念册。"（《胡适之先生晚年谈话录》，237页）

同日　下午，谢觉民来访。晚，徐秋皎、梅贻琦夫人来访。（《胡适之先生年谱长编初稿〔补编〕》，539～540页）

9月26日　泰国普拉姆亲王来访，胡适陪他去参观。（《胡适之先生年谱长编初稿》第十册，3740页）

同日　郭廷以陪植田雄二访胡适，谈与日本外务省交换资料及人员事。

(《郭量宇先生日记残稿》，276页）

同日　访客还有周德伟、杨英风、蓝乾章、李济、贝祖诒。(《胡适之先生年谱长编初稿〔补编〕》，540～541页）

同日　胡适复函张作诚，云：

> 你给我的信（九月三日、九月十六日）和给科学委员会的信（九月三日），都收到了。九月十六日你要我代转的一信，我寄还你，因为我觉得这种信我没有代转的任务，我也劝你不要写这样的信。
>
> 你的信里有许多破口骂人的话，如"为人不齿"，如"极端卑鄙无耻"，如"'自由中国'科学界的流氓"——你用这样的字句来骂你从前服务机关的主持人，这就先毁了你说话的身份。这种恶骂的信，我本可以不理不睬。我二十天不曾回信，实在是为了这缘故。
>
> 今天我想想，你的信显然表示你根本不了解我们工作的情形，根本不了解为什么请求补助的人有得的，有不得的。所以我要对你说几句很诚恳的话。
>
> 你说，"研究补助费……生物组是绝对不公平的，尤其在糖试所，补助费之给予，完全凭李先闻君之所好"。
>
> 各组的研究补助费是必须经过各组专门科学委员会的审查、表决，才提向执行委员会推荐的。生物科学专门委员会七人之中，就有三位是和台糖有很长久的历史关系的。他们决不会容许某一个人的恩怨来决定或否决糖试所的某位先生的研究补助费。
>
> 我曾检查你和施君的全档。施君提交了九篇著作，都是与人合作的。你只提交了一篇著作，《台湾省强生草之分布情形与除灭途径》，是与施君合作的。
>
> 我们的科学专门委员都是工作很忙的人，无心的"忙中有错"是可能的，但我深信他们是公平的，决不会"绝对不公平的"。
>
> 我很诚恳的希望你不要失望，不要因失望而专责怪人，我更希望你能够心平气和的努力工作，努力作研究工作。(台北胡适纪念馆藏档，

档号：HS-NK01-034-008）

同日　胡适复函陈铁凡，谢赠《敦煌本论语异文汇考》，甚佩其"功力之勤，搜求之广，校录之详"。（台北胡适纪念馆藏档，档号：HS-NK01-026-011）

9月27日　上午，万绍章来报告院务。访客还有陈万裕、苏雪林、叶蝉贞、叶宝琨。（《胡适之先生年谱长编初稿〔补编〕》，541～542页）

同日　胡适函辞田培林、杨亮功，不能为克伯屈的90岁生日庆贺撰写论文，因自己"不是学教育的，读他的著作不多，想不出可写的题目，精力也不够写论文"。(《胡适之先生年谱长编初稿》第十册，3743页）

同日　胡适函谢李先闻夫妇送花，又为其抄写朱希真词一首。（台北胡适纪念馆藏档，档号：HS-NK01-064-010）

9月28日　胡适应蒋介石之邀，出席庆祝教师节的宴会。蒋介石曾三度邀请胡适讲话，胡适以医生不允为由，始终不曾发言。(《胡适之先生年谱长编初稿》第十册，3744页）

同日　梅贻琦致函胡适云，台湾"清华"原子炉正式落成典礼前已定于本年12月2日举行，现因时间迫近，一切应即准备事宜已嘱台湾"清华原子研究所"代所长郑振华先生随时请示。又谈及请帖事。当日，郑振华来访。（台北胡适纪念馆藏档，档号：HS-NK05-078-003；《胡适之先生年谱长编初稿〔补编〕》，542页）

同日　胡适致电叶良才：由于梅贻琦病情严重，台湾"清华大学"代所长郑振华要求您延期存储9月的分期付款，直到我的进一步消息。请邮寄"清华"1961—1962年预算复本。（台北胡适纪念馆藏档，档号：HS-NK05-112-038）

同日　黄彰健复函胡适：《朱子语类记录的门人姓名索引》，已遵嘱据晦庵先生语录类要卷首所记门弟子姓氏核对一过。另述以各版本检核所得。（台北胡适纪念馆藏档，档号：HS-NK05-100-031）

9月29日　访客有陶士君、詹明德、马祖圣夫妇（阮维周陪同）。中

午，来自阿根廷的 Holzman 宴请胡适。(《胡适之先生年谱长编初稿〔补编〕》，542 页）

同日　晚，杨树人应邀来谈，胡适仍请杨兼代总干事。杨答应帮忙六七个月，但请胡适一定找替人接替。(《胡适之先生年谱长编初稿》第十册，3744 页）

9 月 30 日　早，屈万里来，认为郑西平兜售的祝枝山的字恐系赝品。(《胡适之先生晚年谈话录》，239～240 页）

同日　胡适嘱郭廷以于 10 月 10 日举行近史所文献展览。(《郭量宇先生日记残稿》，277 页）

同日　董同龢陪 Soren Egerod 和 Arthur E. Link 来访。(《胡适之先生年谱长编初稿》第十册，3745 页）

同日　杨树人来电话告：愿意替胡适帮助解决"中研院"种种总务财务工作上困难问题，但不愿兼任总干事的名义。(《胡适之先生年谱长编初稿》第十册，3745 页）

同日　胡适到台北主持科学会执委会第四十八次会议。（台北胡适纪念馆藏档，档号：HS-NK01-326-128、HS-NK05-250-012）

同日　晚，Wilbur 宴请胡适。(《胡适之先生年谱长编初稿〔补编〕》，543 页）

同日　胡适请黄彰健修订其笔记。(《胡适之先生年谱长编初稿》第十册，3745 页）

9 月　张心沧赠其 *Allegory and Courtesy in Spenser: A Chinese View*（Edinburgh: Edinburgh University Press, 1955）与胡适，并题记：谨赠胡适先生并请多多指正。(《胡适藏书目录》第 4 册，2689 页）

10月

10 月 1 日　上午，胡适应邀为一位美国华语学校的校长题字："己所不欲，勿施于人。"访客有马熙程夫妇及其女儿、徐秋皎。胡适到台大医院探

视梅贻琦。(《胡适之先生年谱长编初稿〔补编〕》,543 页)

同日　胡适致电叶良才:梅贻琦好多了,但尚未脱离险境。今经其有意识地同意,钱思亮、霍宝树和我推荐你将"清华"该年第一期分期付款以美金传到台湾"清华大学"在台湾银行的 6190 号账户。请咨询 Brodie 和 Mackay。(台北胡适纪念馆藏档,档号:HS-NK05-112-040)

同日　童世纲复函胡适,告葛思德东方图书馆已收到《乾隆甲戌脂砚斋重评石头记》影印本,请询可否再送一部。(台北胡适纪念馆藏档,档号:HS-NK05-095-008)

10月2日　万绍章来报告,杨树人表示绝不担任总干事的名义,但对胡适的困难,一定设法解决。胡适谈起物色总干事人选不容易的原因,又对胡颂平说:

> 我这次不到美国去,表面上是接受医生的劝告。我会被医生劝阻得住吗?我是为了院里没有人主持,不能离开,才说接受医生的劝告。那天全汉昇来说:"后天交代,应交给谁来接?"我听了有点生气。后天就动身了,今天来通知我!后来一想,总干事出缺可由组主任暂代……我就叫万绍章去接了。(《胡适之先生晚年谈话录》,241 页)

同日　访客有李先闻夫妇、黄彰健、李济。(《胡适之先生年谱长编初稿〔补编〕》,543～545 页)

10月3日　访客有查良钊、郑子政、李先闻夫妇、朱昌峻、刘淦芝、郑振华、姚从吾。(《胡适之先生年谱长编初稿〔补编〕》,545 页)

同日　晚,胡适出席庄莱德的宴会。(《胡适之先生年谱长编初稿〔补编〕》,545 页)

同日　胡适函谢洪浩培赠送《太平广记》前 5 本。(台北胡适纪念馆藏档,档号:HS-NK05-046-005)

10月4日　美国国会图书馆中文部主任 Edwin C. Beal 来访。(《胡适之先生年谱长编初稿〔补编〕》,546 页)

同日　巴西国会议员莫拉伊士等 5 人在顾毓瑞陪同下来访。(《胡适之

先生年谱长编初稿〔补编〕》，546页）

同日　下午4时，齐世英、蒋匀田、成舍我、夏涛声4人来谈"联大"代表权问题。(《胡适之先生年谱长编初稿〔补编〕》，547页）

同日　《大话晚报》有"中研院"财物不清的报道，各报记者纷纷采访胡适，胡适表示绝对不确。又谈及去年3个月经费不能如数下拨，而院中建筑经费需款颇多。已请杨树人来帮忙处理财务问题，等等。（次日各报）

同日　胡适复函苏雪林，劝苏不要轻易写谈《红楼梦》的文字，"你没有耐心比较各种本子，就不适宜于做这种文字"。（台北胡适纪念馆藏档，档号：HS-NK01-258-027）

10月5日　万绍章来报告财务情况。下午，汪厥明来辞行。(《胡适之先生年谱长编初稿〔补编〕》，547页）

同日　晚，胡适应Philip的宴会。(《胡适之先生年谱长编初稿〔补编〕》，547页）

同日　胡适致函徐高阮，指出：

今天看见费海玑先生的《大唐洛阳伽蓝记》的第一条"荷泽寺"，他说：

寺名荷泽，是否缘荷泽大师神会，待考。

我可以对他说，神会有"荷泽大师"之名，是由于他曾住荷泽寺。寺并不缘他的名。

我曾见记载，东京立寺名"荷泽"，西京立寺名"荷恩"，同时建立，似是为纪念太宗或纪念高宗之母后。而"荷"字皆读去声，负荷之义。今天遍翻《全唐文》与《唐文拾遗》，竟不得此记载。你与费君若有兴趣，可以一考。

我记得"荷"是"负荷"之荷，与"荷泽"无关，则甚清楚。可惜记不得谁人的碑版文了。（台北胡适纪念馆藏档，档号：HS-NK01-018-011）

按，徐高阮复函见台北胡适纪念馆藏档，档号：HS-NK01-018-

013。

同日　胡适致函杨树人：

我今天十分诚恳的请你再考虑。我那天大致说过的几点：

（一）请你担任"中研院"总干事一年，或八个月。最好是一年。我相信李先闻兄身体休息过来之后，我可以请求他接你的手。

（二）你若能每周来两个半天，或上午，或下午，就够了。

（三）我想，有万绍章、王大文两兄帮你的忙，秘书会计两个方面可以使你不用多操心，你若能来，一切都可以"变活"了！

总而言之，我在这一个月里，虽然故作镇静，其实时时感觉不安。我们着实需要一位有度量而又有大才能的杨树人先生来坐镇一个时期，这是我要请求你重新考虑的一个迫切问题。（台北胡适纪念馆藏档，档号：HS-NK05-108-060）

按，次日杨树人有复函与胡适。（台北胡适纪念馆藏档，档号：HS-NK05-108-061）

同日　胡适电贺张群金婚大喜，并祝健康。（台北胡适纪念馆藏档，档号：HS-NK05-079-002、HS-NK01-036-018）

同日　胡适有复函俞大维、彭孟缉。（台北胡适纪念馆藏档，档号：HS-NK01-170-001）

同日　胡适函谢吕光赠送《英美法导论》。（台北胡适纪念馆藏档，档号：HS-NK01-091-010）

按，胡适藏书中有此书，吕光在扉页上题道：

适之老先生尊鉴：奉献这本书给您，事前未征得您的同意，非常冒昧，还请原谅。（《胡适藏书目录》第4册，2806页）

10月6日　胡适致函徐高阮，仍谈"荷泽寺"：

《长安志》八"唐京城二",朱雀街东第三街,街东从北第一曰翊善坊,其西曰光宅坊,次南永昌坊,次南永兴坊:

西南隅,左金吾卫。街西之北,荷恩寺。(原注:景云元年〔七一〇〕睿宗立。)

我因此重建《全唐文》的"睿宗"两卷,果然在十八卷"停修金仙玉真两观诏"里,有这些话:

……朕顷居谅暗,茕疚于怀,奉为则天皇后东都建荷泽寺,西都建荷恩寺,及金仙玉真公主出家京中造观,报先慈也。……

东都建荷泽寺,西都建荷恩寺,我的记忆不误。二寺是为则天后纪念,"报先慈也",我昨函记错了。荷字当读"负荷"的荷。(台北胡适纪念馆藏档,档号:HS-NK01-018-012)

同日　胡适致函罗家伦,询问马璧文章中一段话的出处,这段话是:

中国有一个道统,自尧、舜、禹、汤、文、武、周公、孔子,相继不绝。我的思想基础就是这个道统,我的革命就是继承这个正统思想来发扬光大。(台北胡适纪念馆藏档,档号:HS-NK01-092-005)

10月7日　菲律宾大学校长 Dr. Roces 由姚双陪同来访。访客还有阎振兴、李先闻、郭廷以。(《胡适之先生年谱长编初稿〔补编〕》,548页)

郭廷以是日日记:

与适之先生谈五四运动及民国史。(《郭量宇先生日记残稿》,279页)

同日　以杨树人仍不愿居总干事名义,胡适4时半进城与钱思亮商谈总干事人选问题。(《胡适之先生晚年谈话录》,242页)

同日　胡适致函罗家伦,云:

昨函未发,徐高阮先生借来戴季陶先生的《孙文主义之哲学的基

础》……其廿二页上有这一段话：

中山先生的思想完全是中国的正统思想，就是接近尧舜以至孔孟而中绝的仁义道德的思想。在这一点，我们可以承认中山先生是二千年以来中绝的中国道德文化的复活。去年有一个俄国的革命家去广东问先生："你的革命思想，基础是什么？"先生答复他说："中国有一个正统的道德思想，自尧、舜、禹、汤、文、武、周公，至孔子而绝。我的思想就是继承这一个正统的道德思想，来发扬光大的。"那人不明白，又再问先生。先生仍旧把这一段话来答复。……

这还不够作前函引的那一段话的来源。第一，这段话里没有说到"道统"。第二，这段话里说"至孔子而绝"，与前引"不绝"不同。第三，这也不是民国十年在桂林答马林的话；季陶先生此文是十四年写的，文中"去年"应是民十三年。

还得请你查一查。（台北胡适纪念馆藏档，档号：HS-NK01-092-006）

同日　黄彰健致函胡适云，《跋裴休圭峰定慧禅师碑》及后记，考订精审，陈槃先生拟刊登于史语所集刊第三十三本，尚祈胡适惠允。（台北胡适纪念馆藏档，档号：HS-NK05-100-032）

10月8日　上午，胡适到台北市参观"故宫博物院"与"中央博物院"的文物运美展览的预展。（《胡适之先生年谱长编初稿》第十册，3762页）

同日　林致平夫妇来谈。（《胡适之先生年谱长编初稿〔补编〕》，549页）

同日　晚，胡适参观"中研院"举办的史料展览会，对记者略有介绍。（次日之《大华晚报》）

10月9日　孙德中来谈，告"北大同学会"拟出一本胡适70岁寿庆文集，胡适以已过70岁生日而不必出。（《胡适之先生年谱长编初稿》第十册，3763～3764页）

同日　蓝乾章来报告明日正式开放的史料展览会事。（《胡适之先生年谱长编初稿》第十册，3764页）

同日　访客还有美国安全署教育组顾问白约里、程沧波、端木恺、郑西平、Brown Ghick。(《胡适之先生年谱长编初稿〔补编〕》，549页)

同日　胡适复函黄彰健，感谢黄的一条笔记解决了自己的错误。又云：《跋斐休的圭峰宗密碑》及后记，是百忙中写的两条笔记。若登集刊，须稍加整理，并作一篇文字。请问史语所集刊第三十三本何时须齐稿。(台北胡适纪念馆藏档，档号：HS-NK05-100-033)

10月10日　陈树人、胡光麃来，并在此午饭。(《胡适之先生年谱长编初稿〔补编〕》，549页)

同日　胡适复函苏雪林，对苏决定不写《红楼梦》的文章感到高兴。又举出多例，证明甲戌本早于一切写本。(此函抄件粘贴于胡适日记中)

同日　胡适复函徐秋皎，指出有许多字是不合理的，而有些字是不加偏旁的等。(台北胡适纪念馆藏档，档号：HS-NK01-018-005)

10月11日　凌纯声、万绍章来谈公事。(《胡适之先生年谱长编初稿》第十册，3769页)

同日　访客有顾翊群、梁序穆、延国符、宣中文、段之清、高平子。(《胡适之先生年谱长编初稿》第十册，3769页；《胡适之先生年谱长编初稿〔补编〕》，549～550页)

同日　胡适复函程沧波、端木恺，谈及楼君之事，最好由他自己向主管人直接商请，因为此种事情属于校内行政，外人不便说话。(台北胡适纪念馆藏档，档号：HS-NK05-104-004)

同日　黄彰健复函胡适，录代检"通判公"事，共两页。检明刊本《八闽通志》卷六十五中有"杨训"及"杨公度"小传。又在《续修浦城县志》检出相关资料。黄氏初步认为"杨公度"乃"通判公"。若有需要代劳处，黄氏当勉力以赴。史语所集刊第三十三本，将齐稿，黄氏与陈槃意，胡适稿件的后记似不需改并。(台北胡适纪念馆藏档，档号：HS-NK05-100-034)

10月12日　胡适致函陈槃，询史语所是否收有"嵩山□□□故大德净藏禅师身塔铭"之拓本。又云：

我感觉困难的是这几句：

遂往韶郡，诣能和上，咨玄问道，言下流涕。遂至荆南寻睹大师，亲承五载，能遂印可，付法传灯，指而北归。

你是岭南人，对此问题有兴趣吗？（台北胡适纪念馆藏档，档号：HS-NK05-091-008）

同日　胡适致函 Stechert-Hafner, Inc.，云：

We are glad to have your letter, dated October 5, 1961, informing us that you have received our check of $6, 466.00 from the "China Institute" in America.

This sum of money, is □ for the special use of the Institute of Chemistry of "Academia Sinica" for the purchase of books and journals. Kindly place the entire amount to the account of the Institute of Chemistry of the "Academia Sinica".

Professor N. S. WAI is Director of our Institute of Chemistry. He will send you from time to time lists of books and journals to be purchased by the Institute under this account.（台北胡适纪念馆藏档，档号：HS-NK05-167-053）

同日　胡适复函孙德中，认为孙做的考据很好，不但考证的方法很细密，结论的用心也十分忠厚。（台北胡适纪念馆藏档，档号：HS-NK01-250-031）

同日　万绍章来谈公事。李济来谈。李青来来谈。（《胡适之先生年谱长编初稿〔补编〕》，550 页；《胡适之先生年谱长编初稿》第十册，3769 页）

同日　杨联陞致函胡适，关于编印胡适的英文学术论文选集事，波士顿的 Beacon Press 甚感兴趣，已催过好几次。函请哈佛 Pusey 校长加入胡适的《中国之印度化》《中国的不朽观念》两文，收入选集，已得同意。希望胡适指示有特别不可遗漏的学报文字，希望胡适为这个选集写一篇导言。

（台北胡适纪念馆藏档，档号：HS-LS01-008-018）

10月13日　胡适为亚洲基金协会即将在东京举行的"日本国家科学教育年会"写一简短致辞。(《胡适之先生年谱长编初稿》第十册，3773～3774页）

　　按，关于此事之原委，可参考台北胡适纪念馆收藏的以下档案：HS-NK05-163-013（9月18日Edgar N. Pike致胡适函）、HS-NK05-163-014（10月13日胡适致Edgar N. Pike函）

同日　胡适到美国海军医院探视Nomru。访客有曹谟、高平子、陈槃、郑振华。(《胡适之先生年谱长编初稿〔补编〕》，550～551页）

10月14日　董同龢来谈丹麦人Soren Egerod来"中研院"三个月，调查山地方言，同时做研究工作事。(《胡适之先生年谱长编初稿〔补编〕》，551页）

同日　李先闻来谈。(《胡适之先生年谱长编初稿〔补编〕》，551页）

同日　胡适又与胡颂平谈治学的"勤、谨、和、缓"问题：

　　今天发现一件录稿上有一个错字，因谈起朱子《小学》上教人做官的方法是勤谨和缓四个字：

　　勤，就是不偷懒，就是傅孟真所谓"上穷碧落下黄泉，动手动脚找东西"——这样的去找材料，叫做"勤"。

　　谨，就是不苟且。要非常的谨慎、非常的精密、非常的客观，叫做"谨"。

　　和，就是不生气，要虚心，要平实。

　　缓，就是不要忙，要从从容容的校对，宁可迟几天办好，不要匆忙有错。

　　先生说："这勤谨和缓四个字本来是前辈教人作官的方法，我把它拿来作为治学的方法。……"(《胡适之先生晚年谈话录》，242～243页）

同日　胡适复函小尾郊一，"送上给亚细亚财团之推荐书一正本、一

副本，不知可用否？其中有先生的贵姓名的 English 音译，乞代我校正错误……"（台北胡适纪念馆藏档，档号：HS-NK05-003-002）

按，小尾郊一10月25日有谢函，又告知其名在日本话是 Obi Koichi。（台北胡适纪念馆藏档，档号：HS-NK05-003-003）

同日　胡适复函翁慧娟，认为其《〈红楼梦〉杂记》是可以发表的，又表扬其读小说很细心，"有些很有趣味的新发见，是细心比勘本子的人才能够指出的"。（此函抄件粘贴于胡适日记中）

同日　吴大猷函寄院士提名表与胡适，并谈及签名事，希望胡适珍摄。（台北胡适纪念馆藏档，档号：HS-NK05-034-020）

10月15日　甘立德来采访。王云五祖孙三人来访。C. Casey 来访。晚，李青来来采访。（《胡适之先生年谱长编初稿〔补编〕》，551～552页；《胡适之先生晚年谈话录》，243页）

10月16日　法国东方美术博物馆馆长 V. Elissceff 等来访。（《胡适之先生年谱长编初稿》第十册，3778页）

10月17日　下午，胡适到台大医院检查身体。（《胡适之先生年谱长编初稿》第十册，3778页）

同日　访客有朱昌峻、高明珠、Doan 和彭碧艺（魏火曜陪同）。李敖来访未遇。（《胡适之先生年谱长编初稿〔补编〕》，552页）

同日　胡适在其所译《短篇小说》第二集封面题注：李敖先生用重价访得的，适之。（胡适藏书资料库藏档，档号：N06F2-026）

10月18日　江冬秀飞抵台北，胡适前往松山机场迎接。中午，胡适参加法国"使馆"的饭局，夫人到钱思亮家午饭。（次日台北各报）

同日　胡适致函叶明勋、严停云，谢赠《智慧的灯》。（台北胡适纪念馆藏档，档号：HS-NK01-165-004）

按，严停云10月20日有复函，收藏于台北胡适纪念馆，档号：HS-NK03-006-017。又被抄录于《胡适之先生晚年谈话录》，

244～245页。

同日 雷震致函胡适,看到报纸上刊登胡适夫妇照片,较前丰满,十分高兴。又拜托胡适为宋英60岁生日写一幅字。(《万山不许一溪奔——胡适雷震来往书信选集》,255页)

10月19日 胡适致函Donald D. Van Slyke:

Kindly accept my heartiest thanks for your most gracious acceptance of the invitation to attend and address the formal opening of the atomic reactor of the "Tsing Hua University Institute of Nuclear Science" on Dec. 2, 1961. I am most grateful to you for rearranging your travel schedule to make it possible for you to return to us from Hong Kong.

I have already made arrangements to book passage for you and Mrs. Van Slyke "from Hong Kong to Taipei for November 29, and from Taipei to Hong Kong for Dec. 3." the tickets will be delivered to you in a few days.

On Tuesday (Oct. □) I called on President Y. C. Mei in his hospital room, and reported to him the good news of your acceptance to be the principal speaker at the Dec. 2 ceremony. President Mei was greatly pleased and asked me to write to thank you most warmly on his behalf. Because of my wife's arrival yesterday from the U.S., I have been delayed in writing you this letter of sincere appreciation on behalf of President Mei of "Tsing Hua University" and on my own part. (台北胡适纪念馆藏档,档号:HS-NK05-167-039)

同日 上午,院中同人夫妇来看望江冬秀的有20多位。访客还有陶希圣、毛子水、江小波、姚从吾、凌鸿勋、尧乐博士夫妇、胡文郁等。(《胡适之先生年谱长编初稿〔补编〕》,553页)

10月20日 叶公超来访。黄季陆来访。(《胡适之先生晚年谈话录》,243～244页)

同日　台大医院陈炯明、林王文、黄英等来为胡适做心电图。访客有 Howard E. Solhenberger 和 Alfred Harding、王士弘、梅贻琦夫人。(《胡适之先生年谱长编初稿〔补编〕》，553 页）

同日　胡适函请台湾银行经济研究室赠送《刘壮肃公奏议》《台湾海防档》与研究刘铭传的朱昌峻。(台北胡适纪念馆藏档，档号：HS-NK01-001-011）

10月21日　上午，访客有佐佐木重夫（施拱星、许振荣、王九逵陪同）。傅斯年夫人、陈雪屏夫人、钱思亮夫人、钱复来访，留此午饭。下午，钟伯毅、陈志华、胡光麃、黄彰健来访。樊际昌、蒋梦麟的女儿来访。晚，胡适到延国符家晚饭。(《胡适之先生年谱长编初稿〔补编〕》，554 页）

同日　胡适致电延国符，贺其女结婚大喜。(台北胡适纪念馆藏档，档号：HS-NK05-039-001）

同日　胡正中致函胡适夫妇，谈大陆亲人之生活状况。(台北胡适纪念馆藏档，档号：HS-NK05-052-001）

10月22日　上午，访客有杨亮功全家、江小波。下午，访客有王霭芳、叶宝琨、顾文霞、田炯锦、吴德耀、吴薛莹、李锦屏、程维贤夫妇。(《胡适之先生年谱长编初稿〔补编〕》，555 页）

同日　中午，胡适应庄莱德的宴会。(《胡适之先生年谱长编初稿〔补编〕》，555 页）

10月23日　上午，访客有林致平夫妇。下午，访客有蔡维屏、关镛、秦汾夫人。晚，哈佛同学会欢宴哈佛校长 Pusey，胡适应邀作陪。(《胡适之先生年谱长编初稿〔补编〕》，555～556 页）

同日　胡适看了孙德中为他选的文选的目录，说：在今年，最好不要出这本书，去年蒋介石给他做过七十寿了，今年最好不要有什么举动。在这个年头，千万不要出风头，他想今年不出书了。(《胡适之先生晚年谈话录》，245 页）

同日　胡适复函陈铁凡，云：

伦敦敦煌卷子影本，有十几本我留在舍间过久，往往又留下翟理斯目录——这些都曾使先生与别位读书人感觉不便，我常常抱歉。

《敦煌本论语异文汇考》当然是一种"笨工作"。世间聪明人往往不肯作这种笨工作，所以笨工作就更可贵了。

我在五十年前，曾举《论语》十四"君子耻其言而过其行"一句，这个"而"字费解，故朱注须费大气力，说，"耻者，不敢尽之意；过者，欲有余之辞"。阮氏《校勘记》说，"皇本、高丽本'而'作'之'，行下有'也'字"。笨工夫校改一个字，就不烦解说了。阮氏引《潜夫论·交际篇》"孔子疾夫言之过其行者"，亦作"之"。大作指出"古本、皇本、武内本、纂喜本、正平本"，与敦煌集解（12）卷本同作"言之过其行也"；"足利本，天文本""而"作"之"，末无"也"字。这就是"笨工作"的大成绩了。……

……先生下次到南港读书，请来谈谈。我要报告您：我对于《尚书》，完全不曾用过功。毛子水先生研究《论语》《尚书》，都有心得。……（台北胡适纪念馆藏档，档号：HS-NK01-026-012）

同日　胡适致函李少陵，向其索要一全份《旷代雄才张静江》。（台北胡适纪念馆藏档，档号：HS-NK01-062-004）

10月24日　上午，访客有萧一山、张蔼真、邓华卿、凌孝芬。Pusey等5人来访，胡适陪他们参观考古馆。（《胡适之先生年谱长编初稿〔补编〕》，556页）

同日　中午，胡适应庄莱德的宴会。（《胡适之先生年谱长编初稿〔补编〕》，556页）

同日　胡适函唁上周四去世的菲律宾前任总统奥斯敏纳（Sergio Osmena）。（台北胡适纪念馆藏档，档号：HS-NK05-337-049、HS-NK05-166-005）

同日　胡适有《记李朝正的〈重建禅门第一祖菩提达摩大师碑阴文〉》。

10月25日　上午，蔡培火来访。晚，胡适应许振荣的饭局。（《胡适之先生年谱长编初稿〔补编〕》，556页）

同日　胡适致函《大华晚报》，云：

贵报十月廿三日《繁星》版登出了一篇《美国的接吻学校》，我想那是一篇完全无根据的"海外大奇谈"。这样毫无常识的造诳，实在是对于一个文明国家的教育的一种侮辱，也实在是对于贵报编辑部的一种侮辱，也实在是对于贵报的读者的常识的一种侮辱。所以我忍不住提出一个请求，请求先生转请此文作者举出他根据的来源……并请他举出这两个学校在波士顿的何街何号及好莱坞的何街何号。请不必发表我的抗议，但此文作者如有答复似是应该公布的。（台北胡适纪念馆藏档，档号：HS-NK05-142-043）

同日　胡适复函赵聪，告：严明和赵冈的文章都已看过，但没有多大工夫做辩论的文字。希望赐寄赵在《祖国周刊》上反驳《鲁迅传》的文字。《西游记的八十一难》是一篇玩世的试作，重印本以不附录此篇最好。（台北胡适纪念馆藏档，档号：HS-NK01-051-016）

按，赵聪的原函现存于台北胡适纪念馆，档号：HS-NK01-051-010。

同日　胡适复函翁燕娟，知道翁计划"写一部自传式的长篇散文或小说"，很高兴，送上《四十自述》供翁参考。又云：我认识你爸爸多年，我最奇怪的是他做一个机关首长，总不能得他手下人的爱戴，后来做了大官，我总听见人家说他"官派"太大，天天大骂下属，许多老朋友还不免。张丽门就是天天挨大骂的一个。所以我很想知道关于你爸爸的心理分析与历史分析。（台北胡适纪念馆藏档，档号：HS-NK01-140-007）

10月26日　下午，Dr. Van Slyke 和 Leland Robinson 夫妇来访，胡适陪他们参观考古馆，又陪他们到台北市吃饭。（《胡适之先生年谱长编初稿〔补编〕》，556页）

10月27日　上午，万绍章来谈公事。下午，徐可燧来谈公事。范一侯、吕凤章来访。（《胡适之先生年谱长编初稿〔补编〕》，557页）

同日　胡适有《沈德符〈野获编〉二七记明朝的"僧家考课"》笔记一

则。(《胡适手稿》第 8 集卷 2，264～267 页）

10 月 28 日　上午，访客有延国符、程天放、童烈、徐秋皎、梁序穆、邱瑞珍、刘世超。下午，访客有叶明勋、严停云夫妇。晚，应王霭芳的饭局。(《胡适之先生年谱长编初稿〔补编〕》，557 页）

10 月 29 日　上午，郑振华来谈台湾"清华大学"事。下午，黄伯度来谈。晚，应沈怡的饭局。(《胡适之先生年谱长编初稿〔补编〕》，557 页）

同日　胡适赠送"南港国民学校"钢笔 10 支，以作为"国语"演讲、躲避球比赛奖品。（台北胡适纪念馆藏档，档号：HS-NK01-203-014、HS-NK01-203-013）

10 月 30 日　下午，"中研院"同人举行茶会（李济主持），欢迎江冬秀夫人。胡适出席并致辞。(《胡适之先生晚年谈话录》，246 页）

10 月 31 日　胡适到"总统府"为蒋介石签名祝寿后，又去新竹台湾"清华大学"替 Van Slyke 演讲。

11 月

11 月 1 日　上午，李先闻陪同 Jynne E. Koelber 来谈 20 分钟。中午，庄莱德宴请周以德等 5 位美国国会议员，胡适应邀作陪。(《胡适之先生年谱长编初稿〔补编〕》，557 页）

同日　胡适致函"北大同学会"云，本月 4 日的同学会茶会，因主持召开"国家长期发展科学委员会"的秋季全会，不能参加。又请求不要在 12 月 17 日举行祝寿仪式。（台北胡适纪念馆藏档，档号：HS-NK05-142-045）

11 月 2 日　董同龢来访。(《胡适之先生年谱长编初稿〔补编〕》，558 页）

11 月 3 日　晚，秦汾夫妇宴请胡适。胡适为"中研院"原地主李氏题写"灿思堂"三字。(《胡适之先生年谱长编初稿〔补编〕》，558 页）

同日　胡适为刘铨福旧藏《竹坞春雨楼藏书图》题词，认为此图与友人之记都是刘宽夫和其子刘子重两代的传记资料，又说甲戌本《石头记》绝无装潢，"而盖有刘子重的私人印章八颗之多，又有他的短跋四条，都很

有见地，装潢无金玉锦绣之侈，而能细读所收的书，能指出其佳胜处，写了一跋又一跋——这是真正爱书的刘铨福先生"。(《胡适手稿》第9集卷2，171～172页)

同日　胡适函谢张其昀赠书。(台北胡适纪念馆藏档，档号：HS-NK01-035-014)

同日　胡适函辞为邱斌存的画题诗。(台北胡适纪念馆藏档，档号：HS-NK05-142-045)

同日　胡适题写《十二月五夜月》赠王俊卿。(台北胡适纪念馆藏档，档号：HS-NK05-194-011)

11月4日　胡适电贺教宗若望二十三世加冕3周年暨教皇80岁生日，并表示不能亲往致贺的歉意。(《胡适之先生年谱长编初稿〔补编〕》，558页)

同日　下午，蒋梦麟、凌鸿勋、钱思亮来访。凌鸿勋邀请胡适在11月14日举行的台湾"中国工程师学会"年会上讲演。(《胡适之先生年谱长编初稿》第十册，3800～3801页)

同日　福特基金会正式通知胡适，近史所补助费已通过。(《郭量宇先生日记残稿》，284页)

同日　陈诚签署聘书，聘胡适为"故宫中央博物院"共同理事会第六届理事。(台北胡适纪念馆藏档，档号：HS-NK05-213-009)

11月5日　上午，访客有杜呈祥、王德昭、张基瑞、李树桐、高亚伟、胡旭光、杨锦锺、陈安荔。下午，访客有金仲庵、David L. Vikner、Moon Chen、Priscilla Chen。(《胡适之先生年谱长编初稿〔补编〕》，559页)

11月6日　胡适应美国国际开发署之邀，在"亚东区科学教育会议"上发表题为"科学发展所需要的社会改革"的主题演讲，大意谓：

……["科学发展所需要的社会改革"]这题目的意思是问：在我们远东各国，社会上需要有些什么变化才能够使科学生根发芽呢？

…………

我相信，为了给科学的发展铺路，为了准备接受、欢迎近代的科学和技术的文明，我们东方人也许必须经过某种智识上的变化或革命。

这种智识上的革命有两方面。在消极方面，我们应当丢掉一个深深的生了根的偏见，那就是以为西方的物质的（material）、唯物的（materialistic）文明虽然无疑的占了先，我们东方人还可以凭我们的优越的精神文明（spiritual civilization）自傲。我们也许必须丢掉这种没有理由的自傲，必须学习承认东方文明中所含的精神成分（spirituality）实在很少。在积极方面，我们应当学习了解、赏识科学和技术绝不是唯物的，乃是高度理想主义的（idealistic），乃是高度精神的（spiritual）；科学和技术确然代表我们东方文明中不幸不很发达的一种真正的理想主义，真正的"精神"。

第一，我认为我们东方这些老文明中没有多少精神成分。一个文明容忍像妇女缠足那样惨无人道的习惯到一千多年之久，而差不多没有一声抗议，还有什么精神文明可说？一个文明容忍"种姓制度"（the caste system）到好几千年之久，还有多大精神成分可说？一个文明把人生看作苦痛而不值得过的，把贫穷和行乞看作美德，把疾病看作天祸，又有些什么精神价值可说？

试想像一个老叫化婆子死在极度贫困里，但临死还念着"南无阿弥陀佛！"——临死还相信她的灵魂可以到阿弥陀佛所主宰的极乐世界去——试想像这个老叫化婆子有多大精神价值可说！

现在正是我们东方人应当开始承认那些老文明中很少精神价值或完全没有精神价值的时候了；那些老文明本来只属于人类衰老的时代——年老身衰了，心智也颓唐了，就觉得没法子对付大自然的力量了。的确，充分认识那些老文明中并没有多大精神成分，甚或已没有一点生活气力，似乎正是对科学和技术的近代文明要有充分了解所必需的一种智识上的准备；因为这个近代文明正是歌颂人生的文明，正是要利用人类智慧改善种种生活条件的文明。

第二，在我们东方人是同等重要而不可少的，就是明白承认这个科学和技术的新文明并不是什么强加到我们身上的东西，并不是什

么西方唯物民族的物质文明,是我们心里轻视而又不能不勉强容受的——我们要明白承认,这个文明乃是人类真正伟大的精神的成就,是我们必须学习去爱好、去尊敬的。因为近代科学是人身上最有精神意味而且的确最神圣的因素的累积成就;那个因素就是人的创造的智慧,是用研究实验的严格方法去求知,求发现,求绞出大自然的精微秘密的那种智慧。

"真理不是容易求得的"(理未易察);真理决不肯自己显示给那些凭着空空的两手和没有训练的感官来摸索自然的妄人。科学史和大科学家的传记都是最动人的资料,可以使我们充分了解那些献身科学的人的精神生活——那种耐性,那种毅力,那种忘我的求真的努力,那些足令人心灰气馁的失败,以及在忽然得到发现和证实的刹那之间那种真正精神上的愉快、高兴。

说来有同样意味的是,连工艺技术也不能看作仅仅是把科学智识应用在工具和机械的制造上。每一样文明的工具都是人利用物质和能力来表现一个观念或一大套观念或概念的产物。人曾被称作 Homo faber,能制造器具的动物……文明正是由制造器具产生的。

器具的制造的确早就极被人重视,所以有好些大发明,例如火的发明,都被认作某位伟大的神的功劳。据说孔子也有这种很高明的看法,认为一切文明工具都有精神上的根源,一切工具都是从人的意象生出来的。《周易·系辞传》里说得最好:"见乃谓之象;形乃谓之器;利而用之谓之法;利用出入,民咸用之,谓之神。"这是古代一位圣人的说法。所以我们把科学和技术看作人的高度精神的成就,这并不算是玷辱了我们东方人的身份。

总而言之,我以为我们东方的人,站在科学和技术的新文明的门口,最好有一点这样的智识上的准备,才可以适当的接受、赏识这个文明。

总而言之,我们东方的人最好有一种科学技术的文明的哲学。

大约在三十五年前,我曾提议对几个常被误用而且很容易混淆的名词——"精神文明"（spiritual civilization），"物质文明"（material civilization），"唯物的文明"（materialistic civilization）——重新考虑，重新下定义。

所谓"物质文明"应该有纯中立的涵义，因为一切文明工具都是观念在物质上的表现，一把石斧或一尊土偶和一只近代大海洋轮船或一架喷射飞机同样是物质的。一位东方的诗人或哲人坐在一只原始舢板船上，没有理由嘲笑或蔑视坐着近代喷射［飞］机在他头上飞过的人们的物质文明。

我又曾说到，"唯物的文明"这个名词虽然常被用来讥贬近代西方世界的科学和技术的文明，在我看来却更适宜于形容老世界那些落后的文明。因为在我看来那个被物质环境限制住了，压迫下去了而不能超出物质环境的文明，那个不能利用人的智慧来征服自然以改进人类生活条件的文明，才正是"唯物的"。总而言之，我要说：一个感到自己没有力量对抗物质环境而反被物质环境征服了的文明才是"唯物"得可怜。

另一方面，我主张把科学和技术的近代文明看作高度理想主义的、精神的文明。我在大约三十多年前说过：

"这样充分运用人的聪明智慧来寻求真理，来控制自然，来变化物质以供人用，来使人的身体免除不必要的辛劳痛苦，来把人的力量增加几千倍、几十万倍，来使人的精神从愚昧、迷信里解放出来，来革新再造人类的种种制度以谋最大多数的最大幸福——这样的文明是高度理想主义的文明，是真正精神的文明。"……

这是我对科学和技术的近代文明的热诚颂赞——我在一九二五年和一九二六年首先用中文演说过并写成文字发表过，后来在一九二六年和一九二七年又在英、美两国演说过好几次，后来在一九二八年又用英文发表，作为俾耳德（Charles A. Beard）教授编的一部论文集《人类何处去》（*Whither Mankind*）里的一章。

这并不是对东方那些老文明的盲目责难，也决不是对西方近代文

明的盲目崇拜。这乃是当年一个研究思想史和文明史的青年学人经过仔细考虑的意见。

我现在回过头去看，我还相信我在大约三十五年前说的话是不错的。我还以为这是对东方和西方文明很公正的估量。我还相信必需有这样的对东方那些老文明，对科学和技术的近代文明的重新估量，我们东方人才能够真诚而热烈的接受近代科学。

没有一点这样透彻的重新估量、重新评价，没有一点这样的智识上的信念，我们只能够勉强接受科学和技术，当作一种免不了的障碍，一种少不了的坏东西，至多也不过是一种只有功利用处而没有内在价值的东西。

得不到一点这样的科学技术的文明的哲学，我怕科学在我们中间不会深深的生根，我怕我们东方的人在这个新世界里也不会觉得心安理得。（《文星》杂志第9卷第2期，1961年12月1日）

同日　下午，李济、张庆桢夫妇来访。晚，应王世杰的饭局。（《胡适之先生年谱长编初稿〔补编〕》，559页）

同日　胡适函辞"光武演习"的观礼邀请。（台北胡适纪念馆藏档，档号：HS-NK01-228-001）

同日　胡适以3000日元价购的高楠顺次郎编《大正新修大藏经》（东京：大正新修大藏经刊行会，1960），由京都汇文堂寄到。（《胡适藏书目录》第1册，627页）

11月7日　台大医院为胡适检查身体的报告显示：心电图与脉搏情形与两个月前发病情形完全相同，需要完全休息5天，停止一切活动，并恢复特别护士。胡适11月12日日记有记：

台大医生在十一月七日给我检查一次。心脏专家陈炯明先生与内科代理主任宋瑞楼先生都说我的心电图表现不大满意，似有了"Bundle leftblock"的现狀。他们要我在床上睡了五天。七日晚间，他们还送一位护士来管我！

我听命睡了五天，昨天才辞去护士，今天才出了"戒备期"。……

（一）心电图结果及脉搏情形，与二月间发病前完全相同。

（二）医生说必须要做到下列各点：

（1）最近五天要完全休息，停止一切活动，不能见客；

（2）这五天内，每天最少要躺在床十二小时以上；

（3）吃的东西要淡；

（4）要请特别护士；

（5）每天一千步的散步，必须停止。

同日　李先闻来谈。Mrs. Morse 来访。(《胡适之先生年谱长编初稿〔补编〕》，559页）

同日　胡适与郭廷以商福特基金会函及近史所五年计划有关事宜，决定组成一咨询委员会，协助处理人事问题及计划方针。委员定为所外2人或3人，所内2人或3人，由胡适主持。(《郭量宇先生日记残稿》，284页）

同日　张佛泉给胡适发来圣诞贺卡。（台北胡适纪念馆藏档，档号：HS-NK05-080-004）

> 按，自此至旧历年底，给胡适发来圣诞卡、贺卡的还有陈之迈夫妇、Margaret C. Wagners、吴德耀夫妇、罗香林夫妇、谷正纲、胡国材夫妇、高平子、唐德刚夫妇、凌鸿勋、马寿华夫妇、殷海光、连震东、陈诚夫妇、黄季陆、刘季洪、薛人仰夫妇、台湾"清华大学"原子科学研究所第五和第六届全体学生、C. Clarence Chu、William Peter Hunt、Dudley W. Turner、王叔铭夫妇、沈宗瀚夫妇、沈昌焕夫妇、梁序穆夫妇、梁嘉彬、张克东、杨英风夫妇、钟皎光夫妇、罗云平、万芸芬、袁丛美、森户辰男。（据台北胡适纪念馆藏档不完全统计）

11月8日　Prof. Hans Bielenstein 来访，胡适接见几分钟。黄文山来，夫人江冬秀代见。(《胡适之先生年谱长编初稿〔补编〕》，560页）

11月9日　郭廷以将复福特基金会函稿面陈胡适，胡适甚满意。(《郭

量宇先生日记残稿》，285 页）

同日　孙洵侯来，胡颂平代见。（《胡适之先生年谱长编初稿〔补编〕》，560 页）

11 月 10 日　台大医师陈炯明来为胡适做心电图。（《胡适之先生年谱长编初稿》第十册，3808 页）

同日　毛子水来探望胡适，并留此午饭。（《胡适之先生年谱长编初稿〔补编〕》，560 页）

11 月 11 日　旅美华侨任春华（Water James）与陈春荣、欧阳祺、张玉葵、黄鸿旺、罗路舆来访，任春华赠胡适 1000 美元。（《胡适之先生年谱长编初稿》第十册，3809～3810 页）

同日　龚天成来，劳榦来，胡适均未见。（《胡适之先生年谱长编初稿〔补编〕》，560 页）

11 月 12 日　胡锺吾夫妇来访。李干夫妇与张兹闿来访。（《胡适之先生年谱长编初稿〔补编〕》，560 页）

11 月 13 日　下午，李济来谈。朱家骅夫妇来谈。（《胡适之先生年谱长编初稿〔补编〕》，561 页）

同日　叶良才致函胡适，告知任鸿隽于 11 月 9 日过世，附寄账户报告书等。（台北胡适纪念馆藏档，档号：HS-NK05-112-049）

11 月 14 日　胡适与郭廷以商定近史所五年计划咨询委员会任务及组织，并拟约赵宝初担任对外联系及咨询委员会文书事务工作。（《郭量宇先生日记残稿》，286 页）

同日　陈铁凡来谈。（《胡适之先生年谱长编初稿》第十册，3811～3812 页）

同日　金承艺陪同程大城来访。（《胡适之先生年谱长编初稿〔补编〕》，561 页）

11 月 15 日　上午，美国在华教育基金会的 Dr. Bush 同两位教授、12 位青年来，胡适谈 6 日讲演的要点，谈了一小时。（《胡适之先生年谱长编初稿〔补编〕》，561 页）

同日　下午，胡适会见智利参议院议长卫德拉。(《胡适之先生年谱长编初稿〔补编〕》，562页)

同日　来访的客人还有张景樵、查良钊、刘子宽、杨树人、李先闻等。(《胡适之先生年谱长编初稿〔补编〕》，561～562页)

11月16日　姚从吾、劳榦来谈几分钟。(《胡适之先生年谱长编初稿〔补编〕》，562页)

同日　胡适致函徐可熛，赞其所拟会议议程好。(台北胡适纪念馆藏档，档号：HS-NK01-018-002)

同日　吴相湘致函胡适，谈及自信无论做人处世绝不致有愧北大精神。(台北胡适纪念馆藏档，档号：HS-NK01-149-011)

同日　"中国教育学会"等社团函邀胡适出席为 William H. Kilpatrick 举办的90寿辰庆祝会，并发表演讲。(台北胡适纪念馆藏档，档号：HS-NK01-285-003)

11月17日　胡适脉搏很不规则。台大医院陈炯明医师来，也不能说明脉搏何以如此不规则，但嘱胡适暂停服用 digoxin。(据《日记》)

同日　胡适与胡颂平说，薛世平提出辞职，暂时让他请病假，由王志维帮助他办理事务。若薛最后辞职，请王代理总务主任。(《胡适之先生年谱长编初稿〔补编〕》，562页)

同日　聂华苓、夏道平来，谈了几分钟。(《胡适之先生年谱长编初稿〔补编〕》，562页)

同日　李先闻、宋英、吴从先来，胡适未见。(《胡适之先生年谱长编初稿〔补编〕》，562页)

11月18日　王世杰来谈一小时。李先闻来谈。(《胡适之先生年谱长编初稿〔补编〕》，562页)

同日　和崎博夫来访，胡颂平代见。(《胡适之先生年谱长编初稿》第十册，3815页)

同日　胡适复函薛世平，请其休养一两个月，养病期间，拟请王志维担任总办事处秘书，代理总务主任。又致函李济，希望得到李济的同意。(台

北胡适纪念馆藏档，档号：HS-NK01-267-001、HS-NK01-073-006）

按，李济接到信后当即回电话表示同意。(《胡适之先生年谱长编初稿〔补编〕》，564页）

同日　William F. Buckley, Jr. 由蔡维屏、关镛陪同来访。胡适出席 Dr. Van Slyke 的酒会，又应童烈、徐秋皎的邀宴。(《胡适之先生年谱长编初稿〔补编〕》，564页）

11月19日　陈雪屏夫妇来访，以胡适在休息未见。(《胡适之先生年谱长编初稿〔补编〕》，564页）

11月20日　访客有侯璠、李先闻、郑振华。(《胡适之先生年谱长编初稿〔补编〕》，564页）

11月21日　胡适与郭廷以商定有关福特基金会补助计划章则。(《郭量宇先生日记残稿》，287页）

同日　黄秉心、马逢瑞来访，请胡适定一个日子，以便为其祝寿。胡适表示缓一缓，具体日期和胡颂平接洽就好。(《胡适之先生年谱长编初稿》第十册，3816页）

同日　下午，于衡、和崎博士夫妇来访。(《胡适之先生年谱长编初稿〔补编〕》，565页）

11月22日　胡适访庄莱德，面邀其参加台湾"清华大学"原子反应器落成典礼。马圣述、居载春来访，留此午饭。李先闻、刘淦芝来访。(《胡适之先生年谱长编初稿〔补编〕》，565页）

11月23日　访客有蒋彦士、赵士鑑、李济、德国狮子岩亲王。(《胡适之先生年谱长编初稿〔补编〕》，565页）

11月24日　胡学古来访。(《胡适之先生年谱长编初稿〔补编〕》，566页）

11月25日　森谷秀范由黄得时陪同来访。(《胡适之先生年谱长编初稿〔补编〕》，566页）

同日　下午，Wagner 夫妇来访。(《胡适之先生晚年谈话录》，249页）

11月26日　清晨3点多，胡适突发心脏衰弱症候：胸闷、气喘、嗽中带血丝。即自服 digoxin 一片，无效，一小时后再服一片，始渐复原。8 点多，钱思亮带陈炯明前来诊视，做心电图后，决定入医院。12 时，入住台大医院特一号，打强心针，并用氧气助呼吸。入院时，胡适脉搏 96，血压低 60、高 100，体温 25.7 摄氏度。(《胡适之先生年谱长编初稿》第十册，3819 页)

同日　来医院探病的有陈雪屏、王世杰、查良鉴、钱思亮夫妇、钱纯、钱复、戈定邦、李熙谋、董作宾、李先闻。(胡适 1961 年 12 月 11 日致徐大春函；胡适 1962 年 1 月 10 日《日记》；《胡适之先生晚年谈话录》，249 页；《胡适之先生年谱长编初稿》第十册，3819～3820 页；《胡适之先生年谱长编初稿〔补编〕》，566 页)

11 月 27 日　高天成、宋瑞楼、陈炯明等为胡适做检查后指出：血管有问题，并且在一二个星期内可能会发生变化。因此，"要特别注意客人的会见，要绝对的不许说话，一刻也不能大意"。

同日　胡适得悉美国参议员勃里奇逝世消息后说："勃里奇是共和党有影响力的参议员，他的去世，对我们是一个损失。"

同日　程维贤来探病，但胡适竟忘其名，因慨叹："我真的老了！"

同日　进病房探视的有郑振华、李先闻、朱家骅、江冬秀、张婉度、毛子水、黄伯度、蒋梦麟夫妇、王世杰、劳榦。来签名的有莫淡云、江公正、杨树人、邱仕荣、程天放、魏炳炎、胡汉文、胡文郁、胡锺吾、邬淑亨、蒋复璁、徐可熛等。(《胡适之先生年谱长编初稿》第十册，3820 页；《胡适之先生晚年谈话录》，250 页；《胡适之先生年谱长编初稿〔补编〕》，567 页)

同日　徐积锴夫妇致函问候胡适夫妇，询冬秀夫人回台生活是否习惯。(台北胡适纪念馆藏档，档号：HS-NK05-070-002)

自是日起，白天的护士是徐秋皎，夜间的护士是曹光荣。

11 月 28 日　宋瑞楼、陈炯明为胡适检查后表示：不会有并发症，只是病根还在。(《胡适之先生晚年谈话录》，250 页)

同日　进病房探视的有李济、邱仕荣、杨亮功等。下午，胡夫人、江小波、江瑞芳、邵时馥、张祖诒等来。来签名的有查良钊、唐子宗、胡锺吾、张

庆桢、黄榜铨、王大闳、王德芳、吴望伋、吴康、张汉裕、王凤喈、李超英、沈志明等。(《胡适之先生年谱长编初稿〔补编〕》,568 页)

11月29日　胡适病情有好转,时常背诵诗词,偶然翻阅报纸。(《胡适之先生年谱长编初稿》第十册,3820～3821 页)

同日　胡适复电胡祖望:因心脏衰弱症住院,复原情形良好。(台北胡适纪念馆藏档,档号:HS-NK05-048-074)

同日　进病房探视的有杨树人、魏火曜、胡夫人、江小波、张婉度。来签名的有李少陵、陈树人、刘庆煊、金振庭、沈刚伯、曾祥和、童烈、马逢瑞、彭麒、白理安、郑振华。(《胡适之先生年谱长编初稿〔补编〕》,568 页)

11月30日　胡适病情有好转,不再使用氧气罩。胡适读《散原精舍诗集》后说:"他算是清代末年的大诗人。他学江西派。江西派是诗中的末路,江西派的祖宗是黄山谷。金朝的王若虚大骂黄山谷的诗不通。我看了黄山谷的诗之后,除了少数以外,真是大都不通的⋯⋯"(《胡适之先生年谱长编初稿》第十册,3821～3822 页)

同日　胡适将李熙谋给 ICA 的抗议信(李为科学会执行委员,不经执委会通过,以个人名义提出抗议)批交徐可熛去和杨树人、钱思亮、黄季陆、王世杰等商量善后办法。(《胡适之先生年谱长编初稿》第十册,3822 页)

同日　进病房探视的有胡夫人、江小波、江瑞芳。来签名的有延国符、汪荷之、蒋复璁、阮维周、胡汉文、郑振华、李瑞麟。(《胡适之先生年谱长编初稿〔补编〕》,569～570 页)

12月

12月1日　胡适阅报知次日台湾"清华大学"举行的原子反应器落成典礼尚未发表消息,颇焦急,即谈四点。胡颂平当即通知梅贻琦的秘书办理。(《胡适之先生年谱长编初稿》第十册,3823 页)

同日　胡适对台湾"清华"的原子反应器落成发表谈话,认为这是梅

贻琦晚年对台湾"清华大学"、对台湾的最大贡献。(次日之台北各报)

同日　郭廷以来探视,认为胡适"经连日疗养,病情已大好"。胡适嘱郭即组织福特基金会补助计划咨询委员会,俾早日推进。(《郭量宇先生日记残稿》,288~289页)

同日　陈雪屏来谈20分钟。(《胡适之先生年谱长编初稿〔补编〕》,571页)

自是日始,《联合报》等台湾各大报陆续有廖维藩质询胡适的报道。廖说胡适在"亚东区科学教育会议"讲的"发展科学需要社会改革"的讲词为侮辱中华民族的言论。胡适即交代胡颂平:"等这个案子寄来时,你给我寄还给他,不要给我看。"(《胡适之先生年谱长编初稿〔补编〕》,571页)

12月2日　进病房探视胡适的有钱思亮、杨树人、黄季陆、林致平夫妇、高天成、芮逸夫。徐可熛来报告已就李熙谋的信与有关人士谈过,已商妥一个善后的办法,请胡适放心。Donald D. Van Slyke 与 Paul C. Hodges 在钱思亮陪同下来探视。来签名的有罗云平、查良钊、赵赓颺、邢慕寰、高惜冰、马逢瑞、朱学勤、张昌华、邵人杰、邵时馥、江瑞芳、屈万里、钟健、彭达谋、梁序穆、魏金、魏喦寿、王企祥、汤志先、卢毓骏、浦薛凤、陆佩玉、林澍恭、郑振华、刘英士、程大城、张丹、Schmid 夫妇等。(《胡适之先生年谱长编初稿〔补编〕》,571页)

12月3日　来签名问病的有查良钊、夏涛声、郑振华、张豁然、匡爱莲、李干、黄孝贞、金承艺等。(《胡适之先生年谱长编初稿〔补编〕》,572页)

12月4日　进病房探视的有杨锡仁、胡夫人、张婉度、王世杰、李先闻、李锦屏、毛子水、徐可熛。查良钊来签名。晚,"北大同学会"代表陈洪范、劳榦等来慰问胡适,胡适与他们一一握手。(《胡适之先生年谱长编初稿〔补编〕》,573页;《胡适之先生年谱长编初稿》第十册,3825页)

同日　胡适看到廖维藩在报上发表的对胡适的质询后表示:"荒谬绝伦,连常识也没有。"(《胡适之先生年谱长编初稿》第十册,3825页)

同日　胡适对胡颂平说:"我在《吴虞文录》序文里说吴虞在四川只手打孔家店,并不是我去打倒孔家店。我那篇序文是用撒手伏说起,人家看

起来好像不是我的文章。我很少那样写的。我的文章都是开门见山的。"又说《崔东壁遗书》"是值得看的书，在那时是了不得的书。到现在看来，有一些地方是须修正的。这是学术跟时代进步的关系"（《胡适之先生年谱长编初稿〔补编〕》，573～574页）

12月5日　郭廷以来探视，并商咨询委员会人选，郭以杨树人力辞，主邀张贵永加入，胡适表示同意。郭又告赵宝初已答应担任该会秘书，胡亦同意。（《郭量宇先生日记残稿》，289页）

同日　进病房探视的还有杨亮功、陈槃、屈万里、夏益荣（魏火曜陪同）。来签名的有王德芳、朱学勤、郑振华、侯相伯、胡汉文、傅孟博等。（《胡适之先生年谱长编初稿〔补编〕》，576～577页）

同日　胡适写一短笺给住在对门的梅贻琦，祝贺梅氏做"清华"校长整30年，并祝他早日完全恢复健康。胡适捐赠美金500元给梅做医药费。（台北胡适纪念馆藏档，档号：HS-NK05-078-009）

同日　上午，有欢迎菲律宾驻美大使罗慕洛的电报：Hearty welcome and greetings from an old friend temporary hospitalized. Hu Shih.（《胡适之先生晚年谈话录》，256页）

同日　胡适谈起胡思杜的同学夏益荣，因说道：我的儿子不晓得怎样了！（《胡适之先生年谱长编初稿》第十册，3827页）

12月6日　李先闻、薛世平来报告公务。徐可燸来谈基金保管法草案。进入胡适病房探视的有莫德惠、孙方铎、毛子水、张祖诒。来签名的有张百山、张维、林霖。（《胡适之先生年谱长编初稿〔补编〕》，577～578页）

12月7日　菲律宾驻美大使罗慕洛和"驻华大使"罗慕斯来探视胡适。（《胡适之先生年谱长编初稿》第十册，3828页）

同日　来签名的有刘济民、浦薛凤夫妇、李宗侗、萧作梁、牛存善、沈志明、朱学勤、查良钊等。（《胡适之先生年谱长编初稿〔补编〕》，578～579页）

同日　胡适复函陈源，感谢代为其出席ICSU会议和寄赠会议报告。又谈及自己病情等。（台北胡适纪念馆藏档，档号：HS-NK05-086-004）

按，陈源代"中研院"出席第九届国际科学联合会总会（ICSU）大会，有关文件可参考胡适纪念馆藏档，档号：HS-NK05-152-016、HS-NK04-010-002。

12月8日　李先闻来谈生物馆家具付款事。进入病房探视胡适的有 Dr. Luther Gulick、方闻、毛子水。来签名的有田世英、丁履延、朱学勤、杨月荪、张庆桢、胡文郁、潘贯等。(《胡适之先生年谱长编初稿〔补编〕》，580 页)

同日　胡适电贺黄杰 60 岁生日。(《胡适之先生年谱长编初稿》第十册，3828～3829 页；《胡适之先生年谱长编初稿〔补编〕》，580 页)

12月9日　徐可燝电话告知胡适：生物馆家具款项事，已和美援会第二处处长张继正谈过，尽可能地想法子解决这个问题。胡适听了胡颂平的报告后说："我能找到像公起这样的人来科学会帮忙，完全是你的关系。"胡适又谈起《续资治通鉴长编》："这是宋李焘费了 40 年的工夫编成的，是北宋史料最详细的一部书。原书早已遗失，从《永乐大典》中辑出，已不完全了。这部《长编》和《宋会要》，都是研究宋史最有用的书。"(《胡适之先生晚年谈话录》，261 页)

同日　进病房探视胡适的有姚从吾、张贵永、水泽柯、沈志明、方闻。来签名的有严耕望、涂介夫、胡汉文、张维邦、张百山等。(《胡适之先生年谱长编初稿〔补编〕》，580 页)

同日　胡适复函赵元任夫妇，告知又因病住院。(《近代学人手迹》三集，144 页)

同日　台湾多家报纸报道，胡适致函"北大同学会"，婉辞任何祝寿举动。

12月10日　朱家骅来谈 20 多分钟。王世杰、徐可燝来谈科学会事。进入胡适病房的还有叶宝琨、刘真夫妇、水泽柯、Cubis Po Pomaby 和 Philykis。来签名的有朱学勤、薛妁珍、李熙谋、张兹闿等。(《胡适之先生晚年谈话录》，262～263 页；《胡适之先生年谱长编初稿〔补编〕》，583 页)

同日　胡适决定用上次任春华留下的 1000 美金支票支付此次住院的费用。(《胡适之先生晚年谈话录》，263 页)

12月11日　胡适与郭廷以商定福特补助费由美国银行存付办法，去函说明"中研院"性质及组织，支票由胡、郭分别签字。郭又报告第一年度预算。15日，郭又来，商妥第一年度预算及复银行存付办法函稿。(《郭量宇先生日记残稿》，290～291页)

同日　胡适对胡颂平说：我昨夜醒来，想想这个问题，今年一年都不能做事，变成废人了。我想在15日约见几位文化记者来作15分钟到20分钟的谈话。我觉得有些话应该同他们谈谈的。我第一次心脏病发作，在纽约进医院，一切的事情都是李国钦给我照料的。上半年第二次心脏病发作时，乃是钱思亮招呼的。这次大概因我的太太来了之后，你看思亮夫妇很少来了。我应该表示感谢他们夫妇二人的，在这次谈话中特别提出。你和志维计划计划，就在15日的下午4时，要李青来约少数的几个人，给去年一样的七八个人，我想有些话要给他们谈谈。(《胡适之先生年谱长编初稿》第十册，3830页)

同日　Drgoyee Ackroyd 由邹云陪同来探视胡适。进入病房的还有李先闻、郑振华、延国符、张彦云、李青来、彭麒。来签名的有查良钊、胡锺吾、黄榜铨。(《胡适之先生年谱长编初稿〔补编〕》，583页)

同日　胡适给徐大春一函，谈这次入院情形。(《胡适之先生年谱长编初稿》第十册，3830～3831页)

12月12日　李济来，胡适请其代理院长一年，李未答应。(《胡适之先生年谱长编初稿》第十册，3831页)

同日　进入胡适病房探视的还有毛彦文、朱怀冰、孙德中等。来签名的有朱学勤、逄化文、马袖宇、鲍良传、刘英士、程沧波、成舍我、宋英、周幼康、虞舜、黄薇、许占魁、宋道心、查良钊等。(《胡适之先生年谱长编初稿〔补编〕》，584页)

12月13日　杨亮功来谈几分钟。徐可燝来谈科学会事。王世杰来谈。来签名的有李超英、高化臣、史尚宽、胡仁恭、戈定邦、张庆桢、王德芳等人。(《胡适之先生年谱长编初稿〔补编〕》，585页；《胡适之先生年谱长编初稿》第十册，3831页)

12月14日　姚从吾、李济等人约了几位朋友谈胡适是否在15日招待记者事,一致认为胡适应该静养,应该取消这次见面会,胡适从之。(《胡适之先生年谱长编初稿〔补编〕》,585页;《胡适之先生年谱长编初稿》第十册,3832~3833页)

同日　进入胡适病房的有胡健中、叶公超、张群、胡夫人、张婉度、江小波、李瑞麟。(《胡适之先生年谱长编初稿〔补编〕》,585页;《胡适之先生晚年谈话录》,266页)

12月15日　史语所的摄影人员来替胡适照相。(《胡适之先生年谱长编初稿》第十册,3833页)

同日　江冬秀夫人生日,胡适送手镯一副。是日,江冬秀来探视。(《胡适之先生年谱长编初稿》第十册,3834页)

同日　张群、程敷锟等致函胡适祝寿并送贺礼。

同日　进入病房的还有李先闻、王淦、唐嗣尧、苏雪林、谢冰莹、孙德中、高天成、钱思亮。来签名的有查良钊、胡光麃、梅麟高、许超、邬淑亨、朱树恭、雷法章、杨肇嘉、李新民、谭慕兰等。(《胡适之先生年谱长编初稿〔补编〕》,586页)

12月16日　蒋经国代表蒋介石前来探望,并云蒋介石要为胡适庆祝70岁生日,待出院后再定时间。(《胡适之先生晚年谈话录》,266页)

12月17日　胡适70岁生日,病室内摆满鲜花、蛋糕和贺电。"北大同学会"集会纪念北大校庆,同时为胡适贺寿,"中研院"全体同人签名为胡适祝寿。

同日　雷震作白话诗为胡适贺寿:

你毋须乎叫人来拥护,
你更不会要人来效忠,
世人自会跟着你向前进,
世人自愿踏着你的步伐往前行,
因为你所倡导的活文字和你所创造的语体文学,

都是福世利人的事情。

也正是他们寤寐企求和朝夕需要的东西！（《雷震全集》第 30 册，464 页）

12 月 18 日　莫德惠、谷正纲来探视。李先闻、劳榦来探视。徐可燻来报告科学会开会事。连月华来探视。来签名的有张庆桢、李嗣璁、路永熙等。（《胡适之先生年谱长编初稿〔补编〕》，587 页）

12 月 19 日　胡适开始下床。黄期田由罗路兴、严仁燕陪同来探视。萧毅肃来。王霭芬来。高长柱、朱学勤、刘光军来签名。（《胡适之先生年谱长编初稿》第十册，3843 页；《胡适之先生年谱长编初稿〔补编〕》，588 页）

同日　江冬秀夫人农历生日。胡适祝"冬秀百百岁"。（台北胡适纪念馆藏档，档号：HS-NK05-048-075）

12 月 20 日　近代史所助理研究员李恩涵来请胡适做他申请奖学金的推荐人。胡适对他说："夏威夷大学的参考推荐书，推荐人必须绝对负责，填好了直接寄去，不能让被推荐人看见推荐书的内容。第一问的认识被推荐人多少时间？第二问的推荐人用什么资格推荐？还有被推荐人的知识、行为、品德，有无在这一门研究之中做领袖的能力，这个人的感情是否稳定等等。你在近代史所工作，平时没有接触，我都无法照实写的。人家相信我，就是因为我不说谎话。我很想帮你的忙，但我不能说谎话。你已请得郭廷以、张贵永两人，最好在你自己的老师之中，再找一个人为你推荐就行了。"下午，白建民、蔡培火来探视。沈志明来签名。（《胡适之先生晚年谈话录》，267～268 页；《胡适之先生年谱长编初稿〔补编〕》，588～589 页）

同日　徐复观在《民主评论》第 12 卷第 24 期发表《中国人的耻辱，东方人的耻辱》一文，对胡适的"科学发展所需要的社会改革"演说提出严厉批评。徐文说：今天在报上看到胡博士在东亚科教会的演说，他以一切下流的辞句，来诬蔑中国文化，诬蔑东方文化，我应当向中国人，向东方人宣布出来，胡博士担任"中央研究院"院长，是中国人的耻辱，是东方人的耻辱。我之所以如此说，并不是因为他不懂文学，不懂史学，不懂哲学；不懂中国的，更不懂西方的；不懂过去的，更不懂现代的。而是因为他过了 70 之年，感到对人类任何学问都沾不到边，于是由过分的自卑心理，发而为狂悖的言论，想用诬蔑中国文化、东方文化的方法，以掩饰自己的无知，向西方人卖俏，因为得点残羹冷炙，来维持早经摔到厕所里去了的招牌，这未免太脸厚心黑了。

12 月 21 日　胡适嘱郭廷以即将召开福特补助计划咨询委员会会议。（《郭量宇先生日记残稿》，292 页）

同日　林致平来。（《胡适之先生年谱长编初稿〔补编〕》，589 页）

同日　胡适对胡颂平说：《还乡记》和《苔丝》，都是他当年主持"中华教育文化基金会"编译委员会的时候，出了很高的稿费，请张恩裕译的。胡适接到李敬斋的信后说："彦堂喜欢写字，用甲骨文字来集字一首词；甲骨文里没有的字，还要设法拼起来。我从美国西部到东部，差不多每一个熟人家里都有他的字，他还有卖字的润格。如果他把这些写字的时间作研究的工作，成就当然更多；现在病了，懊悔也来不及了。"（《胡适之先生年谱长编初稿〔补编〕》，589～590 页）

12 月 22 日　王世杰来。李建兴来。Harold Shadick 夫妇和 Pay Scline 夫妇来。郑振华、沈志明来签名。（《胡适之先生晚年谈话录》，270 页；《胡适之先生年谱长编初稿〔补编〕》，591～592 页）

12 月 23 日　马逢瑞送来一具驱逐舰模型，胡适即将其转送张祖诒、江小波。（《胡适之先生晚年谈话录》，271～272 页）

同日　禹成美、郑西平、李先闻、李宗侗、卢毓骏、夏鹏来探视。（《胡适之先生年谱长编初稿〔补编〕》，592 页）

12 月 24 日　阴历十一月十七日，乃胡适阴历生日。

同日　姚从吾、刘崇鋐来，他们表示不愿意担任"咨询委员会"的委员。（《胡适之先生年谱长编初稿》第十册，3846 页）

按，姚从吾 26 日又函辞咨询委员。（台北胡适纪念馆藏档，档号：HS-NK05-055-003）

同日　来探视的还有施炳麟、许明德、卢毓骏、周友端、严智钟、钱思亮夫妇、李瑞麟、李瑞龙、张祖诒、江小波、韩春瑄、王培基、程本海、贝淞荪、夏鹏等人。来签名的有张子嘉、张崇宁、靖正福、刘日昇等。(《胡适之先生年谱长编初稿〔补编〕》，594～595页;《胡适之先生晚年谈话录》，273页)

同日　顾颉刚日记有记:

> 丕绳、厚宣来看予稿，提出意见数条，使予得益，知研究工作，一个人必有想不到处，需要大家提意见，方可看得全面也。
>
> 予询丕绳:"我所受之影响孰为最:郑樵、朱熹、阎若璩、姚际恒、崔述、康有为、胡适?"丕绳答曰:"康有为。"予亦首肯，盖少年时代读夏曾佑书，青年时代上崔适课，壮年时代交钱玄同，三人皆宣传康学者也。至胡适，仅进化论之一点皮毛耳。(《顾颉刚日记》第九卷，372页)

12月25日　郭廷以来。郭氏日记有记:"昨日英文报、今日中文报均将福特基金会补助近史所消息刊出，与事实稍有出入。经与胡适之先生相商，由余再向'中央日报'作一补充，说明用途及研究范围。"(《郭量宇先生日记残稿》，293页)

同日　进入胡适病房探视的还有浦薛凤夫妇、徐萱、叶楚生。王之瑜、朱学勤等来签名。(《胡适之先生年谱长编初稿〔补编〕》，595页)

12月26日　胡适就"太平洋科学会"的代表名单对李先闻有所指示。李济来谈。杨西崑夫妇来探视。(《胡适之先生晚年谈话录》，274～275页)

12月27日　胡适到梅贻琦病房探视。查良钊来探视。谢仁钊夫妇来探视。(《胡适之先生年谱长编初稿〔补编〕》，597页)

同日　胡适谈到杜甫的"羌村诗"在世界文学史上占有一个极高的地位，但其律诗往往有"凑句"，就没有文学的价值了。(《胡适之先生晚年谈话录》，275页)

12月28日　郭廷以来，胡适与其谈姚从吾对咨询委员会意见事。郭是日日记：

　　……得悉姚从吾昨曾面交胡先生一函，胡先生谓姚误解其意，成见太深，劝余切勿在意。咨询委员会今日午后之会，暂且不开，再由胡先生向姚劝解。余谓一切听从胡先生主张。胡先生以姚函见示，内中除误解胡先生原意处外，对余肆行诋毁，谓余愚蠢，无领导能力与知识。余自问多少尚有几分自知，从未敢以才学自负。姚于他人之前攻击第三者，似亦不无失去身份之处。

　　下午胡先生派人向姚劝说，据闻态度稍缓和。咨询会停开。余决心俟此一问题告一段落，立即求去，不再置身于此是非之场。（《郭量宇先生日记残稿》，294页）

　　同日　胡适派胡颂平前往规劝姚从吾参加咨询委员会。徐可熛来谈科学会公务。张宪秋、翁燕娟来探视胡适。延国符、朱学勤、张丹、梅贻琨来签名。（《胡适之先生年谱长编初稿〔补编〕》，599～600页）

　　同日　针对有人批评近史所不研究民国史等，胡适说："民国以来的主要两个人，一位是孙中山先生，他的史料都在'国史馆'里；还有一位是蒋介石先生，他的史料谁能看得到？……"胡适又谈起"像某某、某某几个人，多少年来不曾出什么书。他们年纪大了，地位高了，胆子越小了，越怕人批评了。在这一方面来说，某某人倒写了不少东西。我在年轻时就写文章了，我的胆子大，不怕人骂。像他们多年不写东西，很难叫年轻人心服的。"（《胡适之先生晚年谈话录》，276页）

　　同日　下午4时，胡适对"中国广播公司"发表录音讲话："'中国广播公司'的教育广播节目，总题是'百年树人'，今年元旦开始广播，我很惭愧，我还在医院里，不能参加，祝这个广播节目十分成功。"（《胡适之先生晚年谈话录》，276页）

　　12月29日　凌纯声来谈民族所建筑经费事。李先闻来谈"太平洋科学会"正式代表名单事。（《胡适之先生年谱长编初稿〔补编〕》，600～601页）

　　同日　陈雪屏、杨亮功、钱思亮、蒋复璁来，商定胡适出院后仍住福

州街。(《胡适之先生年谱长编初稿》第十册，3847 页)

同日　张群来探视。黄季陆、杨继曾来探视。来签名的有魏金、张昌华、赵赓飏、浦薛凤夫妇、朱树恭、田世英、王亚权、卢毓骏、张乃维、李景潞、刘真、孔志礼、黄晖、郑振华等。(《胡适之先生年谱长编初稿〔补编〕》，600～601 页)

同日　胡适读《续资治通鉴长编》第七本，说："这是北宋史最重要的时期，但也是《长编》残缺最多的地方。我看他们怎样的拾补。"(《胡适之先生晚年谈话录》，276 页)

12 月 30 日　郭廷以日记有记：

> 福特基金会发布消息之通知，今日始由总办事处转来……美国新闻处亦请余及胡适之先生发表谈话，胡秋原兄力主乘此机会将详情补行说明，因即准备一书面消息，送胡适之先生修正。(《郭量宇先生日记残稿》，294 页)

同日　朱家骅来探视。孙中岳、邹云来探视。来签名的有钱纯、马逢瑞。(《胡适之先生年谱长编初稿〔补编〕》，601 页)

同日　胡适谈到竺可桢。(《胡适之先生晚年谈话录》，277 页)

12 月 31 日　杨树人来报告三件事：经济研究所的计划，近代史所的人事问题，院内经费到明年二三月以后可以平衡。(《胡适之先生年谱长编初稿》第十册，3848～3849 页)

同日　田培林来谈咨询委员会的事，胡适希望他和姚从吾再谈一次，对咨询委员会有所帮助。来签名的有查良钊、舒子宽、李学诒、李芹、温国荣等。(《胡适之先生年谱长编初稿〔补编〕》，601～602 页)

1962年　壬寅　71岁

> 是年，胡适仍任"中研院"院长、"国家长期发展科学委员会"主席。
> 1月10日，胡适出院。
> 2月24日，胡适主持召开"中研院"第五次院士会议。当晚在招待新老院士的酒会上猝然辞世。

1月

1月1日　今天来医院签名拜年的人有50多人（名单见《胡适之先生年谱长编初稿〔补编〕》当日所记），进入病房的只有郭廷以等极少数人。郭向胡适恳辞"中研院"近代史研究所研究员及筹备主任职务，胡适未接受。（《胡适之先生晚年谈话录》，279页；《胡适之先生年谱长编初稿〔补编〕》，603页）

同日　台湾"清华学报"哲学论文集特刊集稿委员会致函胡适，请将已允诺之稿于3月底以前寄下。（台北胡适纪念馆藏档，档号：HS-NK05-142-049）

1月2日　胡适谈及李敖的《播种者胡适》说：李喜借题发挥，"作文章切莫要借题发挥！"又谈及胡秋原文章的种种不足之处，并说："批评也有批评的风度，但不能轻薄。"（《胡适之先生晚年谈话录》，280～281页）

同日　江冬秀来探视胡适。是日来探视的还有朱家骅、吕光、童烈等。（《胡适之先生年谱长编初稿〔补编〕》，603～605页）

1月3日　郭廷以来探视，再度坚辞近代史所本兼各职，并留下辞职信。

（台北胡适纪念馆藏档，档号：HS-NK05-074-002）

郭廷以是日日记：

访胡适之先生，反复说明余辞职之必要，无论为胡先生或为余个人，此为最好解决纠纷之途径，目标已失，闲言自息。胡先生坚决不允。谈一小时余，将辞职函留下而去。心中至为坦然。(《郭量宇先生日记残稿》，296 页）

同日　胡适向胡颂平谈及二十四史，又谈到抗战胜利后，"东北的高中毕业学生因为受了 14 年的日化教育，他们的作文卷子都改样了，好像不是中国人作的作文似的，真危险！"又谈到元朝的圣谕都是白话的，又谈到"故宫博物院"保存文物的规则很严，由于保存得周密，故颇疑心"盗宝案"的可能性等。(《胡适之先生晚年谈话录》，281～282 页）

同日　胡适复函张凝文，云：真正合适给其父张孝若写传记的人是沈燕谋，并慨诺他写成时，一定给他写长序。(台北胡适纪念馆藏档，档号：HS-NK05-084-019）

同日　来探视胡适的有洪同、查良钊、齐世英、夏涛声、朱树恭、张基瑞、杜呈祥、孙德中等。(《胡适之先生年谱长编初稿〔补编〕》，606 页）

1 月 4 日　王志维向胡适请示东亚学术计划委员会拟借用"中研院"的 Microfilm 机器、技术人员到"故宫博物院"拍摄《满文老档》事，胡适表示：何妨把这计划扩大，将"故宫博物院"里应该复写的文件照相下来，等于替"故宫博物院"保存一份复本。又说，拍摄范围可扩大至"中央图书馆"、"故宫博物院"、台大史学系、史语所、近代史所以及学人需要的东西，不妨公开地公告，替"故宫博物院"保存一份复本。(《胡适之先生晚年谈话录》，282～284 页）

同日　邱仕荣、陈炯明、宋瑞楼等来谈出院问题，认为只要天气好，随时可以出院。(《胡适之先生年谱长编初稿》第十册，3852 页）

同日　来探视的有王凤喈、查良钊、田培林、詹明德。(《胡适之先生

年谱长编初稿〔补编〕》，608页）

1月5日　胡适向胡颂平说起罗光《罗马教廷使节》一书中火烧圆明园的时间错误等。(《胡适之先生晚年谈话录》，284页）

同日　蒋梦麟来探视，胡适与其谈及近代史研究问题：近代史所所以不研究民国史，是因为材料不易得，并以蔡元培和蒋介石两人为例说明。(《胡适之先生年谱长编初稿》第十册，3852～3853页）

同日　罗家伦来探视，谈约20分钟。(《罗家伦先生文存补遗》第三部《日记补遗》，669页）

同日　胡适复函巩耀华，为其未能通过科学会的资助做出解释，并希望他在别处能得到资助。(《胡适之先生年谱长编初稿〔补编〕》，608～609页）

同日　来探视胡适的还有王之珍、钱思亮、徐可熛、樊际昌等。(《胡适之先生年谱长编初稿〔补编〕》，608页）

1月6日　因郭廷以来电话表示"下星期二起就不到南港办公"，胡适即派胡颂平向郭代达"三个诚恳的请求"："第一，我请你千万不要辞掉近代史所研究员与福特基金计划咨询委员，因为所内许多青年人需要你的指导，又因为福特基金的补助是你一年来努力的成果。第二，关于近代史研究所筹备主任的事，你和我都应该有一个长时间从容商量这件事：当然最好是你皆打销辞意……即令万不得已，你和我也应该平心静气的考虑什么人可以暂时接替你；所以我很虚心的请颂平兄向你打听你在一月三日当面向我提出的一位可能继任的朋友，并且很虚心的访问有无别位可能继任的朋友。第三，无论如何，在你和我没有能够从容考虑上说的第二问题的时期，你千万不能摆脱所务，请你务必照常办公。"（台北胡适纪念馆藏档，档号：HS-NK05-074-003）

郭廷以是日日记：

胡颂平奉胡适之先生嘱来告余辞近史所主任职务可考虑，拟以张贵永或刘崇铉接替，惟仍望余负责研究计划，参加福特补助计划咨询

委员会。余当答以对于前者，极表感激，对于后者完全谢绝，此后决与近史所断绝一切关系，即请胡颂平君代为转达胡先生。下周起，不再到所。(《郭量宇先生日记残稿》，297页)

按，据郭廷以1月7日日记，朱家骅、杨树人均受胡适之托对郭慰留。

同日　胡适复函徐可熛："中研院"民族学所之博物馆计划200万元所缺之台币50万元，当由"中研院"负责筹措。(台北胡适纪念馆藏档，档号：HS-NK05-067-006)

同日　来探视的还有徐可熛、朱家骅、李先闻、郑振华、蒋复璁、李宗侗等。(《胡适之先生年谱长编初稿〔补编〕》，611页)

1月7日　胡适与胡颂平谈如何慰留郭廷以事。又拜托来探视的杨树人前去慰留郭。(《胡适之先生年谱长编初稿〔补编〕》，612页)

同日　来探视的还有毛子水、陈可忠夫人、陈受康等。李青来来采访。(《胡适之先生年谱长编初稿〔补编〕》，613页)

1月8日　朱家骅来告已劝留郭廷以。是日来探视的还有高天成、王子瑜。(《胡适之先生年谱长编初稿〔补编〕》，614页)

同日　金承艺携一函来探视胡适，函中说：郭廷以在被吴相湘炮轰、被姚从吾误解后提出辞呈，是想借此考验胡适对他的支持度。(台北胡适纪念馆藏档，档号：HS-NK05-045-004)

郭廷以是日日记：

杨树人先生又来，谈一小时余，晚，金承艺来，亦谈一小时余，均系奉胡适之先生命来相劝，谓胡先生决不放余去。余谓其转达胡先生再作考虑，并为致谢。(《郭量宇先生日记残稿》，298页)

同日　梅贻宝夫妇致函胡适，盼健康早复；另询尚有暇及于《朱海庵与释禅关系》一文否。(台北胡适纪念馆藏档，档号：HS-NK05-078-008)

同日　The Round Table Club 致函胡适：请缴年会会费。（台北胡适纪念馆藏档，档号：HS-NK05-166-036）

1月9日　杨树人来谈慰留郭廷以事。决定先成立咨询委员会，再由胡适致函郭廷以慰留。（《胡适之先生年谱长编初稿〔补编〕》，614页）

同日　夜，胡适到梅贻琦病房探望，小谈几分钟（因胡次日要出院）。（胡适次日《日记》）

同日　来探视的还有李济、胡惠宣、吕实强、王玺、赵中孚、夏师然、袁贻瑾等。（《胡适之先生年谱长编初稿〔补编〕》，614～615页）

1月10日　胡适出院，住福州街台湾大学学人宿舍。出院后，仍由护士徐秋皎照料。宋瑞楼、陈炯明提出出院后应注意的七条。（《胡适之先生年谱长编初稿》第十册，3853页）

同日　胡适打电话劝留郭廷以，被婉拒。

郭廷以是日日记：

> 万绍章君来，系杨树人君之托，谓胡适之先生再三表示，决不让余放手，院中同人亦同此看法。余说明处境之困难及今后之顾虑，切盼就此脱离干系。
>
> 上午，胡适之先生来电话相劝，婉拒之。（《郭量宇先生日记残稿》，299页）

同日　万绍章来请示：他与杨树人商拟的院士会议日期，初定2月24日；又决定经济研究所筹备处列入预算。（《胡适之先生年谱长编初稿》第十册，3854页）

同日　胡适出院后来探视的有钱思亮夫人、陈雪屏夫人、李干夫妇、钱思亮、胡惠宣。（《胡适之先生年谱长编初稿〔补编〕》，615页）

同日　胡适致电叶良才，告今天出院，将在钱思亮陪同下出席3月举行的"中基会"年会。并请转告胡祖望和游建文。（台北胡适纪念馆藏档，档号：HS-NK05-112-050）

1月11日　杨树人来谈郭廷以辞职事，并带来一封慰留信，胡适认为此函还需修改，乃口授一信，仍挽留郭：

这几年来，你任劳任怨，我很佩服你的精神，并且时常向人称赞你这种美德。……我总是劝你勉为其难，不要抛弃你自己多年培养起来的"孩子"。别人对你的批评，从来不曾减少我对你的支持。

……我和你同是心脏病人……我绝对没有理由不重视你的健康。

…………

假如你不太怪我不近人情的请求，我盼望你不要轻易辞去近代史所筹备主任的事，我很诚恳的盼望你在不过份的妨碍你的健康的条件之下，继续做我们应该做的事。杨树人兄告诉我，我们的咨询委员会是可以开会的。我可否请你早日定期召集咨询委员会，讨论研究我们的计划？可以吗？我想请树人兄协助你安排这个会的进行。（台北胡适纪念馆藏档，档号：HS-NK05-074-003）

同日　徐可熛来谈科学会的事。晚，毛子水来。（《胡适之先生年谱长编初稿〔补编〕》，616页）

同日　韦慕庭致函胡适，云：得知出院消息，希望在合理的工作基础上多多留意健康；另说明已致函郭廷以，劝其重回近史所长一职。（台北胡适纪念馆藏档，档号：HS-NK05-171-015）

同日　Harold Riegelman 复函胡适：此间中国友人对于 George 职务异动有许多推测；康奈尔同学 Judge Abraham S. Bordon 已从康涅狄格最高法庭退休，正乘船作世界旅行，将在1962年3月26日停留基隆一天，能否派人欢迎他。（台北胡适纪念馆藏档，档号：HS-NK05-166-019）

1月12日　郭廷以来访，打消辞意。云：昨夜听到有人说他威胁胡适的话，十分惶恐。表示对胡只有感激。咨询委员会的事，请杨树人用胡适的名义召开，他一定参加。近代史所筹备主任的事，只要胡适以后找到替人，他随时可以交卸。胡适将王健民的来信交郭代复。（《胡适之先生年谱长编初稿》第十册，3857页）

郭廷以是日日记：

　　胡适之先生长函相留，词意均属坦诚，并约面谈商之……五时晤胡先生相谈甚欢。(《郭量宇先生日记残稿》，299页)

　　同日　胡适要王志维送来《大藏经》的《史传部》二、三册，以便研究。(《胡适之先生年谱长编初稿》第十册，3857～3858页)

　　同日　胡适读到《民族晚报》上《徐复观的大张挞伐》一文，始知徐氏有《民主评论》上讨伐文章。(《胡适之先生年谱长编初稿》第十册，3858页)

　　同日　来探视的有马祖圣夫妇、胡文郁、刘崇鋐等。(《胡适之先生年谱长编初稿〔补编〕》，617页)

　　同日　邱有珍为胡适《科学发展所需要的社会改革》一文给胡适一封公开信，并向当局质询。(台北胡适纪念馆藏档，档号：HS-NK05-259-004)

　　1月13日　胡适要胡颂平代复萧孟能、陈立峰、胡汝森：胡未看到徐复观的文章和廖维藩的质询，"他不想写什么文字"，就是看了廖、徐的文章，"也不会写什么答辩的文字"。(台北胡适纪念馆藏档，档号：HS-NK05-131-009)胡适又针对此事说："写文章的态度要严正，切不可流于轻薄！"(《胡适之先生晚年谈话录》，288页)

　　　　按，1月7日，萧孟能、陈立峰、胡汝森致函胡适：《科学发展所需要的社会改革》一文发表后，引起廖维藩的质询及徐复观为文攻讦事，希望胡适能正面提出答辩。(台北胡适纪念馆藏档，档号：HS-NK05-131-008)

　　同日　胡适复函徐可熛：《孔孟月刊》似尚未出版，与"长科会"原有不补助新刊物之规定不符；"长科会"全年的科学研究刊物补助费共只有50万元，如何能负担一个刊物全年经费24万元；请王世杰与陈雪屏面商告以上项障碍困难，请他收回此函。(台北胡适纪念馆藏档，档号：HS-

NK05-067-007）

同日　胡适令胡颂平拜托石璋如代购书籍 7 种，拜托沈志明代买《印度通史》《交广印度两道考》《印度古今女杰传》《诸蕃志校注》各 1 部，12 卷 24 期《今日评论》2 册。（台北胡适纪念馆藏档，档号：HS-NK05-011-004，HS-NK05-022-017）

同日　10 点，日本人北川三夫由陈奇禄陪同来访，谈半小时。胡适送其神会的抽印本 2 种，铃木九十岁祝寿论文之英文抽印本 1 种。（《胡适之先生年谱长编初稿》第十册，3859 页）

同日　下午，罗家伦来谈 20 分钟，带来胡适给汪精卫电报的照相件。罗氏日记记道："……访胡先生，知郭量宇已于昨天回近史所办公。……胡先生对吴某无赖情形，知之甚详。"（《胡适之先生年谱长编初稿》第十册，3859 页；《罗家伦先生文存补遗》第三部《日记补遗》，672～673 页）

1 月 14 日　李宗侗来访，并带来傅斯年给他的信的照相件，希望胡适能给这封信写个跋，又带来吴稚晖给蔡元培一封信的剪报。（《胡适之先生年谱长编初稿》第十册，3859 页）

同日　访客还有夏涛声、李先闻夫妇、钱思亮夫妇、余昌之、毛子水、阮维周等。（《胡适之先生年谱长编初稿〔补编〕》，618 页）

同日　罗家伦日记有记："胡先生为玄伯被攻击事，甚关心。昨天对我说要为他主持公道。今天，我看玄伯时，玄伯不在家，其夫人云：胡先生写信约他去了。胡先生之热忱与公道心可佩。"（《罗家伦先生文存补遗》第三部《日记补遗》，673 页）

同日　胡颂平代胡适复函徐高阮，谢 1 月 10 日信，已于 13 日代胡适复《文星》编者信；又谈及编印《胡适文存》第五集事，好的文稿已收齐，俟胡适亲自编好目录后，便可付印。（台北胡适纪念馆藏档，档号：HS-NK05-069-007）

同日　谢冰莹致函胡适，得知出院消息，恭喜恢复健康；另提及苏雪林想回师大，但无位置，请询"中研院"有无研究员的位置。（台北胡适纪念馆藏档，档号：HS-NK05-134-006）

1962年　壬寅　71岁

1月15日　胡适看到"中央日报"上几种杂志的目录,说:"其中有几篇都是骂我的文章。"下午在《民族晚报》上看到某君将有给胡适公开信并向当局提出质询的消息,又说:这里糊涂人还有那么多,我30年前的老话(指《科学发展所需要的社会改革》那篇演讲词)还是值得重说一遍的。(《胡适之先生年谱长编初稿》第十册,3861页)

同日　杨树人致函胡适,奉还韦慕庭的信,并谓许多朋友似乎还未能完全革除掉清末以来的"告洋状"的恶劣习惯;另及咨询会开会事。(台北胡适纪念馆藏档,档号:HS-NK05-108-063)

同日　访客有钱思亮夫人、梅贻琦夫人、查良钊等。(《胡适之先生年谱长编初稿〔补编〕》,618页)

近日　胡适阅《大藏经》的《史传部》。(《胡适之先生晚年谈话录》,288页)

1月16日　下午,陈炯明来为胡适做心电图,一切如常。杨树人电话报告:"福特基金五年计划咨询委员会"已于下午开会,4位委员都到,大家都能心平气和地来研究计划,请胡适放心。(《胡适之先生年谱长编初稿》第十册,3861～3862页)

同日　访客有李济、徐可燝、丹麦语言学家Soren Egerod夫妇(董同龢陪同)等。(《胡适之先生年谱长编初稿〔补编〕》,618～619页)

1月17日　郭廷以来报告咨询会事,郭氏日记有记:

午后访胡适之先生,简单说明昨日咨询会情形,并声明三点:一、所谓近代史讨论会以不举行为是,免增纠纷,否则近史所不拟参加。二、近史所所内研究计划,咨询会应予尊重,所外人员计划则由咨询会决定。三、下次咨询会希望胡先生能亲自参加。以上胡先生均同意,并云近史所为主,咨询会为客,主人既对客人客气,客人自应尊重主人。(《郭量宇先生日记残稿》,301页)

同日　胡适复函任以都、任以安姊弟:看了陈衡哲的哀词3首,"也很感动"。又询任鸿隽"手抄的自传稿子"写成了多少,约有多少字。希望今

年3月到华盛顿时能看看这部自传稿子。很希望能帮忙制作一部《康耐尔传》(《留美学生季报》)的复制本；分赠任家姊弟《胡适留学日记》各一部(因其中记任鸿隽、陈衡哲的事颇多)。(台北胡适纪念馆藏档，档号：HS-NK05-016-010)

按，1月9日任以都致函胡适，转抄其母陈衡哲近作的词3首(陈嘱转寄胡适)，陈并对胡致关怀表谢意(台北胡适纪念馆藏档，档号：HS-NK05-016-009)，故胡适有此复函。2月2日，任以都、任以安姊弟分别复函胡适，均对胡住院表示关切，谢赠《胡适留学日记》。任以都将《康耐尔传》的影印本寄呈，任以安希望3月能拜会胡适(台北胡适纪念馆藏档，档号：HS-NK05-016-012、HS-NK05-016-011)。

同日 《征信新闻》上有"邱有珍发表公开信向胡适博士质疑"的报道。胡适吩咐胡颂平先将这一期的《学粹》《政治评论》《人生》等杂志买来。并说："你以为我看了会生气吗？我就是看了也不会生气的。……其余如《学宗》《新时代》也替我收起，我需要看一看《新时代》。"(《胡适之先生晚年谈话录》，289页)

下午 胡适会客时，曾写下这样的对联：大腹能容，容天下难容之事；此公常笑，笑世间可笑之人。(《胡适之先生晚年谈话录》，290页)

1月18日 宋瑞楼为胡适检查身体，并建议如果3月想去美国的话，最好住在福州街，一星期去南港几次，每次一两点钟。这样练习之后无问题，3月就可以去美国了。胡适答允可以考虑。(《胡适之先生年谱长编初稿》第十册，3864页)

同日 杨树人来报告咨询委员会的开会情形。访客还有朱家骅、蒋复璁、沈宗瀚、蓝乾章等。(《胡适之先生年谱长编初稿〔补编〕》，621页)

是夜 胡适致函王世杰、孔德成，谈为"故宫博物院"珍贵史料、孤本书、善本书尽量摄制"显微影片"事：

……北沟及台北(包括南港)各处所保存的史料、孤本书、珍本书，都应该及早挑出最稀有的部分，及早摄制"显微影片"，以资保存，兼以利学人研究之用。

最近"中国东亚学术研究计画委员会"商得"故宫博物院"的同意，向"中央研究院"借用"显微摄影机器"及技术人员张湫涛君，到"故宫博物院"去摄制文献馆所藏《满文老档》，以为台大广禄教授研究之用。我们在"中研院"的朋友都十分佩服"故宫博物院"此次允许摄照《满文老档》的盛举，所以我们很快就决定同意借用我们的"显微摄影机器"及技术人员了。……

……"故宫博物院"何不充分利用这个不容易得的机会，利用"中研院"的机器与技术人员，挑出"故宫"文献与图书两馆的最稀有的史料、孤本、珍本书，共若干种，请张湫涛君摄制"显微影片"？

我曾与李济之、屈万里、蒋慰堂、李玄伯诸先生试谈这个问题，他们都很赞成我的意思。我试想出下列几项实行办法，供两兄及"故宫博物院"同人的参考：

（1）摄制"故宫"的史料与珍本书的显微影片，由"故宫博物院"专家挑选件目，亦可由"国内"学术研究机构因其研究之需要而请求办理；均应由"故宫"常务理事认可。

（2）"中研院"借用摄影机器与技术人员，并供给摄片所需的材料。制成的底片（negatives），版权归"故宫博物院"所有，但"中研院"得请求允许保留复制片（positives）每件一份，以供学人之研究。"故宫"将来设立显微影片阅读室时，亦可请求"中研院"赠送复制片一份。

（3）显微影片的底片，如得"故宫博物院"同意，可以寄存"中央[研]院"之显微摄影部，也可由该部分别编成"'故宫'史料珍本显微影片目录"。海内外学人或学术机构请求购备复制本，均须先征得"故宫博物院"之同意。此项复制本（positives）的售价，可由"故宫"与"中研院"依据实际情形，协商定之。

这是我在养病时期想到的几条意见，写出来供两兄参考。

最后我试举出一些可以摄制影片的项目，作几个例子：

（1）《大元圣政国朝典章》六十卷，《至治条例》不分卷，共四十册（元至治二年建阳坊刊）；

（2）《周礼注疏》五十卷，三十二册（宋刊八行本）；

（3）《孟子注疏解经》十四卷，五册（宋刊八行本）；

（4）《汲冢周书》十卷，一册（元至正十四年嘉兴刊，半叶十行本）；

（5）《论语注疏解经》，存十卷，一册（宋刊八行本）；

（6）《宣和奉使高丽图经》四十卷，三册（宋乾道二年，徐藏刊本）。

又如我前年在雾峰曾为达生兄及"故宫"同人指出四库文渊阁本赵一清《水经注释》四十卷，《刊误》十二卷，附录二卷，实与小山堂家刻本有很多的异文，很值得影印行世。倘蒙两兄许可，我很想自己备工料钱请"中研院"代为摄制 microfilm，将来即存"中研院"供学人研究校勘。

又如我的绩溪同乡曾屡次请求诸公允许将"故宫"所藏乾隆年修的《绩溪县志》摄影，要使这部仅存的一部旧志将来有影印的可能。此次倘蒙两兄许可，我也想自己备工料钱请张君代为摄制显微影片。

总之，我的意思是盼望诸兄与"故宫"同人不要错过这个颇不易得的机会，使"故宫"所存的宝籍至少可以多留一两份 microfilm……供学人校阅研究之用。

……………

又李玄伯先生说，"故宫"藏有《雍正朱批谕旨》全部，其中未经刊刻的部分亟宜提出摄制 microfilm。此确是最值得诸公考虑的一件要事。（台北胡适纪念馆藏档，档号：HS-NK05-005-015）

1月19日 访客有劳榦、钱思亮、吕光等。（《胡适之先生年谱长编初稿〔补编〕》，621页）

同日 William S. Cornyn 致函胡适：由于耶鲁大学欲升李田意为教授，特来函询问李的名声、为人种种，以作为参考。后由周法高代复。（台北胡适纪念馆藏档，档号：HS-NK05-146-043）

1月20日　访客有劳榦夫妇、李先闻、毛彦文、罗家伦夫人、黎东方等。杨树人来谈。(《胡适之先生年谱长编初稿〔补编〕》，621页)

1月21日　胡适要胡颂平看郭廷以，告知他关心的几件事已和杨树人谈过，大概没有问题了。访客有陈雪屏夫妇、毛子水、杨亮功、水泽柯、程刚。(《胡适之先生年谱长编初稿〔补编〕》，622页)

1月22日　下午，李济来谈一小时。晚，胡适写一短函给李济，拜托李在3月胡适外出时代理院长职务3个星期。但李以眼疾为由，未允，亦未接受此函。(《胡适之先生年谱长编初稿》第十册，3867页)

同日　虞舜来见。(《胡适之先生年谱长编初稿〔补编〕》，622页)

1月23日　宋瑞楼、陈炯明为胡适做心电图后，表示3月里可以离台外出了。(《胡适之先生年谱长编初稿》第十册，3868页)

同日　胡适看了胡颂平带来的一位朋友的寿序后说：

> 文章分散文、骈文两种。所谓散文，就是古代的白话。骈文是用典作代词的。在散文里用代词是犯忌，因用代词，就不说老实话了。骈文还喜用对子，在散文里是不得已才用对子的。韩退之的古文运动，就是要恢复古代的散文。古文经过了春秋战国，到了秦朝有一千年的历史，那时候的语言是活的语言，它用的虚字不错，文法也不错，完全是活的语言。……古文运动是把《孝经》《论语》《孟子》当作教科书，每个人都经过这个训练，恢复周秦以前东方语的标准，叫作古文运动。作散文，不可用代词，要说老实话，要写得干净。(《胡适之先生晚年谈话录》，291～292页)

同日　访客有王世杰、查良钊。(《胡适之先生年谱长编初稿〔补编〕》，622页)

1月24日　邱有珍将其"公开信"送达胡适。胡适表示等健康恢复后再读，并要胡颂平先填一张谢条回复。(《胡适之先生年谱长编初稿》第十册，3869页)

同日　胡适看到某君的文章有不妥不对的地方，颇想写封信给他。胡

颂平说:"我知道有几个朋友看了外面的批评文字,觉得忍无可忍,都要预备写文章了。"胡适说:"你劝他们千万不要写,人家以为是我叫他们写的。"(《胡适之先生晚年谈话录》,292页)

同日　胡适对胡颂平说:"前几年到台中去避寿,住在雾峰。那天台中农学院的王志鹄请我去演讲。孔达生和我同车到农学院去。在车上,我还没有演讲的题目。我对孔达生说,你姓孔,我还是讲我们的老祖宗吧。我们的老祖宗孔夫子是近人情的,但是到了后来,人们走错了路了,缠小脚、八股文、律诗、骈文,都是走错了路。我讲演之后又到东海大学去。吴德耀又要我讲演,我婉谢了,但他开一个茶会招待我,我把刚才演说的要义又说了一遍。当时徐复观就说:'胡先生,缠足不是中国的文化。'我说:'小足缠了一千年,缠小足不算是中国的文化,那班宋元理学叫作文化吗?'现在我那篇演讲,算是给了徐复观一些资料了。徐复观的文章,我真的看不下去了。"(《胡适之先生晚年谈话录》,293页)

同日　访客有马逢瑞、张超、张姜蓉淑、罗继生、罗胡秀芳、孙德中、李宗侗等。(《胡适之先生年谱长编初稿〔补编〕》,624页)

同日　张敬原致函胡适,寄呈所写关于人口问题的文章,请胡指正;又谈及伦敦《中国季刊》发表美国人所写的3篇讨论人口问题的文章的参考价值等。(台北胡适纪念馆藏档,档号:HS-NK05-083-003)

同日　Walter F. Willcox 致函胡适,得知胡适身体渐好转外,也告知胡适其身体亦渐渐好了起来,另告 Bertie、Kay、Mary 及 David 的近况等。(台北胡适纪念馆藏档,档号:HS-NK05-172-030)

1月25日　胡适将李先闻代拟的致 Miss Bishop 的英文信略改动几处。(《胡适之先生年谱长编初稿》第十册,3869页)

同日　胡适接见的访客有叶公超、夏涛声、孔德成。(《胡适之先生年谱长编初稿〔补编〕》,625页)

同日　Paul C. Hodges 致函胡适,寄赠一瓶低盐酱油。另请在身体状况好些时,来参观他们新的放射线治疗训练中心。(台北胡适纪念馆藏档,档号:HS-NK05-152-026)

同日　Vivian W. Yen 致函胡适,告台北国际妇女会将举办赞助一项名为 The Flower Drum Song 的慈善公演,邀请胡适成为这项慈善公演的赞助人。(台北胡适纪念馆藏档,档号:HS-NK05-173-005)

　　1月26日　胡适病后第一次回南港,见到友人寄来的书籍多种。函谢胡天猎寄赠影印"程乙本"《红楼梦》第二函六部。函谢黄季陆赠《困学纪闻集证》等33种书。(《胡适之先生年谱长编初稿》第十册,3869页;台北胡适纪念馆藏档,档号:HS-NK04-009-015、HS-NK04-009-016)

　　同日　胡适约徐可熛来谈"中基会"事。访客有凌纯声、Wakelley(慕可山陪同)、梁序穆等。(《胡适之先生年谱长编初稿〔补编〕》,625页)

　　同日　晚间,胡适谈到"用人"的问题,自己没有任用夫人介绍来的人来"中研院"工作。自己本不想久做院长,当时答应就任院长是为解决朱家骅的一个困难问题。不用私人,在离任的时候即可不必考虑这个人的工作问题。(《胡适之先生年谱长编初稿》第十册,3870页)

　　1月27日　Myers 来访(沈宗瀚陪同)。万绍章、郭廷以来谈公务。(《胡适之先生年谱长编初稿〔补编〕》,625～626页)

　　郭廷以是日日记:

　　　福特基金会汇台补助费,总办事处竟欲控制,余坚拒之。经与胡适之先生商定用近史所名义存入银行,由余与胡先生共同盖章支付。(《郭量宇先生日记残稿》,303页)

　　同日　顾毓琇复函胡适:因校中有课,不能出席2月24日院士选举会,只好采用通信投票办法,并附上填复的"邀请出席征询书";贺胡适康复出院,并补祝70岁生日;已接到吴大猷来信,建议致送祝仪。(台北胡适纪念馆藏档,档号:HS-NK05-141-005)

　　按,1月15日,吴大猷致函顾毓琇,谈帮梅贻琦募款支付医药费事,又提出是否也可帮胡适作类似的医药费募款。(台北胡适纪念馆藏档,档号:HS-NK05-034-022)

同日　翁燕娟致函胡适，邀胡出席为其母举行的追思祈祷会。（台北胡适纪念馆藏档，档号：HS-NK01-140-009）

1月28日　胡适打电话给李济，商谈为李田意写鉴定信事。（《胡适之先生年谱长编初稿〔补编〕》，627页）

同日　胡适答应给朱家骅70岁生日纪念论文集写一篇弁言放在卷首，并建议胡颂平能为朱家骅作一本年谱。又说朱之事功比有著作的人重要。（《胡适之先生晚年谈话录》，293～294页）

同日　胡适送给汪克夫一本《圣经》。（《胡适之先生晚年谈话录》，294页）

同日　访客有刘彭寿、潘贯、钱复等。（《胡适之先生年谱长编初稿〔补编〕》，626页）

1月29日　访客有喻娴才、殷张兰熙、樊际昌夫妇、张祖诒夫妇、童烈夫妇、程琪等。（《胡适之先生年谱长编初稿〔补编〕》，627页）

同日　劳榦致函胡适，告辞别后的行程及抵洛杉矶的情况等。（台北胡适纪念馆藏档，档号：HS-NK05-097-007）

1月30日　陈炯明来做心电图。（《胡适之先生年谱长编初稿〔补编〕》，627页）

同日　胡适复函程靖宇，希望程办刊物时不要使用《独立评论》的名字：

　　……我感觉的失望不下于前年收到你提议在香港办"自由中国"的时候。什么名字不可以采用，为什么偏偏要用"自由中国"或《独立评论》的名字！为什么要这样"不独立"！要这样没有志气！

　　……我们不能阻止任何人在香港办报用《独立评论》的名字。但我绝对不希望你和你的朋友们自称你们的刊物是当年《独立评论》的继续者。

　　当年的《独立评论》是真正独立的。……

　　……能不用《独立评论》的名字更好：因为那是没有志气的依傍

他人的行为，我不希望朋友们做的。如果你们一定要用这个名字，我无权力阻止你们，但我必需在台湾报纸上声明我绝对没关系。

其实现在的人还有几个人记得《独立评论》的名字？这个名字已没有广告作用了。你们年青人应该有志气开创你们自己的田地，大可以不必借用那个老名字。（台北胡适纪念馆藏档，档号：HS-NK04-009-013）

按，1月21日，程靖宇致函胡适，告知正筹办一综合性杂志，且沿用《独立评论》之名。2月9日，程靖宇复函胡适，告知已议定刊物名改为《独立论坛》，不用《独立评论》了。（台北胡适纪念馆藏档，档号：HS-NK04-009-014、HS-NK04-009-012）

同日　访客有朱家骅、胡锺吾、唐子宗、汪荷之等。（《胡适之先生年谱长编初稿〔补编〕》，627页）

同日　"北大同学会"每月茶会通知：茶会于2月8日下午3时至4时30分在台北中正路励志社餐厅举行，邀胡适参加。（台北胡适纪念馆藏档，档号：HS-NK05-142-051）

1月31日　胡适致函王道，云：大文《为历史文化与"国事"发一太息》有这两句话："最令人百思不得其解的，是我国的名学者胡适之先生。他在不知几多次的演讲、作文中，其所借以菲薄中国文化者，说来说去，都不外是缠足、拖辫子、抽鸦片这三大证据。"请告知：本人在哪一次演讲里曾提出"缠足、拖辫子、抽鸦片这三大证据"？在哪一篇"作文"中曾提出"这三大证据"？（台北胡适纪念馆藏档，档号：HS-NK04-009-018）

同日　访客有张婉度、项惠珍、梅贻琦夫人、于衡、杨继曾等。（《胡适之先生年谱长编初稿〔补编〕》，628页）

1月　胡适致函李敖，指出其《播种者胡适》一文的种种小错误。（台北胡适纪念馆藏档，档号：HS-NK05-024-004）

2月

2月1日　访客有美军协防司令斯摩特、胡锺吾夫妇、邵人杰夫妇、彭麒等。(《胡适之先生年谱长编初稿〔补编〕》，628页)

同日　胡适针对《联合报》上于衡的《胡适博士的寂寞》特写说："你要知道对新闻记者谈话，任何一句话都要特别注意的。你随便的说说，在他们都当作资料用了。除非你特别关照他不要发表。今早邵人杰和江瑞波夫妇来，就是看了今早的报才来的。于衡，是个多精明的记者。"(《胡适之先生晚年谈话录》，294～295页)

同日　胡适致函李青来，指出"中央日报"副刊上小说《大汉春秋》插图的错误，要李转告画图之人：

即如今天此图，你看了未必觉得有何可怪可笑，但我们应该知道椅子凳子是汉朝决没有的东西，这样的一位坐在椅子上的汉武帝，一位坐在锦凳上的平阳公主，就不免叫我们学历史的人们感觉好笑了。

中国古代的人都是席地而坐，与韩国、日本相同：皇帝、宰相、大臣、小臣，都是这样，故上下尊卑的分别是很少的。汉朝人尚是席地而坐，似无可疑。晋时始有"胡床"，即是一种可以坐的凳子，椅子（"倚子"）是更后起的了。(台北胡适纪念馆藏档，档号：HS-NK04-009-010)

2月2日　陈炯明来做心电图，检查结果很好。钱思亮夫妇来。沈志明来。沈刚伯来签名。(《胡适之先生年谱长编初稿〔补编〕》，629页)

同日　胡适赠送杨树人一部《全唐文》，并题词。(《胡适之先生年谱长编初稿》第十册，3875页)

2月3日　雷震致函胡适，拜年。又说，去年胡给雷震"逆来顺受"四个字，遇到不如意的事情，就拿这四个字来平复自己。同意胡适《科学发展所需要的社会改革》这篇演讲表达的主张等。(台北胡适纪念馆藏档，档号：HS-LC01-005-028)

同日 胡适在《孙连仲回忆录》扉页注记：1951年2月2日是孙连仲将军的70岁生日，我不能去贺寿，请胡颂平先生去签名祝贺。贺客每人可得"回忆录"一册。我昨天一口气看完了，觉得这是很平实也很忠实的一本简式自传，我盼望他肯把详细情节从容叙述出来。(《胡适藏书目录》第2册，902页）

2月4日 晨，胡适阅报知原子专家马仕俊噩耗，"很不舒服"，即打电话请美联社打听详细情形。(据《日记》)

> 按，本谱引用胡适1962年日记，均据《胡适的日记》手稿本第18册，以下不再特别注明。

同日 上午，胡适去南港，发了一个贺电，贺Los Banos, P. I. 的International Rice Research Institute的落成典礼。(据《日记》)

2月5日 旧历新年，来拜年的客人有八九十人（名单见《胡适之先生年谱长编初稿〔补编〕》当日所记），胡适仅见徐高阮、陈槃数人。晚间在钱思亮家过年。

同日 胡适致函吴大猷，谈到马仕俊之死，还谈到他的医药费问题以及程毓淮的论文问题：

> ……电传马仕俊突然死了……此事甚可惋悼。
>
> 回想一九四八年，"中基会"给了北大十万美金，我们决定全数作物理学系发展之用。你们在美国筹画延请物理人才，计画购买物理仪器——当时我们的梦想丝毫没有能实现，当时我们想集中的物理学者后来都星散了！仕俊之死使我痛惜"中国"把这十三四个年头白白费掉了！
>
> 你上月在给顾一樵的信上提到我的医药费问题，一樵就写了信给思亮……我赶快写信给思亮、一樵，阻止此事，我的确不需要此种捐款。
>
> 程毓淮兄的论文七篇，是依据一九五八年你的原稿。我已请数学所刘世超君补入最近年的三篇，但早年的论文，此时不及搜集了。程

君的论文往往很长，有20页至30页的。最好是请你向海内外院士们多作一点说明，使程君此次可以选出。（台北胡适纪念馆藏档，档号：HS-NK05-034-024）

同日　胡适读陈荆和《十七世纪广南之新史料》，对此文评价颇高。有日记：

> 《新史料》是影印的大汕（石濂）和尚的《海外纪事》六卷，原藏四明卢氏抱经楼，后归《东洋文库》……《纪事》所记只是卅三年八月到次年十一月的事。陈荆和……先生有很详细的引论，虽有一二小错误，是一篇很好的考证文字。
>
> 这个和尚能诗，能画，"多巧思"，能做海外买卖，赚了大钱，交结名士贵人，是一个有大魄力的狂妄和尚。《纪事》有仇兆鳌序，有徐釚序，有毛端士序，又有"大越国王阮福周，受菩萨戒弟子法名兴龙顶礼之"序！他和屈大均很要好，又与吴绮、梁佩兰诸名士往来。有《离六堂集》。
>
> 缪荃孙《艺风堂文续集》二有《石濂和尚事略》一文，记述颇详细。陈君还引用了一些别的资料。

同日　吴健雄致函胡适，告知对回台开第五次院士会议的一些想法及计划：

> "中央研究院"每年开会一次，做院士的应该尽可能参加出席，尤其是院长已经两年未能来美召集临时会议，所以很想回去探望探望……
>
> 如果学术机关有兴趣的话，家骝和我可以作几个学院［术］演讲……这一次回去的最大理由是探望您。其次是与在台学术界见见面，能有余暇，乘机看看台湾的风光。……（台北胡适纪念馆藏档，档号：HS-NK04-005-001）

2月6日　来拜年的客人仍很多,有八九十人(名单见《胡适之先生年谱长编初稿〔补编〕》当日所记)。蒋经国来拜年,并代蒋介石邀请胡适夫妇于8日中午到士林官邸午餐。(《胡适之先生晚年谈话录》,295页)

2月7日　来谈的有李济、钱思亮、毛子水、黄季陆、李青来、孙如陵、余又荪、梁又铭、钱复等。(《胡适之先生年谱长编初稿〔补编〕》,630～633页)

同日　上午,胡适到南港住所,看到任以都寄来的《康南耳君传》的复印本。又去看傅斯年图书馆,又说:"上午济之来说,希望图书馆有一个匾额,一副对联,要我写。我对他说,如果有一副对联的话,还是用傅孟真的'上穷碧落下黄泉;动手动脚找东西'那副对子吧!从前说的'一物不知,儒者之耻'这句话,现在谁也不敢说了。"又说,如要一个匾额,不如请于右任写几个大字在门口的横梁上。(《胡适之先生晚年谈话录》,296页)

同日　胡适复函黄季陆,辞去王忠林的"博士学位评定会"委员兼主席的职务,一来因为没有研究过"中国文学之声律"这个题目,一来因病还在休养期。当日,黄季陆来访,胡适乃请其带回此函,并答应黄参加本月14日举行的第四次"全国教育会议"。(台北胡适纪念馆藏档,档号:HS-NK04-009-006)

同日　胡适复函萧作梁,告因病不能审读其著作,并寄还。(台北胡适纪念馆藏档,档号:HS-NK04-009-007)

同日　吴大猷复函胡适,谈来台行程等。(台北胡适纪念馆藏档,档号:HS-NK05-034-025)

同日　杨联陞致函胡适,告因到京都讲学,不能赴台参加院士会议。(台北胡适纪念馆藏档,档号:HS-LS01-008-019)

2月8日　访客有沈刚伯夫妇、童烈、陶希圣、吴康等。(《胡适之先生年谱长编初稿〔补编〕》,633页)

同日　中午,胡适偕夫人到士林官邸应蒋介石的饭局。(《胡适之先生晚年谈话录》,297页)

2月9日　读京都汇文堂寄到的北京大学图书馆藏李氏(盛铎,木犀轩)

书目，对其中《水经注》的有关条目格外注意。读《康南耳君传》。(据《日记》)

同日　下午，徐可燡来谈科学会事。(《胡适之先生年谱长编初稿〔补编〕》，634页)

同日　胡适谈到科学会：

> 前些时我问公起，科学会已经花了几亿的钱，为什么会内请不到专任的人把工作好好地推动？公起写一个英文的书面文件给我。这个文件说最高的机关首长只有台币六七百元的薪水(像我八百元，台大校长七百三十元)，连同一切补助费，如眷属补助费每口二十元，以五口为度。如医药费，什么费都在内，最高不过四百元。眷属每口补助费二十元，只值美金五角；没有房子的房租津贴每家四十元，值美金一元。这样全部算起来，最高的约两千元台币，值美金五十元。低级的只有六七百元，不过美金十五六元。由于待遇低的缘故，一时还不易请到专任的的确能干的人员。(《胡适之先生晚年谈话录》，297~298页)

2月10日　宋瑞楼来检查身体。访客有陈雪屏夫人、程天放、江小波等。(《胡适之先生年谱长编初稿〔补编〕》，634~635页)

同日　胡适分别致函沈昌焕、黄季陆，谈今年3月"中基会"第三十二次年会时请"外交部""教育部"派出观察员事。(《胡适中文书信集》第5册，566~567页)

同日　胡适根据其《留学日记》整理《康南耳君传》的写作"小史"。他对胡颂平说：

> 康南耳是个有天才的人，他没有受过什么教育，从小做木匠，但他的成就多大。(一面翻开传文指着"君所遗之田"的"田"字说)：这里的"田"字应该是"地"字。那时绮色佳的官地都长满原始的树木，要把树木砍了，连树根也挖了，才能变成可耕可种的田地。那时我的

年纪轻，就误用"田"字了。我已修改了十五六处。我想考证一下写这篇《康南耳君传》的年月。……(《胡适之先生晚年谈话录》,298页)

当日日记又记：

> 昨天我细读此传，觉得传中写两件大事——一是康南耳先生创办北美洲电报事业，一是他与白博士（Dr. Andrew D. White）创立康南耳大学——都还能运用原料，叙述的颇明白清楚——虽然全文是用古文写的。我修改了十几处，准备将来收在《文存》里。

同日　胡适在董诰等奉敕编的《钦定全唐文》一千卷、目录三卷上题记：这部《全唐文》是借台大图书馆藏的扬州雕刻本影印的，精美可爱。此册十四页记"监刊官"皆是两淮盐政，可知当时仿照康熙年间曹寅在扬州设局雕刻《全唐诗》的办法，仍在扬州雕版。(《胡适藏书目录》第2册, 841页)

2月11日　访客有张乃维、居载春、许明德、韩咏梅。(《胡适之先生年谱长编初稿〔补编〕》, 637页)

同日　胡适复函程靖宇，对其办刊物不用《独立评论》的名字而改用《独立论坛》表示高兴。又告知任鸿隽去世之消息。(台北胡适纪念馆藏档，档号：HS-NK04-009-011)

2月12日　胡适接到吴健雄2月5日的来信，非常高兴，即打电话给钱思亮商量吴健雄、袁家骝讲演的事；又谈到请蒋介石参加院士会议事。胡之主张是请蒋介石约见新、老院士，并宴请他们。又请王世杰来商量此事。又与胡颂平谈及中国的京剧剧本，没有一出是好的等。(《胡适之先生年谱长编初稿》第十册, 3881页)

同日　胡适复函夏涛声，谢其转寄李璜的文章，认为李文立论很平允，他批评张晓峰的《远古史》也很切直。(台北胡适纪念馆藏档，档号：HS-NK04-009-005)

2月13日　胡适夫妇访钱思亮不遇。分别为徐秋皎、王志维题写"容忍比自由更重要"。钱思亮夫妇来。萧作梁来。(《胡适之先生年谱长编初稿

〔补编〕》，640 页）

2 月 14 日　上午，胡适到艺术馆参加第四次"全国教育会议"。

按，《胡适之先生晚年谈话录》记载，胡适次日谈起这次教育会议：

下午，先生谈起第四次"全国教育会议"，第一天就是很乱。他们准备的资料要在开会前一天发给大家，叫人家怎么来得及细看。第二组是审查有关课程提案，共有二十五人。据说是刘英士排列的。我问刘英士为什么把这些人排在一组内？刘说："在先生主持之下可以平衡平衡。"我说："我是不来了。光是修订中学课程标准草案就有这么四百九十二页的厚，我没有工夫念了。"先生对胡颂平说："这一组里大都不是研究教育的，他们能审查什么？"今天各报报道先生昨天出席会议，有些记载不大正确，因为先生没有说过什么话。先生昨天出来时，甘立德跟出来问，先生说："我写了很多文章，但从来没一篇是有关教育问题的。我对教育是个外行。"这几句话"中华日报"登在会议花絮中，那确是先生说的。先生又说："我的《胡适论学近著》里有一篇谈教育的文章，叫作《教育破产的救济方法还是教育》，是一篇很短的文章。在这篇文章里，我要很诚恳地对'全国人'诉说：今日'中国'教育的一切毛病，都是由于我们对教育太没有信心，太不注意，太不肯花钱。教育所以'破产'，都因为教育太少了，太不够了。教育的失败，正因为我们今日还不曾真正有教育。""我们只能要学耶稣的话来对这种人说：'啊，你们这班信心浅薄的人啊！'""我昨天很生气，像王云五先生等几个人都说要延长义务教育……往年，蔡先生曾有一度想敲'中基会'的竹杠，要'中基会'拿出若干万基金试办一年的义务教育。我曾有信给他：义务教育是'国家'的事，应该由'政府'经费去办，不能用'中基会'的钱。'政府'的钱大都用在军费上了。我给蔡先生的信，收在我的日记里。"（《胡适之先生晚年谈话录》，302～303 页）

同日　胡适致函张群，拜托张代为请示蒋介石，希望蒋能见参加此次院士会议的 18 位院士。（台北胡适纪念馆藏档，档号：HS-NK04-009-019、

HS-NK04-005-022）

2月15日　上午，沈宗瀚陪同梅耶尔博士来向胡适辞行。刘大中来访。（《胡适之先生年谱长编初稿》第十册，3883页）

同日　胡适收到张心沧从伦敦寄来的吴世昌的英文《〈红楼梦〉研究》，该书把李祖法那幅冒牌的曹雪芹画像印在首页。胡适当日复函张心沧时，附寄《关于曹雪芹小象的谜》一文。（《胡适之先生晚年谈话录》，302～303页）

2月16日　访客有刘大中夫人戢亚昭、于衡等。徐可燸来报告科学会的工作。（《胡适之先生年谱长编初稿〔补编〕》，643页）

同日　杨树人来谈院士会议事，杨认为应该预备一位副主席，才可以给胡适节劳，但一时想不出一位合适的人选。（《胡适之先生年谱长编初稿》第十册，3884页）

同日　胡适复函罗长闾，告知曾静是湖南永兴县人，不是浙江人。（潘光哲主编：《胡适中文书信集》第5册，570页）

> 按，日本东京中华中学校长罗长闾2月13日来信说，《高中历史标准教科书》和《国史大纲》两书所载曾静的籍贯不同，无所适从，故向胡适请教。（《胡适之先生晚年谈话录》，303～304页）

同日　胡适复函欧阳祺，谢寄照片，又谈自己住院、出院，"现已全好"等情。（台北胡适纪念馆藏档，档号：HS-NK05-121-002）

同日　"民主中国"第五卷第四期发表牟力非的《为什么反胡适》一文，云：

> ……第一，胡适和他的意见，可不可以反对。第二，反胡适的动机和目的是什么。第三，我们现在有没有比反胡适更急迫重要的事情待办。
>
> …………
>
> 然而胡适到底是个书呆子，他和一般书呆子相同，迷信民主，主

张怀疑,这就使天下大乱,人心不安。因之……便不能不先了解反胡攻势的司令台何在,便不能不认清剿胡大战的战将勇士们为什么这般骁勇挥戈。

……争的不是学术思想上的真理,而是"正统"对"异端""讨伐"。……距离学术思想十万八千英里,只配做文化特务或文化打手,那里能谈学术思想?

……从"胡适与'国运'"开始,大家即已经知道在反胡运动的背后,有一座反胡司令台,负起反胡剿胡的指挥重责。他们……不惜乘胡适心脏病突发入院治疗之际调动"质询"部队,和"反洋"大军向胡适展开夹攻。……我查遍了历史记载,却找不到有用这种反人性的"讨伐异端"的狠毒手法。……

……为什么要单单打击胡适为最狠最重最积极呢?……那就是胡适教人怀疑,这就是必须消灭这个"眼中钉"的最大原因。

胡适……教人怀疑,耸人听闻,启人深思,惑人反抗,这简直是在蔑视神器,侮辱圣明,鼓动造反,淆乱"思想的违警法",破坏"政治的斑马线"。……其逻辑很简单:如果中国没有胡适,便没有胡适贩卖推销的杜威思想;没有杜威思想,便没有怀疑……

……胡适一个七十多岁的糟老头子,不难打垮,而胡适思想以及杜威思想能不能打垮呢?民主,能否打垮?怀疑,能否消灭?

2月17日　上午,孙方铎来访。访客又有黄彰健、胡家健、胡汉文等。(《胡适之先生年谱长编初稿〔补编〕》,644～645页)

同日　胡适致函"故宫博物院"常务理事,谈摄制 microfilms 事:

本年一月里,"中国亚东学术研究计画委员会"商得"故宫博物院"的同意,借用"中央研究院"的"显微摄影机"及技术人员张君,到"故宫博物院"去摄照文献馆所藏《满文老档》为台大教授广禄先生研究之用。我当时就想到这项机器与技术人员运往雾峰不是容易的事,故曾于一月十八日写信给王雪艇、孔达生两位先生,建议请"故宫博物院""充分利用这个不容易得的机会，挑出文献与图书两馆的最稀有的史料、孤本、珍本书共若干种，利用'中研院'的机器与技术人员，摄制显微影片（microfilms）"。

摄制显微影片，有两大功用：第一，此项影片的复制是保存史料与珍本书最便利之方法。第二，此项影片的复制流传可以便利专门学者研究之用。此两大功用之中，复制保存尤为迫不容缓。在此原子核子时代，凡藏有孤本珍本史料之机构，皆负有复制保存之重大责任，不容忽略。

在一月十八日的信里，我曾试拟了几项实行办法……
…………

……"故宫博物院"的常务理事会就要集会了，所以我写这封信向诸位先生正式提议，请常务理事会考虑这个挑选"故宫"文献图书两馆的孤本珍本史料图书摄制显微影片的问题，作一个原则性的决议，使院中负管理之责者可以随时遵行。如果常务委员会能讨论决定几项实际办法，并指定一个专家小组以便即日开始这种工作，那就更好了。（台北胡适纪念馆藏档，档号：HS-NK05-005-005）

同日　胡适致函王云五，谈向"故宫博物院"常务理事会提出摄制microfilms事，又将致"故宫博物院"常务理事会的提议信抄送王，并说："我觉得这件事是值得考虑的，倘蒙老师大力提倡支持，不胜感盼。"（台北胡适纪念馆藏档，档号：HS-NK05-006-007）

同日　胡适致函陈诚，希望陈能接见参加院士会议的海外院士。（台北胡适纪念馆藏档，档号：HS-NK04-009-004）

同日　胡适对胡颂平说：注杜的以钱牧斋的为最好，但稍嫌简略；最详的要算仇兆鳌的了。（《胡适之先生晚年谈话录》，304页）

同日　吴健雄、袁家骝致电胡适：星期四抵台。能在星期五、星期一或星期二演讲。（台北胡适纪念馆藏档，档号：HS-NK05-036-007）

2月18日　徐可熛来谈科学会事。晚，应齐如山的邀宴。（《胡适之先

生年谱长编初稿〔补编〕》，645 页）

2月19日　汪厥明来访。(《胡适之先生年谱长编初稿〔补编〕》，645 页）

同日　胡适对李青来、黄顺华谈吴健雄的成就。（"中央日报"、《新生报》，1962年2月21日）

同日　胡适致函夏涛声，很佩服《民主潮》第12卷第34期的韵笙的《论思想或观念的僵室和简化》一文，认为这是"一篇用功构思，用气力作文造句，全篇没有一句草率句子的大文字"。又询"韵笙"是谁，并愿会见他。又谈及英译《康有为大同哲学》等文章。（此函粘贴在胡适1962年2月21日日记中）

> 按，2月21日，胡适得夏复函，知道"韵笙"是政治大学研究所毕业的徐传礼。（据《日记》）

同日　加州大学给胡适发出请帖，邀请胡适于3月23日出席加州大学设立许可周年日的典礼及柏克利分校Edward W. Strong校长的就职典礼。（台北胡适纪念馆藏档，档号：HS-NK05-169-005）

2月20日　访客有延国符夫妇、沈邹云、莫德惠。李宗侗来访未遇。徐可燻来谈科学会的事。下午，到台大医院检查身体。（《胡适之先生年谱长编初稿〔补编〕》，647 页）

同日　胡适复函金作明，谈青石山庄本《红楼梦》的底本问题：

> 青石山庄影印的百廿回活字排本《红楼梦》是用"程乙本"作底本影印的。最重要的证据是卷首的乾隆五十七年"壬子花朝后一日小泉兰墅又识"的"引言"七条，特别是其中第一条说的"因急欲公诸同好，故初印时不及细校，间有纰缪。今复聚集各原本，详加校阅，改订无讹"。这一点大概是你"也深信不疑"的理由之一。
>
> 你指出的一些不同的地方大概都是可以解释的。
>
> "版幅的大小"，我颇疑心汪原放君的记录颇不正确。他把公分认作"米突"，就是大错了的。他所谓"本子的大小"也是不清楚的说法。

韩镜塘先生（青石山庄主人）是在工专教工程的，他的记录可信。（汪君记的"十三、五"必有错误。）"装订"廿册或廿四册，是随人意趣与方便的。廿四册大概分装四套。廿册则有时装两套。

程伟元序，青石山庄本所据底本显然有残破之处，有钞补之处，第一叶全叶是钞补的。

但此序文字确有前后不同的三种文字，如首句即有三本：

程甲本"《红楼梦》小说本名《石头记》"。（见一粟编的《红楼梦书录》页15）

程甲、乙本"《石头记》是此书原名"。（我所见本）

程乙本"《红楼梦》是此书原名"。（韩君所藏本）

《目录》，你引的例子第四回程甲、乙本皆作"判断"，第十八回程甲本作"呈才藻"（见《书录》），"乙本"最初是作"呈才藻"的，韩君所藏"程乙本"则改作"献词华"，此是因为上句"省父母"末字仄声，故下联末句改平声。

看此几项文字上的异文，可知"程乙本"在乾隆壬子"详加校阅"之后，还经过一些小小的文字修改。（台北《作品》第3卷第4期，1962年4月1日）

按，2月12日，金作明致函胡适云：

青石山庄影印的百廿回木活字排印本《红楼梦》，据您（序）说："确是乾隆五十七年壬子（一七九二）程伟元'详加校阅改订'的，第二次木活字排印本"——程乙本——这点，我也深信不疑；但对这个本子的历史还不甚明白。据我所知，木活字排印的程乙本，只有您藏有一部，除外就没有第二部；现在青石山庄的可算是绝无仅有的第二个本子。您在影印甲戌本"跋"里说，"程乙本向来没有人翻版"过，那么现存的两部木活字排印本，应该是同一版的书了；可是不然，在这两个同是木活字排印的程乙本中间，还有着不同的地方。举例如下（在此您的本子暂称"前本"，青石山庄本为"后本"）：

一、版幅大小不同："前本"是二十一点三乘十三点五公分；"后本"为十七乘二十三公分。

二、装订册数不同："前本"是二十四册；"后本"为二十册。

三、文字方面：①程伟元序文里，"前本"是以"石头记"作书名；"后本"是以"红楼梦"作书名。（台北启明书局影印亚东本没有这篇序，此据远东书局排印本。）

②目录：第四回下句，"前本"是"葫芦僧乱判葫芦案"；"后本"为"葫芦僧判断葫芦案"。第十八回下句，前本是"天伦乐宝玉呈才藻"；"后本"为"天伦乐宝玉献词华"。其他在正文中还有一些文字不同的地方。

文字的不同或可解释，因我所据的亚东（启明影印）本，也是一个曾经改动的本子，并非"完全照样翻印"（汪原放先生语）；但是版幅的大小就无可解释了。

您从前曾经说过，您是有"历史癖"的，不知这另外一个百廿回木活字排印的《红楼梦》本子出现，是否也注意过它——本子——的历史。敬请赐答……（据《作品》第3卷第4期，1962年4月1日）

2月21日　访客有鲍克兰、李宗侗、孙如陵等。钱思亮来谈"中基会"补助各大学离台人员的事。(《胡适之先生年谱长编初稿〔补编〕》，647～648页）

2月22日　下午，刚刚抵台的吴大猷、袁家骝、吴健雄先后前来拜会。毛子水、李先闻来。(《胡适之先生晚年谈话录》，309～310页）

2月23日　访客有林浩、傅恬修、查良钊、沈怡等。为黄彰健校勘的《明实录》题写封面"明实录　附校勘记　胡适题"，并函寄黄。(《胡适之先生年谱长编初稿〔补编〕》，648页；吴铭能：《敬悼黄彰健先生——从胡适的绝笔墨宝谈起》，《胡适研究通讯》2010年第2期，2010年5月25日）

2月24日　"中央研究院"在蔡元培馆举行第五次院士会议，选举1960—1961年度院士。9时，胡适宣布开会后，即开始选举，最终选出院士 7 人。数理组：任之恭、梅贻琦、程毓淮、柏实义。生物组：李景均。人文组：陈槃、何廉。

同日 胡适电贺李景均当选为院士。(《联合报》，1986 年 9 月 6 日)

同日 下午 1 时，胡适与出席院士共同午餐。午后，起草一通致 5 位在海外的新当选院士的贺电：I have the honor to inform you of your election to membership of "Academia Sinica" to today's meeting. Hu Shih.(《胡适之先生晚年谈话录》，314 页)

同日 下午 5 时，胡适主持招待新老院士的酒会，并首先致辞。次由凌鸿勋讲话。次由李济讲话，他提起去年胡适的演讲"科学发展所需要的社会改革"引起不同反应一事。次由吴大猷讲话。最后，胡适又讲话："我赞成吴大猷先生的话，李济先生太悲观了。我们'中央研究院'从来没说过什么太空、迎头赶上的话。……我去年说了 25 分钟的话，引起了'围剿'，不要去管它，那是小事体，小事体。我挨了 40 年的骂，从来不生气，并且欢迎之至。……"(《胡适之先生晚年谈话录》，315～318 页)

同日 6 时 35 分，会散，不到两分钟，胡适砰然倒地，与世长辞。

> 按，2 月 26 日《香港时报》刊登魏火曜谈话：先生久患心肌阻塞症，因兴奋过度，心肌阻塞导致心室震颤，心脏失去了输送血液的功能，心跳越来越微弱，终告不治。

2 月 25 日 蒋介石撰挽胡适联："新文化中旧道德的楷模；旧伦理中新思想的师表。""自认对胡氏并未过奖，更无深贬之意也"；"自认为公平无私也"。(蒋介石是日《日记》)

同日 雷震日记有记：昨天晚上听到胡先生去世消息，晚上做了一晚的梦。先是大哭，梦中哭醒。后来又做梦，和他在一起，先是他告诉我蒋先生叫他组党的事情，他说他有四不，所以不愿组党。后来做梦和他在一起，知道他生病，我陪他，又悉他倒地。总之，搞了一晚，直到天亮起来为止。今日上午看报，我两次流泪，这是卅六年秋葬母以后的第一次哭，可见悲哀之甚。……(《雷震全集》第 37 册，44 页)

2月26日　上午，王云五慰问胡适夫人江冬秀，并撰写挽联。挽联为："虚怀接物，剖析今古问题，发扬儒家恕道；实证穷源，爬梳中西哲理，的是科学精神。"（《王云五先生年谱初稿》第 3 册，1222 页）

同日　雷震日记有记：今日天雨，看报流泪数次。第一次看到他……上午函亚英，附了两副挽联。今日流泪了，前胸又不适，想我在狱中，连看遗体的机会都没有。（《雷震全集》第 37 册，45 页）

3月

3月1日　罗家伦日记有记："上午，赴胡先生灵堂，天阴雨，而瞻仰遗容者，仍如潮水一般，以学生、青年为最多；武装朋友亦复不少。有许多是从中南部来。据最后统计，约二万多人，可见胡先生思想与行谊感人之深。"（《罗家伦先生文存补遗》第三部《日记补遗》，684 页）

3月2日　蒋介石日记有记：

> 盖棺论定。胡适实不失为自由评论者，其个人生活亦无缺点，有时亦有正义感与爱国心，惟其太偏狭自私，且崇拜西风而自卑，其固有文化，故仍不能脱出中国书生与政客之旧习也。

同日　罗家伦日记有记："下午二时半，大殓发引。大殓后，并与季陆、雪屏、天放诸位覆'国旗'于棺上。步行送至松江路口，换汽车随灵至南港。沿途学生、青年与一般民众肃立两旁，致祭送葬者，比比皆是，不止五六万人。不等到南港地区，沿途路祭与放鞭炮者，即已相接。商人、工人均停止工作，肃立致祭或敬礼。我看了真是感动到堕泪。有一个三轮车夫，即在车上燃香烛，并设水果两盘。自己低头肃立，表示祭意。看了尤为难过。"（《罗家伦先生文存补遗》第三部《日记补遗》，684 页）

同日　韦莲司小姐致函江冬秀夫人，函中说：

亲爱的胡夫人：

多年来，你一直生活在一棵大树的余荫之下；在你年轻的时候，也曾筑巢在枝头。这棵大树结出了丰硕的果实，哺育了千千万万饥饿的心灵；而这些果实将被永久地保存下来。

而今，这棵大树倒下了，对你，正是哀痛的时刻，你必感到大空虚。在这个大空虚里即将堆起哀悼者的追思和怀念。……

我最珍惜的，是对你的友谊的追怀，和对这棵大树的仰慕。……

(《胡适与韦莲司：深情五十年》，188页)

3月3日 美国"华美协进社"等社团在纽约为胡适举办追悼会。杨振宁、李政道等均与会。与会的杨日旭在日记（杨日旭教授提供）里记述了游建文、林语堂、梁和钧等人的谈话，其中对林语堂讲话记录颇详。林语堂将胡适与鲁迅、郭沫若、胡风相比，认为只有胡适"明达，根本不上当"。但杨日旭认为，"以胡先生与郭沫若、胡风相比，似欠妥当"。3月5日之台湾《联合报》对此次追悼活动亦有报道。

同日 雷震日记有记：报载胡先生丧事，昨日公祭有100多单位，司仪泣不成声，连换了5个人。下午2时半大殓，约3时发引，送葬者3万多人，灵柩车经过之处，商店关门，工厂停工，均立道旁肃静行礼，几乎家家路祭。今晨阅报流泪不止。胡先生感人之深。自上月25日起，每日看报均流泪。……胡先生70岁，我给他贺诗说："你毋须乎叫人来拥护，你更不会要人来效忠，世人自会跟着你向前进，世人自愿踏着你的步伐往前行……"照他死后人们对他的追悼来看，我是一点也没有说错。(《雷震全集》第37册，52页)

3月8日 《联合报》报道："台东县议会"建议在台东设胡适学院。

3月13日 罗家伦日记有记："正午十二时，胡先生治丧会在'行政院'会客室开，为墓地、遗著及遗嘱，均有讨论。墓地，我们都主张在研究院内，闻胡夫人近又犹豫。胡先生遗产，台币不到五万，美金一百余元。为执行遗嘱事，决定函在美时胡先生指定之四人（刘铠[锴]、叶良才、游建文……一外国律师），征求其同意。"(《罗家伦先生文存补遗》第三部《日记补遗》，685页)

4月

4月8日 下午3时,香港大学在陆佑堂举行胡适追悼会。追悼大会的程序如下:主席团就位后,即由主席、香港大学中文系主任林仰山(F. S. Drake)致辞,次全体与会人士肃立向胡适遗像默哀一分钟,次"北大同学会"主席报告胡适行实,次由钱穆、凌道扬、容启东3位特邀人士演说,之后礼成。会场有白话挽联一副:

先生去了,黄泉如遇曹雪芹,问他红楼梦底事;
后辈知道,今世幸有胡适之,教人白话做文章。

"北大同学会"致送的挽联云:

文学主革新,功岂下昌黎,何独词章开籍湜?
九流破传统,术不同子骏,更从行谊证丘轲。(何光诚:《在香港大学举行的胡适博士追悼会》,《胡适研究通讯》2014年第2期,2014年6月25日,25页)

8月

8月8日 胡适遗著整理委员会举行第一次会议,到会有王世杰、李济、梁实秋、毛子水、沈刚伯、杨树人、罗家伦,商定推毛子水为总编辑,另顾问若干人,实际工作由史语所、近史所任之,期于三年完成。(《郭量宇先生日记残稿》,342页)

10月

10月15日 胡适安葬典礼于南港举行。政、学等名流,普通民众和成群结队的小学生参加。其墓碑上刻着:"这个为学术和文化的进步,为思想和言论的自由,为民族的尊荣,为人类的幸福而苦心焦虑,敝精劳神以致身死的人,现在在这里安息了。我们相信,形骸终要化灭,陵谷也会变易,但现在墓中这位哲人所给予世界的光明,将永远存在。"(《胡适之先生年谱长编初稿》第十册,3903～3904页)

后　　记

　　我涉足胡适研究，始于 1997 年，得缘于拟投考耿云志先生博士生之一念。这年 5 月，我第一次来北京东厂胡同一号拜谒耿先生，先生同意我报考，并允我抄录其论著目录。在其后阅读胡适、耿著的过程中，我立定了学术路向：胡适研究。考博失败后，我即谋食于京华某军事学院，但"胡适"依然是研究主业。2002 年，拙编《胡适红学年谱》定稿，向耿先生求序，再度与先生建立联系。① 2004 年 4 月 17 日，我又来耿府求教，耿先生突然问我：想不想来近代史所工作？我说：太想了。想当初甚至不敢来这里求职，今得此机缘，回去后即着手办理"转业"事宜。

　　2005 年 8 月 31 日，我入职近代史所。这十九年从耿先生受教之多，绝不亚于诸"嫡门"弟子。我受教的方式，不是在课堂上，而是在餐桌上、旅途中，以及一些文件的起草、定稿过程中。当然，耿先生也会帮我改文章。常常先生闲聊中的一句话，即让我受启发，有所感悟。记得多年前去金华开会，先生在闲聊时特别赞佩梁漱溟评价胡适的"浅而明"三字，说梁氏抓住了胡适著作的特点。在某次教师节聚宴中，先生说研究历史人物，一定要特别关注该人物的追求。② 每听到这些论断，我总是兴奋的。2005 年后的十多年，胡适研究会的日常事务（举办研讨会、座谈会，以及编印《胡适研究通讯》这项常规工作），都是在先生指导下由我来落实具体工作。这些工作一般是这样进行的：先生提出设想后我起草有关文件，然后请先生审

---

① 因素来不喜奔走于名人门下，来京的最初几年并未与耿先生有任何联系。
② 后来，耿师在《关于历史人物研究的若干问题》（《史学理论研究》2020 年第 6 期）一文中有所阐释："一个人一生的追求是贯通一个人一生思想、活动的中心，没有这个中心，就像没有灵魂一样；有了它，就是一个有灵魂的人，一个生动、鲜活的人。"

后　记

定。对我的初稿，先生略改几个字，或将顺序稍作调整，文件的高度就上去了。因此，我会仔细揣摩这些"初稿""改定稿"的异同。2019年夏，我陪先生去青岛，高铁上谈到正做最后定稿的《胡适年谱长编》，先生说：无关之材料，可不入；书前不要有胡适传论。我到酒店后的第一事，就是将这两条记在笔记本上，并记道："第一条，予之启发是，材料一定要精练，亦即耿师一再强调之'剪裁'，谱主本人的材料要精练，相关史料更要精练。第二条，拟置胡适传论于书首的想法，系受来新夏先生影响，但耿师认为，传论、年谱放在一起不协调，决舍传论。"

我最早起意为胡适作年谱，是在1999年。之所以在涉足这一领域刚两年就准备做此事，主要是我当时就坚定地认为如同研究历史事件要先从编长编开始一样[①]，研究历史人物，必须从撰该人年谱开始。近代第一流学者，不乏从编撰年谱入门者，如钱穆之被学界认可，系基于其成名作《刘向歆父子年谱》[②]；吴晗涉足明史研究，始于其作《胡应麟年谱》；邓广铭研究宋史，始于其作《辛弃疾年谱》。此外，我还认为，凡是对人类历史产生过影响，尤其是产生重大影响的人物，都应有翔实的年谱。总之，从那时起，我即认定现代年谱于史学极端重要。

我撰此谱，力图对能见到的胡适材料作一结账式整理，同时扩充新材料。在博采穷搜的基础上，材料确实大大扩充了。而排比、考证这些材料，需要对新旧材料反复咀嚼、哑摸，故对胡适和他周围的人与事的理解亦日见深刻。这些理解，需要另有专文、专书详述。此外，对年谱撰著，亦有新想法。前作《对年谱、年谱编撰的新思考》一文[③]，即是编撰此谱时所思

[①] 比如，1942年11月胡适拟撰"道教史"，其研究思路是：重读《道藏》后，"先作长编，次摘要作为我的'思想史'的一部分"。他为此托王重民代为搜寻近代学者读《道藏》或研究道教的文字，并"代为记出一个目录，以便检阅"。（胡适致王重民，1942年11月29日，载耿云志主编《胡适遗稿及秘藏书信》第18册，黄山书社，1994年，39页。）

[②] 胡适曾盛赞此谱是见解与体例都好的"大著作"，见胡适1930年10月28日日记，载《胡适的日记》手稿本第11册，台北远流出版事业股份有限公司，1990年（原书无页码）。

[③] 宋广波：《对年谱、年谱编撰的新思考》，《东吴学术》2024年第2期。

所想之结晶。

收获是令人欣喜的,但其中一些"花絮"也颇值得一记。

在立意作《胡适年谱长编》之初,我即立下决心不申报课题。因课题均有时限,不能如期完成的话,将会很棘手——就不紧不慢地从容做吧。到了 2017 年上半年,此书初稿规模粗具,乃开始谋划出版。当时却颇犯愁:四五百万字的篇幅,如果没有资助,会有出版社接纳吗?这年 6 月,我到浙江大学开一个研讨会,会间与几位出版界的朋友商酌此事。吴超先生认为可以申报国家出版基金。申报这种资助,需要至少百分之六十的成稿量。这本不是问题,但既要申报,无论申报书还是书稿,都应仔细准备,像个样子才好。于是,我向吴先生表示:今年太匆促了,明年(2018 年)再申报。国家出版基金主要是通过出版社申报,因此还是要先联系出版社。在这一过程中,有一事颇令我意外:不少出版社对这个大部头表示了浓厚的兴趣。北京某极有影响的出版社甚至表示即便没有出版资助,也会给予颇为丰厚的版税;上海某出版社也频频来电话商洽(后来,我对这些朋友是心怀歉意的)。而最后确定与湖北人民出版社合作,除吴超先生鼎力推荐和出版社态度积极外,最重要的一个理由,是该社 2007 年出版过拙著《丁文江图传》,印象颇佳。《丁文江图传》是邹桂芬女士等策划的一套丛书中的一种,责任编辑是易简先生。邹、易二人充分尊重作者的良好印象一直留在我心间,于是当友人推荐时,就准备与该社"第二次握手",怀着满满的热情。

申报国家出版基金的材料于 2018 年六七月间完成并提交。半年后的 2019 年 1 月 30 日,我回乡省视双亲,出了高铁站刚坐上汽车,即得到两三个电话:国家出版基金通过并公示了。这令我深感欣幸。

出版合同签订于 2019 年 6 月,我随即发出第一卷书稿。当时双方约定:以第一卷为例,商定一个整套书的"例则",统合全部书稿,以便作者、编辑共同遵循。社方组织了一个由几位编辑室主任和资深编辑组成的小组,两周后发回一个关于体例方面的反馈,对此我颇认同,于是就照此意见对整个书稿(包括早前已发出的几卷)进行修订,每改好一卷就发出一卷。如 2019 年 9 月 10 日,社方项目负责人给我的"收到条"说:"9 月 10 日收

后　记

到书稿第四部分，1930—1936，字数 406599。"但因篇幅过大，修订起来颇为费时。到 2020 年 1 月中旬，全书只剩最后两卷待修订。我打算春节假期完成这两卷，在庚子年正月初八"开工"时发出。这期间，我在 2019 年 8 月 27—29 日曾到访出版社，名义是参加"国家出版基金项目《胡适年谱长编》启动仪式"，实际是为下一步的编校工作而来。8 月 20 日我致函社方项目负责人说：

> 我此次到贵处，除参加那个重要会议申说拙书的特点、优点之外，有几点还是极重要的：
>
> 和各卷编辑碰头，就编校工作深入、广泛沟通。
>
> 和负责搜集底本的助理编辑沟通。
>
> 和英文编辑沟通。
>
> 更要与您当面沟通具体事宜。
>
> 这些工作均系迫在眉睫之事，因我们的书已经进入编校的关键阶段。您说，负责第一卷的资深编辑希望看完校样后再和我面谈，这正是内行话，因为只有就问题谈问题才有意义。

不过，即将成行时，却发生了一点小意外。本来出版社帮我订的是 8 月 27 日的东航 MU2452 航班，但前一晚却接到航空公司通知——航班临时取消了。于是，又立即改买高铁票。但我不主张大肆宣扬此次活动（包括之前获国家出版基金资助，2022 年被纳入"十四五"国家重点出版物出版规划），只由出版社在官网发布一个简讯，这简讯和社方在 2019 年 1 月获批国家出版基金资助发布的简讯大同小异，核心内容都出自我的申报材料，都提到：

> 《胡适年谱长编》力图全面反映胡适的生平、思想、学问、事业、交游及影响等方方面面，以期知胡适其人，兼论胡适之世。项目引用胡适先生各学术领域的代表性著述和个人材料，包括著作、书信、日记等，以及公私档案、私人记述、报纸杂志的有关材料。对胡适文献

中不能确定写作年份的篇目做了扎实的考证工作，以保证权威性；对已刊胡适传记、著作中的错讹，亦一一修订之。力图体现当下海内外胡适研究水平，并进而发挥未来胡适研究必备参考书之功能，在年谱撰著体例上亦力求有所创新。

我之所以不愿意大肆宣扬，主要是基于特别地服膺傅斯年先生所说的"学术事业，不尚宣传"，尤其"持未完之工作眩之于众"，更非"当务之急"这一为学原则①。因此，这一工作从事快二十年，并未向外人道及。我最早向友人谈及此事，是 2016 年。这年的 1—2 月，我到台北的一所大学做为时两个月的"访问学人"。1 月 15 日晚，陈宏正先生约我在敦化南路诚品书店茶叙，我谈到自己正做《胡适年谱长编》。我反复叮嘱陈先生：此事虽从事多年，但尚未最后定稿，千万不要传出去。陈先生听到此讯，甚兴奋，也很鼓励我，但他忘记了我的叮嘱，很快将这一信息告诉了两岸的"胡圈"朋友。于是，就收到很多来自台北、北京的电话问询。一位认识了二十年的北京熟人还在 2017 年 4 月提出和我合作此书。

话题再回到 2020 年 1 月。1 月 16 日，我致电出版社的项目负责人，声明这是春节前最后一个电话了，不谈工作，只祝贺新年。无奈，"天有不测风云"……之后的两三个月，和社方联系，主要是问候、鼓劲，不谈工作。3 月 23 日，我致函社方项目负责人，第一次谈及书稿：

> 慰问、问候之外，还要给那边的朋友、给您打打气，愿更加珍爱生命、珍惜生活！
>
> 不知道您那边开工了吗？如果开工了，就请告知我。因为最后两部分稿件，早已弄好，我当发上。

待湖北人民出版社复工时，有大量的积压工作要赶工，再加上新的急迫的出版任务，就影响到了本书的进度。对此，我是理解并接受的，因为

---

① 傅斯年：《本所发掘安阳殷墟之经过》，王汎森、潘光哲、吴政上主编：《傅斯年遗札》第一卷，台湾"中央研究院"历史语言研究所，2011 年，289 页。

后　记

既是合作，就是一个"共同体"，要充分体谅对方难处，遇坎时共同应对，不能凡事都以自己为出发点，而丝毫不顾及对方。不过，我心里也明白：无论如何，《胡适年谱长编》在2020年是出版不了了。

本书的首轮编校约完成于2021年7月。8月，出版社开始履行图书出版中的必要申报流程。2022年1月起，对书稿又做了一次统合性"大修缮"。这一工作本拟两个月内完成，但实际整整持续了三个月。这期间，工作紧凑而无任何耽搁——实在是作者和编辑都不想放过任何一个字。这之前、之后的几个校次亦如是。整部书稿一般是同时工作，我首先要保证每卷编辑都能及时得到需要的资料，所提疑问也能及时得到回复。比如，提供底本阶段（年谱之引文供核对的底本均由作者提供），我首先将每卷前半年的底本提供出去，然后再渐次补充后续的。这样，就能保证每卷都可同时工作了。而每次收到校样，也必及时处理、反馈。这五年来的校样，摞在一起，已超过两米。在最紧张之时，常常起床后即泡上咖啡，趴在校样上工作。我有时想，这套书，是用咖啡和茶"泡"出来的！

本书所历曲折、艰辛实在太多，由此而产生的苦闷、焦忧也实在太多，这绝非这支秃笔所能尽述。尽管如此，却也无悔无怨——做自己喜欢做的事，实在是一种幸福。人生，不如意才是常态。不如意，太多的不如意，才更会让人产生刻骨铭心、回肠荡气的体验！这样的体验增多了，对人生的感悟也会随之得以升华。因此，当这套"生命之书"付梓之际，我没有狂喜，更多是平淡。"不以物喜，不以己悲"，这是多么高远的人生境界！对自己而言，这永远是个目标，但是，创作和出版此书的过程，却是朝着这个目标在修炼。这是《胡适年谱长编》赐给我的另一种人生收获。

后记似乎还有一个不能少的内容，就是"致谢"。在这里，我不想一一列出名字，因为二十五年来应该感谢的师友、亲人实在太多了。对给予我鼓励、帮助、关注的各位友人，我将永铭在心。

最后，诚挚寄望亲爱的读者：请给以批评和指正。